CB065620

Olá, CONSCIÊNCIA!
Uma viagem pela filosofia

Copyright © 2013 Mendo Henriques e Nazaré Barros
Copyright da edição brasileira © 2015 É Realizações

Editor
Edson Manoel de Oliveira Filho

Produção editorial, capa e projeto gráfico
É Realizações Editora

Preparação de texto
Tereza Lourenço

Revisão
Maiza Prande Bernardello
Renata Gonçalves

Reservados todos os direitos desta obra. Proibida toda e qualquer reprodução desta edição por qualquer meio ou forma, seja ela eletrônica ou mecânica, fotocópia, gravação ou qualquer outro meio de reprodução, sem permissão expressa do editor.

Dados Internacionais de Catalogação na Publicação (CIP)
(Câmara Brasileira do Livro, SP, Brasil)

Henriques, Mendo
Olá, consciência! / Mendo Henriques, Nazaré Barros. – São Paulo: É Realizações, 2013.

ISBN 978-85-8033-128-8

1. Conhecimento 2. Consciência 3. Filosofia 4. Pensamento I. Barros, Nazaré. II. Título.

13-05074   CDD-100

Índices para catálogo sistemático:
1. Filosofia   100

É Realizações Editora, Livraria e Distribuidora Ltda.
Rua França Pinto, 498 · São Paulo SP · 04016-002
Caixa Postal: 45321 · 04010-970 · Telefax: (5511) 5572 5363
atendimento@erealizacoes.com.br · www.erealizacoes.com.br

Este livro foi impresso pela Edições Loyola em novembro de 2015. Os tipos são da família Sabon Light Std e Frutiger Light. O papel do miolo é o off white norbrite 66g, e o da capa, cartão ningbo 250g.

É Realizações
Editora

Mendo Henriques
Nazaré Barros

Olá, Consciência!

Uma viagem pela filosofia

*Aos nossos filhos
e a todos os que ousam
pensar por si próprios.*

Agradecimentos

A Clara Capitão, que cuidou do texto.
A Carlos Marques, pelas sugestões sobre lógica.
A todos, obrigado.

Sumário

Ponto de partida 13

1. A filosofia faz sentido
    1. O espião do ser 19
    2. Filosofar é interpretar 21
    3. A aurora da especulação 24
    4. Temas e problemas 27
    5. Faz todo o sentido 31

2. Em busca da consciência
    1. Onde está a festa? 33
    2. A consciência e o eu 37
    3. Exercícios com a consciência 39
    4. Entre dois mundos 43

3. Conhecimento é poder
    1. Sair da gaiola 47
    2. Cercados de imagens 49
    3. Minha querida tecnologia 52
    4. A fábrica das ideias 55
    5. A responsabilidade de conhecer 58

4. A fábrica da felicidade
    1. Azar no jogo, sorte no amor 61
    2. Senso comum 64
    3. Os jardins das delícias 67
    4. Os jardins de Epicuro 70
    5. O desprendimento estoico 72

5. O romance da matéria
    1. O mundo em vermelho 75
    2. A ciência antiga 78
    3. A ciência moderna 79
    4. A revolução na física 81
    5. Ciências da vida 84
    6. *Eureka!* 88

6. *Big Bang* e outras explosões
   1. Música das esferas 91
   2. Sobre as origens 92
   3. A narrativa do cosmos 95
   4. A explosão da vida 99
   5. A cornucópia 103

7. Perdidos no espaço e no tempo
   1. Uma cidade estranhíssima 107
   2. Os filósofos do tempo e do espaço 111
   3. Nosso aqui e agora 114
   4. Construímos geometrias 117
   5. Tempo e eternidade 123

8. Ternura pelas coisas
   1. O escritório desarrumado 125
   2. As estruturas do ser 127
   3. O que é uma coisa? 131
   4. Ser ou não ser 134
   5. A ontologia atual 138

9. Rainha de copas e rei dos judeus
   1. O interrogatório 141
   2. O misterioso caso da rainha de copas 143
   3. As origens da lógica 148
   4. A lógica formal 151
   5. Argumentos e testemunhos 154

10. As palavras que escutamos
   1. Conversa fiada 159
   2. Do que podemos falar 163
   3. A textura da linguagem 165
   4. A metáfora viva 168
   5. Palavras cantadas 171

11. Reconhecer-te, eis a questão!
   1. Encontros e desencontros 175
   2. No reino do reconhecimento 176
   3. Naquele lugar, àquela hora 178
   4. Excluir e alienar 181
   5. Regresso à casa 186

12. Retirar a máscara
    1. Não mintas, Pinóquio!..191
    2. Quem sou eu?..193
    3. O que é ser pessoa?..195
    4. Passado e futuro..199
    5. Um longo caminho...202
    6. Olhos nos olhos...203

13. Completamente em rede
    1. As cidades e as torres...205
    2. O que é ser moderno?..207
    3. Sociedade de comunicação...210
    4. O mundo mudou..215
    5. Cidadania e sociedade do futuro...216

14. A história tem sentido?
    1. A ampulheta do tempo...219
    2. A escrita da história...221
    3. As filosofias da história...223
    4. Do tudo ao nada...225
    5. Sentido na história..227

15. Querer é poder!
    1. A tragédia grega..231
    2. A dificuldade de escolher..234
    3. Os valores..236
    4. Livres, somos todos..241
    5. Não há crise!...246

16. A arena do poder
    1. Uma realidade fascinante..249
    2. A lei e a ordem...252
    3. A conveniência do mais forte...254
    4. Dou para que tu me dês...258
    5. Justiça é cooperação...262
    6. Democracia: uma tradição em aberto..265

17. Os filósofos da economia
    1. A montanha-russa...269
    2. As mãos mais destras...271
    3. O mundo das previsões que falhavam...276

  4. A longo prazo, estaremos mortos 281
  5. Novamente falidos 286

18. Saída de emergência
  1. Hologramas 295
  2. Pandora 297
  3. Jó.. 298
  4. Faz o que ele diz... 301
  5. ... não faças o que ele faz! 304
  6. O Expresso do Ocidente 308

19. Guardadores de símbolos
  1. Onde está a arte?.. 315
  2. Formosas e gostosas 318
  3. O pote de feijões 323
  4. Belezas 326

20. O outro voo da Fênix
  1. Um longo desejo de durar... 331
  2. Religiosos e filósofos 332
  3. Conhecer ou reconhecer Deus? 337
  4. Ópios que o povo tem 340
  5. O sentido da terra.. 342
  6. Deus morreu, e depois? 345

21. Ama e faz o que quiseres
  1. O amor é redondo 349
  2. Beijos e desassossegos 351
  3. Eros e a natureza do amor 356
  4. *Philia* ou o amor dos amigos... 358
  5. *Ágape* ou o amor divino 360
  6. Do amor e da ética... 361

Ponto de chegada 363
Para saber mais 369
Glossário 373
Conheça os personagens desta história 393

Ponto de partida

O jardim. Talvez o melhor local para conversarmos. Um convite à calma e ao lazer. Beleza e natureza conjugam-se numa experiência libertadora, que nos remete à harmonia, e na qual se cruzam luzes e sombras. Lugar de calmaria. Lugar de pausa, de recolhimento e de reconhecimento. Lugar de ligação e união.

Em alguma parte, na infância, já brincamos lá. E agora regressamos a um espaço e a um tempo feliz em que, no verão, as sombras frescas nos acolhem e, no inverno, os bancos ao sol nos aquecem.

Um jardim não é uma paisagem artificial, nem um espaço aberto e selvagem. Está a meio caminho entre a arte e a natureza. É uma construção, uma área circunscrita e delimitada. A vegetação não está lá por acaso; ocupa lugares definidos, e sua presença não é um acidente, mas tem um modo próprio de se relacionar com os visitantes.

Sem bancos não há jardim. Porque ele é, por excelência, o lugar do encontro. Local da disponibilidade para o outro, casa que não é feita de concreto, mas de árvores, arbustos, flores, pássaros e aromas. Entrar lá é entrar num mundo em que a natureza se humaniza, se torna nossa, é entrar num espaço e num tempo que nos devolvem e nos ampliam o ser.

Os jardins também são conquistas penosas à natureza primordial. Como um espaço de paz no meio da selva de desejos egoístas. Uma linha firme e frágil separa o jardim da selva. Basta que o jardineiro se descuide e logo surgem as ervas daninhas e as flores do mal. Essa é a linha da cultura, traçada pela consciência humana ao longo dos tempos. Se a esquecermos, surge a violência.

Dizem que os jardins tiveram importância na origem da filosofia. E nós confirmamos. Debaixo do jardim há todo um mundo. Subterrâneo e oculto. Sob as árvores, há raízes invisíveis que transportam a seiva.

Também a filosofia tem raízes profundas. Nos jardins de Academo, Platão criou a Academia. No liceu de Aristóteles, havia jardins. Nos jardins do pórtico pintado, Zenão de Cítio criou a escola estoica. E, desde então, o horto filosófico não parou de crescer e de ser replantado. Em *Princípios da Filosofia*, Descartes nos oferece a imagem do saber como uma árvore frondosa em que as raízes são a metafísica; o tronco, a física; e os ramos e frutos, as diversas ciências. E em pleno século XX, Heidegger nos deixou a imagem de que o pensamento filosófico trilha misteriosos caminhos da floresta.

Aqui convidamos o leitor a entrar nos jardins da filosofia. Os filósofos nos habitam de vários modos, mas sempre comprometidos com a verdade. Em primeiro lugar, os filósofos se comunicam com seus pares em linguagens específicas. Depois, existe um discurso didático para iniciar os que não conhecem determinadas matérias. Tanto a comunicação especializada como a didática dirigem-se a interlocutores que não escolhem seu próprio discurso e que, por razões diferentes, submetem-se a códigos de aprendizagem. Finalmente, existe a divulgação, a comunicação da filosofia ao público em geral, que recorre à criatividade e à imaginação como meio de cativar o interesse e a atenção, como aqui nos propomos.

A divulgação filosófica traduz, na linguagem corrente, mensagens que foram formuladas em códigos específicos e cujo acesso exige tempo de aprendizagem. É uma tarefa complexa e, por vezes, impossível. A didática exige clareza. A especialização exige tecnicismo. Aqui procuramos convidar o leitor a acessar filosofias específicas, através de uma viagem ou de um passeio. Recorremos a pequenas narrativas e analogias, lembrando os caminhos viáveis e os impasses, as cooperações e os conflitos.

Selecionamos temas e autores, desenhamos pistas e atalhos. Nunca poderíamos dizer tudo. Nem pretendemos traçar a história da filosofia, com suas múltiplas ideias e seus grandes autores. Apenas criamos um espaço em que cada um pode passear, sem pressa nem requisitos prévios, desfrutando do prazer de pensar.

O querer compreender, seja um enigma, seja um teorema, nasce com a criança que se espanta e coloca perguntas. Tal como uma criança na idade dos por quês, também o filósofo guarda essa criança dentro de si e, por mais anos que viva, olha em redor como se observasse tudo pela primeira vez e não cessasse de se admirar. Tal como um turista que admira o país visitado, também o filósofo se sente um estrangeiro em sua casa, em seu bairro, em sua cidade e em seu mundo.

O apetite pelo saber regressa em todos os que se interrogam sobre as grandes e as pequenas questões existenciais. E, por entre as crises que abalam a nossa existência até os alicerces, até o ponto de darmos por incerto o que antes se nos afigurava como dogma, há urgência em levantar as grandes questões sem as quais a filosofia não valeria a pena. E, porque somos capazes de interrogar, dizemos: *Olá, Consciência!*

Repetimos *Olá, Consciência!* sempre que temos disponibilidade para saber como vai o mundo, e não sufocamos os dias com a correria infernal de horas apressadas, repletas de afazeres cotidianos. Não é por acaso que se diz que a filosofia nasceu do tempo livre, da não urgência de fazer coisas atrás de coisas. Para pensar, é preciso parar, não ser engolido pelo tempo. A complexidade escapa aos olhares apressados. Há sempre mais realidade para além do que nossos olhos veem e nossa razão compreende.

A filosofia funciona ao contrário da leitura de romances. Na literatura, somos transportados pela narrativa e guiados num percurso em que não temos de tomar decisões. Apenas nos deixamos ir ao sabor da corrente, numa viagem que alguém desenhou por nós e para nós. E, por mais agitada e perturbadora que seja, navegamos em águas que chegam a um porto de abrigo.

Na filosofia, o passeio tranquilo dá lugar a uma imersão no abismo da argumentação. Temos de reconstruir o pensamento à medida que ele emerge no sentido de cada palavra. Temos de tomar decisões. Temos de reconhecer. Podar e arrancar.

O ser humano deseja naturalmente conhecer. A esse desejo de conhecimento correspondem os primeiros dez capítulos de *Olá, Consciência!*. O que é a filosofia, a verdade e o conhecimento, como se distingue a filosofia do senso comum e da ciência, o que são o espaço e o tempo, a matéria e o cosmos, a linguagem e o ser: eis os temas da primeira parte deste livro. A consciência domina o mundo através do conhecimento de objetos, procura informações, relaciona fenômenos, descobre leis, constrói instrumentos e tenta apresentar as relações entre objetos e as causas das coisas.

A consciência é muito diferente do eu: é a relação entre o *eu* e o *outro*. Encontros, conflitos e reconciliações são a nossa marca. A consciência é, também, o mundo dos compromissos e dos testemunhos, o reino das relações. Ao âmbito do reconhecimento, correspondem os capítulos seguintes, do capítulo 11 ao 21, em que emergem as questões sobre ser humano, sociedade, história, economia, política, ética, estética e religião. Aqui abrimos os portais em que a filosofia também se faz com os pronomes *eu*, *tu* e *nós*, que envolvem o sujeito e o reconhecimento dos outros. Por isso dizemos: *conhecemos objetos, mas reconhecemos sujeitos*.

Na feitura deste livro, tivemos presentes algumas introduções à filosofia, como as obras de J. M. Bochenski, Roger Caratini, Martin Gardner, Karl Jaspers, Brendan Purcell, H. P. Rickmann e Bertrand Russell, nas quais colhemos perspectivas e exemplos estimulantes.

Numa obra de iniciação como esta, pareceu-nos dispensável indicar as fontes e as referências bibliográficas das citações realizadas. No *site* www.olaconsciencia.com, o leitor encontrará informações complementares que atualizaremos com a ajuda de todos os interessados nesta viagem pela filosofia.

A fim de que a filosofia não seja algo exclusivo de prateleiras de bibliotecas, seguimos um caminho diferente das habituais introduções à filosofia. Em vez de apenas explicarmos conceitos filosóficos ou apresentarmos uma galeria de autores, procuramos partir das nossas experiências cotidianas e mostrar como elas fazem mais sentido com os conceitos filosóficos. No início de cada capítulo, o leitor encontrará narrativas muito variadas, como variada é a nossa existência. Através de episódios cotidianos, como uma festa, um encontro no aeroporto, a leitura de um livro, uma ida ao cinema, a audição de um concerto, uma urgência hospitalar ou outros casos, o leitor é iniciado nos caminhos filosóficos trilhados pelos grandes autores.

Procuramos mostrar que a atividade filosófica exige ferramentas rigorosas e específicas, como conceitos, ideias, premissas, argumentos e raciocínios. E tentamos transformar essa linguagem numa outra mais próxima do cotidiano.

A viagem pode ser arriscada e sem cinto de segurança, mas vale a pena. Parecemos estar desprotegidos, mas temos consciência. O pensar levanta dúvidas e incomoda, mas traz lucidez. É certo que quem pensa pode não ter motivos para estar alegre. Quem desconhece pode ter o coração cheio de ilusões.

Mas a filosofia apela ao que há de melhor em nós. Apaga fantasias, desfaz preconceitos, estabelece pontes, ajuda-nos a nos comunicarmos.

A filosofia é de todos os que ousam pensar por si próprios. Por isso, quem entra na filosofia corre o risco de se tornar um dissidente. Dissidente na sua própria terra, dissidente do poder instituído, da opinião comumente aceita, dos êxitos mundanos, do mundo dos negócios, do prestígio social. Dissidente da vida vulgar, do senso comum, da moda, das banalidades e das brutalidades da vida cotidiana. Dissidente do pensamento único, de tudo o que é aceito passivamente, da norma, do politicamente correto, do instituído, do consensual, do tradicional. Dissidente do poder e do esnobismo das criaturas de sucesso que procuram as luzes da ribalta para expor suas vaidades. Dissidente da passividade dos *media*, do comodismo fácil das opiniões aceitas, da normalidade superficial dos dias, das vozes cômodas, pacíficas e conformistas.

Platão, na *Apologia de Sócrates*, nos diz que o filósofo é como o moscardo que pica as consciências alheias e nos desperta do sono cotidiano. Esse incômodo nos faz sair da nossa zona de conforto em que tudo já está estabelecido e definido, segundo a norma e a tradição. Pôr em causa, questionar, querer saber mais, não se conformar com as respostas dadas, não estar de acordo com as opiniões correntes, isso é preciso para evitar males maiores.

A inquietação é vida. E as perguntas resultam da própria vida. A atividade filosófica é perturbadora, arriscada, e, como nos esportes radicais, seja escalada, seja alpinismo, há sempre o risco de cairmos. Mas não podemos ter medo.

Entrar nos jardins da filosofia, eis o convite que fazemos. Há quem passe por eles e nem repare que existem. Mas é nos seus caminhos que podemos encontrar quem queremos e dizer: *Olá, Consciência!*

Plantas. Raízes. Aves. Flores. E Céu e Terra.

Venha conosco!

1. A filosofia faz sentido

1. O espião do ser

Em 1929, Alfred Hitchcock realizou o primeiro filme sonoro britânico. Ao longo de cinquenta anos, sua criatividade e inovação produziram filmes como *Janela Indiscreta*, *Um Corpo que Cai*, *Psicose* e *Os Pássaros* – alguns de seus 56 longas-metragens mais conhecidos. Mestre do suspense, os seus filmes ficaram na história pela intriga, pelo mistério e pela capacidade de produzir tensão crescente e galopante no espectador. Indicado seis vezes ao *Oscar*, nunca recebeu a famosa estatueta dourada, mas tornou-se uma referência maior na arte do suspense. Sua técnica cinematográfica contribui para maximizar o medo e a ansiedade. Não são só os assassinatos e crimes que prendem a atenção, mas a técnica peculiar de inquietar o espírito. Ficamos presos e atraídos pela tela. É impossível sentir indiferença ou distanciamento, pois tudo apela e prende a atenção. É impossível adormecer ou sentir enfado. As suspeitas são possibilidades crescentes que, aos poucos, ganham forma e emoção. O suspense aguça o raciocínio e aumenta a concentração. Todos os neurônios se agitam, e a curiosidade intelectual vai-se adensando. A atenção é convocada, e a ansiedade, provocada por um ambiente de suspense. Com o avançar da narrativa, o mistério torna-se cada vez mais complexo, ganhando contornos mais sutis e finos, até que, finalmente, surge o desenlace, a revelação, o suspeito identificado; sentimos uma mistura de alívio com a solução, tristeza pelo crime e espanto pelo fato de a humanidade ser mesmo assim.

A atitude do detetive que quer desvendar mistérios absorve todo o nosso ser quando é eficiente a narrativa do cinema, das séries de TV e da literatura de suspense e espionagem. Não é apenas o raciocínio, é também a nossa emoção que desperta. É preciso analisar o todo, levantar hipóteses, verificar perspectivas. É preciso reconhecer as pistas que nos conduzem ou afastam da solução e que provocam medo, exaltação, terror, mas também dever, justiça, missão.

Os detetives clássicos eram personalidades solitárias, mas envolvidas nos dramas humanos do seu meio: o temível Sherlock Holmes, o fino e delicado Hercule Poirot, o intempestivo Columbo, a simpática *Miss* Marple. Nas atuais séries televisivas de investigação criminal, o que conta é o trabalho de equipe. O raciocínio lógico caracteriza-se por ser assertivo, rápido e eficiente, com base na perícia tecnológica, argúcia de espírito, intuição perspicaz e rápida, empenho e persistência.

Filosofar também é um trabalho de detetive. O querer saber é constante. É preciso persistir, insistir e não desistir. É preciso não acomodar, nem aceitar passivamente. O filósofo, como o espião ou o detetive, tem de levantar todas as hipóteses e todas as suspeitas. De início, ninguém está ilibado ou inocentado. Não há respostas evidentes; tudo tem de ser fundamentado, argumentado, logicamente construído. Um quebra--cabeça em que os encaixes certos têm de ser encontrados. O espírito filosófico combate a precipitação, o imediato, as evidências do senso comum. Mestre da suspeita, esse é o atributo dos que são filósofos. As evidências são enganadoras, e a pressa é inimiga do raciocínio e da fundamentação. Suspeitar significa querer ver para além do visível, querer compreender para além do imediato, querer ter a noção do todo para além das partes, querer os fundamentos para além das justificações óbvias, em suma, fazer sentido.

À primeira vista, parece que os filósofos se ocupam com problemas extraordinários: o mundo exterior é real? Que são o tempo e o espaço? O ser humano é livre? Essa atração por enigmas que estão para além da física torna a filosofia muito mais absorvente que os filmes de Hitchcock e muito mais intrigante que o *Assassinato no Expresso Oriente*. A atitude filosófica implica todo o nosso ser, convoca-nos na totalidade. Estremecemos perante a realidade, ficamos espantados com o Universo, a vida e o sentido da existência, ou com a falta dele. O filósofo é um espião do ser.

2. Filosofar é interpretar

Se a filosofia faz sentido, o filósofo tem de ser um intérprete da realidade. A necessidade de interpretar surge quando uma realidade é ambígua, ou porque não sabemos o que ela significa, ou porque apresenta vários significados possíveis. Em rigor, nada é o que parece, e a realidade raramente é transparente e linear. A filosofia requer que ousemos pensar por nós próprios e nos distanciemos do imediato. O filósofo tem de espiar, interpelar, levantar questões e véus. Nem todos os álibis são confiáveis, nem todos os depoimentos são verdadeiros, nem todos os atos são legítimos, nem todas as testemunhas são inocentes. Não há dúvida: os filósofos têm de ser intérpretes.

Qualquer interpretação começa por uma tarefa de decifração. O intérprete tem de se aplicar. Na vida cotidiana, temos, por vezes, de decifrar a letra apressada de um médico e, se não a compreendermos, é preciso confirmar depois com o profissional. Um químico interpreta o aparecimento de uma mistura como prova da presença de uma substância, que depois confirmará através de testes científicos. Se atingir os fatos procurados, a interpretação transforma-se em conhecimento.

Existe outro tipo de investigação em que a interpretação permanece parcialmente subjetiva, porque a ambiguidade reside no próprio sujeito; é o caso de um texto literário ou de um discurso político. Claro que essas interpretações podem ser delimitadas por dados objetivos, como o conjunto da obra poética do autor e a carreira política de quem fez o discurso. Mas, mesmo se conhecermos esses contextos, não teremos provas absolutas sobre as intenções que atribuímos a autores e políticos: eles têm valores e conhecimentos que não reconhecemos. Esse tipo de ambiguidade não é um defeito da análise; é uma característica do objeto analisado. E nossa interpretação permanece subjetiva, sem demonstração.

Suponhamos que eu tenha um dilema: preciso tomar conta do meu pai, porque minha mãe está doente, mas não posso faltar ao trabalho. É uma questão a ser resolvida pelo bom senso. Cada um é que sabe dos seus deveres como filho. E é do senso comum que existem deveres para com os pais. Posso pedir conselho aos amigos. Posso indagar acerca do que outros fariam. Se quiser ser minucioso, posso querer saber o que dizem a psicologia e a sociologia sobre relacionamentos entre pais e filhos no século XXI, na Europa, e quais os comportamentos habituais nessa situação. Mas, enquanto faço todas essas perguntas, é bom que já tenha tomado uma decisão, porque está em jogo a saúde dos meus pais.

A filosofia segue um caminho muito diferente perante esse dilema. Se eu perguntar se devo cuidar do meu pai ou ir trabalhar, a filosofia impele-me para questões cada vez mais genéricas. De que modo experimento a obrigação de ajudar? Como respondo a um apelo, ao dever? Qual é a natureza do dever? De onde vem o seu valor? Na verdade, essas perguntas nos afastam da solução do dilema, que só exige bom senso. Começamos com um problema concreto, mas acabamos por colocar questões sobre a realidade e o seu todo. Por quê?

Em primeiro lugar, porque o filósofo procura a universalidade, ou seja, a totalidade dos objetos e do sujeito. Tudo o preocupa, toda a vida, toda a ação. Mesmo quando não damos por isso, a atitude filosófica não deixa nada de fora. E essa totalidade não é um somatório das partes, como o tempo não é um somatório de dias. Compreender o todo implica distanciamento, abstração e descentralização. O filósofo é um espião que tem de desmascarar ou desvelar o sentido íntimo das coisas. E, ao decifrar sinais, mesmo que não alcance certezas, está caminhando para o todo.

A filosofia não é uma atividade alheia a quem a realiza, não é uma ocupação inocente em relação a quem a exerce. Implica todo o nosso ser. Noutras atividades, imaginamos facilmente um profissional que executa sua atividade de uma forma e vive de modo distinto. Em filosofia, isso é impossível. Assim como o atleta trabalha com o seu corpo e com os seus músculos força e resistência, também o filósofo trabalha com todo o seu ser todo o seu pensamento. Sente e expressa sua inquietação. As questões da filosofia não são hipóteses científicas, nem exercícios de abstração. Resultam de uma inquietação e de uma procura. Somos nós que nos interrogamos, que estremecemos e nos inquietamos perante a verdade, a vida, a morte, a dor, o reconhecimento, a história, o amor. Pensar, querer e julgar não são exteriores a nós. A filosofia e a vida estão ligadas, e, por vezes, demasiado ligadas.

A consequência é que, por mais concreto que seja um problema, só o tratamos filosoficamente se o abordarmos metodicamente com a maior generalidade possível. Uma interpretação filosófica que ignore ou distorça partes da totalidade não serve. Quando um botânico observa uma flor, confia na sua capacidade de observador, na sua lupa e na tabela com que compara as cores das pétalas; procede segundo quadros de referência. Mas, na interpretação filosófica, estão em evidência o observador e o observado. O elemento subjetivo que caracteriza as interpretações filosóficas é inevitável, mas generoso em resultados. É pensamento e vida em ação, como veremos mais adiante a propósito do reconhecimento.

Uma segunda característica das interpretações filosóficas é o fato de serem sistemáticas. A filosofia forma uma rede de conclusões interdependentes. A necessidade de sistematização surge tanto no âmbito prático como no teórico. No dia a dia, se queremos ser eficazes, temos de coordenar nossas escolhas e ser coerentes. No plano teórico, devemos correlacionar as ideias se queremos que elas tenham impacto. Como forma de conhecer e reconhecer, a filosofia torna-se vital, levando-nos a responder a questões fundamentais. Embora teórica e reflexiva, a filosofia é uma prática, por implicar uma ação destinada a dar sentido à existência.

A análise lógica pode determinar a coerência do sistema – que é a ausência de contradições – e a consistência – que é a ausência de omissões. Mediante esses princípios, podemos excluir como fantasiosas as interpretações isoladas. Contudo, não devemos confundir a exigência de sistema com uma adesão a normas ou regras sem exceção. Há sempre *filósofos de serviço* que atacam as filosofias dos outros por falta de consistência lógica; e há os que censuram a reflexão filosófica por ser demasiado esquemática e incapaz de fornecer respostas flexíveis à mudança das circunstâncias e à diversidade da vida.

Neste livro, consideramos que a consistência e a coerência da filosofia brotam do pensamento sistemático. São defeituosos e estão condenados tanto os sistemas que obscurecem as linhas de distinção da realidade como os que tentam forçar a variedade do ser numa uniformidade cinzenta; estes acabam por pensar que, *à noite, todos os gatos são pardos*. Em contraste, a reflexão sistemática ajuda a entender diferentes modalidades de aplicação a diferentes circunstâncias, como: o que devemos aos outros, as circunstâncias em que certas ações são apropriadas e de que modo nossos pensamentos e sentimentos são relevantes para as nossas decisões. Não é difícil justificar o *porquê* do sistema; difícil é encontrar o *como* e relacionar as ideias de modo a encontrar as respostas adequadas.

A terceira característica das interpretações filosóficas é a historicidade. Ninguém parte do zero. Herdamos costumes. Os termos da nossa linguagem têm um significado construído ao longo da história. Podemos alterar esse significado e inovar. Mas, se fizermos tábua rasa e estivermos sempre inventando novos termos, abdicamos de nos comunicar.

O mesmo se passa em filosofia. Para ser esclarecedora, a filosofia deve usar uma linguagem já reconhecida e ligar-se a interpretações anteriores. Se quisermos nos iniciar na filosofia, devemos conhecer sua história, em que os problemas são definidos e as respostas, sugeridas. Devemos começar por aí, mesmo para proceder a uma interpretação original. Dialogar com a história da filosofia não é uma questão de curiosidade de antiquário, e menos ainda da aceitação reverente dos textos: é uma questão de nos apropriarmos dos instrumentos de interpretação. Nesse grande debate com os filósofos, procuramos definir a nossa própria voz. E é por essa razão que este livro dialoga com os grandes filósofos.

Apesar de ter uma história, a filosofia não tem textos sagrados, nem doutrinas que devam ser aceitas. A filosofia aprecia a historicidade porque celebra os grandes pensadores como meio de renovar sua reflexão, e não por imobilismo do pensamento. Mudam-se os tempos, muda-se a vontade, muda-se o pensamento. As respostas são outras, as inquietações também. Orientamo-nos por ideias que nos foram comunicadas pela cultura. Interpretamos o mundo conforme a ciência e o senso comum, com raízes profundas no passado. Julgamos e decidimos segundo princípios morais que a sociedade nos transmitiu. Nossas ações e decisões terão efeitos nos corredores do futuro. Por isso sabemos que a historicidade está presente na compreensão filosófica.

3. A aurora da especulação

"O mito é o nada que é tudo", escreveu o poeta Fernando Pessoa. Narrativas recheadas de símbolos e figuras imaginárias oferecem uma explicação da realidade. Assim surgiram os mitos cheios de magia e cor. Deuses, deusas, semideuses, heróis e heroínas preenchem narrativas repletas de beleza, aventura e ação. Não são passatempo ou distração. Não pretendem entreter ou divertir. Têm a função primordial de explicar e tornar inteligível o que ainda não foi compreendido, mas levantam perplexidades. São histórias explicativas do cosmos, respostas a necessidades de segurança e compreensão do real.

Na aurora da civilização, o homem primitivo criou instrumentos para afeiçoar objetos e criou os mitos para aperfeiçoar as capacidades do sujeito. O primitivo reuniu alimentos e aprendeu o expediente do fogo para os cozinhar. Com sua linguagem, seu desejo e sua necessidade de conhecer, criou as explicações simbólicas que observamos pintadas nas cavernas de Lascaux e de Altamira. O funcionamento da natureza aparece-lhe como a expressão de forças misteriosas. Ainda assim, por detrás da complexidade dessas forças, procurou uma estrutura mais simples que poderia ser descrita de modo simbólico.

O universo que inquieta esses seres humanos é um cosmos, uma ordem que é preciso compreender e interpretar. O mundo povoado por forças cedeu lugar a outro com novas explicações, como se verificou sobretudo no século VI a.C. Essa passagem ocorreu nas várias civilizações da China, da Índia, do Irã, de Israel e da Grécia. Talvez porque a insatisfação aumentou e a necessidade de saber é ininterrupta. Talvez porque as viagens trazem novas formas de viver. Os contatos proporcionam a consciência de contradições na sabedoria popular e nos mitos. As explicações tradicionais, que satisfaziam a uma sociedade aristocrata e guerreira, aparecem inadequadas e insuficientes: os mitos começam a ruir. A razão continua a buscar o que é permanente e universal no fluxo da experiência. Mas a mentalidade mítica era sincrética: as pinturas e estátuas das forças primordiais misturavam elementos animais, divinos e humanos. Do lado oposto, a mentalidade racional é analítica, procura distinguir entre pensamento e ser e, dentro do ser, entre sujeito e objeto. O mito que era uma metafísica primeira vai ceder o lugar ao *logos*, que se descobrirá depois como uma mitologia secundária.

A efervescência comercial, a prosperidade material e a comunicação entre culturas foram condições importantes para que surgisse tempo livre para o estudo e a reflexão. Essas condições de nada serviriam se a consciência não se descobrisse como capacidade racional de compreender o mundo. Havia ócio para alguns e capacidades intelectuais na China, na Índia e no Irã da Antiguidade. Mas só na Grécia começou a história da filosofia, que é quase tão longa quanto a cultura ocidental e tem data e local de nascimento: o século VI a.C., nas colônias gregas da Ásia Menor. Os chamados filósofos pré-socráticos vão procurar o princípio unificador e a origem do cosmos. Foi essa a aurora da razão.

As primeiras respostas filosóficas nos chegaram como fragmentos de poemas intitulados *Sobre a Natureza*. Já os poetas tinham especulado sobre a origem do mundo, a natureza do Sol e das estrelas, e sobre a causa do fogo. Mas as novas perguntas sobre essas realidades são feitas com um espírito crítico, e as respostas procuradas baseiam-se em raciocínios e provas. Tales afirmou que a água é o princípio de todas as coisas. Anaxímenes disse que é do ar que nasceram as coisas que são e têm sido.

O que hoje sabemos sobre a prevalência dos átomos de hidrogênio no Universo confere razoabilidade às surpreendentes afirmações de Tales e Anaxímenes. As sondas que lançamos ao espaço continuam à procura de sinais de água em planetas remotos como o melhor indício de que pode haver vida além da que existe na Terra. As explicações dos pré-socráticos parecem primitivas e quase infantis. O que é inspirador e marca uma virada na história humana é a questão à qual tentam responder. Qual é a causa de todas as coisas? Qual é o elemento de que todas as coisas são feitas? A ideia subjacente é que há uma realidade primordial que, através de um processo ordenado, assume as aparências que nosso mundo exibe.

A senda estava aberta. Parmênides, filósofo da cidade de Eleia, posterior a Tales, desafia radicalmente o senso comum. Suas frases são sibilinas e profundas. É sua convicção de que *pensar e ser é o mesmo*. A coisa que pode ser pensada e a coisa devido à qual o pensamento existe é a mesma. E, porque o pensamento só capta o que é, não há mudança, nem movimento, nem variedade.

Em complemento a Parmênides está seu parceiro de escola, Heráclito de Éfeso, a considerar a realidade como movimento. Simboliza esse movimento em termos de guerra, fogo e água corrente: "Este mundo, que é o mesmo para todos, nenhum dos deuses ou dos humanos o fez; mas foi sempre, é agora, e sempre será, um fogo vivo"; "A guerra é o pai de todas as coisas". Devemos saber que a guerra é comum a todos e que todas as coisas nascem e morrem por contenda. "Não podemos nos banhar duas vezes nas águas do mesmo rio", afirma o filósofo da mudança permanente.

As investigações dos pré-socráticos estabeleceram os dois problemas fundamentais da filosofia: como se relaciona a realidade inteligível com o mundo experiencial, e a forma como captar o fluxo de experiência mediante conceitos com significado intemporal.

Para o primeiro problema, os atomistas Demócrito e Leucipo, do século IV a.C., encontraram uma solução engenhosa. Aceitaram os argumentos de Parmênides de que a realidade deve ser uniforme e qualitativamente indeterminada, mas quebraram a esfera do ser em pequenos fragmentos, a que chamaram átomos. Em seguida, transformaram a mudança de que falava Heráclito no movimento incessante dos átomos no espaço vazio. O mundo que conhecemos é o resultado dessas configurações de átomos e nasce por sua conjunção; por sua separação, morre. É preciso salientar que essa visão atômica da natureza permanece como a base da ciência física; nasceu há quase 2.500

anos por especulação, e com pouca assistência da observação e da experiência; foi o produto de gerações de filósofos a elaborarem esquemas conceptuais para compreenderem a realidade. Mas tal foi seu vigor que, com a noção de Pitágoras e de Platão, forneceu o quadro de referência para a ciência futura.

A segunda questão, ou seja, de que modo o fluxo de experiência pode ser captado por um esquema conceptual, não pode ser resolvida pelos filósofos atomistas. Era necessário analisar muito claramente o contraste entre a matéria e a mente. O nome que se destaca é o de Anaxágoras, de Atenas. É o primeiro a conferir um papel predominante à razão (*nous*): "O *nous* tem poder sobre todas as coisas com vida, maiores e menores. (...) O *nous* ordena todas as coisas que serão e todas as coisas que foram e as que são". Mas Anaxágoras ainda concebe a razão como uma substância material, embora a mais pura de todas. Foi então que a escola de Atenas fez sua entrada na história do pensamento. Os diálogos orais de Sócrates trouxeram as definições de conceitos; os diálogos escritos de Platão introduziram a teoria das ideias; e Aristóteles sistematizou esses princípios. A filosofia ficou consolidada.

4. Temas e problemas

Os primeiros filósofos procuram o princípio ordenador do cosmos. Mas muito depressa surgem discordâncias entre eles. Os pré-socráticos dividem-se em escolas. Sócrates opõe-se aos sofistas. Aristóteles discorda de Platão. Os discípulos de Sócrates fragmentam-se em cínicos, cirenaicos e megáricos. Com o declínio da cidade-estado grega, mais escolas de grande impacto aparecerão, como a dos estoicos e a dos epicuristas. Os pensadores cristãos adotam algumas dessas correntes e rejeitam outras. Com o passar da história da filosofia, mais querelas surgirão. O debate mais famoso da Idade Média deu-se entre nominalistas e realistas. Nos tempos modernos, racionalistas e empiristas quase arrancavam os olhos uns aos outros, metaforicamente falando. Atualmente, os filósofos do corpo e da mente disputam a primazia.

De certa forma, cada filósofo rompe sempre com seu tempo, supera antinomias, cria novos modos de colocar questões. Os dados são lançados de outra forma, muda-se a perspectiva, e tudo passa a ser compreendido de outra maneira. Os grandes autores superam os anteriores. Platão, Aristóteles, Agostinho, Tomás de Aquino, Descartes, Kant, Hegel, Heidegger, Sartre,

Wittgenstein, Lonergan – a lista não é rígida – são marcos incontornáveis do pensamento. Mas isso não equivale a uma aceitação passiva das suas teses; antes, refere-se ao reconhecimento de que construíram sistemas que, ideia por ideia, raciocínio por raciocínio, formam um todo, único, coerente e fundamentado, como um organismo em que cada parte assume uma posição vital e cada aspecto só pode ser compreendido à luz do todo. E que temas são esses, os da filosofia?

À interrogação sobre o que trata a filosofia, foram dadas respostas muito variadas.

Uma primeira resposta diz: o conhecimento. As ciências conhecem; a filosofia investiga a possibilidade, a natureza e o valor do conhecimento. Essa é a resposta de Kant e de muitos dos seus seguidores, que insistem na importância da gnosiologia, da metodologia e da epistemologia.

Segunda resposta: os valores. As ciências investigam aquilo que é; a filosofia investiga aquilo que deve ser. Tal é a resposta dada pela escola da filosofia dos valores, que teve expoentes extraordinários em Nietzsche e Max Scheler e outros filósofos contemporâneos.

Terceira resposta: o ser humano, o pressuposto e fundamento de tudo, como dizem os filósofos existencialistas. Uma vez que toda a realidade se relaciona com o ser humano e as ciências não o tratam de modo abrangente, ele é o objeto da filosofia.

Quarta resposta: a linguagem. Não existem proposições filosóficas, apenas clarificação de proposições, escreveu Wittgenstein. A filosofia compara a linguagem das ciências e a linguagem empírica do ponto de vista da estrutura. Esta é a posição da filosofia analítica e da maioria dos neopositivistas.

Essa lista de temas é apenas indicativa. Exploremos alguns deles, começando pelo conhecimento.

Esse problema do conhecimento é decisivo; e a filosofia crítica utiliza o que há de melhor no debate apontado para delimitar a área do conhecimento verdadeiro. *Crítica da Razão Pura*, de Kant, é a tentativa mais impressionante para descrever o modo como a razão atinge conclusões válidas. Vivemos numa época de pensamento crítico. O conhecimento científico progride todos os dias, mas a instabilidade dos seus resultados já não impressiona. Em nosso tempo, na obra *Insight – Um Estudo do Conhecimento Humano*, Bernard Lonergan escreveu que, se formos capazes de saber o que sucede quando conhecemos, tornaremo-nos capazes de conhecer quando isso sucede: se analisarmos a estrutura dos atos de conhecimento, adquirimos um método de conhecer que nos impele para novas descobertas.

Se agora nos virarmos para a questão do ser humano, o pensamento contemporâneo debate a primazia entre corpo e consciência. Um objeto é apenas um conjunto de nanopartículas, e nosso pensamento, um subproduto de processos cerebrais? Ou, ao contrário, a força dos direitos humanos e da obrigação moral mostra que a consciência tem uma existência própria? Considerar o corpo como a única realidade é dar ênfase ao mundo exterior que produz os eventos mentais. É uma grande inspiração para as ciências físicas, como mostraram os atomistas. Mas o materialismo consistente é a mais improvável e insustentável de todas as teorias, pois nega a realidade autônoma do que é mais imediato até mesmo para os pensadores materialistas, ou seja, a própria consciência.

Os filósofos da consciência consideram-na autônoma. Conhecemos as coisas porque nossa consciência elabora os dados que se nos apresentam. Toda a realidade pode ser definida como um conteúdo do pensamento, real ou potencial. Mas surgem aqui duas objeções. Embora a realidade seja definida como o conteúdo de uma mente, esta é forçosamente muito diferente da mente individual. Se a realidade fosse apenas a soma do que existe em cada mente, não haveria fundamento para um acordo entre as pessoas sobre o que de fato existe. Em segundo lugar, nem tudo o que experimento é produto da minha mente ou da mente de outra pessoa. A chuva que cai não é criada pelo pensamento.

Se, em vez de procurarmos conhecer a essência das coisas, partirmos da sua existência, depararíamos com a questão do reconhecimento. Se, em vez de nos deixarmos dominar pelo desejo de conhecer, deixarmos falar as coisas, com a mesma espontaneidade com que os artistas veem formas, os cientistas resolvem equações e os crentes consideram Deus, o que sucederá? O conhecimento não é a última palavra; é uma das atitudes fundamentais que revelam as coisas. Que sucederá se procurarmos aquilo que, nas coisas, quer ser reconhecido?

Nossa relação com as coisas nasce de um encontro primordial, em acontecimentos concretos no tempo e no espaço, com gestos, palavras e movimentos específicos, e com um sentido de totalidade. Podemos atender ao apelo das realidades existentes. Proferimos, então, as palavras do reconhecimento, do encontro, da relação, da reciprocidade, do eu e do tu. Podemos aceitar ou recusar esse apelo, mas não podemos deixar de lhe responder.

As filosofias do reconhecimento não se centram na relação do eu com os objetos, mas sim na relação entre sujeitos. As palavras principais do reconhecimento são sobre o fato primitivo da relação que existe entre todas as coisas que eu encontro e que comunico ao outro. A categoria de relação exige ser comunicada. Seguindo a lição de Sócrates e dos *Diálogos* de Platão, os filósofos do reconhecimento preferem ajudar os outros a dar à luz, em vez de serem eles mesmos os produtores das verdades. São porta-vozes do apelo de quem se preocupa em explicitar a vida como diálogo, reciprocidade e comunidade.

Nos tempos modernos, o idealista radical George Berkeley, ao considerar a interdependência entre realidade e consciência, criou uma fórmula importante do reconhecimento: "Ser é perceber e ser percebido". Ao centrar toda a sua ética no respeito pelo outro como um fim em si mesmo, também Immanuel Kant valoriza o reconhecimento. A filosofia de Hegel traz consigo a luta pela identidade. Um outro impulso decisivo veio do filósofo Ludwig Feuerbach. Nos *Princípios da Filosofia do Futuro*, considera o ser humano como o sujeito primordial, afirmando que nenhum indivíduo possui a natureza humana em si mesmo. A natureza humana é descoberta pelo primado da relação entre *eu* e *tu*. Na mesma linha, Kierkegaard exalta a existência em protesto contra os sistemas abstratos de pensamento. Friedrich Nietzsche exalta a vida como o domínio do concreto. Wilhelm Dilthey e Martin Heidegger explicitam o que é concretamente vivido desde o interior da vida. Com Martin Buber, Jürgen Habermas, Mikhail Bakhtin e Charles Taylor, entre muitos outros, essa filosofia do reconhecimento encontra uma voz definitiva no século XX. Todos eles revelam um profundo compromisso com a existência.

Vimos como as respostas sobre o objeto da filosofia originaram disciplinas filosóficas ao longo dos tempos. Metafísica é a reflexão sobre a natureza da realidade. Subdivide-se em ontologia, o estudo do ser; cosmologia, que tem o Universo como seu objeto; e antropologia, que lida com o ser humano. A teoria do conhecimento indica seu tema, enquanto a epistemologia especializa-se no conhecimento científico. A estética ocupa-se da arte e da sensibilidade; a ética trata das escolhas humanas. Outras disciplinas indicam claramente o objeto, mediante nomes como filosofia política, filosofia da história, filosofia do direito, filosofia da religião ou filosofia da educação.

A filosofia não é apenas um agregado de investigações distintas. Os filósofos sabem que devem lidar com um problema de cada vez, mas também sabem que existe uma estreita relação entre todos os problemas. As disciplinas filosóficas são diferentes, mas os princípios são idênticos. Ao interpretar uma área de experiência concreta, a filosofia exige uma visão global. Por exemplo, o conceito de ser humano afeta a ética, a política, a história, a religião, e tudo o que podemos conhecer sobre ele. Quando temos de escolher e tomar uma decisão, existem aspectos éticos, antropológicos e gnosiológicos a considerar, pois temos de ser claros acerca dos princípios que assistem às nossas ações: O que vale a pena? Que ideal realizar? Que intenção seguir?

A filosofia forma uma unidade e, como vimos, é sistematizada por isso. No entanto, apesar dessa sistematização, não existe uma resposta inequívoca sobre o que é a filosofia. As tradições, os precedentes e o vocabulário estabelecido podem ser organizados de modo diferente. Temos sempre uma margem de apreciação e um espaço para a originalidade. E sabemos que, mais cedo ou mais tarde, o desejo de conhecer tem de se transformar em conhecimento do desejo.

5. Faz todo o sentido

Em face da complexidade contemporânea, haverá ainda lugar para uma filosofia definida como busca de sabedoria? Pode a filosofia atual responder às questões colocadas por avanços tecnocientíficos, pela crise econômica, pelos conflitos? Não será um ideal caduco?

Quando falamos de filosofia, dificilmente nos mantemos neutros. Com frequência se caminha para extremos: ou se ama ou se odeia, ou se sente atração ou se sente repulsa por considerar que é complexa e difícil. Mas a aprendizagem filosófica não é inalcançável; exclui, sim, o dogmatismo, a passividade, o imobilismo e a apatia, atitudes recorrentes no senso comum. Perante a religião, a filosofia assume atitudes diversas; pode ser agnóstica, ateia ou religiosa. Resumindo: podemos ter tantas definições de filosofia quantos filósofos existam, não por haver uma dispersão anárquica do pensamento, mas pelo fato de a humanidade se organizar em diferentes formas e culturas.

Conhecemos o episódio em que Tales de Mileto foi zombado pela serva que o viu cair num poço enquanto olhava as estrelas no céu. É a caricatura do filósofo despistado, irremediavelmente distraído com as pequenas coisas, inevitavelmente desajeitado para as questões práticas da vida, inadequado à norma das pessoas de sucesso. É comum o filósofo ser objeto de troça por estar fora dos padrões médios. Mas ser ridículo talvez não seja assim tão grave.

Talvez os desajustamentos sejam abençoados e vantajosos diante dos respeitáveis homens de negócios que não suspeitam nem usufruem das delícias de um pensamento que abre novos caminhos. É mil vezes preferível ter um ar desalinhado, preferível até usar uma meia de cada cor, mas ter a liberdade de perguntar, a coragem de questionar, a ousadia de não se contentar. Diríamos mesmo que o ridículo em filosofia não é grave, comparado com a feira de vaidades dos ditos ilustres que nada veem para além do imediato ou da fama. Mais vale ter um buraco no sapato do que um buraco na mente.

A história da filosofia é tão antiga quanto as acusações sobre a inutilidade. Mas, se é verdade que a filosofia não constrói estradas nem pontes, não cura o diabetes nem o colesterol, também é verdade que ela abre horizontes. Se o filósofo não tem aptidão para questões práticas, também não se contenta com um pensamento medíocre, superficial ou vazio. Quem alguma vez já entrou em contato com um genuíno filósofo se sentirá para sempre atraído por ele.

A filosofia acontece nas academias, nos livros, nas revistas, nos cafés, na internet, nas conferências. Traz consigo o grande desejo de universalidade. Quer ultrapassar as singularidades de cada cultura, embora se exprima sempre numa cultura particular. Seu destino não é a sala de conferências, mas a praça pública, o mundo inteiro, tal como Sócrates mostrou. Não é uma universalidade oferecida. Supõe uma ruptura, uma aposta. Tem de se radicar na ação da humanidade que lhe deu o nome: o desejo de conhecer.

Conhecer a história da filosofia é preservar um patrimônio imaterial da humanidade. Dialogar com esses interlocutores é uma boa ocasião de alargar o debate, certos de que não há certezas, convictos de que não há convicções absolutas, nem afirmações inquestionáveis. É necessário questionar o óbvio, como Wittgenstein nos ensinou, não por mania obsessiva, mas para fundar o conhecimento em alicerces sólidos.

A filosofia resistiu a inúmeros ataques e a todas as ditaduras do pensamento. Hoje, parece possível afirmar que ela perdura e veio para ficar. Após milênios de história e de muitas tentativas de suprimi-la, seu estudo está onde existe a coragem de pensar. E assim se confunde com a própria história da humanidade.

Queremos que este livro seja um encontro do leitor com os filósofos. A filosofia faz sentido quando deixa de ser uma construção realizada por outros e nos apropriamos dela em momentos únicos, os momentos da consciência, nos quais reconhecemos que não estamos sós na compreensão do mundo, mas sim que uma longa e ilustre linhagem de pensadores nos estende a mão.

2. Em busca da consciência

1. Onde está a festa?

A festa acabou. As luzes ainda estão acesas, mas todos já foram embora. Foi-se o vozerio de fundo que durou um bom par de horas. As únicas falas que ainda se fazem ouvir, pausadas e distantes, são as da família nos quartos. Em cima da mesa da sala de jantar, acumulam-se copos vazios, pratos com restos já frios, além de travessas com a comida do banquete, que, depois de um tempo no refrigerador, ainda servirá para o dia seguinte. Um pouco por toda a sala, e nas mesas do corredor há mais copos, pratos e pratinhos, que terão de ser recolhidos e lavados. As cadeiras estão todas fora do lugar habitual, e outras que vieram de reforço ficaram encostadas nos cantos. Aqui e ali reparamos numa nódoa, com a inevitabilidade e a compostura de quem faz um registro meteorológico. A enorme desarrumação já nem nos incomoda. A festa acabou, e agora é esperar um novo dia.

Alguém esqueceu o telefone celular. Sobre o tampo de uma cômoda por onde passamos na entrada, toca o som de uma música de chamada. Atendemos com boa disposição, dizendo que sim, que ele está ali, que são uns cabeças de vento, que esquecem tudo, mas que é bom terem de voltar. Ficamos pensando que foi cansativo, mas valeu a pena. Foi preciso fazer uma lista de compras gigantesca e, quando elas chegaram em casa, preparar o que parecia uma tonelada de pratos com receitas que agradassem. Foi uma ocasião de rever amigos e revisitar a barafunda de opiniões que toda a gente tem sobre quase tudo. A todos dissemos "olá", com muita animação. Foi uma diversão. Foi um convívio. Nós nos divertimos. Brindamos. Revisitamos. Vivemos.

A festa terminou. Vieram buscar o celular esquecido. Após a despedida, fechamos a porta com um ar definitivo. Já é tarde, nosso corpo está cansado, mas ainda não nos apetece ir para a cama. Recordamos os bons momentos que passamos e os amigos que vieram nos visitar. E, por um daqueles acasos divinos que ninguém sabe explicar, ficamos a pensar no que se seguirá. Estamos descansando da festa, mas nossa mente põe-se a passear por diferentes e longínquos lugares. Pode pensar no dia que passou, no amanhã, no futuro. Não existem limites para a consciência. A consciência pode sempre alcançar mais realidade do que os nossos olhos veem e para além do que a nossa razão entende. A consciência surge, manifesta-se, acompanha-nos, evidencia-se, revela-se quando criamos espaço e disponibilidade reflexiva, quando não sufocamos os dias com a correria das horas, repletas de afazeres cotidianos, e com a aflição de cumprir um compromisso inadiável qualquer.

É assim que a consciência nos confere muitos poderes. A capacidade de ficarmos atentos ao que é dado pelos sentidos; refletir no que nos é dado pela inteligência; criar conceitos e valores; ajuizar sobre o que achamos oportuno; fazer planos de ação; nos relacionarmos com os outros; nos sentirmos apaixonados. Os momentos da consciência não são uma raridade que só acontece às vezes. São a nossa condição para iniciarmos uma relação com tudo o que nos rodeia. O que é mais raro é a absorção completa numa situação, o mergulho total e concentrado numa questão.

A consequência de sermos consciência é que não respondemos às situações da mesma forma que a galinha quando corre para um verme, ou o cão quando ladra ao ouvir um ruído, nem ficamos perplexos como um burro entre dois feixes de palha. O passado e o futuro, o que está distante no espaço, estão em nosso presente. Com a consciência, vivemos para além do imediato que se revela fugaz. Com ela, confrontamo-nos com alternativas e tensões, com perguntas e escolhas inevitáveis. A consciência informa todas as nossas ações e decisões.

Sabemos que uma questão de consciência surge nas encruzilhadas da vida quando temos de dizer a nós próprios o que fazer e como agir para cumprir um propósito ou um pedido. Uma questão de consciência surge quando um evento, uma pessoa ou mesmo algo inanimado – um ser, como dizem os filósofos –, obriga-nos a nos interrogarmos. É um dilema no qual ficamos entre dois mundos, em que ainda não conseguimos antecipar o definitivo, mas já não estamos presos ao provisório.

O que encontramos nesses momentos vai e vem, ganha forma e depois se dispersa. Através desse processo, vamos ganhando consciência do que acontece, da nossa participação no ser, dizem os filósofos. A consciência aproxima-se do ponto de ruptura, do ponto em que quebra os laços que a ligam às coisas, preparando-se para uma resolução, um pedido, uma descoberta, um conflito. Parece sozinha, mas está em comunicação com tudo. Parece isolada, mas manifesta uma fortíssima presença do outro. Experimenta-se como *eu*, mas é porque chama *tu* aos outros e às coisas. Enfrenta-se a si mesma, mas está, afinal, ligada aos outros, não só às coisas que tem a conhecer, como às pessoas que reconhece serem importantes, e talvez mesmo decisivas, na sua existência. Manifesta o eu com tanta plenitude como o outro. *Olá, Consciência!* – podemos então dizer. Um dos primeiros grandes filósofos, Sócrates, deu expressão a esse evento mediante o célebre aforismo *gnothi se authon*, que podemos traduzir, de maneira não convencional, por *reconhece-te!*

A consciência não tem pressa para resolver os enigmas. Precisa de tempo, tempo longo de maturação, tempo de gestação, tempo de hibernação, tempo de amadurecimento, como nas sementeiras é preciso saber esperar pela época das colheitas. A consciência exige uma atividade morosa; trata-se de um mergulho em profundidade, onde não estamos navegando à superfície das águas. O mergulho em águas profundas exige preparação, e a descida deve ser lenta, porque a pressão aumenta, com risco para a nossa vida.

A consciência exige disponibilidade. Os negócios nascem da negação do ócio e da premência de pôr a circular bens e serviços, num movimento que se designou de comércio e em que ocorrem as trocas. O filósofo, em vez de negar o ócio, aproveitou esse tempo e transformou-o em disponibilidade para interrogar e reconstituir nosso encontro originário com o ser. Ócio, tempo de lazer, sem pressa, isso é chão fértil para quem souber aproveitar. A sociedade vive sempre em alta velocidade, a consciência não. Não pode haver correria, senão o pensamento tropeça, e a pressa é inimiga da consciência, como é da perfeição. Como é maravilhosa a inutilidade da consciência, porque serve para voar mais alto e pensar melhor.

No reino da consciência, não somos espectadores. Não somos consumidores. Não somos assistentes. Não somos público. Temos pela frente um caminho virgem por desbravar. Não há instruções, nem rosa dos ventos. Não há guia turístico, nem mapa desenhado como nas grandes capitais. O percurso não está definido, não há um *menu* de escolhas. Quando a altitude é elevada, o esforço de subir ou de descer implica um ajustamento fisiológico à variação de oxigênio; é necessário fazer paradas. Avançamos ou recuamos mediante a nossa capacidade de caminhar. Nenhuma atividade arriscada se faz às pressas, sem esforço nem preparação. É preciso preparar a bagagem. Trata-se de descobrir o que é conhecer e ser reconhecido.

A consciência transforma-se à medida que se afirma; parece ganhar substância e passa a funcionar na dimensão do sujeito que experimenta, manipula e aprecia objetos. Afirma-se como um eu e destaca-se perante as coisas que começou a encontrar. Passa a examinar informações, como quem usa um microscópio para um exame minucioso ou um telescópio para ter uma visão de conjunto. Os objetos surgem isolados ou em conjunto, e a consciência lhes dá nomes, substantiva-os para os nomear e classificar. São os atos de conhecimento que vão desde o encontro empírico até a compreensão intelectual, a identificação mediante juízos racionais, a apreciação que dá notas e valores, a adesão entusiástica e apaixonada.

Só depois de passar pela relação originária com as coisas, a consciência as experimenta como objetos, como agregados de qualidades que permanecem após o encontro inicial. Valendo-se da memória da relação, a consciência complementa a substância das coisas que se revelou conforme o tipo de pessoa que se é. Daí a consciência coloca as coisas num lugar no espaço, num momento no tempo, liga-as por causas e atribui-lhes sentido.

Surge, então, a outra palavra fundamental da consciência, o *reconhecimento*. Conhecem-se objetos, mas reconhecem-se sujeitos. Queremos conhecer o ser, mas o ser quer ser reconhecido. Os seres com quem entramos em relação podem ser mais do que simples objetos, coisas resultantes da percepção individual. Podem ser *em si*, como dizem os filósofos, trazendo os seus pronomes para a linguagem com que falamos das coisas. Estavam despercebidos, parecendo esperar para entrar em relação. E então as coisas se manifestam no espaço, mas com uma exclusividade sem limites nem medida, a que tudo o mais serve de fundo. Manifestam-se no tempo, mas num processo que não é uma sequência organizada, e sim uma duração muito intensa. Manifestam-se, simultaneamente, como agente e paciente, fora da cadeia de causas e em reciprocidade com o nosso eu, o início e o fim do acontecimento. Para falarmos das coisas desta forma, precisamos de pronomes, passando, assim, a tratá-las por *tu*.

Há momentos de consciência em que o mundo é por nós reconhecido. É como se, de repente, escutássemos a música a cuja partitura não tínhamos acesso e de que até então só tínhamos escutado notas soltas. São momentos únicos e, num certo sentido, imortais. São terrivelmente evanescentes. Não deixam um conteúdo que possa ser plenamente conhecido. Mas sua força penetra nosso conhecimento e nossa ação, e sua irradiação penetra no mundo. Assim nascem nossas descobertas, nossas decisões, nossas revoltas, nossos amores, nossas lutas e reconciliações. À sua maneira, são uma festa, a festa da consciência. Por isso, quando atingimos esses estágios em que sentimos repercutir todo o Universo povoado de seres, de pessoas e de coisas, podemos consagradamente repetir: *Olá, Consciência!*

2. A consciência e o eu

Antes de avançarmos mais neste livro, temos de deixar claro que a consciência de que falam os filósofos não se confunde com o *eu* da psicologia e da neurofisiologia, nem com o *ego* da psicanálise. Estamos falando de abordagens diferentes e temos de afastar alguns mal-entendidos.

A psicologia de meados do século XIX investigou a consciência usando o método de introspeção, ou seja, observando a própria mente e relatando o que observava. Essa visão da consciência como faculdade mental caiu em descrédito no início do século XX.

O termo *inconsciente* foi criado pelo filósofo Eduard von Hartmann, mas foi Sigmund Freud que lhe atribuiu um alcance psicanalítico. Freud considera a consciência como a ponta de um *iceberg* em que a massa de maior dimensão é o inconsciente. Talvez Freud objetasse que essa é uma imagem fálica, mas não importa. O mundo dos sonhos, dos atos falhos e o mundo da libido foram usados pela psicanálise para provar a tensão entre consciente e inconsciente. Freud utiliza os termos latinos *id*, *ego* e *superego* para indicar o subconsciente, o consciente e o supraconsciente, que, em conjunto, formam o psiquismo. Neste, a consciência seria apenas a antecâmara de uma vasta e imensa sala, o inconsciente, com baús repletos de desejos, recalques, frustrações e outros conteúdos latentes. O estudo desses conteúdos forneceria as chaves para a compreensão de várias patologias.

As neurociências contemporâneas consideram a consciência como um produto do desenvolvimento biológico e um espelho da complexidade cerebral. Estar em vigília e ter uma identidade são processos cerebrais diferenciados, em que o grau de emoção é um marcador da importância relativa de cada um deles. António Damásio, em seu *O Livro da Consciência*, sugere que esta se forma desde um *protoeu*, seguido de um *eu nuclear* e coroado por um *eu autobiográfico*. Estas três entidades não se excluem; antes, sobrepõem-se na rede neuronal. A consciência cria uma espécie de filme multimídia, sempre em constante atualização, cujo público somos nós próprios. Ou seja, criamos mapas cerebrais cujas imagens não são observáveis por outros e, assim, somos os únicos espectadores da nossa própria consciência.

A consciência surge quando há um eu que dá sentido às imagens cerebrais e as torna suas, e, nessa medida, os conteúdos passam a ser sua propriedade. A consciência no sentido neurofisiológico começa quando o eu entra na mente e se apropria dela como criadora de mapas cerebrais. Mapeamos e cartografamos a realidade de forma dinâmica e interativa. A atividade cerebral assemelha-se à de um pintor de telas que produz pinturas dinâmicas que se modificam com luz, cor, memória e emoção. A consciência transforma o eu num criador, alguém que pinta numa paleta de muitas cores e cujos mistérios a ciência continua a pesquisar.

Do ponto de vista científico, falamos da consciência como a entidade que coordena a autoconservação do corpo através de padrões biológicos. As capacidades neurológicas articulam-se com as capacidades intelectuais. Alterações no sistema nervoso e no cérebro provocam imagens, desejos, gestos e ações. Por sua vez, memória, imaginação, emoção, prazer e dor suscitam processos neurológicos específicos. Os processos neuronais, que já são de grande complexidade nos mamíferos superiores, permitem ao ser humano os atos racionais e livres que caracterizam nosso repertório de comportamentos.

Muito haverá a aprender com as ciências sobre o modo como o mundo percebido pela consciência é construído pelo cérebro; e com a psicanálise, sobre as relações entre as camadas mentais de onde emerge a luminosidade da consciência. Todavia, a consciência de que falam os filósofos *não é o eu*. É mesmo tão radicalmente diferente que o melhor seria descrevê-la como a *relação entre eu e tu*, o *tu* sendo sempre outra coisa, mas não necessariamente um outro *eu*.

A análise dos atos de consciência foi sempre um desiderato dos filósofos, a começar pelo grande mestre Aristóteles. No início do século XX, o pensador alemão Edmund Husserl praticou-a de modo notável, com influência sobre pensadores como Martin Heidegger, Max Scheler, Jean-Paul Sartre e Merleau-Ponty, entre outros. Outra grande linhagem resulta de Platão e foi desenvolvida no século XX por autores que articulam a consciência em diálogo, como Franz Rosenzweig, Gabriel Marcel, Emmanuel Lévinas e, sobretudo, Martin Buber. Outros filósofos contemporâneos que valorizam a consciência – como Michael Polanyi, Bernard Lonergan, René Girard, Eric Voegelin e Paul Ricœur – são mais difíceis de categorizar numa dessas correntes. Também há correntes materialistas e positivistas que negam validade à consciência, e é bem possível que o mais célebre subproduto delas tenha sido descoberto por George Steiner, ao detectar a odiosa frase de Adolf Hitler: "A consciência é uma invenção judaica".

Mas voltemos aos filósofos do século XX. Eles deixaram claro que não podemos confundir a *consciência* com o *eu* de que as ciências nos falam. As ciências apenas realçam certos aspectos da consciência; não a revelam, nem a modificam essencialmente. Para os filósofos, o *eu* é um fenômeno secundário em face do ser consciente, uma perspectiva entre outras que se apresentam na consciência. Como afirmou Voegelin, "Eu sou eu, mas não sou um eu". A consciência não é um fluxo no qual surge o eu que capta o mundo exterior; é, antes, uma entidade em que dialogamos com os seres que se nos apresentam como objetos de conhecimento e como sujeitos de reconhecimento.

3. Exercícios com a consciência

Em seu livro *Matéria e Memória*, o filósofo Henri Bergson comparou a relação entre a consciência e o corpo com a que existe entre um casaco e o cabide. Se tirarmos o cabide, o casaco cai no chão; mas se o pendurarmos devidamente, sua forma se impõe sem que percebamos que o cabide continua por baixo. Com esse exemplo presente, iniciemos uma série de exercícios sobre a diversidade de manifestações da consciência.

Em primeiro lugar, a consciência consegue manifestar-se como independente das finalidades do corpo. Nossos desejos não são apenas pulsões e nunca são apenas impulsos biológicos. Comemos e bebemos, separados da animalidade por convenções e instituições, como o matadouro, a culinária e o ritual das refeições. Vestimo-nos não só para nos resguardarmos, mas para nos adornarmos. A sexualidade torna-se um motivo de apreciação erótica ou romântica. As crianças apreciam as brincadeiras e a alegria espontânea que proporcionam porque, assim, libertam-se dos constrangimentos imediatos. Proferimos frases que revelam nosso espanto originário perante as coisas. Admiramos uma paisagem. Escutamos o canto dos pássaros. Numa palavra, nossa criatividade permite à consciência atingir um patamar superior à coordenação das atividades fisiológicas.

É certo que, na labuta diária em que se transformou a luta pela sobrevivência, nem sempre somos criativos; estamos ligados à máquina. Muitos dos aspectos que nos cercam – sons, imagens, movimentos, lugares, momentos, palavras – tornaram-se pouco mais do que instrumentais. Os sons são campainhas de alarme ou sirenes de ambulâncias. As imagens são as luzes vermelhas ou verdes dos semáforos, instruindo-nos para avançar ou parar. Movimentamo-nos para não chegarmos atrasados ao emprego. O espaço pode ser o do elevador para subir ao apartamento ou ao escritório. O tempo pode ser o do relógio que se arrasta até o fim do dia de trabalho. A linguagem pode ser apenas as banalidades que se ouve na televisão, o jargão dos especialistas, os comandos do celular.

Felizmente, nossa criatividade revolta-se contra esses desertos de sentido e nos liberta da tirania dos fatos. E aqui surgem novos exercícios da consciência. O som, em vez de ser ruído, pode ser transformado em música, para dela desfrutar o ouvido. A cor encanta através da pintura. O movimento pode ser posto em liberdade pela dança. O espaço pode se tornar celebração através da escultura e da arquitetura. Cada bairro da cidade, com suas ruas e praças, seus jardins, mercados e cinemas, suas igrejas, suas lojas e seus cafés, é uma possibilidade de reunião. O tempo pode ser celebrado pela memória de um povo. E com a poesia e a literatura desfrutamos plenamente da linguagem. "A poesia é a linguagem a nascer, a língua a tornar-se livre", escreveu Paul Valéry. E toda a arte – criada e fruída – é um modo de libertar os sentidos e eleger novos horizontes. Podemos cultivar o belo naquilo que nos cerca. "O estilo é o próprio ser humano", como escreveu Pascal. E assim começa toda a arte.

Prosseguindo nossos exercícios com a consciência, chegamos à dimensão intelectual com que coordenamos nossas experiências a fim de descobrirmos a realidade. A inteligência elabora hipóteses sobre o que experimentamos. A imaginação antecipa possibilidades que verificam ou falsificam as respostas. A memória mobiliza situações que comprovam ou invalidam os juízos. Ao atingir a plenitude das suas capacidades racionais, a consciência capta as realidades de modo virtualmente incondicional. *Ser ou não ser, eis a questão!*

Um bom ponto de partida para analisar essa dimensão intelectual é o fenômeno da atenção. Não é a atenção que constitui a consciência. Pelo contrário, a consciência é que permite que estejamos atentos. Somos conscientes, mesmo sem pensar. Temos consciência, mesmo distraídos. O que sucede é que a atenção realça a realidade da consciência, intensificando um conteúdo e nos fixando nos atos de conhecimento.

Façamos o exercício de observar uma fotografia colorida ou uma pintura diante de nós. Pareceria suficiente olhá-la para ver tudo o que nela há. Mas não é assim. A superfície tem um fundo no qual se destaca a cor. O fundo é diferente da cor de superfície que estamos fixando. Podemos reparar que a superfície não tem só cor, mas também extensão, ou seja, comprimento e largura. A extensão não é a cor, mas algo diferente, embora esteja unida à cor. À extensão corresponde uma figura que pode ser, por exemplo, mais angulosa ou mais redonda. Constatamos que as cores também não são simples: na cor amarela, existem muitos tons possíveis, com matizes especiais. Mais atenção nos revela diferentes intensidades. Notamos, ainda, que a pintura aparece sobre uma tela que suporta a cor.

Já descobrimos muitos elementos: fundo, cores, extensão, figuras, tons, intensidade e suporte. E isso não é tudo. Se soubermos que se trata de um quadro célebre, por exemplo, *Girassóis* de Van Gogh, a experiência é ainda mais rica, pois envolve a apreciação de uma obra conhecida. Nossa atenção, provavelmente, ficará absorvida pelo tema do quadro, pelos sentimentos que nos inspira e pelos valores estéticos em causa. À medida que fazemos tais apreciações, o fluxo de conteúdos na consciência vai perdendo importância. Se a obra nos encantar, nem sequer nos damos conta do passar do tempo, ou só o notamos se formos interrompidos.

Fizemos um exercício com uma coisa bastante simples, uma pintura, um objeto material. Mas, se passarmos para objetos mentais como a liberdade, a justiça ou a solidariedade, é fácil entender a infinidade de aspectos que neles podemos descobrir e quanta atividade é necessária para que compreendamos os conteúdos que a consciência nos apresenta. O saber não ocupa lugar, mas decerto leva muito tempo para ser adquirido. Para dizer algo de novo e ter mais de quinze minutos de fama, é preciso anos de esforço em que o intelecto vai adquirindo perspectivas sucessivas até alcançar a verdade que deseja. Albert Camus costumava dizer que demorava uns dez anos até nos apropriarmos de uma ideia e vivermos conforme o que ela nos exige.

Há uma outra dimensão da consciência, a dimensão dramática. Exercitemos os seus motivos e propósitos. A consciência vive da relação entre o eu e os outros. Somos animais dramáticos e precisamos ser confirmados. Nascemos numa família. Criamos amizades. Fundamos instituições. Nossa experiência contém uma sucessão e uma direção, porque agimos pensando nos outros. Cada um de nós descobre papéis para representar. Desde crianças, formamos o caráter por meio da educação e da disciplina, mas também da transgressão e da inovação. A consciência nos permite escolher, mas nós não deliberamos quem vamos ser. Viver não é reunir materiais para depois lhes sobrepor uma forma. A vida não é um conjunto de ingredientes a que depois se aplica uma receita. A vida é aprendizagem constante e resposta a apelos permanentes. Como escreveu Schopenhauer, nós nos tornamos quem somos ao descobrirmos nosso verdadeiro caráter.

Os momentos dramáticos da consciência estão sempre surgindo. São pontos críticos na autonomia do sujeito, momentos de viragem e responsabilidade. Nós os alcançamos quando descobrimos o que nos cabe decidir e o que devemos fazer. À primeira vista, fazer, decidir e descobrir são atos relativos a coisas e objetos. Mas, refletindo melhor, compreendemos que todos esses atos e essas descobertas nos afetam profundamente como sujeitos. Acumulam-se em nós, como nossas disposições e nossos hábitos, e transformam-nos em quem queremos e devemos ser. Como escreveu Lonergan, a autonomia permite decidir o que a autonomia deve ser.

Qualquer ação moral, observa Aristóteles, é mais decisiva que todos os princípios da ética. O cerne da responsabilidade gira em torno do que eu faço, e não dos princípios morais que sou capaz de formular. Por isso, a alegria mais profunda vem das ações que executamos em benefício dos outros. Nosso horizonte de sentido e de valor amplia-se através dessa relação, como se pode reduzir brutalmente, se a perdermos entre angústias e ansiedades.

Atingimos, então, um novo patamar da consciência quando esta escolhe e é escolhida na mútua ação face a face. E temos de realizar um novo tipo de exercício. Estamos perante o paradoxo de duas realidades – eu e tu –, que se procuram para cada uma ser ela mesma. O tu não pode ser abordado por explicações redutoras. O tu é irredutível a um objeto sobre o qual enuncio juízos predicativos. Se o transformo num objeto, num *isso*, numa soma de qualidades que eu instrumentalizo, o outro perde a espessura de ser.

O amor altera a consciência. A relação entre eu e tu envolve atividade e passividade. Torno-me eu na relação com o tu. O tu orienta minha atualização, e eu exerço minha ação sobre o outro. Minha abertura ao outro define o meu ser. Num texto que moldou a civilização chinesa há 2.500 anos, Lao-Tsé comenta a partilha da sabedoria de vida: "O sábio não acumula. Ao oferecer tudo o que tem aos outros, ele tem ainda mais. Tendo dado tudo de si aos outros, ficou ainda mais rico!". É nessa relação que o eu e o tu se vinculam, adquirindo cada um sua realidade, num fluxo constante de latência e paciência a que alguns chamam amor.

Falamos de como a consciência se manifesta em diferentes patamares e atividades que se cruzam entre si, de formas muitas vezes inesperadas. A realidade transborda a consciência e nos transcende de múltiplas maneiras. Mas a consciência rompe esse absolutismo inicial do ser, exercitando-se de maneira atenta, inteligente, racional, responsável e apaixonada. É assim que poderá gerir o corpo em que vive e viver num determinado mundo. É mediante esses atos que entra em contato com o outro, com a sociedade, e cria uma história, sua e da comunidade na qual se afirma e se reconhece como participante da humanidade universal.

As manifestações da consciência não têm a rigidez do formigueiro, nem são apenas um produto da razão. Condicionada pelo corpo, a consciência usa a criatividade para se libertar esteticamente, estabelece conceitos, formula compreensões, bem como é inspirada pela emulação, confirmada pela admiração e sustentada por afetos e emoções. O *mundo dos sentidos* é o domínio transcendido mediante a percepção e a inteligência. O *mundo social* é estabelecido pela pessoa ao entrar em comunicação com outrem e ao criar uma história comum. E o *mundo do ser* resulta do fato de a consciência transcender a multiplicidade de objetos até atingir o que acha bom, belo e verdadeiro. Talvez a velha ideia de que a verdade, a bondade e a beleza estão associadas não seja apenas um estereótipo dos livros de metafísica e uma fantasia dos sábios. A relação entre elas é como uma festa. O barulho, as conversas cruzadas, os sorrisos. No final, os copos vazios e a alma cheia. E podemos brindar: *À nossa*!

4. Entre dois mundos

É estranho. Desde as origens, os filósofos apresentaram uma tese de que a consciência vive entre dois mundos ou de que nosso mundo varia de acordo com a atitude adotada. Parmênides fala do *ser* e das *aparências*; Platão, de *fenômenos* e *ideias*; Descartes, de *dúvida* e *realidade*; Heidegger, das *coisas* e do *dizer*; Buber, do *tu* e do *isso*; Wittgenstein, de *mundo* e de *linguagem*. Essa lista de pares poderia continuar com mais nomes e temas. Talvez a forma estranha de os filósofos dizerem coisas estranhas seja o modo de serem transparentes quanto à dualidade da consciência. Menos por menos dá mais. A negação de uma negação é uma afirmação.

Num dos mais célebres trechos filosóficos, a *Alegoria da Caverna*, Platão descreve maravilhosamente essa dualidade. Ele compara os seres que vivem numa caverna sombria, contemplando sombras de objetos, com um outro que se liberta dessa prisão. Após um processo cheio de dificuldades, consegue sair para o exterior e contemplar as mesmas coisas à luz do sol. Após mais um processo de adaptação, ele regressa à caverna para tentar libertar os outros. Está estabelecida a dualidade entre o mundo das aparências, ou seja, o mundo das coisas com que nos satisfazemos no dia a dia, e o mundo das ideias, ou, antes, o mundo das coisas como elas são realmente na sua unidade. A aparência caracteriza-se por dispersão e multiplicidade, pelas atribulações da ignorância, dos medos e das pulsões violentas. O ser caracteriza-se porque captamos as coisas na sua unidade, e nesse processo defrontamos com essa insustentável leveza do ser e com o insustentável brilho do sol, que dá luz e calor e assim permite a vida.

Mais de 2 mil anos depois de Platão, Arthur Schopenhauer apresentou essa mesma dualidade em *O Mundo Como Vontade e Representação*, com a linguagem da filosofia crítica posterior ao grande filósofo Immanuel Kant. Disse, então, que nós consideramos o mundo como um conhecimento originado da experiência sensorial e dos conceitos criados pelo intelecto. Precisamos de um princípio de razão suficiente – nada existe sem razão – para orientarmos os diversos tipos de conhecimento que usamos no senso comum, nas ciências naturais, na lógica e na matemática, na psicologia. Para além desse conhecimento do mundo, diz Schopenhauer, há outro modo de considerar o universo em que vivemos e que emerge em momentos bem definidos da consciência: interpela-nos quando contemplamos obras de arte ou uma paisagem natural, quando praticamos um ato de solidariedade ou quando, finalmente, deixamo-nos absorver pelo grande mistério da existência. Afinal, o mistério parece um nada a quem está absorvido por este universo cheio de sóis e estrelas, mas tem todo o valor para quem se libertou deste mundo de preocupações e aparências.

Os filósofos da consciência entendem a realidade da qual ela participa como um conjunto de seres e objetos que a rodeiam. Um conjunto de processos que a envolvem. Coisas que possuem qualidades e que são compostas por momentos. São registradas no espaço e no tempo. E que são limitadas por outras coisas, suscetíveis de serem medidas e comparadas entre si. Um mundo ordenado.

Esse mundo do conhecimento é confiável e tem densidade e duração nas suas articulações. Quase podemos entrar e sair dele incontáveis vezes. Podemos lembrá-lo, fechando os olhos, e verificá-lo depois, com os olhos bem abertos. Podemos considerar que está bem à nossa frente ou alojá-lo dentro de nós, se assim quisermos falar. Em qualquer dos casos, é um conjunto de objetos. Se experimentarmos, entendermos e julgarmos corretamente, conhecemos um objeto verdadeiro e podemos partilhar essa informação. Podemos chegar a um acordo com outras pessoas sobre o que ele é, embora nem todos o experimentemos, entendamos e julguemos do mesmo modo.

Em contraste, quando a consciência reconhece o ser das coisas, ela se confronta sempre com um só ser e com cada coisa como um ser. O que existe revela-se numa ocorrência singular, num determinado local, num dia e hora específicos, numa dada conjuntura. O lugar em que reconhecemos alguém não foi um espaço qualquer, mas uma determinada casa, um parque, um restaurante ou uma rua. O tempo em que descobrimos nossa vocação não foi um tempo indiferente, mas um momento preciso e precioso, uma época da nossa vida. Perante a imensa importância do que então nos aconteceu, o resto pouco interessa. As medidas e as comparações deixam de ser relevantes. Pode dizer-se que cada um de nós absorveu e ficou absorvido por essa realidade. Esses encontros decisivos não se ordenam como o *mundo dos fenômenos*, o mundo da experiência cotidiana, embora cada um deles seja um sinal da ordem do mundo.

Esse mundo em que reconhecemos o ser não é tão confiável como o que se nos apresenta no espaço e no tempo. Aparece sempre como novo e a exigir uma nova linguagem. Vem ter conosco de modo inesperado. Falta-lhe densidade, porque permeia tudo e tudo o permeia. Falta-lhe duração, porque surge sem ser chamado e pode desaparecer se o queremos manter. Se o queremos investigar exaustivamente, o perdemos de vista.

A consciência não o sente como exterior ou interior, mas como um chão que é seu, e não é demais chamar-lhe consciência da nossa consciência. Mas não o podemos transpor como sendo nosso, e menos ainda considerá-lo um mundo interior, porque isso seria destruir sua qualidade de ser comum a nós e a quem nós reconhecemos.

Entre nós e o mundo do ser existe uma reciprocidade: cada um de nós pode entregar-se a ele, e esse mundo entrega-se a cada um de nós. Mas ele nos ensina a nos encontrarmos com os outros e a nos mantermos em nosso chão, assegurando nossas convicções. É um dom gratuito pelo qual nos sentimos agradecidos. Podemos mesmo agradecer com um *obrigado* se ele aconteceu através de outra pessoa. Ele pode, através da graça de seu advento e da melancolia de sua partida, através da saudade com que o sentimos presente na sua ausência, conduzir cada um de nós pelo mundo em que se cruzam ser e fenômenos.

A interseção entre o mundo dos fenômenos e o mundo do ser é permanente. O indivíduo torna-se objeto de conhecimento após o reconhecimento, e o objeto conhecido é reconhecido ao entrar na relação. Essas são as duas prerrogativas básicas daquilo a que chamamos *mundo*. Vivemos nele, com todo o tipo de estímulos, atividades e conhecimentos. Na azáfama do dia a dia, os momentos de consciência nos aparecem como episódios líricos. São episódios sedutores que nos puxam perigosamente para situações extremas, afrouxando os laços habituais, deixando-nos por vezes mais dúvidas do que satisfação, abalando nossa segurança e se apresentando enigmáticos, embora sempre estranhamente indispensáveis.

Não conseguiríamos viver no puro presente do mundo do ser: isso iria nos consumir como um incêndio. De fato, só conseguimos viver no *continuum* tempo. Só aí podemos organizar a vida, só aí preenchemos todos os momentos que a experiência nos permite sem que o puro presente do ser nos queime. Os filósofos sempre disseram, com toda a gravidade, a quem verdadeiramente os escuta: sem o conhecimento do mundo dos fenômenos o ser humano não pode viver. Mas – há sempre um *mas* – quem vive só com esse conhecimento não experimentou o que há de mais plenamente humano, que é reconhecer o outro e convidá-lo para a festa da humanidade. E, por isso, dizemos: *Olá, Consciência!*

3. Conhecimento é poder

1. Sair da gaiola

Imaginemos uma pessoa presa numa cela sem janelas, com as paredes revestidas de painéis de madeira cobertos de botões e maçanetas. Ao pressionar os comandos, ela descobre que eles desencadeiam respostas às carências cotidianas: alimento, bebidas, roupa, lazer. Algumas teclas são apenas decorativas. Outras oferecem música e livros. Outras, ao contrário, libertam gases tóxicos, poeiras inflamáveis e choques elétricos.

Nessa situação, torna-se uma questão de vida ou morte estudar esses comandos e os seus efeitos, de forma a distinguir entre as teclas benéficas e as perigosas. Ainda podemos imaginar algumas complicações. Alguns dos painéis apodrecem. A função das teclas muda intempestivamente, sem sequência lógica ou anúncio prévio. A única esperança será identificar muito claramente as regularidades nas mudanças. Só assim o prisioneiro conseguirá sobreviver.

Essa prisão – como as gaiolas com que os psicólogos faziam experiências com animais no século passado, mas que Peter Singer denunciou definitivamente como um espelho da crueldade humana – pode representar nossa situação. Nós nos arriscamos a ser os prisioneiros numa sala com painéis de madeira cheios de botões e maçanetas. Só que essa sala tem as dimensões do mundo e da sociedade em que vivemos. Encontramo-nos em situações complexas e entendê-las é uma questão de vida ou morte. Estamos rodeados por um ambiente confuso e alterável e, se não pudermos discriminar, classificar e ordenar, detectar regularidades e fazer distinções entre o que é importante e o que não é, e entre aquilo que pode ou não ser manipulado, então morremos. Por tudo isso, a busca de conhecimento é um dos fios condutores da história da sobrevivência humana.

Conhecer as chaves da existência, relacionar a cor e a forma das teclas da vida, interpretar as respostas e compreender o mundo à nossa volta é uma necessidade tão premente como saciar a fome ou a sede. Desde sempre, o ser humano tenta compreender o mundo à sua volta e encontrar respostas para o que não conhece, mas que o inquieta. Aristóteles afirmou que todo ser humano deseja naturalmente conhecer, e, apesar de depararmos com muitos obstáculos, podemos conhecer de várias maneiras: senso comum, ciência, filosofia.

Desejamos naturalmente conhecer. Conhecer os outros e o mundo, os objetos que nos rodeiam e tudo o que nos circunda. Se o que for conhecido se tornar habitual, movemo-nos mais à vontade, como se já dominássemos todas as teclas do mundo, ainda que, de fato, não as conheçamos todas. Quando entramos num hipermercado desconhecido, ficamos desorientados à procura das prateleiras, sem conseguirmos identificar caminhos. Tudo parece difícil. Só o conhecimento encurta distâncias, aproxima e dá a tudo um aspecto familiar.

Conhecer é trazer os objetos para dentro de nós, é integrar as coisas na consciência. Por isso, só conhecemos verdadeiramente uma coisa quando somos capazes de descrevê-la. É preciso contar as histórias das coisas. Se não somos capazes, é porque não aprendemos o significado das chaves e dos botões da vida, e somos ainda como cegos que, às apalpadelas, tentam caminhar sem tropeçar ou cair.

Conhecemos objetos, compreendemos a sala das teclas e maçanetas, mas, apesar de tudo, continuamos levando choques elétricos. Posso aprender de várias maneiras. Se um livro de instruções não estiver ao nosso alcance, temos de aprender por tentativa e erro, relacionando e diferenciando com cautela e prudência. Podemos associar as teclas à sua cor, formular regras sobre as maçanetas e assim nos orientarmos.

Não somos apenas teclas a acrescentar às que já existem. Não somos só objetos como os botões e as suas respostas. Somos também sujeitos, o que significa nos relacionarmos, nos reconhecermos e sermos reconhecidos. Para além do conhecimento que temos das teclas, nós nos relacionamos com os outros, reconhecemos e somos reconhecidos por quem nos rodeia. Festejamos para que as distâncias entre o *eu* e o *tu* fiquem mais curtas e mais íntimas.

A consciência tem um duplo movimento. Em primeiro lugar, integra os objetos, importa-os para dentro de si. Ao apropriar-se das coisas e narrá-las aos outros, torna-as reconhecidas. Então, tudo se amplia. O conhecimento solitário é estéril, mas, quando é constituído por *nós* e se transforma em rede, torna-se fecundo e solidário.

2. Cercados de imagens

Conhecimento é poder, mas poder não é, necessariamente, conhecimento. Contudo, o poder da imagem nunca foi tão forte como hoje. Nunca foi tão forte o poder do visual. Comunicação social, publicidade, *marketing* e propaganda política vivem da imagem.

Ser sujeito significa, no entanto, ser mais do que alguém que aperta teclas e botões. Quando nos esquecemos disso e só queremos que reparem em nós como imagens, transformamo-nos em fantasmas num painel ambulante, transformamos o mundo numa sala de espelhos, onde as imagens parecem reais e se projetam em sequências que se confundem com a realidade. E, quando damos por nós, a sala de maçanetas e alavancas é nossa cidade e nosso país, colonizado por imagens e aparências do conhecimento.

Imagens por todos os lados. Tanta cor, brilho e plasticidade cansam o olhar. Tudo são imagens. Vivemos no mundo do Photoshop, em que as imagens são manipuladas em pormenor. Todos os *pixels* são trabalhados de modo que a imagem saia imaculada. Cor, brilho, contraste, focagem, desfocagem, saturação de cor, contornos, sombras, luminosidade, efeitos de luz, cortes e recortes, paletas de cor, texturas e dezenas de filtros prontos a serem utilizados. Num clique, tudo se transforma para ter esplendor em toda a superfície.

Painéis com anúncios invadem as cidades. A publicidade, mestre na arte de simular, cria o apetite, o gosto, a sedução através da imagem, a serviço de uma máquina que jamais para, que movimenta milhões e se alimenta de imagens belas, fortes, deslumbrantes e fascinantes. O objetivo é vender ilusões.

O fato de vivermos permanentemente numa sociedade em que a imagem ganhou visibilidade, poder, força e impacto faz que mal reparemos no modo como nosso sentido da realidade enfraquece. Com decodificação acessível, a imagem torna-se uma linguagem rápida, imediata, que não requer esforço interpretativo. O ritmo dos nossos dias é acelerado e fugaz. Rodeados de imagens, criamos estilos de vida em que todos querem aparecer e ser vistos. Os que veem alimentam-se das imagens dos outros e, ainda, alimentam os desejos de quem quer e deseja ser visto. Ver e ser visto, simples voyeurismo ou dupla cumplicidade, este é o modo que a contemporaneidade encontrou para o reconhecimento da existência do outro. O outro existe porque é visto, porque é visto torna-se importante, e porque é importante tem de ser visto. Ciclo fechado, ilusão de protagonismo, sinônimo de um bem que se consome depressa, sem dificuldades, sem esforço, numa cultura de exterioridade e imediatismo.

Nunca as audiências tiveram tanta importância. Elas passaram a ser o crivo entre o que existe e o que não existe, entre o que aparentemente tem ou o que não tem importância. O horário nobre atinge preços elevadíssimos, porque é o momento da existência suprema, minutos ou segundos de poder nos quais o que surge ganha força apenas por ser visto por muitos. A ideia de que tempo é dinheiro origina uma economia da atenção. O importante é ser visto. Ser visto gera riqueza, oportunidade, contatos, redes, informação, relações.

O imediato vive de um tipo de espetáculo em que o efêmero ganha glória e depressa adquire celebridade. Fama é aparecer. Cria-se a ilusão de que aparecer é sinônimo de importância, pois os outros o reconhecem como tal. Objetos e artefatos são desenhados para atrair e encantar. Tudo é feito para chamar a atenção, para o encontro visual se processar de modo agradável. O objetivo é tornar tudo e todos atraentes, como forma de prestígio em que se cruza o útil e o fútil, o interesse e o desinteresse, o prático e o agradável.

Símbolo máximo de glória e vaidade é o tapete vermelho de Hollywood, por onde desfilam, todos os anos, os criadores de sonhos, as estrelas terrestres cujas imagens circulam nas telas de todo o mundo, atravessam línguas, continentes e culturas. Outros expoentes da cultura da visibilidade e do imediatismo são os jogadores de futebol, as estrelas da música, fenômenos do espetáculo de massas, num ritual em que eles são semideuses que obtêm o maior número de aplausos da mais vasta multidão possível.

Com implicações ainda mais sinistras, a política nas democracias ameaça ser capturada por agências de comunicação, que modelam nossa capacidade de interpretar e intervir na vida pública. Os fatos são construções e interpretações, e quem os narra é um formador de opiniäio que é sempre portador de uma determinada visão do mundo, mas cujos valores, desejos e expectativas são, por um lado, raramente revelados ou, por outro, escolhidos entre os modelos do pensamento único, do politicamente correto. Os políticos querem ocupar um lugar favorável nos barômetros da popularidade. As sondagens alimentam essa classe que vive no reino onde quem não é visto é esquecido; quem não aparece não existe; quem não se mostra não tem estatuto, nem sequer faz parte da realidade.

Todas essas forças formidáveis enfraquecem nosso conhecimento, e é contra elas que tem de lutar o realismo da filosofia. Mas antes de apreciarmos o contributo da investigação filosófica para o conhecimento da realidade, temos de atacar o preconceito de que só a pessoa comum é o verdadeiro realista, com os pés bem firmes na terra, enquanto os filósofos habitam num mundo de fantasia. Muitas vezes, é precisamente o contrário.

Se nos perscrutarmos, descobriremos muitas irracionalidades, muita falta de realismo e muita propensão a fantasias. Descobriremos que estamos aprisionados por imensos preconceitos, imensas superstições e crenças. A psicologia e a sociologia ajudam-nos a identificá-los, mas só a filosofia permite que nos interroguemos sobre até que ponto andamos iludidos.

A publicidade, por exemplo: gente feliz porque tem celulares, perfumes que prometem idílios, bebidas que dão boa disposição, papel higiênico elegante, automóveis que satisfazem para sempre. É como o mundo de fadas da infância, com poções mágicas, pílulas e gênios que satisfazem aos nossos desejos. A maioria das pessoas pensa: *Não levo isso muito a sério*. Mas continua a comprar. A curiosidade vira as costas à razão e segue o conto de fadas do anunciante. *Se eu comprar... talvez tenha sucesso, talvez me apreciem. Talvez...*

Não há dúvida de que os publicitários não vivem num mundo de fantasia. O que realmente importa é: em que tipo de mundo vivem os compradores? Imagine-se um autor que anuncia: *Jamais desfrutará tanto de um livro como do meu*. Além de ser de mau gosto, não ajuda a perceber se o livro tem qualidade. Ninguém levaria a sério essa recomendação. No entanto, é isso que a publicidade faz: leva o comprador a esquecer de onde provém a sugestão, a ponto de, muitas vezes, estarmos fazendo propaganda das nossas ideias, em vez de simplesmente persuadirmos os outros a pensar e agir como nós.

A televisão também violenta nosso sentido de realidade. A maior parte das séries e dos concursos tem uma função de entretenimento. É certo que relaxar e escapar da dura realidade, refugiando-nos no mundo do faz de conta, talvez seja inofensivo e até mesmo benéfico. Mas, para quem não sabe o que é uma fantasia, esse tipo de entretenimento pode causar danos incalculáveis.

Quem não tem conhecimentos vai esperar que a realidade lhe ofereça o que viu na novela, na série ou no filme. O entretenimento de massas na televisão é, por isso, uma das tragédias do nosso tempo; está repleto de falsificações da história, sentimentalização das relações sociais, caricaturas da virtude e banalização das escolhas morais.

Publicidade, propaganda, superstição, entretenimento, ficção, jogos de azar não estimulam o conhecimento, nem a inteligência, nem a reflexão, nem as escolhas racionais. O que pretendem é condicionar os comportamentos, inculcando em nós automatismos e respostas que não questionamos. Não se segue daqui que todos os empresários, os autores de sucesso, as estrelas de televisão, as celebridades e os governantes sejam sinistros conspiradores contra a nossa independência. A maior parte deles também é manipulada em segundo grau. O que é sinistro em tudo isso não é a escolha de um detergente ou de um governante por motivos duvidosos, mas sim o processo de amolecimento do nosso sentido de realidade.

Se quisermos fugir de ilusões e resistir às distorções da realidade, precisamos ter princípios para orientar nossos juízos. A desorientação resulta sempre da falta de questionamento ou da ignorância das provas. Precisamos filtrar a informação e ter critérios quanto ao tipo de evidências necessárias para suportar nossas afirmações. Esses critérios, em última análise, derivam de uma concepção do que podemos conhecer e de como conhecemos. Por isso mesmo se torna necessária a reflexão filosófica sobre esse tema.

3. Minha querida tecnologia

A mais espetacular aplicação do conhecimento científico é a técnica. É através dela que o indivíduo e a sociedade se libertam de restrições penosas. É por meio dela que nos relacionamos de forma engenhosa com a natureza e nos tornamos donos e senhores do mundo. É através dela que superamos o reino da necessidade e da escassez. E o tempo e o trabalho investidos na tecnologia têm permitido a realização de tarefas e atividades que antes pensaríamos ser utópicas.

O elogio da técnica nasceu com a filosofia moderna. Se conhecermos a força dos elementos tão distintamente como conhecemos os ofícios vários dos nossos artesãos – explica Descartes no *Discurso do Método* – podemos colocar a natureza a serviço das nossas necessidades. E ele continua, afirmando que devemos nos servir do conhecimento das forças e leis da natureza para suprir nossas necessidades.

Sendo a técnica o conjunto de processos que controlam a transformação da natureza, incorre no risco de se querer que a sociedade funcione como a tecnologia. A libertação trazida pela tecnologia pode acarretar uma alienação. Em *O Capital*, Karl Marx diz que, após a fábrica atingir um certo estágio de desenvolvimento, sua estreita base técnica "entra em conflito com as necessidades de produção que ela mesma havia criado". Segundo Hannah Arendt, as técnicas de produção desencadeiam um processo cujo resultado não pode ser antecipado. É o conflito entre *homo faber* e ser consciente.

Periodicamente, saudamos novos objetos técnicos como verdadeiras utopias. No século XIX, terá sido a eletricidade; no século XX, a energia nuclear; no século XXI, a revolução digital. O objeto técnico é uma expressão do engenho humano, uma criação que torna realidade um desejo ou uma necessidade. Cada técnica inventada se aproxima de certa perfeição, compatível com o conhecimento científico e os recursos da época, diz Leroi-Gourhan. Todos os óculos têm estruturas semelhantes desde o século XIII. A carroceria dos automóveis imitou a das carruagens. Todos os ferros de engomar se parecem. Todos os microcomputadores têm monitores parecidos.

Um técnico é capaz de projetar e produzir objetos, mas é incapaz de antecipar os efeitos dessa tecnologia na organização e nos valores da sociedade. É aqui que intervém a filosofia. Uma máquina ou um programa de computador incorporam um projeto humano. No entanto, não foi a máquina a vapor que transformou o mundo, mas sim o projeto de tornar o trabalho humano mais eficiente. Não foi a televisão que mudou o mundo, mas sim o projeto de usá--la como entretenimento de massas. Não é o computador que muda o mundo, mas sim a cultura de informação e comunicação que nos faz adotar essa máquina maravilhosa. É por isso que Heidegger diz que a essência da técnica nada tem de tecnológico. A técnica não é suscetível de ser compreendida por técnicos, mas sim por pensadores.

No século XX, a tecnologia deixou de ser vivida como uma força inimiga que faz perder empregos aqueles que não se adaptam às novas realidades. Segundo Simone Weil, passivo é quem se conforma com o fato de só a tecnologia transformar o mundo. Hans Jonas, em *O Princípio Responsabilidade*, considerou que, quanto mais controlamos a natureza, menos identificamos os impactos tecnológicos. Assim, propõe um novo imperativo categórico que tenha em conta os riscos da implementação de novas tecnologias para as gerações futuras.

A técnica é um processo em aberto. Segundo Patrice Flichy, uma inovação como a informática não tem um futuro planejado, mas resulta de uma interação entre muitos atores. Para dinamizar as vendas, a indústria da informática investiu na multimídia, mas nem o computador, nem o CD-ROM, nem o DVD, nem o *bluetooth* foram concebidos para esse fim. Cientistas, inventores, programadores, empresas de *hardware*, e mesmo *hackers* e partidos libertários têm seu papel nessa evolução. Ninguém se contenta com o objeto pré-fabricado. A tecnologia tem o projeto maior de levar a exploração da natureza até os limites, nomeadamente, aproximando a inteligência artificial da inteligência humana.

Vejamos o que é uma máquina. Uma máquina reproduz indefinidamente uma operação física que corresponde a uma intenção; tecer fios, moldar plásticos, cozinhar ingredientes, processar mensagens eletrônicas. O computador é uma máquina que simula operações do pensamento. Usa uma linguagem simbólica que tem uma face material – transmissão – e uma face ideal – significados. A matemática permite formalizar as operações do computador mediante linguagens lógicas. Os raciocínios são sequenciados com cuidado. Um programa usa uma sequência de operações definidas para os dados inseridos na máquina. A máquina trabalha sem se cansar e a uma velocidade estonteante. Em comparação com a inteligência humana, liga um número quase infinito de operações elementares, reúne muito mais dados do que conseguiríamos e descobre conexões inesperadas. Contudo, o computador não pensa. E não há qualquer razão para lhe atribuir consciência. É um mecanismo infinitamente engenhoso, que repete as mesmas operações e imita o pensamento complexo, ou melhor, suas operações simbólicas, mas os símbolos só correspondem a conteúdos para uma consciência humana. O *Google Translator* traduz um texto sem entender o significado de uma só palavra, aplica regras de transformação entre línguas e identifica o valor de uma palavra por meio de operações físicas. Quando detectamos disparates que seriam impensáveis na tradução humana, comprovamos que o programa não pensa.

Alan Turing considerou que qualquer máquina é como uma caixa preta. Não lhe podemos atribuir conhecimentos nem intenções. Um computador ganha de Kasparov no xadrez, mas não tem a intenção de ganhar.

Um programa que explora 200 milhões de posições por segundo não pensa como um grande mestre; este identifica logo as linhas interessantes de jogo.

As proezas da inteligência artificial levantam questões sobre a natureza do pensamento humano. Nosso pensamento é intencional: visa à realidade. Temos acesso imediato aos nossos estágios de consciência, mas não sabemos tudo o que acontece dentro de nós quando lemos, falamos ou interagimos. Não convertemos todas as nossas operações em representações claras e distintas. Geralmente, só percebemos o que dizemos e o que poderíamos desenvolver com algumas palavras adicionais ou através de certas experiências. O significado não é uma imagem: o número dois não deve ser confundido com dois pontos ou duas maçãs. Quando eu penso, o meu pensamento não se confunde com os meus estados de consciência. Vejo que a fórmula *a é maior que b* equivale a *b é menor que a*, que ambas são verdadeiras ou falsas ao mesmo tempo. Tenho acesso a essa evidência, mas não sei como. Em qualquer operação do pensamento, existe certa obscuridade, tal como existe obscuridade nas operações físicas que estão para além da consciência.

Ainda não está claro o que seria a consciência se nosso cérebro pudesse se adaptar mecanicamente ao meio ambiente. A consciência se tornaria inútil? Ou, como explicou Bergson, a capacidade que o cérebro tem de se reorganizar faz toda a diferença? O cérebro não é uma máquina fechada; ele pode, a cada momento, reorganizar-se de muitas maneiras possíveis. É precisamente essa possibilidade que os cibernéticos perseguem, procurando construir supercomputadores que se aproximem do cérebro humano.

4. A fábrica das ideias

Na *Alegoria da Caverna*, que abre o Livro VII do diálogo *A República*, Platão chamou a atenção para o modo como o conhecimento é a chave de acesso à realidade. Ele descreve prisioneiros acorrentados numa caverna, ou seja, presos pelas cadeias dos sentidos, dos hábitos, dos preconceitos. Essa prisão impede o voo da sabedoria. Se a realidade é o que encontramos mediante a experiência de conhecer, mas o que é encontrado está sendo distorcido por uma série de ilusões, como aquelas de que sofrem os prisioneiros da caverna, então é necessário reapresentar essa experiência através de um esquema inteligível. Essa é uma tarefa da filosofia.

Consideremos como essa tarefa se apresentou a Platão. Ao distinguir entre o mundo sensível e o mundo inteligível, ele desafiou o senso comum. O mundo inteligível é real e, portanto, a única base para uma vida autêntica. O mundo da experiência é confuso, pouco confiável e sombrio. Quando Platão considera a beleza como mais real do que uma pessoa bela, está consciente de que a beleza é invisível e intangível, enquanto a pessoa bela pode ser vista e tocada. Não está com isso criando um mundo de pseudo-objetos. Está apenas dizendo que a ideia de beleza é um objeto do pensamento, enquanto a pessoa que vemos é um dado dos sentidos.

Essa distinção entre as ideias gerais e as coisas particulares é decisiva. A filosofia contemporânea não interpreta essa distinção de maneira idêntica à de Platão, e introduz a questão da linguagem.

A teoria das formas de Platão pode ser explicada em termos de classificação. Expliquemos. O mundo é feito de mudança. As árvores, despidas no outono, têm folhas na primavera. O cabelo cresce ou cai. Como podemos conhecer um mundo que está em permanente mudança? A resposta é que é possível classificar os objetos, os acontecimentos e as qualidades diferentes conforme as respectivas características comuns. As coisas, as pessoas e os eventos individuais agrupados por características comuns constituem uma classe. A classe *mulher* refere-se à característica de feminilidade que une todas as mulheres. Através de um processo de generalização, formamos classes sucessivas e criamos uma hierarquia de conceitos. Tomemos como exemplo a série *portuguesa, europeia, mulher, criatura, ser* – cada termo é mais genérico do que o anterior, ou seja, refere-se a menos qualidades comuns, mas se aplica a uma quantidade maior de seres. Nossa linguagem se baseia em classificações desse tipo. Por exemplo, todos os substantivos revelam conceitos relativos a classes. Para conhecermos uma coisa individualmente, temos de conhecer as propriedades comuns a todas as outras que são semelhantes a ela.

As ideias desempenham o papel de classes de conceitos. Segundo Platão, cada mulher participa da ideia ou forma de *mulher*. Essas formas que captamos com o intelecto e que usamos na construção do conhecimento são reais; são mesmo mais reais do que as qualidades mutáveis dos indivíduos que percebemos com nossos sentidos. A realidade é constituída por uma hierarquia de formas, desde a que tem menor até a que tem maior generalidade; sem essa classificação, o mundo dos sentidos é aparência confusa.

Exemplifiquemos esse argumento. Há figuras, como é o caso do círculo, que são perfeitamente redondas, pois incorporam a ideia de circularidade. Qualquer círculo que tracemos à mão é apenas uma imitação e aproximação daquilo que conhecemos como círculo. Um círculo particular pode ser desenhado no papel, numa tela, pode ser grande ou pequeno, de cor azul ou verde. Do mesmo modo, um cão pode ter uma cicatriz no pescoço e manchas no dorso, mas isso é irrelevante para nós identificarmos a forma *canina*; cada cão em particular exemplifica imperfeitamente essa ideia de cão.

Platão estava particularmente interessado nas ideias de maior generalidade. Em termos modernos, podemos dizer que tais ideias constituem o significado, ou conteúdo, de substantivos abstratos. O problema é que, quando usamos um substantivo como *beleza*, por exemplo, temos de distinguir entre a ideia ou a forma bela, de um lado, e os objetos que consideramos belos, de outro. Claro que nem Platão, nem alguém no seu perfeito juízo, jamais pensou que poderia abrir um armário e, entre outros objetos, descobrir lá dentro a *beleza*. O argumento é outro. Se existem objetos que apelidamos de belos, esses devem ter uma qualidade comum. Se quisermos refinar nosso juízo sobre objetos belos, temos de examinar o princípio de beleza. E foi a esse tipo de questões que Platão dedicou a vida, elaborando diálogos de grande qualidade literária, que chegaram até nós com títulos de protagonistas misteriosos e a indicação da ideia geral explorada por cada um: O que é a Justiça? (*A República*); O que é o Bem? (*Filebo*); O que é a Verdade? (*Teeteto*); O que é o Ser? (*Parmênides*); O que é o Cosmos? (*Timeu* e *Crítias*); O que é o Amor? (*O Banquete*); O que é a Alma? (*Fedro*), etc.

Para compreender a teoria do conhecimento de Platão, usamos a terminologia atual da classe de conceitos. As formas representam as qualidades das coisas individuais e incorporam as características que as transformam naquilo que são. Podemos responder à pergunta "O que é uma cadeira?" dando exemplos de cadeiras. Podemos responder à pergunta "O que é um círculo?" descrevendo a maneira de construí-lo. Isso nos encoraja a responder a perguntas cada vez mais interessantes, como, "O que é a beleza?", expondo o modo de descobri-la.

Como vimos agora, o conhecimento filosófico trabalha com conceitos, formando um todo. Num tratado filosófico, cada parte depende das outras antecedentes. É preciso caminhar devagar e com precaução. Os argumentos são construídos e sua fundamentação e coerência permitem que o todo seja uma teoria, e não um conjunto de ideias avulsas.

O progresso na compreensão da realidade não é exclusivo da especulação filosófica levada a cabo por pensadores isolados em torres de marfim. A filosofia convive com as ciências e o senso comum. O conhecimento tem implicações técnicas. O conhecimento científico, escrito em linguagem universal, sem fronteiras, respeita os procedimentos objetivos e rigorosos. O conhecimento vulgar, designado por senso comum e orientado para os nossos interesses, tem um papel prático e utilitário. Mas, como afirmou Espinoza, só do conhecimento desinteressado vêm o poder e a liberdade, só com ele podemos abrir caminhos que nos ligam a novos destinos. É essa a razão por que o filósofo o procura.

5. A responsabilidade de conhecer

O conhecimento marca a diferença. Aquilo que fui, aquilo que sou ou virei a ser é moldado pelo conhecimento. Conhecer é crescer. Conquistamos novas ferramentas para atuar, novos olhos para ver, novo entendimento para compreender.

Conheçamos, então. Se nossas teorias e hipóteses entrarem em conflito com a realidade, arranjamos outras melhores. A vida prática implica a construção de um conceito de realidade. A realidade não é *o que está lá fora agora*, à frente dos nossos narizes; tem de ser laboriosamente conhecida, o que continua a ser uma das principais tarefas da filosofia.

Como os adubos, o conhecimento possibilita que o terreno da consciência se torne fértil e produtivo. O conhecimento nos faz sorrir baixinho, porque amplia horizontes e abre mais céu. É certo que, por si só, não traz felicidade nem glória. Não somos mais felizes, nem sequer mais sábios, por sabermos mais coisas. Apenas adquirimos outra lucidez, outro olhar e outras lentes que nos revelam o que não pode ser visto a olho nu. Por vezes, chega a provocar dor, pois a lucidez acrescenta responsabilidade e deixa de ser possível lavar as mãos como quem sacode a realidade. Perdemos a ingenuidade, tornamo-nos responsáveis, e deixa de ser possível passar pelo mundo como se tudo fosse manipulável.

O conhecimento altera o mundo e a nós próprios. Somos constantemente bombardeados com imagens e informações. Mas nem toda informação informa, nem toda televisão cultiva, nem toda imagem corresponde à realidade.

O consumo de informação não é sinônimo de criação de conhecimento. Este não se ostenta como joias à volta do pescoço. Não serve para enfeitar, mas para nos transformar em criaturas mais atentas e mais humanas.

Nos sistemas filosóficos, o conjunto forma um todo em que cada uma das partes só ganha sentido na relação com as outras. Nesse contexto, é aceitável afirmar que as filosofias do conhecimento sempre oscilaram entre o empirismo, o idealismo e o realismo. Cada uma dessas perspectivas valoriza uma operação básica do intelecto. O empirismo indica que a experiência nos faz contatar o mundo real, mas supõe, erradamente, que só ela é válida. O idealismo salienta o papel decisivo dos conceitos, mas contenta-se com as relações entre conceitos para definir o conhecimento verdadeiro. Em ambos os casos, estaríamos esquecendo que é preciso confrontar os dados da experiência com as questões colocadas pelo entendimento e depois responder com juízos racionais. Só no termo do processo de captação empírica, formulação inteligente e afirmação razoável podemos dizer que conseguimos identificar realidades. Isso é ser realista.

Agora podemos ver mais claramente por que razão a filosofia tem pouca paciência para a publicidade, a propaganda, a superstição, o entretenimento, a ficção e os jogos de azar. São manipulações que amolecem nosso sentido de realidade. Por exemplo, o desconhecimento das leis da probabilidade acarreta a crença na sorte; a confiança na publicidade e na propaganda política contradiz nossa experiência cotidiana; a imagem da vida humana nas séries de entretenimento e concursos da televisão não é validada pelo nosso dia a dia. Todas essas manipulações falsificam o que sabemos sobre a natureza humana e apelam a ilusões que nos saem caras.

O impulso do senso comum é distinguir entre matéria e mente, como entre um mundo fora de nós e um mundo interior. Essa tendência confunde conhecimento com extroversão, ou seja, situa a realidade como um conjunto de fenômenos do mundo exterior e imediato. Os filósofos propõem ultrapassar essa extroversão, reorientando nossos processos intelectuais.

A realidade transborda a consciência. O que sabemos ou acreditamos ser a realidade tem de ser procurado. A realidade exprime o que cremos ser duradouro; é nela que podemos basear nossos cálculos e nossas ações, nossas esperanças e nossos valores. A realidade contém o elemento subjetivo e pessoal do intérprete, que é também parte do universo interpretado. Assim, é igualmente uma interpretação do que somos, do que é o ser humano, e cada um de nós em concreto. Finalmente, como a interpretação cria prioridades, a realidade apresenta uma estrutura valorativa. Em outras palavras, ao formarmos um conceito de realidade, em parte, conhecemos o mundo e, em parte, determinamos o que ele e nós devemos ser.

A filosofia é sempre interpretação, e interpretar impõe uma disciplina. Tudo o que encontro como objeto, como parte do mundo, é já interpretado e concebido nos termos de uma linguagem. Naquilo a que chamamos fatos entram interpretações, que é impossível repelir. O que consideramos verdades evidentes são frutos de revoluções filosóficas de um passado distante. Aquilo a que hoje damos o nome de bom senso foi a visão dos nossos antecessores. Cada época tem de construir sua linguagem.

O filósofo nunca é um aposentado. O desejo de sabedoria leva-o a uma atitude empreendedora. Estamos comprometidos. Estamos no mundo. Nossa relação com o conhecimento e a verdade também passa pelos outros. A verdade não quer ser solitária, mas sim solidária.

O conhecimento é um saber que compreende. Compreender não é apenas prender, é também ser preso, nos rendermos às evidências. O saber tem um gosto especial, porque nos dá o conhecimento das causas. Saboreamos o conhecimento como frutos apetitosos. Da compreensão nasce a alegria, e do conhecimento nasce uma alegria muito própria, a *gaia ciência*. A vida é aventura do conhecimento. A alegria, exuberante ou serena, vem do conhecimento das coisas e do reconhecimento de quem somos. E, por isso, voltamos a dizer: *Olá, Consciência!*

4. A fábrica da felicidade

1. Azar no jogo, sorte no amor

Em frente à televisão, o senhor Silva quer ser feliz. Por instantes, acredita que tudo pode mudar. É hora de acreditar. Procura o canal, está na hora do sorteio da loteria. Ele joga todas as semanas e é até boa pessoa. Alguém tem de ter sorte, que talvez lhe caiba, agora. A fortuna viria bater à sua porta, ele pagaria as dívidas, compraria os luxos desejados. De semana em semana, sonhando com a vitória, o senhor Silva tenta evitar a decepção final.

Desta vez, ao ligar a televisão, o sorteio já começou. Que números já saíram? O senhor Silva não é capaz de responder. Agora rola a última bola. Ele faz apostas consigo mesmo... É o dois que vai sair, ou então é o quatro. A bola escorrega pelo tubo da esperança. Tenta adivinhar-lhe o número, mas ela gira depressa demais. Quando o movimento abranda, é o malogro. Saiu o nove. Decepção imediata. O senhor Silva nunca aposta nesse número, que mais parece um cabeçudo. Sorte adiada... Talvez na próxima semana tudo se resolva. Quem sabe?

Diz-se que as pessoas não esperam realmente ganhar no jogo, apenas gostam de sonhar um pouco com a riqueza. Ninguém é muito realista quanto aos jogos de azar. Já não se acredita em apostas científicas. Se existissem, já seríamos todos milionários.

Não faz mal, pensa a menina Rosa. Azar no jogo, sorte no amor. Talvez seja afortunada, como diz seu signo. Precisa ver a previsão para esta semana.

Talvez lhe esteja reservada a felicidade, talvez lhe caiba sorte no amor. Ela compra o jornal no quiosque da esquina, passa os olhos pelas manchetes e avança à procura do horóscopo. Está escrito: "A presença de Marte indica que você estará envolvido com questões financeiras. Deve evitar precipitar-se ou agir por impulso. É também um período conturbado nas relações familiares. Evite discussões. No campo amoroso, a conjugação de Saturno indica uma fase instável em que não se aconselham compromissos sérios..."

Evite discussões? A menina Rosa fecha o jornal. Tem passado a vida evitando discussões, e nem por isso está feliz. As pessoas acham que ela é uma palerma, e os signos lhe dizem para evitar discussões. Que raio de jornal, que nunca escreve nada animador! Se calhar, devia ir à cartomante para saber o que fazer e o que esperar.

A cidade tem gente que quer ser feliz assim. Às sextas, jogam na loteria; aos sábados, leem o horóscopo; e as domingos, veem a bola, seguida de cerveja e torresmos. Junto do vendedor de castanhas, o vendedor de bilhetes de loteria anuncia o *Borda d'Água* do próximo ano. Apregoa bem alto o que não chega sequer a ser um jornal. Trata-se do mais antigo almanaque português. Há quem o compre todos os anos. Já o pai comprava, agora é a vez do filho. Repete-se o ritual das previsões do tempo e das colheitas: "O ano que se inicia terá o Sol como guardião. Seu domínio será sobre o fogo e o ouro, e suas características serão a luz, o quente, o seco, o divino e o masculino. Um ano dominado pelo Sol será decerto magnífico" – apesar da crise, assim começava o *Borda d'Água*. Desde 1929, o almanaque português recheia o público com preceitos, remédios caseiros, sabedorias e tradições, sempre com o mesmo aspecto gráfico. Folhas que ainda se abrem com um corta-papel e que exibem o subtítulo de "Repertório útil para toda a gente", um emblema do senso comum.

O *Borda d'Água* oferece previsões por dois euros. Não há crise com força suficiente para derrubá-lo. Por mais surpreendente que seja o dia seguinte, oferece-nos o pitoresco, a alma popular, a sabedoria oral, transmitida de geração em geração, conhecimentos dos que não frequentam bibliotecas nem conhecem as ciências. Filho de almanaques antigos, repletos de utilidades e generalidades, traz calendário com festividades e ciclos do ano, conselhos, provérbios e orientações sobre a boa época das sementeiras e das colheitas. Mistura de anuário, literatura de cordel e indicações práticas, é o depósito das verdades correntes. Continua a ser um sucesso de vendas, apesar de vivermos na época digital.

4. A FÁBRICA DA FELICIDADE

Estamos no terreno fértil do senso comum. De início, parece um chão colorido, cheio de crenças, superstições, signos, amuletos, pulseiras da sorte e da energia, ferraduras, patas de coelho e horóscopos. Não passar debaixo de escadas, não sentar treze pessoas a uma mesa, não quebrar espelhos, não cruzar facas. Não é que as pessoas acreditem piamente em tudo isso, mas, pelo sim, pelo não, pensam que mais vale não provocar o destino. Dividem-se treze pessoas por duas mesas, evitam-se gatos pretos, bate-se na madeira quando se fala em coisas desagradáveis, cruzam-se os dedos para que aconteça o desejável, não se abrem guarda-chuvas dentro de casa, entra-se com o pé direito e diz-se "merda" antes de entrar em cena. Um trevo de quatro folhas dá sorte, e uma aranha de manhã traz azar. Chinelo ou sapato virado traz a morte da mãe. Orelhas quentes são um sinal de que alguém está falando mal de nós. Na sexta-feira 13, evitam-se negócios e casamentos. Se virmos uma estrela cadente, fazemos um desejo.

O que torna essas crenças distorções da realidade não é a força da convicção, nem mesmo seu conteúdo. O que choca é a radical falta de ligação com a realidade, a ignorância de como as coisas acontecem, a ausência de regras do possível. Aceitar a superstição implica negar tudo o que aprendemos sobre os fenômenos da natureza. Passamos a temer coisas inócuas. Crendices, rituais, benzeduras entram na rotina da vida. As relações de causa e efeito deixam de se adequar à lógica.

As superstições assentam na irracionalidade. O supersticioso acredita que rezas, conjuras, feitiços, maldições, pragas e outros rituais influenciam a vida. Quem tem esses poderes lança cartas e búzios, e lê o destino. Bruxos, mães de santo, astrologia, cartomancia, quiromancia, magia, poderes invisíveis devem ser convocados para a vida mudar de rumo, para que a roda da fortuna nos sorria. Para curar doenças, afastar o mal, para que o amor aconteça, para que a fortuna espreite, é preciso que os astros nos ajudem e que as rezas intercedam a nosso favor.

Essas ilusões são obstáculos ao conhecimento, e o passado teve delas a sua parte. A crença na bruxaria e na possessão pelo demônio levou ao fanatismo religioso e às perseguições. As mitologias que obscurecem os contornos da realidade debateram-se com a filosofia. A pseudociência de alquimistas e astrólogos impediram a verdadeira ciência. O esforço intelectual com que o ser humano emerge de um mundo de sombras deve ser renovado. Nem sempre somos mais lúcidos nem mais sábios do que nossos antepassados.

Mesmo no mundo das séries de televisão, filmes, *sites* e blogues da internet, a realidade mágica não desarma. Os espíritos dos mortos e as almas penadas andam por aí. Vampiros em noite de lua cheia, mentes adivinhas e sobrenaturais, *Illuminati* que conspiram, super-heróis em ação. A característica de muitos suspenses é o irrealismo. Os poderes ocultos são populares devido à convicção de que a realidade é estranha, poderosa e elusiva. À noite, os arbustos parecem fantasmas. Tábuas rangendo sugerem que alguém anda na adega. Festejamos num salão e despertamos numa ruína desabitada. Abraçamos um corpo e encontramos um esqueleto. Insinua-se que o *Graal* está guardado por uma seita, que os templários não morreram, que os maçons comandam o mundo, que o número 11 das *torres gêmeas* é fatal.

Como se essas ilusões não bastassem, até nossa experiência sensorial é enganadora. No dia a dia, somos iludidos pelos sentidos, que nos atraíçoam e nos pregam peças. Uma vara é reta, mas dentro da água parece torta. Pensamos ver uma palmeira no deserto, mas pode ser miragem. Linhas paralelas cruzadas por linhas inclinadas deixam de parecer paralelas. Avenidas de árvores parecem convergir à distância. A fonte sensorial do conhecimento parece contaminada por muitos e desvairados agentes.

2. Senso comum

"O bom senso é a coisa mais bem distribuída do mundo": assim começa um dos mais célebres tratados de um dos mais famosos filósofos de todos os tempos, o *Discurso do Método*, de René Descartes, escrito no ano da graça de 1637. Mais do que qualquer outra pessoa, o pai da filosofia moderna entendeu as duas faces do senso comum nessa obra sobre a importância do método, da ciência e da ética. Descartes duvida até as últimas consequências de tudo o que o senso comum afirma, daquilo que nos dizem os sentidos, a inteligência, a religião. Na ciência e na metafísica, temos de romper com ele. Mas na vida prática temos de viver com bom senso. Bom senso é sinônimo de razão. Esse é o outro lado do senso comum.

O senso comum move-se entre hábitos e costumes. É indispensável à vida prática, mas origina preconceitos e obstáculos que dificultam o esforço de ascender à abstração e à lei geral. Fornece soluções para a vida, mas impede o progresso para melhores soluções. Cobre-se com as roupagens dos sentidos e das sensações, mas transporta o baú da tradição. Deita o imprestável para o lixo, mas não separa os diferentes tipos de resíduos, não distingue a tradição do preconceito, não discrimina a opinião do saber.

Do senso comum emergem conselhos para a vida cotidiana. Mas, como o oceano, o senso comum sofre de correntes e tempestades. Há provérbios para todas as ocasiões, afirmando uma ideia e seu contrário. Há conselhos contraditórios que se aplicam conforme os contextos, os casos. Tanto é válido afirmar *quem espera desespera*, como *quem espera sempre alcança*. Tanto se diz *devagar se vai ao longe*, como *não deixes para amanhã o que podes fazer hoje*. Estamos no domínio da experiência de vida. As coisas são compreendidas de modo subjetivo. Não se abraça o pensamento universal, fica-se pelo particular. Nascemos com o destino de procurar respostas, e isso é o lado subjetivo do senso comum. Deparamo-nos com respostas já testadas pela comunidade, e isso é o seu lado objetivo.

Especialização da inteligência no particular e no concreto, o senso comum não coloca questões de ordem teórica. Argumenta com base em analogias que desafiam a formulação lógica. O senso comum generaliza. Mas, ao contrário da generalização científica, oferece uma dedução inarticulada cujas conclusões se parecem com os provérbios. Exprime um conjunto sempre incompleto de intelecções que, não raro, perdem validade devido a exceções ou admitem conclusões opostas, sem que isso pareça chocante ou ponha em dúvida o que foi afirmado.

O senso comum não recorre à linguagem técnica ou ao discurso formal. A comunicação é apoiada pela expressão facial, gestos, pausas e por todo um conjunto de atitudes a que os filósofos chamam *atos ilocutórios*. O dizer tanto vive da apresentação sensível como da captação intelectual. Uma coisa é identificar objetos – *isto é um livro* –, outra é compreender uma pessoa sem recorrer a palavras. O discurso do senso comum é lógico no sentido de ser razoável; mas não é lógico se por tal se entender a conformidade estrita a regras de raciocínio válido.

O senso comum restringe-se ao mundo das coisas concretas. Questões que não sejam de interesse prático são postas de lado. Nada de teorias, apenas respostas imediatas. As pessoas de senso comum são muito atarefadas. Têm o trabalho do mundo para fazer, seja mudar a bateria do carro, pagar os impostos, lavar a roupa, cuidar do jardim e os mil e um afazeres cotidianos.

O senso comum varia com as circunstâncias. Há diferenças de mentalidade entre o passado e o presente, entre homens e mulheres, velhos e novos, cidade e campo, o país e o estrangeiro. No limite, as diferenças acumulam-se e geram incompreensões entre pessoas, classes, povos. O senso comum é um conjunto incompleto de intelecções que evoluem. Não sai do cérebro humano já pronto. Não reside numa mente individual isolada, mas está repartido por muitas. Alimenta-se de contribuições, de muitas pessoas, até surgir como o legado de uma geração.

Podemos classificar o senso comum como uma crença que se funda na observação, na indução e na experiência de vida. Aqui, crença não tem um sentido religioso, mas sim o sentido de hábito ou de regularidade. Resulta de uma acumulação de observações que se repetem. Quando afirmamos *abril águas mil* ou *março marçagão, de manhã inverno e à tarde verão*, estamos constatando regularidades. Mesmo que neste ano não chova em abril, o ditado lusitano permanecerá. Com o senso comum, cada um de nós fica à vontade em seu meio e em seu mundo, como peixe na água. Sem constrangimentos ou ansiedade, até podemos errar sem complexos, porque errar é humano. Persistir no erro é burrice.

A tarefa, aparentemente modesta, do senso comum é compreender as coisas na sua relação conosco. Mas quem somos nós? Não mudaremos nós também? Não será a aquisição do senso comum também uma mudança?

Ao contrário de outros animais, o ser humano tem muitas limitações biológicas, fragilidades e passa por muitos constrangimentos. Comparado com a gazela, é pouco veloz. Comparado com os felinos, tem pouca habilidade. Comparado com as águias, tem fraca visão; comparado com os cães, pouco olfato e fraca audição; comparado com os morcegos, falta de sentido de orientação; comparado com os peixes, pouca aptidão para nadar. Demoramos um ano para nos pormos de pé. Não voamos nem respiramos debaixo de água.

Os animais nos ultrapassam nessas proezas físicas. Mas não escolhem, não choram, não riem, não herdam nem transmitem conhecimentos, não pedem desculpa nem dizem obrigado, não criam um mundo novo nem superam suas limitações. As andorinhas e as térmitas de 500 mil anos atrás são idênticas às de hoje. Falta-lhes a criatividade.

O ser humano é criativo. Os instrumentos de pedra marcam o início de uma civilização em que há criação de técnica, acumulação e transmissão de saber e progresso. Desde os tempos primitivos, o ser humano produz lanças, setas e arpões. Transforma o meio mediante a inteligência prática e utiliza os conhecimentos para criar instrumentos e instituições.

Tradição e progresso estão sempre relacionados. Passado e futuro existem no presente como modos de ser e possibilidades em aberto. Na sociedade humana, o progresso permite transmitir conhecimentos e valores. As tradições modificam-se, novos hábitos aparecem e são absorvidos lentamente. Cada geração recupera costumes e hábitos e transforma as tradições. E haverá sempre tradições, porque partilhamos uma sabedoria popular que mais não é que senso comum reconhecido.

A técnica e a ciência não anulam o senso comum. As novas tecnologias de comunicação não nos dispensam dos afazeres do dia a dia. A internet não exclui o *Borda d'Água*. O engenheiro faz figas para que o dia lhe corra bem, o técnico de informática, enquanto reinicia o computador, bate na mesa para ter sorte, o empresário procura a vidente para lhe indicar oportunidades. Alguns colocam velas, outros fazem preces, e todos precisamos de um pouco de sorte, de um empurrãozinho. Queremos que tudo corra bem, queremos ter sorte, boa sorte.

O conhecimento cotidiano está a serviço da vontade, e nossa vontade quer a felicidade. Coexistimos com muitos conhecimentos, mas viver é colocá-los a serviço da felicidade. O discurso da ciência, as verdades da filosofia, as descobertas de laboratório, as comprovações das estatísticas, as novidades da técnica, tudo isso é muito interessante. Mas, quando se trata de ser feliz, consultar o *Borda d'Água* pode ser tão delicioso quanto ler enciclopédias. E o que mais sentimos é esse permanente desejo.

3. Os jardins das delícias

O senso comum quer a felicidade e um lugar ao sol no jardim das delícias. *O que é a felicidade? Todos a procuram, mas, ao tentar defini-la, discutem.* Assim disse Santo Agostinho depois de ter deparado com 256 definições de felicidade. Também não é fácil dizer o que *não é* a felicidade. Não é uma abstração, não é um objetivo exterior, não é uma conquista ou uma posse definitiva, não se adquire de uma vez por todas.

Procura-se nas receitas o equilíbrio biológico e espiritual, e o bem-estar através da ingestão de produtos químicos. As teorias médicas das causas da depressão induzem ao aumento do consumo de pílulas e a uma maior afluência aos consultórios. As teorias falam de falha nos circuitos cerebrais, de anomalias nos neurotransmissores e receptores. As pessoas ingerem psicotrópicos, pois acreditam que trazem a felicidade. Hoje, a farmácia é a catedral da esperança. Aviam-se receitas com montes de ilusões. Entretanto, crescem os suicídios entre jovens e velhos, há pessoas com depressão e em descompensação psicológica, solidão e dependência de fármacos, em especial antidepressivos e ansiolíticos. Só lhes restam os fármacos. Agarram-se a eles como às contas de um rosário. Em vez de esperança, têm a ilusão dos remédios.

Síndrome maníaco-depressiva, depressão crônica ou profunda, doença bipolar, angústia, tristeza profunda, ansiedade, transtornos psíquicos, manias, paranoias, visões, medos, disfunções, agitação, excitação e insônias enchem os consultórios. Recorre-se a psicoterapias, muitas receitas e grandes quantidades de comprimidos, cápsulas de ilusões. A angústia instala-se, e a falta de objetivos e de sentido para a vida criam a fome de felicidade. Todos queremos um jardim das delícias.

O Jardim das Delícias é o nome de um dos mais famosos quadros de Bosch, pintado por volta de 1500. Ou melhor, é o nome do painel central de um tríptico maravilhoso e insólito, repleto de simbolismo sobre os desejos humanos, o Universo, as criaturas e o Criador. O livro *Hieronymus Bosch*, de Wilhelm Fraenger, ajuda a esclarecer os simbolismos do pintor holandês. A obra em questão, preservada na igreja do Escorial, e depois passada para o Museu do Prado, designava-se tradicionalmente por *O Jardim das Delícias*. Fraenger chama-lhe *Milênio* e explica que o reino dos mil anos, ou das mil e uma noites, é o nome do desejo de felicidade.

O painel esquerdo mostra o Jardim do Éden; o painel direito, o Inferno. Mas os símbolos que vemos são muito diferentes das habituais representações religiosas. No painel esquerdo, em vez de Jeová do Gênesis, vemos um homem divino que cria o primeiro casal no Éden; é uma imagem da origem da vida. O centro do painel é ocupado por um globo ocular, com uma pupila preta e uma coruja sentada sobre ela; é um símbolo de como a vida é transcendida pela *sofia*, a sabedoria.

O painel central é uma continuação da paisagem do Jardim de Éden, com Adão e Eva, povoado por um bando de machos e fêmeas nus. No primeiro plano, as figuras estão organizadas em grupos, em várias posições e práticas eróticas. No centro da zona intermediaria, está uma lagoa, cercada por um gramado. A lagoa é circundada por um desfile triunfante de figuras masculinas, montadas em vários animais que simbolizam a potência e a fertilidade;

na lagoa, há grupos de mulheres que se banham, atraídas pelo espetáculo do desfile e em antecipação ao que está para vir.

Esse idílio erótico do painel central leva alguns a interpretar a obra como um paraíso dos prazeres, representando práticas sexuais. A interpretação faz algum sentido, pois o erotismo é um dos caminhos mais evidentes para a felicidade. Mas o tríptico é uma peça de altar, e, com os painéis exteriores que descrevem a criação do mundo, tem um simbolismo cristão. Por mais esforço de imaginação que façamos, parece estranho o fato de uma igreja cristã admitir um painel puramente erótico sobre um altar central. Os quadros de Bosch estavam nas igrejas de muito cristãos, reis de Portugal e da Espanha; e Damião de Góis elogia as pinturas de Jerônimo Bosco que possuía em Alenquer.

O enigma é esclarecido no painel do inferno. O inferno de Bosch não é um local de tortura situado no além, mas sim o mundo da experiência humana, dominada por forças e desejos primitivos. Vemos cenas de guerra que trazem dor e morte; a corrupção de monges e cavaleiros; os vícios do jogo e da ganância; o inferno dos músicos com a harmonia falhada; e, no centro, a vaidade da vida, *taedium vitae*. Bosch está nos dizendo o que é a felicidade humana. Se a existência ceder aos desejos egoístas, vai se transformar em inferno de vaidade, violência e desordem. Mas os desejos não são o mal, e o *Milênio* não resultará da sua supressão. Os desejos são a fonte da vida, o impulso elementar do ser humano – homem e mulher –, que pode ser espiritualizado mediante o culto ao amor. O desejo partilhado conduz à paz; o desejo egoísta leva ao inferno.

O tríptico de Bosch mostra uma transformação dos símbolos cristãos pelas filosofias esotéricas do Renascimento. A existência desorientada aparece como o verdadeiro inferno, com uma intensidade só retomada nas antropologias modernas de Hobbes e Pascal. Mas essa cultura do erotismo espiritual ficou completamente submersa no puritanismo dos reformadores evangélicos e da contrarreforma. E o tríptico de Bosch permaneceu incompreendido durante séculos, tão incompreendido que quem pintou os desejos egoístas como o inferno foi julgado como o pintor do paraíso dos desejos.

Onde está hoje o jardim das delícias? O que nos torna felizes? Dinheiro, poder, prestígio, consumo, vida longa? Como medir a felicidade? Que indicadores temos para aferir as nossas vidas? Nos últimos anos, têm surgido estudos sobre índices de felicidade. Observa-se que o crescimento do PIB não a faz crescer. Pleno emprego, paz social, saúde, relações sociais e familiares de qualidade são tão importantes para o bem-estar como a conta bancária. O consumo traz satisfação, mas não necessariamente um acréscimo de felicidade.

A felicidade nunca aparece por si própria; resulta de um processo, de uma atividade, de um projeto. Todo marasmo, inatividade e ausência de objetivos causam mau humor e depressão. Em certa medida, só nossos interesses podem nos salvar. O empenho, a partilha, a atividade, o empreendedorismo criam energias, são motor de projetos, de satisfação, de alegria. A melhor terapia é aquilo que realizamos e o que nos tornamos.

Mais do que toda a química cerebral, mais do que todas as descargas de serotonina e de dopamina, nossa realização, fruto do trabalho e do amor, da capacidade de concretizar nossos projetos, da capacidade de ter e alcançar objetivos, é nossa gratificação mais reconfortante. Queremos ser felizes, e basta um olhar para sermos reconhecidos e ficarmos agradecidos.

4. Os jardins de Epicuro

O filho de Néocles, professor, e de Queréstrate, uma adivinha, nascido na colônia ateniense de Samos, em 342 a.C., aprendeu com os pais o amor ao estudo e à filosofia. Após viagens e exílios, instalou-se em Atenas em 306, onde fundou uma escola com jardins amenos e estava sempre rodeado de amigos, a quem aconselhava a se recolherem dentro de si mesmos, sobretudo se necessitavam de companhia. Aos 35 anos, compra um jardim, o famoso Kepos, que se tornou o centro da democracia ateniense. Chamava-se Epicuro e tornou-se um mito em vida e, ainda mais, após sua morte.

Tudo lhe despertava a curiosidade. Dos mais de trezentos volumes que escreveu, chegaram-nos apenas fragmentos. Fala dos deuses e dos humanos. Da justiça e da saúde. Da felicidade e da dor. O que mais importa é a felicidade ou, pelo menos, evitar a infelicidade. E a felicidade obtém-se através da maximização do prazer e da minimização da dor. O prazer é o princípio e o fim de uma vida feliz – esta é a sua máxima e o seu lema. Os seres humanos, como os animais, afastam-se da dor e aproximam-se do prazer.

O epicurismo não é uma filosofia do prazer imediato, como por vezes é interpretado, mas do prazer refletido pela razão e escolhido com prudência e sabedoria. Há uma distinção entre o efêmero prazer sensível e o duradouro prazer espiritual; este se refere não só ao presente, mas também ao passado e ao futuro.

4. A FÁBRICA DA FELICIDADE

O jardim de Epicuro não é uma filosofia do prazer desmedido. Ele era muito mais sofisticado do que em geral se reconhece. Defende a ataraxia, uma espécie de tranquilidade e sossego da alma. Alguns prazeres são mais duradouros e mais puros que outros. Os prazeres da contemplação, de fruição artística, da leitura e da amizade são mais duráveis, menos dependentes de circunstâncias e sem consequências dolorosas. É esse tipo de prazeres que Epicuro defende.

Na física, ele está nas antípodas de Platão. Só existe a realidade do mundo sensível. Havendo alma, ela é composta por átomos e vácuo, e o ser humano é uma combinação desses elementos. O conhecimento nada mais é que sensações gravadas na memória e que originam ideias gerais. Na concepção atomista que procede do filósofo Demócrito, Epicuro introduz a noção de acaso, que é um modo de chamar a atenção para a liberdade.

É na ética que culmina essa filosofia que procura a felicidade mediante os sentimentos de *aponia* (ausência de dor física) e *ataraxia* (imperturbabilidade da alma). Será feliz quem viver o momento com prazer. Epicuro distingue entre desejos naturais e necessários, e outros que não o são. Conforme o que desejarmos, atingiremos ou não a felicidade. É importante a virtude e a prudência para escolhermos os prazeres que nos convêm. Os desejos vazios são os de fama, poder e prestígio, mas os prazeres da alma superam os do corpo.

Epicuro valoriza a tranquilidade da alma e a ausência de dor como prazeres estáveis; quando diz que o prazer é a finalidade da vida, não se refere aos imoderados. Devemos caminhar para uma vida sossegada rodeados de amigos e prazeres, com o mínimo de dor possível. É com a alma tranquila que alcançaremos a felicidade. Ambicionamos o prazer, logo, o prazer é belo e bom, e o desprazer é mau. Há que haver moderação e bom senso para que se atinja uma vida virtuosa e moderada. E não é a propriedade, mas sim as relações sociais e a amizade o que mais proporciona a felicidade.

A felicidade, por sua vez, não é uma soma de prazeres, mas, antes, um resultado de nos cumprirmos como seres humanos e de termos esse reconhecimento. Mesmo desfrutando de boa comida, bom vinho e boa música, podemos ser infelizes. Em contrapartida, uma pessoa pode ser feliz apesar da dor, como o é um alpinista semicongelado que atingiu o cume da montanha, ou um cientista exausto que viu sua experiência ser bem-sucedida.

Epicuro falava aos seus seguidores de quatro obstáculos à felicidade: deuses, morte, prazeres e dor. Identificava como o prazer mais alto o viver com amigos, ocupando-se da meditação. Temer a morte e o castigo divino são fontes de perturbação que podemos prevenir se conhecermos a natureza humana. A felicidade é um prazer longe das preocupações com deuses, morte e futuro.

Epicuro era ateu. Acreditava que as divindades não se ocupavam dos mortais, razão pela qual estes não deveriam temê-las. "Se existem deuses, não sei, mas, mesmo que existam, não cuidam de nós", afirmava. É inútil recear a morte, porque não a experimentamos pessoalmente. Só conhecemos sensações em vida, nada mais. Também de nada vale temer o futuro, porque ele não depende de nós.

O pensamento de Epicuro ganhou adeptos durante séculos. Foi lido por filósofos iluministas, como David Hume, que, em muitos aspectos, copiou-o, e por Karl Marx. No século XIX, os utilitaristas Bentham e Stuart Mill propuseram que o comportamento humano tivesse como critério final a felicidade do maior número possível de pessoas.

Há um elemento essencial que tem garantido ao epicurismo sua presença no senso comum. Nada substitui a procura da felicidade. Não magoamos alguém e daremos prazer a alguns. E é bom que desistamos de uma ação se previrmos que faremos sofrer outros. Humanamente falando, são ideias generosas. Porém, é sabido que demasiada crueldade e sofrimento já foram infligidos por pessoas pretensamente superiores que pretenderam alcançar altos ideais.

5. O desprendimento estoico

Como as folhas se desprendem das árvores no outono, também os estoicos se desprendem dos desejos. Aceitar o destino como ele é, encontrar dentro de si a serenidade para aceitar as coisas como são, viver em harmonia com o mundo e com os outros, renunciar aos desejos, isso tudo é optar pelo sossego e pela paz.

O estoicismo foi uma das filosofias da felicidade mais populares do mundo antigo e penetrou profundamente no senso comum. Tão disseminada foi a doutrina do *sorrir perante a adversidade* que a sabedoria popular até a identifica com a atitude geral do filósofo ante a vida. O Universo é governado por um *logos* divino, uma razão universal que tudo ordena. É necessário manter a serenidade, porque a ordem está estabelecida e tudo comanda. Aceitar essa ordem é fonte de paz. Horácio, poeta romano, dizia *carpe diem*, aproveita o dia e os seus momentos. Ricardo Reis vive sem desejos e paixões, e, por isso mesmo, sem desilusões ou dores.

A doutrina teve um fundador improvável: um milionário anarquista. Na cidade greco-fenícia de Cítio, nasceu, em 344 a.C., Zenão, filho de Mnáseas, um comerciante de grosso trato. O pai o enviou para Atenas aos 30 anos, a fim de que representasse a empresa. Em Atenas, o jovem milionário entrou em contato com os mestres da filosofia, procurando alguém como Sócrates. Indicaram-lhe Crates, da escola dos Cínicos, fundada por Antístenes, e disseram-lhe: "Segue esse homem!".

Crates repartira sua fortuna pelos concidadãos e tornara-se um asceta que denunciava a degeneração moral do tempo, os desvarios sexuais, bem como pregava a abstinência. Anarquista autêntico, Crates preconizava a abolição do dinheiro, a negação da propriedade privada, o fim do matrimônio, das leis e da religião.

A princípio, Zenão ficou fascinado por essas ideias. Alguns estoicos se pronunciavam a favor do amor livre, mas ele era um asceta. Renunciou aos prazeres de juventude e empregou a fortuna da venda de tecidos de púrpura e prata na compra de manuscritos, que colocou à disposição dos atenienses para ajudar os mais jovens. Teve tanto êxito que diversos reis o quiseram para conselheiro. Mas Zenão recusou sempre; só aceitou ser cidadão adotivo de Atenas e ter uma estátua com uma bela dedicatória.

Depois, marcado pelos ensinamentos de Heráclito, Platão e Xenócrates, afastou-se do programa utópico de Crates. Aos 42 anos, fundou sua escola junto do chamado Pórtico Pintado (*stoa*), uma porta no noroeste da Ágora de Atenas, onde se reuniam os poetas.

Zenão combateu a escola rival do epicurismo, mas dela adotou a divisão da filosofia em física, lógica e ética. A parte mais importante é a ética. É uma doutrina da fatalidade, que pede a cada pessoa para resistir às paixões e viver em harmonia com o Universo. Os estoicos não acreditam em coincidências. A recompensa do esforço é a ataraxia, a renúncia a tudo aquilo que traga perturbação. Cleantes, que sucedeu a Zenão como diretor da escola, dizia às pessoas: "Tens duas orelhas e uma boca. Sabes por quê? Para que escutes o dobro do que falas".

Essa doutrina foi a que mais êxito alcançou no mundo helenístico. Sêneca e Marco Aurélio foram referências importantes em Roma. A escola combina uma atitude de pessimismo sobre o mundo com um certo otimismo sobre os poderes da consciência. A natureza não funciona para nossa satisfação pessoal. O destino impessoal está sempre golpeando nossas aspirações. Qualquer envolvimento com o mundo através do orgulho das posses e dos afetos, o desejo de prazeres e confortos, ou a ambição de honras, abrem uma brecha na armadura humana pela qual o destino ataca.

O sábio evita tornar-se refém da sorte. Preserva-se do envolvimento no mundo e busca a segurança e a serenidade na cidadela da sua própria mente, que as circunstâncias externas não podem tocar. Aceita a necessidade de tudo o que lhe acontece, fortalece-se contra os golpes da fortuna e submete-se ao que vem com dignidade. Se temos de ir no final da festa, é melhor sairmos por cima do que sermos levados aos gritos.

A redução de expectativas diminui o sofrimento. É preciso não desejar, não sonhar, não ambicionar... e as desilusões serão menores. Quanto menos subir, menor será a queda. Por prudência, será aconselhável não querer demais, não sonhar demais e evitar sofrimento inútil. O sábio ético é nobre, sincero, e cumpre o seu destino. É preciso cumprir o destino com altruísmo e dignidade. Felicidade é ser o que se é, cumprir seu projeto, sua missão, o que estava destinado nos astros, na mente ou no coração.

Queremos ser felizes e alcançar o jardim das delícias sem dor ou sofrimento. Os estoicos disseram uma coisa importante: serei feliz se me reconhecer feliz. A felicidade não estará em jardins longínquos e inacessíveis, mas nas paragens próximas e calmas onde nos encontramos com os outros. Só então percebemos que a felicidade está no projeto por concluir, na obra por realizar, no destino por cumprir, na missão por efetuar.

5. O romance da matéria

1. O mundo em vermelho

Chove intensamente. Os carros à nossa frente estão completamente parados, devido à má visibilidade provocada pela teimosia da chuva que não para. O trânsito parece uma manada que se recusa a levantar. O nevoeiro é denso, e os peões atravessam de qualquer maneira. A umidade e a chuva nos dão a sensação de estarmos numa grande panela de pressão. Temos pressa, e não há maneira de chegar. Ligamos o pisca, mas os carros à nossa volta fingem não ver. Após muito esforço, conseguimos trocar de faixa e só ganhamos buzinadas. Nós nos aproximamos do cruzamento, mas aparece, fatal, o sinal vermelho à nossa frente. Somos obrigados a parar. A luz vermelha não cede à argumentação, nem atende aos suspiros. Nossas preces não foram ouvidas. Qualquer palavrão seria inútil. Ficamos na expectativa, como uma criança que deseja sair do castigo. Esperamos. Desesperamos. O sinal vermelho permanece. Também nós ficamos vermelhos de impaciência e raiva. Estamos irremediavelmente atrasados. Sentimos raiva do atraso. Vermelho. Sinal de paragem obrigatória. Proibido, zanga, fúria e impaciência.

Chegamos tarde e amarrotados ao palacete. As flores tornam o ambiente delicado e perfumam o ar de modo sutil. Tudo está arranjado. As pratas polidas, os arranjos de rosas espalhados por toda a sala, embalada pelo som da orquestra que anima a noite. Olhares se cruzam e se desviam em comunicação ativa e intensa. Há os que se evitam e os que se procuram com discrição e ternura. Trajes elegantes e formais desfilam. Trabalho de alta-costura feito com arte, exibido em ambiente de sedução. Linhas bem desenhadas e elegantes, decotes medidos e esculpidos para sugestionar e atrair. Vestidos compridos até os pés, não para tapar, mas para evidenciar; não para esconder, mas para revelar; não para ignorar, mas para realçar e atrair. Rendas, bordados, tules, transparências, veludos, sedas em cores e tons variados. Do branco ao rosa, do rosa ao vermelho, do vermelho ao azul. Cetim, organza e tafetá. Tecidos trabalhados e lisos, que contrastam entre si pelas formas e pelos corpos que envolvem. Luxo e requinte onde nada é deixado ao acaso. Da cabeça aos pés, tudo foi bem pensado. Vestidos compridos deslizam na pista ao som da orquestra, guiados por seu par. Vestidos de todas as cores. Ah! Mas o vestido vermelho... esse faz arrebentar corações, explodir poemas e começar romances. Transformou a noite escura numa noite quente. E, em volta dele, as estrelas dançam até de manhã.

Vermelho é também a cor do amor e da paixão. A cor do sangue e da luta, da vida e da morte. É a cor da ambição, da energia, do poder e do desejo. A mais quente das cores quentes irradia calor, entusiasmo, força, motivação e luminosidade. O ocre vermelho é usado desde o neolítico nas pinturas primitivas. É cor de afetos e sentimentos. Foi símbolo de fertilidade entre as noivas do Oriente Próximo. O rei Luís XIV transformou-o na cor da nobreza, mandando decorar palácios com tapeçarias, cortinas e tecidos da cor do sangue.

Flores e frutos vermelhos abundam na natureza. Cerejas, morangos, maçãs, ameixas, amoras, feijões, melancias, goiabas, tomates, beterrabas, pimentas e pimentões. Os frutos do bosque têm várias tonalidades da cor vermelha, e quanto mais maduros mais doces se revelam: assim são os bagos da romã. Vermelho, cor de terra e dos índios, cor de vinho, das ginjas e dos medronhos. Rosas, cravos, tulipas e papoulas. As rosas vermelhas, símbolo de paixão, são as mais procuradas e apreciadas, por sua cor, sua forma, seu perfume e suas pétalas delicadas, que se abrem em forma de beijo. Sua cor viva é um coração que se oferece e precisa ser acarinhado. Começou crescendo em jardins asiáticos e depois foi se multiplicando um pouco por todo o mundo. *L'important c'est la rose.*

Vermelho é a cor da guerra e das revoltas, do comunismo e das opas dos cardeais, mas é também a cor das *Ferraris*, do Benfica, dos sinais de perigo e das revoluções. É a cor do Natal. É também a cor do nascer do Sol, do planeta Marte, do sangue vivo. Vermelho é o mercúrio e os topázios. É a cor de Satanás e do inferno. Vermelho é a cor do socorro. É a cor do fogo e dos incêndios, dos bombeiros e seus extintores. Carmesim, coral, salmão, tijolo e rubi. As marcas e os símbolos usam-no por sua força, energia e carga emotiva. É a cor dos correios portugueses e da Coca-Cola. Lá fora, os sinais. Em nossa mesa, uma rosa. Na *passerelle*, o vestido. Mas, afinal, o que é o vermelho?

Podemos responder de maneiras diferentes, e todas corretas, conforme definimos os termos. A luz incide sobre o objeto vermelho e se reflete num intrincado padrão de ondas eletromagnéticas. O padrão é refratado pela nossa córnea e pelo cristalino, criando uma imagem invertida em cada uma das retinas. Essas imagens são convertidas em impulsos elétricos que percorrem os nervos ópticos até o cérebro, que interpreta essa informação e nos dá a sensação de vermelho.

A matéria é composta por átomos; os átomos são compostos por núcleos e elétrons; os núcleos têm prótons e nêutrons; e estes são compostos por *quarks*. Outras partículas subatômicas são combinações de *quarks* e antiquarks. Todas estão unidas por quatro tipos de forças: gravitação, eletromagnetismo, forças nucleares fracas e fortes. É quanto basta à física para explicar como a matéria conhecida se comporta.

Há um ponto, no entanto, em que a natureza da matéria se torna obscura. As partículas materiais se dividem em *quarks* e léptons. Os *quarks* sentem as *forças fortes*, os léptons não. Um cão conhece, em parte, a estrutura de uma árvore, mas nada entende de átomos. Um físico contemporâneo sabe muito de átomos, mas algo simples, como o que é realmente uma árvore, escapa à sua compreensão. Deveremos dizer, então, que o objeto vermelho é a realidade, e sua estrutura física e química é apenas um andaime para auxiliar a explicação? Ou devemos, em vez disso, afirmar que a estrutura atômica é a realidade e o objeto é apenas a aparência? Teremos duas teorias irreconciliáveis sobre a realidade? De um lado, está uma concepção de partículas ou ondas em constante movimento; de outro, a visão de um mundo de coisas estáveis. Corresponderá a cor vermelha a propriedades físicas do mundo ou a representações em nível cerebral?

Quem poderá nos dizer se a estrutura da matéria tem um número infinito de níveis, como um conjunto de bonecas russas que se encaixam umas nas outras? Estarão os cientistas condenados a fazer ciência como se narrassem um romance da matéria? Serão os cientistas poetas da energia e da vida que percebem que somos da mesma matéria que as estrelas? Então, os químicos construiriam os romances dos elementos segundo a tabela periódica.

Com as matrizes quânticas, os físicos demonstram de que modo as partículas se abraçam e se transformam. Os biólogos falam dos genes como a chave inglesa da vida. Uma coisa é certa: os cientistas sentem a paixão de compreender os fenômenos.

2. A ciência antiga

A palavra ciência deriva do latim *scire* e significa saber ou conhecimento. A imagem do cientista é de rigor e de isenção. Não é por acaso que a publicidade a representa por meio de uma pessoa vestida de jaleco branco, com ar sério e supostamente neutro, para induzir no espectador uma visão de respeito.

A ciência não é o único meio válido de compreensão do Universo: é um tipo específico de saber, um modo de relacionarmos os fenômenos entre si, uma compreensão objetiva do mundo que nos rodeia, um quadro interpretativo que dá sentido ao Universo mediante leis e teorias.

Sabemos quem são os pioneiros dessa aventura. Aristóteles na física e na biologia, Pitágoras e Euclides na matemática, Arquimedes na mecânica, Hipócrates na medicina, Estrabão na geografia, Ptolomeu e Aristarco na astronomia, Heródoto e Tucídides na história. Mas, como os filhos saem de casa para ganhar autonomia, as ciências tiveram de criar seu espaço, definir seu território e debater suas fronteiras.

Aristóteles iniciou o que entendemos como ciência ao distinguir entre o necessário e o contingente, ou seja, entre o que acontece sempre e o que acontece de modo ocasional. É uma ciência sem experimentação nem matemática, em que o cosmos se apresenta como um modelo hierárquico. O que se procura conhecer são as causas dos movimentos observados no cosmos.

Euclides, o pai da geometria, personalidade amável e modesta, viveu entre 330 e 275 a.C., tendo-se familiarizado em Atenas com a escola de Platão. Aprendeu com Eudoxo a teoria da proporção e com Teeteto a dos sólidos regulares. Ensinou em Alexandria, onde dirigiu um grupo de matemáticos e escreveu *Os Elementos*, umas das grandes obras da ciência. Além de tratado de matemática, *Os Elementos* serviram de método de exposição ao famoso médico Galeno e a filósofos posteriores, como Espinoza. Os primeiros seis livros de *Os Elementos* tratam da geometria elementar; os seis seguintes, do 7 ao 10, da aritmética; e os livros 11 a 13, da geometria dos sólidos. Euclides representa muito bem o espírito objetivo e rigoroso da ciência. Quando o rei Ptolomeu lhe perguntou qual seria a maneira mais simples de aprender matemática, ele respondeu: "Senhor, não há via régia para conhecer a geometria".

A ciência antiga deu passos surpreendentes. Três séculos antes da era cristã, Aristarco de Samos ensinou, em Alexandria, que a Terra é redonda, gira em torno de seu próprio eixo todos os dias e, também, ao redor do Sol. Um século mais tarde, Erastótenes encontra o modo de medir o raio da Terra com uma precisão impressionante. Demócrito fala pela primeira vez de átomos. Mas esse ritmo de descobertas não se manteve. Cláudio Ptolomeu, que viveu em Alexandria e trabalhou em matemática, física e astronomia, baseou-se em Aristóteles e Hiparco para criar, por volta de 150 a.C., o famoso sistema do universo com a Terra no centro. Sua obra *Almagesto*, que contém esse sistema geocêntrico, foi traduzida para o árabe e, mais tarde, para o latim, condicionando a astronomia até o século XVI. Apesar das contribuições interessantes de personalidades como Roger Bacon, Jean Buridan e Nicolau Copérnico, os medievais mantiveram esse sistema.

3. A ciência moderna

A ciência moderna só nasceu quando os grandes nomes da astronomia – Nicolau Copérnico, Tycho Brahe e Johannes Kepler – mostraram como atender às semelhanças dos objetos entre si, em vez de atender à relação dos objetos conosco. Dezessete séculos depois de Aristarco, em 1543, em sua obra *De Revolutionibus Orbium Coelestium* [Das Revoluções das Esferas Celestes], Copérnico define o Sol como centro do Universo. Brahe apresenta os cálculos sobre a órbita dos planetas nas *Tabelas Rudolfinas*, que ele deposita em Praga. E é nesta cidade que Kepler une os resultados da observação e os recursos da matemática para estabelecer as leis do sistema solar. Essa revolução científica ficará completa com o método científico de Galileu e o princípio da atração universal de Isaac Newton.

É o paradoxo da ciência que tem de estabelecer meios para atingir fins ainda desconhecidos. Mas como ajustar os meios afins que ainda se desconhecem? Como investigar o que ainda não se conhece? A resposta é: criando um procedimento de descoberta. E nessa criação destaca-se Galileu Galilei.

Ele era o mais velho de sete irmãos. Trocou os estudos de medicina pelos de matemática e física. Foi um discípulo do famoso Niccolò Tartaglia, em

Florença, onde descobriu o isocronismo do pêndulo. Em 1588, foi nomeado para a cátedra de matemática na Universidade de Pisa, na qual realizou suas famosas experiências sobre a queda de corpos em planos inclinados, demonstrando que a velocidade da queda não depende do peso. Nascia, assim, a física matemática. Entre 1592 e 1610, Galileu ensina matemática, mecânica e astronomia em Pádua, onde conquistou reputação internacional em aulas que chegaram a ter mil alunos. Foram os anos mais felizes da sua vida. As descobertas se sucediam. Ele enuncia o princípio da inércia e as leis da queda dos corpos. Descobre as manchas solares, as montanhas da Lua, os quatro satélites de Júpiter e os anéis de Saturno.

Galileu cria instrumentos, como a balança hidrostática e o compasso geométrico, e aperfeiçoa o telescópio. Ao construir ou aperfeiçoar esses instrumentos, não está apenas criando um utensílio, mas sim desenvolvendo um método científico. E é isso que conta. Galileu tornou-se o pai do método científico moderno, baseado na pesquisa e na resolução experimental de problemas. A ciência passa a ser escrita em linguagem matemática. A natureza passa a ser interpretada segundo leis que regem o movimento dos corpos e sua posição no espaço e no tempo. Em vez de um cosmos finito e hierarquicamente ordenado, como se pensara durante milênios, surge um Universo aberto, infinito e governado por leis matemáticas. Mas o drama espreita. Em 1600, Giordano Bruno é queimado vivo pela Santa Inquisição por defender, em seu livro *Acerca do Infinito, do Universo e dos Mundos*, que o Universo é infinito.

Em 1610, o padre Cristóvão Clávio escrevia a Galileu, informando-o de que os colegas astrônomos jesuítas confirmavam as descobertas feitas através do telescópio. Parecia ultrapassada a objeção do patético Cremonini, que se recusara a olhar por tal instrumento só porque não queria conferir autoridade ao novo método. Em 1611, Galileu é convocado a Roma para apresentar suas descobertas ao colégio romano. De princípio, a Igreja não tinha qualquer objeção ao uso do sistema heliocêntrico, embora Galileu ainda não tivesse provas conclusivas.

Em 1616, dá-se, todavia, uma reviravolta na atitude da Igreja. O livro de Copérnico é colocado no *Index Librorum Prohibitorum* – o Índice dos Livros Proibidos. A Igreja ordena a Galileu que passe a apresentar o sistema copernicano não como uma verdade comprovada, mas quando muito como uma mera hipótese. Galileu aceita essa indicação e prossegue suas investigações. Considera que a metafísica aristotélica e o sistema ptolomaico são desprovidos de sentido, e que o critério de verdade científica não reside na autoridade, quer seja a de Aristóteles, quer seja a das Sagradas Escrituras. A autoridade científica decorre do método científico.

Amigo de Maffeo Barberini, eleito papa Urbano VIII em 1623, e seu mecenas durante muitos anos, Galileu acreditou que o conseguiria convencer da verdade das novas descobertas. A ciência é independente da religião, como escreveu numa carta em 1625: "Nas discussões de problemas concernentes à natureza, não se deveria começar com a autoridade de passagens das Escrituras, mas com as experiências sensíveis e com as demonstrações matemáticas". Galileu considerava claro o que para a sua época era um escândalo: as Sagradas Escrituras ensinam *como se vai para o céu* e não *como é o céu*.

Seguindo esses princípios, Galileu escreve, em tom jocoso, o *Diálogo sobre os Dois Principais Sistemas do Mundo*, em 1632. As três figuras desse diálogo – Salviati, Sagredo e Simplício – debatem o sistema do Universo. O papa Urbano VIII considerou-se retratado na figura ridícula de Simplício e não perdoou. Em 1633, Galileu foi declarado suspeito de heresia. Após um julgamento longo e atribulado, teve de abjurar suas ideias, sendo condenado à prisão domiciliar. Em 1638, já completamente cego, publicou *Discorsi e Dimostrazioni Matematiche Intorno a Due Nuove Scienze*, em que debate as leis do movimento e a estrutura da matéria.

Galileu morre em 1642, solitário e cego. Foi enterrado na Basílica de Santa Cruz, em Florença, ao lado de Maquiavel e de Michelangelo. Nesse ano, falava-se muito de Descartes, que publicara em 1637 o *Discurso do Método*, uma obra que se tornou um clássico da filosofia da ciência e que ajudou a consolidar o método galileano. A natureza fala em linguagem matemática, e o ideal científico consiste em compreender os fenômenos físicos através de relações matemáticas. Foi então que, no ano da morte de Galileu, a história fez nascer o homem que estabeleceu o princípio da atração universal: Isaac Newton.

4. A revolução na física

O filósofo Thomas Kuhn mostrou que o pensamento científico experimenta mudanças de paradigma, ou seja, de modelo global explicativo. Entre a ciência moderna e a contemporânea, por exemplo, houve uma revolução científica que culminou com a adoção de um novo modelo. Galileu e Newton representaram o paradigma da ciência moderna, enquanto Einstein e Planck são os expoentes da ciência contemporânea, sendo a passagem para o novo paradigma desencadeada por anomalias detectadas pela investigação científica.

Os físicos da segunda metade do século XIX tinham procurado, sem sucesso, identificar o fluido espacial, o éter que preencheria o Universo. Mas as experiências de Michelson e Morley, em 1881, concebidas para medir a velocidade em que a Terra se deslocava no éter, concluíram que tudo se passava como se ela estivesse imóvel. Como tal conclusão era inaceitável, o holandês Lorentz recorreu a um artifício de cálculo: modificou a lei de composição das velocidades de Galileu, na qual se baseava a experiência de Michelson e Morley.

Em 1905, Albert Einstein surpreendia o mundo científico com a publicação de cinco artigos nos *Annalen der Physik*: o éter não existe, e a descoberta de Lorentz tornou-se a fórmula fundamental da nova mecânica. Tempo e espaço passaram a ser grandezas relativas ao sistema de referência que as descreve. $E = mc^2$. A energia é igual à massa vezes o quadrado da velocidade da luz. Uma pequena quantidade de massa pode ser transformada numa enorme quantidade de energia, o que tanto explica a combustão das estrelas como as enormes reservas de energia armazenadas num átomo.

O golpe de gênio de Einstein liquida o paradigma da física moderna com um tempo absoluto a fluir uniformemente num espaço absoluto. A relatividade é introduzida pelo fato de o observador humano estar subordinado às determinações espaçotemporais que ele próprio pretende observar na natureza.

A Teoria da Relatividade revoluciona o conceito de velocidade, ao enunciar que nenhuma partícula consegue se deslocar a uma velocidade superior à da luz, de 299.792.458 metros por segundo. Quando um corpo está livre, isto é, sem influência de qualquer força, os seus movimentos exprimem a qualidade de espaço-tempo. A presença de um corpo em determinado local causa uma distorção no espaço próximo. Por exemplo, um raio de luz proveniente de uma estrela distante parece sofrer uma alteração de trajetória ao passar perto do Sol. Segundo Einstein, isso não é causado por qualquer força de atração; resulta da enorme massa solar, que deforma o espaço à sua volta segundo uma determinada curvatura. E, se a matéria encurva o espaço, é possível admitir que todo o universo é curvo. A descoberta da velocidade da luz como limite superior de todas as velocidades físicas e, ainda, da curvatura do espaço-tempo são as pedras de toque da Teoria da Relatividade.

No início do século XX, a microfísica passa a ser o outro domínio revolucionário da ciência. A teoria dos *quanta* está relacionada com as interações e os movimentos dos corpos no espaço e no tempo. Na física moderna, aceitava-se como evidente que a interação entre dois corpos físicos podia reduzir-se a zero. Por exemplo, apesar de a introdução de um termômetro perturbar o curso normal de um processo de calor, considerava-se que se media com rigor o fenômeno em causa. Era tão forte a convicção de que todo fenômeno físico pode ser observado com precisão, sem o perturbar com a observação, que ninguém se deu ao trabalho de formular essa mesma proposição. Assim, os problemas que iam surgindo eram tratados como dificuldades técnicas.

As descobertas sobre a divisibilidade e propriedade dos núcleos atômicos desde o início do século XX levaram, todavia, os físicos a concluir que existe um limite inferior de interação que não pode ser ultrapassado. Esse limite é tão pequeno que pode ser desprezado nos fenômenos da vida corrente, embora seja decisivo nas interações que têm lugar nos sistemas mecânicos de átomos e moléculas.

Em 1900, ao investigar as condições teóricas de equilíbrio entre a matéria e a radiação, o físico alemão Max Planck concluiu que a interação entre matéria e radiação ocorre numa sequência de pequenos choques que transferem uma certa quantidade de energia da matéria para a radiação, e vice-versa. As trocas de energia não acontecem de forma contínua, mas em doses ou pacotes de energia, a que chamou *quanta*.

Ele introduziu uma relação de proporcionalidade entre a quantidade de energia transferida e a frequência do fenômeno de transporte de energia. Trata-se da constante de Planck, ou constante quântica, descrita pelo símbolo *"h"*, ou coeficiente de proporcionalidade. Dezoito anos mais tarde, Max Planck recebe o Prêmio Nobel de Física por essa descoberta.

Nessa linha de investigações da microfísica, Einstein chegou à conclusão de que a radiação não só é emitida em porções descontínuas, como permanece sob tal forma, consistindo num grande número de grãos de energia descontínuos, a que chamou *quanta de luz*. Quando se deslocam, esses *quanta* possuem, além da energia, um momento mecânico que, de acordo com a mecânica relativista, deve ser igual à sua energia dividida pela velocidade da luz. No que diz respeito à interação com a matéria, a propriedade quântica da radiação é um fato experimental bem estabelecido.

5. Ciências da vida

Enquanto a microfísica fazia o seu caminho, emergiu uma outra revolução nas ciências da vida.

As ciências da vida mergulham as raízes num passado longínquo em que brilham os nomes de Aristóteles, Vesálio, Descartes, Lineu, Buffon e Lamarck. Mas é com a teoria da seleção natural, de Charles Darwin, que entram na ciência contemporânea. Após a grande viagem de exploração à volta do mundo no *Beagle* e depois de anos de estudo e reflexão intensa, Darwin estabeleceu como todas as criaturas estão envolvidas na luta pela sobrevivência. Essa luta confere vantagens a pequenas variações casuais, que se manifestam na apropriação do meio ambiente. Por transmissão hereditária dessas variações, as espécies se transformam aos poucos. É "a esta conservação das variações favoráveis e à destruição das que são nocivas que aplico o nome de seleção natural ou sobrevivência dos mais aptos", escreveu Darwin em *A Origem das Espécies*, articulando, de modo coerente, fatores explicativos oriundos de várias áreas: biologia, anatomia, fisiologia, embriologia e paleontologia.

Embora Darwin explique a ordem e as propriedades exteriores das criaturas vivas, nada diz sobre as engrenagens que as compõem. A citologia e a teoria da hereditariedade vieram completar suas descobertas.

A teoria da célula foi iniciada pelo naturalista holandês Van Leeuwenhoek, que inventou o microscópio. Ainda no século XVII, Robert Hooke deu o nome de célula, ou lugar fechado, às pequenas cavidades que observou na cortiça. O escocês Robert Brown observou que no interior das células havia uma zona, a que chamou núcleo. O abade Spallanzani descobriu as células vivas e, em particular, os espermatozoides. Já no século XIX, Schleiden e Schwann concluíram que a célula era a unidade que compunha todos os seres vivos, vegetais e animais.

A conclusão de que toda célula provém de outra célula arrasou a crença antiga sobre a geração espontânea da vida. A obra de Louis Pasteur sobre a fermentação láctea, de 1857, arrasou o mito alquímico, de Paracelso e Van Helmont, de que os organismos inferiores seriam diretamente gerados pela matéria inerte.

Também desde o século XVII existia a intuição de que os fenômenos vitais poderiam ser explicados pelo jogo de forças químicas. Mas só com Lavoisier e o princípio da conservação da massa e dos elementos químicos surge uma explicação convincente: "Na natureza nada se cria, nada se perde, tudo se transforma". Abre-se caminho para a compreensão do substrato dos seres vivos como combinação de carbono, oxigênio, azoto, enxofre, fósforo e outros elementos. É desferido um golpe mortal nas velhas ideias animistas, e esses elementos que a física considera inertes passam a ser entendidos segundo as novas leis da química. O romance da matéria é um só, embora com capítulos diferentes.

Os médicos relacionam as virtudes farmacêuticas das plantas – ópio, ipecacuanha, quina – com as propriedades de substâncias químicas – morfina, emetina e quinino. Em 1828, Wöhler obtém a primeira síntese de uma substância presente nos seres vivos, a ureia. Está aberto o caminho para se falar de moléculas. Em 1897, Eduard Buchner descobre o processo de fermentação da levedura na ausência de células vivas. Demonstra que a fermentação alcoólica se deve à ação de enzimas, e não à ação direta das células de leveduras, e recebe um dos primeiros Prêmios Nobel de Química. Os biólogos estudam as enzimas, essas operárias moleculares da célula que passarão a estar na linha de frente da investigação nas ciências da vida. A biologia transformava-se em bioquímica.

A renovação das ciências da vida virá também dos estudos sobre a hereditariedade. As primeiras tentativas de operar cruzamentos e observar resultados são de Maupertuis e Naudin, no século XVII. Mas a genética só nasce, realmente, com o monge franciscano Gregor Mendel. Em 1866, ele publica os seus estudos estatísticos sobre os cruzamentos das ervilhas, após analisar os resultados de cerca de 28 mil plantas. Mendel foi o primeiro a formular as leis da hereditariedade que regem a transmissão dos caracteres hereditários, que ficaram conhecidas por *Leis de Mendel*.

Só no início do século XX os cientistas começam a esclarecer as características da célula. O material nuclear, suporte da hereditariedade, é batizado por Wilhelm Waldeyer, em 1888, de cromossoma. O termo *gene* é criado por Johannsen em 1909. Weissmann, em 1902, estabelece que o núcleo da célula germinal encerra a substância da hereditariedade contida nos cromossomas. O holandês De Vries introduz o conceito de mutação e, por sua vez, Thomas Hunt Morgan cria a teoria cromossômica da hereditariedade: os genes transportados pelos cromossomas dispõem-se como as pérolas de um colar.

Uma vez mais, porém, a célula não revelara todos os seus mistérios. Ainda faltavam capítulos no romance da matéria. Persistiam vários problemas.

Ainda se pensava que os genes eram proteínas. As enzimas já eram conhecidas, porém se estimava que os componentes celulares não proteicos eram apenas elementos de suporte. Mas de que eram feitos os genes? Qual sua estrutura físico-química? Como se passa dos genes às proteínas, os operários da química celular? Como decifrar o código dos genes?

A biologia molecular veio tentar responder a essas perguntas. Em *O que é a vida?*, de 1945, Erwin Schrödinger liga as ciências da vida às teorias da informação. O abandono da concepção de que os genes são constituídos por proteínas levou à descoberta do DNA, a molécula-base do metabolismo celular. Em 1953, James Dewey Watson e Francis Crick fazem história. A vida explica-se pelos genes localizados numa molécula alongada, em forma de dupla espiral ou escada retorcida. Esse modelo do código genético, divulgado no livro de James Watson, *A dupla hélice*, de 1968, entrou definitivamente no imaginário do século XX.

No início dos anos 1970, os biólogos estavam contentes com o formalismo das ciências da vida e os seus elementos – DNA (ácido desoxirribonucleico), RNA (ácido ribonucleico), proteínas, códigos e circuitos de regulação. Geneticistas e bioquímicos partilhavam um entusiasmo quase triunfal de que tudo poderia ser explicado por uma combinação de *acaso* e *necessidade*, como o título de um célebre livro de Jacques Monod (*O Acaso e a Necessidade*, 1970).

O entusiasmo era todavia prematuro. Em *O Fogo de Heráclito*, de 1978, o químico Erwin Chargaff, um Diógenes do mundo contemporâneo, alertou para o erro de considerar como resolvida a complexidade do mundo biológico e, ainda, para o fato de a tecnologia genética comportar grandes riscos. Reduzir a vida a interações moleculares não respondia a preocupações legítimas, como a saúde pública, o bem-estar, a ecologia e a medicina.

A biologia deixa de ser apenas uma ciência de laboratório e passa a ser uma ciência de intervenção. A indústria farmacêutica percebeu a importância de informar o público quanto aos efeitos e às incompatibilidades dos fármacos que vendia. A evolução na medicina trouxe a reforma dos estudos biomédicos, bem como de virologia, imunologia, oncologia. As aplicações biotecnológicas sucederam-se nos domínios da saúde pública, da agricultura, da pecuária e do ambiente.

O caso mais extraordinário das ciências da vida foi o Projeto Genoma Humano, iniciado em 1985 pelo norte-americano Robert Sinsheimer. Consistiu em localizar cada um desses genes num cromossoma específico e decodificar a informação até o nível dos constituintes básicos de todos os genes, que são: adenina, guanina, citosina e timina. Cada um dos milhares e milhares de genes do corpo humano é composto das mesmas quatro bases, mas dispostas em sequências diferentes. Os genes governam a química da vida e determinam toda a aparência exterior do ser humano, tal como a cor dos olhos ou o tipo de cabelo.

Podemos comparar a relação entre todos esses elementos do genoma da seguinte forma: o núcleo de uma célula é como uma biblioteca com as instruções para a construção de um indivíduo pertencente a uma espécie biológica. Os cromossomas existentes no núcleo são as estantes. O DNA são os livros. Os genes são segmentos de DNA, como páginas ou capítulos de livro. As bases presentes na dupla hélice são as palavras dos livros. Os quatro constituintes (A, C, G, T) dos genes são as letras. Se fosse escrito, o genoma humano teria a dimensão de duzentas grandes listas telefônicas.

Em 1988, o National Institute of Health deu a liderança do Projeto Genoma a James Watson, um dos descobridores do DNA. A produção de cópias artificiais de DNA veio acelerar a identificação de marcadores. Em 1990, os cientistas já dispunham dos mapas que relacionavam os marcadores genéticos com os cromossomas.

Entrou em cena Craig Venter, com uma ferramenta revolucionária que permitia descobrir trinta genes por dia, embora com funções desconhecidas. Venter fundou um consórcio privado com o objetivo de acelerar as pesquisas, bem como lucrar com a identificação e a patenteação de genes úteis à indústria farmacêutica. Em maio de 1998, associou-se a uma empresa de fabricantes de máquinas de sequenciação e criou a Celera Genomics, que sequenciaria o genoma humano num período de três anos e por 300 milhões de dólares.

Seguiu-se uma corrida entre os dois consórcios. Em outubro de 1999, a Celera anunciou a leitura do primeiro bilhão de bases do genoma humano. O consórcio público contra-atacou e, em novembro, celebrou o aniversário do seu primeiro bilhão de bases. A corrida continuou ao longo do ano 2000. Em março, atingia-se a marca de dois bilhões de bases. No final, os projetos concordaram com o anúncio conjunto da descoberta, em Washington, a 26 de junho de 2000.

Esse êxito foi apenas o início do Projeto Genoma, que avançou para a sequenciação completa dos pares de base que formam o DNA de uma única pessoa. Os primeiros mapas do genoma foram precisamente os de Craig

Venter, em 2007, e James Watson, em 2008. A compreensão do funcionamento dos genes transformará nossas vidas, permitindo prevenir doenças através das terapias genéticas.

6. *Eureka*!

Heurística é uma palavra difícil, mas torna-se fácil se nos lembrarmos de que provém do grego *eureka*, que significa *eu descobri*. Desde que Arquimedes soltou esse grito até os dias de hoje, as descobertas científicas mudaram a face do mundo. Segundo a epistemologia contemporânea, disciplina filosófica que estuda as ciências, a chave desse sucesso reside numa só palavra: probabilidade.

A ciência contemporânea adotou o paradigma da probabilidade. Deixou de ver o Universo como um mecanismo dotado de uma causalidade absoluta. Na física, como na genética, na biologia, como na meteorologia, e, em particular, nas ciências humanas, que têm de ter em conta a liberdade humana, o indeterminismo substituiu o determinismo.

Para descrever a probabilidade, a ciência criou um novo tipo de estrutura heurística, à qual se chama estatística, pois usa os métodos quantitativos desta disciplina. A estatística preocupa-se com ocorrências. Esses acontecimentos podem ser tanto movimentos de moléculas como de partículas subatômicas, saldos de natalidade ou fluxos financeiros. Cada um desses acontecimentos, considerados isoladamente, obedece às leis clássicas da ciência moderna. Mas a probabilidade da sua ocorrência é calculada segundo as leis da ciência estatística. Por exemplo: é evidente que as leis da mecânica determinista de Galileu continuam a ser válidas para explicar o movimento de um automóvel, contudo, a mecânica ondulatória não determinista é indispensável para explicar, em termos probabilísticos, o movimento de um elétron.

Nos modelos estatísticos, as deduções são restritas ao curto prazo, e as previsões apenas indicam probabilidades. Comparem-se, por exemplo, dois tipos de fenômenos, como os movimentos dos planetas e as variações climáticas. Os astrônomos sabem prever eclipses, mas os meteorologistas precisariam dos dados da situação climática inicial para fornecerem previsões climáticas exatas. Os astrônomos estão absolutamente certos acerca das datas dos eclipses passados ou futuros, mas os meteorologistas carecem de dados para nos dizer o que se vai passar exatamente amanhã, dentro de uma semana ou de um mês.

Entre as certezas dos astrônomos e as incertezas dos meteorologistas, cada ciência tem de efetuar seu trabalho para prever, com rigor, resultados com graus distintos de probabilidade.

Hoje, sabemos que a ciência é também uma prática social e, como tal, está imbuída de crenças, expectativas e pressupostos. Sabemos que as práticas científicas não são neutras. As conquistas da ciência são inúmeras, e o progresso tecnológico é vertiginoso. Todos os dias são lançados modelos novos de aparelhos que facilitam a vida, a comunicação, os afazeres; o tempo e as distâncias se encurtam, aproximando o longínquo, tornando a ficção real. As leis científicas, ainda que provisórias, fundam o conhecimento e, além disso, possibilitam a invenção e a descoberta de novas técnicas.

A ciência faz milagres todos os dias. A taxa de mortalidade infantil foi reduzida, melhorou-se a saúde materna e a infantil, criaram-se vacinas e antibióticos. A medicina cura doenças que outrora desconhecia, opera de forma sofisticada, faz transplantes, cria próteses, prolonga a vida e alivia a dor. Os atos médicos são, cada vez mais, escolhas humanas em que a interferência racional passa a ser decisiva, e levantam-se inúmeras questões éticas. Torna-se difícil legislar, já que não existem fronteiras entre o natural e o artificial, e todos querem escolher o destino: fazer nascer uma criança, escolher seu sexo, decidir sobre o fim da vida, aplicar medicamentos que são caros.

A mãe natureza é, cada vez mais, uma figura de museu. Laboratórios de investigação, por todo o mundo, antecipam esforços numa corrida de patentes, num mercado global cheio de interesses contraditórios. A microbiologia avança e invade tudo, desde a medicina reprodutiva à clonagem de tecidos ou órgãos ou à cirurgia plástica. Desfiam-se as leis da natureza, a infertilidade resolve-se num simples tubo de ensaio, prolonga-se a idade da maternidade, numa corrida constante em que os produtos, em sua maioria, são anunciados como elixires de juventude e beleza. Tudo são conquistas fantásticas da ciência. Com ansiedade, aguarda-se o momento em que os cegos passarão a ver e os paralíticos, a andar, graças a implantes neuronais ou outros recursos similares.

As verdades científicas e as conquistas da técnica não apaziguam os filósofos; antes, são fonte inesgotável de novas interrogações. A ciência fornece um mar de questões conceituais e éticas às quais o cientista não consegue responder. Entre filosofia e ciência, cruzam-se informações, problemas e questões, apesar de existirem territórios e marcos claramente delimitados.

Na sua rotina diária, o cientista registra os dados com precisão e rigor, como se estivesse construindo um delicado e maravilhoso tecido. Seu labor tem semelhanças com o de Penélope, de *Odisseia*, de Homero, que desfaz de manhã o que fez de noite. A ciência mudou de rosto, e seu novo visual já não é a enciclopédia do século XVIII, nem o laboratório do século XIX. Apresenta-se agora como uma rede de conhecimentos tecida com muito rigor. Com espaços e problemas próprios, as várias ciências convivem. Cada uma com seu legado e seu tesouro, trocam informações, especializam-se, criando uma teia fabulosa de conhecimentos que, talvez, um dia, nos expliquem o que é a cor vermelha.

6. *Big Bang* e outras explosões

1. Música das esferas

Os olhos dos músicos e espectadores que ocupam a sala de concerto estão fixos na mão que segura a batuta. Para trás ficaram as afinações da orquestra, com aqueles miados e chiados curiosos das cordas e dos sopros; para trás, os rumores do público que se aquietou nas cadeiras. Quem chegou tarde já não entra. Tudo o que conta são as instruções que aquela mão vai dar. De súbito, a mão se eleva e, uma fração de segundo depois, ao descer, desencadeia a explosão da música maravilhosa por que todos ansiavam.

Um primeiro acorde fortíssimo nos avisa que se passou algo grave e profundo. Na abertura orquestral, fazem-se ouvir sucessivos acordes que evocam a desordem inicial do Universo, através da sucessão de relações intervalares ambíguas, dando a impressão da dissolução harmônica. E, quase no final da curta abertura, surge uma mudança de tonalidade, de mi bemol para dó menor, com o *fortissimo* da orquestra. É o momento crucial: do caos nasce a ordem, das trevas nasce a luz, afinal, a matéria do Universo.

Depois da introdução com o radiante e luminoso acorde em dó menor, o arcanjo Rafael canta as primeiras palavras do Gênesis. O primeiro nascer do Sol e a criação das estrelas recebem tratamentos orquestrais que quase dispensam o texto cantado que os explica. O Gênesis contém a mais antiga narrativa sobre o cosmos.

Estamos escutando *A Criação*, peça musical em três partes escrita por Haydn. A primeira parte conta e canta os primeiros quatro dias da criação: o surgimento da luz, do céu, da terra e do mar, dos corpos celestes e da vida vegetal. A segunda parte centra-se na criação da vida animal: bichos, aves, peixes e, por fim, a criação do ser humano. A terceira parte canta o idílio de Adão e Eva, ou seja, a história da humanidade.

Em poucos minutos, fomos introduzidos na imponência que nos conduzirá, de excerto em excerto, até o final da obra. O compositor genial pôs a orquestra a representar o Universo. E tudo começou por esse momento mágico, sublime – esse momento, ainda por explicar, do nascimento da luz, do qual irradia o restante da criação. Como do gesto suspenso do maestro, antes de iniciar as indicações da partitura, jorrou toda a música, como da cornucópia jorram os tesouros nela escondidos.

Haydn transformou todo esse esplendor num milagre musical que evoca o evento que continua a nos intrigar. Somos surpreendidos com passagens dramáticas e intensas anunciando cada fase do cosmos. E tudo isso apesar da sobriedade e fluência discursiva que caracterizava o estilo musical da época. Viena, na Áustria, era a capital da música. Uma época áurea. Por lá passaram nomes como Haydn, Mozart, Salieri, Gluck, Beethoven e Schubert. E foi lá que, em 1799, Haydn dirigiu a estreia de *A Criação*. Ele a escrevera entre 1797 e 1798, tendo por modelo a oratória de Handel baseada no Gênesis e no *O Paraíso Perdido*, de Milton. Foi um êxito. Acolhida com entusiasmo, continua a ser uma música das esferas que jorra para dentro de nós: a música do cosmos.

2. Sobre as origens

Desde sempre, o cosmos intriga, inquieta e fascina. Aproxima físicos e metafísicos, põe poetas e músicos a cantar, artistas a trabalhar, cientistas a investigar, e faz sonhar a todos nós.

Ao olharmos o céu, longe das luzes da cidade, é inevitável a sensação de vastidão do cosmos. Inúmeras luzinhas que hoje sabemos serem estrelas distantes, algumas delas já mortas, pontuam a esfera celeste. Ao observar atentamente, percebemos uma faixa leitosa que a atravessa. É a nossa galáxia, uma entre milhões de outras, que tem aproximadamente a forma de um cone de sorvete. Contém dezenas de bilhões de estrelas, entre as quais o Sol, localizado na parte inferior desse cone.

Olhamos para o céu, percorremos a Terra, sentimos nosso próprio corpo, que é poeira das estrelas, e, a cada passo, surgem-nos questões sobre o Universo. A cosmologia é a procura e o estudo de modelos que descrevem a origem, a estrutura e a evolução do Universo. De onde viemos? Para onde vamos? Como se formou a matéria? Que relação existe entre nós, seres humanos, e as estrelas? De onde vêm as estrelas? Como se formaram as galáxias? A cosmologia filosófica tenta responder e ligar a questão do princípio e do fim do Universo. Utiliza o saber de outras ciências – física, química, biologia – para explicar a evolução do universo. Usa a física das partículas, que é do domínio do microcosmos, e a astronomia, que se situa no domínio do macrocosmos. Hoje, sabemos que a maior parte dos átomos do nosso corpo vem do coração das estrelas e que, por isso, somos seres cósmicos. O cálcio ou o ferro do nosso corpo não são algo exclusivo dos nossos organismos. Afinal, as estrelas também são nossos antepassados.

Quando pensamos no cosmos, parece um milagre, ainda hoje não completamente explicado, o aparecimento do Universo, o instante inicial, a passagem do nada ao ser. A ciência não desiste e quer responder. Em 2008, o maior acelerador de partículas é posto em funcionamento. Está debaixo da terra, entre a França e a Suíça, e tem mais de 27 quilômetros. Investigadores de todo o mundo trabalham para descobrir como tudo começou, como evoluiu e se transformou este Universo do qual conhecemos apenas uma ínfima parte. Procuram-se novas partículas, tenta-se comprovar hipóteses e fechar teorias. É preciso compreender o início, confirmar a partícula que dá a massa, que transforma a luz em corpo, o procurado *Bóson de Higgs*, que provavelmente terá sido encontrado pela Cern (Organização Europeia para a Pesquisa Nuclear), em julho de 2012.

Para conhecer as entidades cósmicas – como o espaço e o tempo, a origem e a evolução de estrelas, galáxias, quasares, buracos negros, a evolução da vida –, temos de substituir as escalas de espaço-tempo a que estamos habituados. Para medir este livro, utilizamos o centímetro como unidade, mas, para distâncias entre duas cidades, adotamos o quilômetro. Quando medimos distâncias entre objetos no Universo, usamos como medida o ano-luz, o que equivale a cerca de 10 trilhões de quilômetros, e, se as distâncias forem ainda maiores, utilizamos o parsec, que equivale a cerca de 3,26 anos-luz. Se esse ponto-final representar a Terra com um milímetro de diâmetro, então a Lua se encontra a 1,5 centímetro de distância; o Sol, por sua vez, fica a 12,5 metros e tem o tamanho de uma bola de tênis. A estrela seguinte mais próxima do Sol encontra-se a 4 mil quilômetros. Por comparação, um ser humano teria o tamanho de um átomo, ou seja, $1,5 \times 10^{-8}$ centímetro.

É um Universo imenso. Andrômeda, a galáxia mais próxima, está a 2 milhões de anos-luz de nós. E há um fato ainda mais estranho: o que vemos no Universo corresponde àquilo que ele era quando emitiu a luz que nos chega hoje, ou seja, estamos olhando para o seu passado.

Em 1929, o astrônomo Hubble observou a expansão do Universo. A Teoria da Relatividade Geral fornecia um modelo para sua evolução, a que se deu o nome de *modelo cosmológico padrão*. Esse modelo permite reconstituir fenômenos de há bilhões de anos. A evolução do Universo deixou traços que hoje podemos detectar, e encontrar os fósseis deixados ao longo desse processo é um tipo de arqueologia cósmica. A radiação cósmica e a abundância de elementos leves são caminhos possíveis nesse estudo.

Até o início do século XX, as hipóteses sobre a origem do universo pertenciam ao domínio da poesia. Foi a Teoria da Relatividade de Einstein que nos trouxe um estatuto científico, sugerindo modelos matemáticos para explicar as observações da radioastronomia.

As estrelas visíveis, a olho nu ou por telescópio, emitem ondas de luz que impressionam a emulsão de uma chapa fotográfica. Essa radiação cósmica corresponde a fenômenos energéticos que ocorreram no espaço há milhões e milhões de anos, e que nos atingem à velocidade de quase 300 mil quilômetros por segundo. Os focos emissores são conhecidos: alguns podem ser identificados em nossa galáxia; outros, fora dela.

Os modelos do Universo têm em conta os dados experimentais. As galáxias são universos de estrelas em tudo semelhantes à Via Láctea e que se afastam de nós à velocidade de recessão. Não observamos diretamente o afastamento das galáxias, mas sim um desvio para o vermelho (*redshift*) da luz, que elas emitem em forma de raios espectrais.

Os modelos do Universo respeitam dois princípios básicos: a homogeneidade e a isotropia. A densidade das galáxias é a mesma em todas as regiões do Universo, sendo semelhante em todas as direções. É como uma vasta floresta virgem. A homogeneidade diz que, em todas as partes da floresta, a vegetação é tão densa que não existem clareiras, nem regiões mais impenetráveis que outras. A isotropia significa que a penetração na floresta é difícil em todas as direções. Não há pistas, nem caminhos privilegiados.

Doravante, existem dois tipos de modelos do Universo. Até 1924, falava-se de modelos estáticos, como o universo de Minkowski, o universo hiperesférico de Einstein, o universo vazio de Sitter. No entanto, desde que, em 1924, ocorreu a descoberta do *redshift*, surgiram modelos não estáticos, que interpretam o afastamento das galáxias e a expansão do Universo como se fossem o crescimento de um suflê. Entre os vários modelos propostos, o que acolhe a quase unanimidade dos cosmologistas é o do *Big Bang*, conforme lhe chamou ironicamente Fred Hoyle.

3. A narrativa do cosmos

Apesar de os pormenores irem sofrendo modificações em consequência de descobertas e revisões teóricas, existe uma narrativa do cosmos com que estamos familiarizados. O Universo, como o conhecemos, começou há 13,7 bilhões de anos, com uma grande explosão, mas continua a se expandir, embora num ritmo muito menor. Logo após o *Big Bang*, seguido pela era radioativa, dominada pelas partículas subatômicas, deu-se a formação dos primeiros átomos, dos quasares, das estrelas e das protogaláxias, há 13 bilhões anos, das galáxias, há 10 bilhões de anos, e do sistema solar, há aproximadamente 4,5 bilhões de anos.

A teoria do *Big Bang* não esclarece a origem do Universo, mas sim como evoluiu e se transformou. As leis de conservação da física parecem se opor à ideia de que algo nasça do nada. Mas, se a criação é a passagem do indeterminado ao determinado, como isso ocorre? Cientificamente, nada sabemos ainda sobre o momento inicial.

À escala macro, o Universo é uniforme, mas, quando se trata de aglomerados de galáxias, a matéria visível agrupa-se em conjuntos. A Teoria da Inflação Cósmica indica que, no seu primeiro segundo de existência, o Universo cresceu gigantescamente, impelido pela gravidade. Ao terminar a inflação, o espaço era vazio, e a energia de expansão foi convertida em calor, o que levou à criação da matéria. As flutuações quânticas durante a inflação imprimiram ao Universo sua estrutura em grande escala.

Essa narrativa científica conta a evolução dos acontecimentos desde uma fração infinitesimal de tempo após o momento zero. Subjacente a essa teoria, está a imagem de que no início o Universo cabia na palma de nossa mão. Uma luz infinitamente quente começou a se expandir e a se transformar. Ocorreu uma gigantesca explosão térmica, a qual deu origem a gases e poeiras, que formam a matéria que se expandiu e que, ao arrefecer, fez surgir estrelas e planetas.

Os primeiros sinais da vida na Terra, as células procarióticas de estromatólitos, agora fossilizados, surgiram há 3,5 bilhões de anos, enquanto as primeiras células eucarióticas nas algas marinhas datam de 1,5 bilhão de anos atrás. A primeira vida animal multicelular surgiu há cerca de 650 milhões de anos; os primeiros hominídeos, há aproximadamente 2,6 milhões de anos. Já os primeiros seres humanos, que usam as mãos e a mente não só para construir artefatos e controlar o fogo, mas também para criar representações pictóricas, surgiram há cerca de 40 mil anos, sendo as criaturas mais recentes a emergir do passado. Nós podemos nos considerar recém-chegados, pois somos espantosamente recentes na história do Universo.

O que faz dessa sequência uma narrativa, muito diversa de um amontoado de fatos, é que nela podemos seguir a relação dinâmica entre diferentes níveis de ser no cosmos – físico, químico, biológico, botânico, zoológico e humano. Esse desdobramento de níveis exibe uma série em que os anteriores funcionaram sem os posteriores, enquanto os mais tardios deles dependem. Os primeiros produtos químicos – hidrogênio, hélio, lítio – só podiam aparecer três minutos após o *Big Bang*, e depois da emergência, no nível físico da existência, da gravitação de partículas subatômicas.

Gostaríamos de fazer uma distinção. Uma coisa é a evolução, que abrange toda a gama de seres vivos, desde as mais simples bactérias procarióticas até os seres humanos. Outra coisa é o evolucionismo, uma teoria proposta para explicar o surgimento de todos os seres vivos, mas para a qual faltam evidências. A evolução é teoricamente tão justificável quanto a astronomia de Copérnico, a física de Newton ou de Einstein, ou a teoria unificadora dos físicos contemporâneos, sendo também suscetível de modificação e revisão radical, como outras teorias, conforme o que Arthur Pap chamou de confirmação contextual dos postulados teóricos.

Não sabemos, e talvez jamais venhamos a saber, o que existia antes da enorme explosão num ponto do cosmos que disseminou a matéria no espaço vazio. O que a teoria do *Big Bang* diz essencialmente é que, cerca de 13,7 bilhões de anos antes do presente, o Universo emergiu de um estado extremamente denso e quente, e que sua expansão, a do próprio espaço, o conduziu ao estado menos denso e mais frio em que se encontra agora.

Sabemos que, num pequeno aglomerado de energia, menor que um átomo, e numa nanofração de segundo, o *Big Bang* desencadeou toda a energia que alimenta as estrelas e a vida. Mais tarde, 380 mil anos depois, surgiram os primeiros átomos que explodiram pelo Universo de modo heterogêneo. O hidrogênio foi usado para fabricar tudo o que existe no cosmos. Com aumentos brutais de calor e pressão, surgiram mais átomos ao longo do tempo, e a força da gravidade os arrumou no espaço.

A gravidade aglutinou nuvens de gases e poeiras, causando aumento de pressão e calor. À temperatura de 10 milhões de graus Celsius, os átomos de hidrogênio colidiram e geraram um novo elemento – o hélio –, irradiando explosões de energia. Nasceram, assim, as primeiras estrelas, que lançaram um novo tipo de raios de luz e jorraram energia para o Universo. Essas estrelas agruparam-se em galáxias.

Mas falta algo... Por muitos bilhões de estrelas que existam, não havia ainda um planeta. Para isso é preciso mais do que hidrogênio e hélio. São precisos elementos mais pesados – ferro, carbono e outros –, que serão fabricados nas estrelas. Além de fontes de luz, as estrelas transformaram-se em fábricas de elementos químicos.

Antes de começar a vida, o Universo precisou construir uma casa apropriada. Tendo em vista que para erguer uma casa é preciso juntar materiais, o Universo levou cerca de 9 bilhões de anos para fazer as estrelas explodirem e renascerem com capacidade de formar elementos cada vez mais pesados. As supernovas, que resultam dessas explosões, as maiores desde o *Big Bang*, geraram a energia necessária para fabricar elementos químicos pesados.

O único lugar suficientemente quente para cozinhar o hélio de forma a fazer surgir o carbono, um elemento mais pesado, parece ser o coração de uma estrela moribunda. Durante bilhões de anos, enquanto os núcleos de hidrogênio da primeira geração de estrelas ardiam a temperaturas inimagináveis, estas lançaram carbono e outros elementos mais pesados para o Universo. Fundiram hidrogênio em hélio, o hélio em lítio, e assim por diante, até forjarem 25 dos elementos químicos mais comuns do nosso Universo, incluindo ferro, ouro, cobre e urânio. A Tabela Periódica de Mendeleev é a biblioteca química do Universo e indica os tijolos com que ele foi construído como a nossa casa. Quando o ser humano surgir na Terra, ele terá no sangue, percorrendo seu corpo, ferro, cobre, zinco, selênio e muitos outros componentes das supernovas. Somos, verdadeiramente, poeira das estrelas. E podemos comprar, em qualquer supermercado, alimentos com elementos químicos que têm origem nas supernovas.

Há 4,6 bilhões anos, surgiu uma nova estrela muito especial, uma estrela maciça que reuniu 99,9% do gás e das poeiras que gravitavam em seu redor, mas que deixou o suficiente para a força de gravidade moldar planetas que giram em torno de si. Essa estrela é o Sol. No sistema solar, 4,5 bilhões de anos antes do presente, surgiu um terceiro planeta, a Terra. Viram-se, então, as primeiras auroras num planeta muito mais estranho do que é hoje. É um cenário infernal: uma bola de lava incandescente, na qual, em alguns locais, emergem à superfície rochas vulcânicas. Ele gira tão velozmente que o dia dura apenas seis horas.

É preciso algo que traga ordem a esse caos. Será esse o papel da gravidade, de novo e sempre. A matéria mais leve sobe até a superfície e forma uma crosta. A matéria mais pesada desce para o centro e constitui um núcleo incandescente de ferro e níquel. Essa massa de metal liquefeito cria um campo magnético, que se projeta até o espaço e protege a Terra das radiações solares, formando mais um elo na cadeia de condições que permitirá o aparecimento de vida. Um dia, permitirá o funcionamento da bússola dos navegadores, que partirão à descoberta de novos continentes.

A Terra terá um parceiro ou, o que é ainda mais intrigante, uma parceira, de forma inesperada e catastrófica. Quatro bilhões e meio de anos antes do presente, um astro gigante do tamanho de Marte chocou-se contra a Terra à velocidade de 40 mil quilômetros por hora. A Terra absorveu a maior parte do gigantesco projétil, à exceção de uma chuva de fragmentos incandescentes, que foi projetada para o espaço e ficou a orbitar. A gravidade agrupou esses despojos numa órbita fixa, onde se aglutinaram até formarem a Lua. A colisão fez inclinar o eixo da Terra, criando as estações do ano, sem as quais a vida não poderia surgir, e fez abrandar sua rotação até os dias terem 24 horas. A Lua trouxe estabilidade à Terra, e sua força gravitacional veio impedir a oscilação do nosso planeta e as mudanças climáticas bruscas.

Há 4,4 bilhões de anos, a temperatura na Terra era demasiado alta para ter água fluída. Mas na atmosfera havia vapor de água. Ao longo de milhões de anos, a chuva começou a cair. Enquanto prosseguia o arrefecimento da Terra, a água caída dos céus formou charcos, poças, lagoas, lagos e, finalmente, oceanos.

Setecentos mil anos após a formação da Terra, esta ainda não se assemelhava ao que é hoje. Mas havia água. No oceano primitivo, os elementos químicos simples se combinaram e permitiram o salto para o aparecimento da vida. A astrofísica e a bioquímica descrevem de que modo os elementos mais pesados – como o carbono, o nitrogênio e o oxigênio – se uniram ao hidrogênio, formando compostos muito interessantes, chamados aminoácidos. Estes deram origem a mais de uma centena de proteínas, dispostas em formas tridimensionais bem ordenadas, que constituem uma célula viva com a propriedade única de se reproduzir a si mesma. O DNA criou um verdadeiro império de bactérias, que se estendeu pelos oceanos. A vida nasceu na água, usando a energia criada desde o *Big Bang*; e as criaturas microbióticas usaram essa energia proveniente do Sol para sobreviver.

Cerca de 2,5 bilhões de anos atrás, utilizando a energia do Sol, algumas bactérias arranjaram uma maneira de criar o produto residual mais decisivo na história do mundo: o oxigênio. Como os oceanos primitivos estavam saturados de partículas de ferro, a junção entre ferro e oxigênio produziu oxidação. Essa ferrugem depositou-se no fundo dos oceanos e permitiu surgir, no futuro, ao ser explorada pelo ser humano, a idade arcaica do ferro e a época contemporânea do aço.

Uma vez oxidado todo o ferro existente nos oceanos, as bactérias primitivas cumpriram ainda outra missão: criaram tanto oxigênio que este escapou para a atmosfera. Algumas bactérias evoluíram de modo a viver desse elemento. O oxigênio veio mudar as regras do jogo no planeta. A vida encontrou uma forma vinte vezes mais eficiente de recolher energia. O que a vida fez com essa energia é o que a conduz até nós. Surgiram continentes sólidos. Os céus ficaram azuis e neles se refletiu o oceano. A Terra começou a se assemelhar ao nosso planeta atual e a parecer um lar.

4. A explosão da vida

Cerca de 500 milhões de anos antes do presente, quando o planeta estava celebrando 4 bilhões de anos de existência e os níveis de oxigênio atingiram 13% da totalidade da atmosfera, ele ficou pronto para dar o grande salto à frente. Foi a grande explosão do período Câmbrico, a versão biológica do *Big Bang*. Durante os 30 milhões de anos que durou o Câmbrico, desenvolvem-se múltiplas formas de criaturas, entre as quais os primeiros peixes ósseos, nossos antepassados, já com coluna vertebral e bocas com mandíbulas e dentes. Os animais vertebrados são modificações desses peixes primitivos. E haveria outra grande novidade: a quantidade atmosférica de oxigênio permitiu criar uma camada de ozônio que protegeria o planeta de radiações perigosas vindas do Sol. Estavam criadas as condições para a vida emergir dos mares e avançar para terra firme.

Há aproximadamente 400 milhões de anos, as plantas avançaram primeiro e os continentes recobriram-se de florestas primitivas, com espécies hoje desaparecidas. Depois, por seu turno, os anfíbios avançaram e chegaram à costa. Pela primeira vez na evolução do cosmos, um animal marinho alcançou a terra e inspirou uma grande golfada de ar, de ar puro, como se inaugurasse o ritual primitivo daquilo que para nós, humanos, é o simples ato de respirar. Em seu redor, dispunha de árvores, insetos e alimentos. Podia viver ali. A última amarra que o prendia à água era o acasalamento, uma vez que possuía ovos gelatinosos, como ainda hoje são os dos batráquios, que apenas sobrevivem na água e secariam se fossem postos em terra. Foi então que alguns anfíbios desenvolveram ovos com casca para proteger o núcleo interior líquido. Assim, esses répteis viabilizaram o nascimento em terra e puderam se afastar das orlas marítimas e viver no interior do planeta.

A evolução é um processo cheio de virtualidades. Há 300 milhões de anos a Terra estava preparando uma surpresa. À medida que morriam, as plantas dos pântanos primitivos eram sepultadas, comprimidas e cozinhadas. A energia criada no *Big Bang*, presente nessas plantas enterradas, passou para o futuro na forma de carvão e petróleo, um presente aberto pela humanidade muitos milhões de anos após ter ocorrido. Há 250 milhões de anos, verificou-se um pico de atividade vulcânica, uma das maiores transformações desde o início do planeta. A atmosfera estava repleta de dióxido de carbono, fazendo desaparecer abruptamente a diversidade da vida animal do Câmbrico. Nessa grande extinção do período Pérmico, desapareceram cerca de 70% das espécies vivas.

Depois, em contrapartida, surgiram novas criaturas, os onipresentes dinossauros, que dominaram o planeta durante aproximadamente 160 milhões de anos. No início desse período, os continentes ainda se encontravam unidos na Pangeia, a terra firme e única. Depois, separou-se a Eurásia da África e, desta, a América do Sul, criando-se o Oceano Atlântico, uma das barreiras da história da humanidade. Nas numerosas florestas de folha caduca que, entretanto, surgiram nos continentes à deriva, vagueavam entre os gigantescos dinossauros alguns minúsculos mamíferos que, em tamanho, não ultrapassam o gato moderno. Pareciam ter um futuro pouco promissor, mas estão na origem do ser humano.

Há 65 milhões de anos, ocorria mais uma das catástrofes recorrentes na evolução da Terra. Já falamos do choque do mega-astro que nos deu a Lua e do apocalipse vulcânico que matou a diversidade biológica do Câmbrico. Agora era um asteroide, que se calcula que tinha uns 10 quilômetros de diâmetro, que colidiu com a Terra. A nuvem de poeira provocada dificultou a penetração dos raios solares. As temperaturas caíram vertiginosamente e todas as criaturas de grande porte se extinguiram. Foi o fim da era dos dinossauros, mas também uma dádiva, pois os pequenos mamíferos que sobreviveram se desenvolveram em porte e capacidades. Pareciam insignificantes, mas deles emergiram todos os mamíferos restantes, incluindo o ser humano. Surgiram os primatas ancestrais, com olhos frontais, que aumentam a profundidade do campo visual, e cinco dedos, entre os quais o polegar oponível, que permite a manipulação de alimentos e objetos.

O planeta experimentou um aquecimento. As temperaturas elevadas ditaram o aparecimento de florestas, mesmo nas regiões polares. Na África do Norte, existe um mar ancestral onde é o atual Egito; nesse fundo oceânico, viviam pequenas criaturas chamadas numulites. Suas conchas com cálcio acumularam-se ao longo de milhões de anos, formando o calcário com que trabalhariam os construtores de pirâmides, feitas de conchas com 150 milhões de anos.

Nosso planeta já é reconhecível há 10 milhões de anos, como o é na atualidade, mas seria assolado por uma nova catástrofe: uma era glacial. A Cordilheira do Himalaia eleva-se a tão grande altitude que contribui para o arrefecimento do planeta. Forma-se o Istmo do Panamá, que, ao separar os oceanos no que hoje são o Atlântico e o Pacífico, perturba as correntes oceânicas e contribui para a era glacial. Com o arrefecimento do planeta, os primatas se recolhem nas florestas densas dos trópicos. Mas uma nova criatura vai avançar.

O recém-chegado é a erva ou, mais rigorosamente, as gramíneas, que avançam pelas novas planícies, por savanas, estepes, pradarias e pampas, e invadem as florestas primitivas, que ficam com menos árvores e espaços maiores entre estas. Ao descerem para os novos *habitats* mais desolados do que as luxuriantes florestas onde até então viviam, os primatas têm de se adaptar. Passam a mover-se eretos sobre duas patas e com a cabeça erguida por cima das ervas, vigiando o horizonte, e com as mãos libertas para uma nova etapa da evolução.

Por volta de 2,6 milhões de anos atrás, os hominídeos da savana africana dominam duas tecnologias muito importantes para a evolução: a pedra e o fogo. A sílica, o mesmo elemento que existe no núcleo das estrelas, ao unir-se ao oxigênio, formará cristais combinados em rochas duras que podem ser lascadas sem se partirem. Os hominídeos revelam-se capazes de talhar esses silicatos criptocristalinos para fazer lâminas cortantes. As pedras de sílex, com as orlas afiadas, podem parecer hoje uma tecnologia menor, mas são um gigantesco salto em frente. No futuro, esse modesto elemento, a sílica, forneceu os supercondutores que estariam na base da eletrônica, da cibernética e da tecnologia da nossa sociedade de informação.

Em segundo lugar, há o fogo. Há cerca de 800 mil anos, a Terra era um planeta único na capacidade de, como uma fênix, sustentar-se e regenerar-se. Possui reservas de combustível nas florestas e uma atmosfera de oxigênio que alimenta o fogo, o qual os hominídeos controlam, podendo cozinhar os alimentos.

Mais tarde, a laringe dos hominídeos vai lhes permitir articular sons mais complexos, o que transforma essas criaturas em concorrentes das cantoras de ópera. O mais importante é que eles começam a falar e a partilhar informação nos grupos em que vivem, sobretudo ao longo das gerações. Doravante, todos percebem o que acontece a cada um, e essa experiência pode ser acumulada e partilhada. Nenhuma outra criatura tem esse poder.

Depois, tendo as mãos ágeis, a laringe fonadora e o controle do fogo, os hominídeos expandem-se do seu provável berço africano para a Eurásia, naquela que terá sido a mais longa de todas as marchas. Seguem a rota dos grandes lagos africanos, atravessando a pé o continente e a Eurásia. Uma vez mais, porém, o planeta vira-se contra suas criaturas. Há 50 mil anos, surge um teste inaudito como jamais acontecera: começa uma nova era glacial. Os glaciares descem do polo Norte, enquanto os hominídeos continuam sua longa marcha até chegarem à China, Austrália, Europa e Sibéria. Com o gelo no ponto máximo, o *homo sapiens* refugia-se nas cavernas e, pela primeira vez, cria representações simbólicas do cosmos em seu redor. Estava pronto para iniciar a pré-história.

Essa explosão de comportamento simbólico, ocorrida há 40 mil ou 30 mil anos, coincide aproximadamente com a aparição de seres humanos anatômicos modernos na Eurásia, o *homo sapiens sapiens*. A explosão simbólica ocorreu num espaço de tempo relativamente curto. Entre os primeiros exemplos, estão os esboços de corpos nas sepulturas de Cueva Morin e as pequenas esculturas de cavalos de Vogelherd. As imagens do Paleolítico revelam muitos artefatos simbólicos, sem outra utilidade para além das decorações pessoais, tal como no período do Cro-Magnon. São representados animais, seres humanos e elaborações fantasiosas de figuras animais e humanas. Coexistem algumas dúzias de sistemas de símbolos, cada uma com sua própria iconografia e um jogo de imagens para representar conceitos complexos e sistemas mitológicos. Surge até uma pré-escrita e uma notação pré-aritmética, como na área de Dordonha, da França, há cerca de 30 mil anos. A humanidade passava a dispor de todos os recursos, que, entretanto, aperfeiçoou.

5. A cornucópia

Conta-se que o infante Zeus estava brincando com Amalteia, a cabra que o amamentara, quando esta quebrou o chifre. Para compensá-la, Zeus conferiu ao chifre o poder de se encher com todos os víveres apetecidos. A cornucópia tornou-se, assim, símbolo da abundância e da fertilidade ilimitada, que só pode ser obtida através do dom divino.

Como se o cosmos fosse a fabulosa cornucópia da abundância descrita pelo mito, dele emergiram seres cada vez mais complexos na relação com o ambiente, segundo princípios que não conhecemos de todo, mas nos quais reconhecemos a probabilidade emergente até se consolidar a entrada gloriosa do ser humano e a explosão simbólica da criatura capaz de sobreviver em qualquer ambiente.

Essa narrativa de uma longa evolução, marcada pelo indeterminismo da natureza, mostra que o físico, o astrônomo e o biólogo não podem responder a questões puramente filosóficas no âmbito da ciência, e que os filósofos têm de procurar um quadro de referência para unificar os conteúdos das investigações científicas. Se um cientista ou um filósofo cometem a falácia de querer responder a questões que não são legítimas dentro da sua área de experiência, acabam por emitir afirmações que não são da sua competência.

É desse tipo de falácias que nasce o fundamentalismo religioso. Para judeus e cristãos, o relato da criação no livro do Gênesis não é um mito, mas sim a verdade revelada. O livro indica que Deus criou o mundo a partir do nada, e o homem e a mulher à sua imagem. Mas em nenhuma passagem da Bíblia se declara que o Gênesis fornece informações relevantes para as questões colocadas pela ciência. É um disparate fundamentalista alegar que a Bíblia tem respostas para essas perguntas.

Em vez de entrar em conflito, ciência, filosofia e religião podem trabalhar em complementaridade para entendermos nosso Universo e o lugar que nele ocupamos. Para isso, é preciso que preservem as respectivas autonomias e não ultrapassem as premissas originais. É esse o caso do filósofo sem ideologia e do cientista sem cientificismo, bem como do crente sem fundamentalismo. Como Niels Bohr introduziu a noção de complementaridade entre as abordagens aparentemente contraditórias das físicas newtoniana e quântica, também as ciências, as religiões e as filosofias podem se respeitar.

A visão cosmológica contemporânea afastou-se muito da velha ideia aristotélica de ordem estática, como se afastou da noção determinista de Galileu e Newton de que o mundo é um relógio bem regulado, com ou sem relojoeiro. A imagem contemporânea do cosmos é a de uma casa comum, em que habitam muitos tipos de entidades com exigências próprias que têm de ser compatibilizadas. Corresponde a uma estrutura heurística na qual não faltam questões fascinantes que se prendem com princípios da probabilidade emergente, estratos do cosmos e esquemas de recorrência.

Uma estrutura heurística não é uma hipótese a ser verificada ou falsificada pelas ciências, mas um contexto intelectual em que se inserem as descobertas científicas. A estrutura heurística aberta permite compreender a sequência dos estratos do cosmos como graus da probabilidade emergente, a que correspondem os vários níveis de investigação científica.

O Universo não é composto por camadas empilhadas, como um gigantesco sanduíche. Apresenta-se numa sequência ordenada, em que os níveis primitivos podem funcionar sem os posteriores, mas estes dependem dos anteriores. Por exemplo, os elementos necessários à vida só são gerados através do processo de núcleo-síntese. A vida da maioria dos animais depende do oxigênio e do alimento proveniente da atividade fotossintética das algas verde--azuladas e, mais tarde, das plantas verdes. Cada nível parece ser usado pelo nível superior. E no ser humano toda a sequência pode ser entendida como dinamicamente orientada para além de si.

A série de níveis interligados, do físico ao humano, é uma sequência encadeada de integrações dinâmicas cada vez mais elevadas. Como tais conjuntos de interações dinâmicas entre níveis são recorrentes, desde as plantas inferiores até os animais superiores, incluindo os hominídeos e o ser humano, é possível formar um ponto de vista de toda a sequência, com níveis mais baixos fornecendo os materiais para o nível imediatamente mais alto.

Em cada estrato do cosmos, podemos identificar esquemas de recorrência, como os movimentos planetários, os ciclos da água e do nitrogênio, os ritmos biológicos dos animais.

O Universo contém essa ordem interna, a que se aplicam as leis clássicas e estatísticas. Cabe à cosmologia descrever as propriedades gerais, enquanto cada ciência se ocupa das propriedades específicas. Esse tipo de análise apenas pressupõe que haja processos cósmicos que operam segundo as leis clássicas e que ocorrem segundo as leis estatísticas.

Nos fenômenos do cosmos, há fatos e situações que ocorrem com regularidade. À primeira vista, parece que tais fatos se devem à necessidade ou ao acaso. Muitos divulgadores científicos continuam a falar de acaso e necessidade, considerando-os as propriedades mais gerais do Universo. Mas não será a probabilidade emergente um outro princípio explicativo? Não poderão os eventos ser meras coincidências num nível e sistemáticos em outro? Se assim for, a probabilidade consiste numa ordem de que as frequências efetivas divergem não sistematicamente, sendo o acaso apenas a divergência não sistemática.

Em *A Origem das Espécies*, Darwin começou a utilizar a probabilidade como princípio explicativo. Quem compreende esse princípio obtém conclusões por apelo à seleção natural e às variações casuais que ocorrem. Em termos contemporâneos, seria possível dizer que, como a variação casual é uma instância da probabilidade de emergência, assim a seleção natural é um caso de probabilidade de sobrevivência. A ciência do século XX generalizou essa presença da probabilidade no cosmos. Uma planta ou um animal podem entrar num processo de evolução.

A cosmologia contemporânea não declara que o Universo é determinista ou que é um pântano de acasos, conforme a teoria do caos. A natureza trabalha com grandes números e longos prazos. Com tempo e espaço suficientes, é possível e altamente provável que nela se realizem as possibilidades remotas. Foi segundo essa linha de raciocínio que ocorreu a emergência do fenômeno humano; do mesmo modo, outros esquemas, processos e espécies cessaram, a exemplo do desaparecimento dos dinossauros, e outros ainda poderão vir a cessar ou conduzir a impasses.

Uma resposta enciclopédica faria a descrição exaustiva das particularidades desse Universo. Significativamente, as enciclopédias contemporâneas estão em constante processo de construção. Em vez do projeto iluminista do livro que responderia a todas as perguntas, temos, no século XXI, uma *Wikipédia* que adota as melhores respostas, depois de devidamente verificadas pela comunidade científica. Nem a ciência nem a filosofia pretendem responder a tudo. No entanto, nesses temas sobre a origem do Universo existem perguntas muito especiais que só a filosofia pode colocar.

7. Perdidos no espaço e no tempo

1. Uma cidade estranhíssima

Nosso amigo João fora parar naquele povoado por causa de um mapa danificado e do GPS avariado do carro. Deixando o veículo estacionado junto a uma bomba de gasolina, dirigiu-se a pé para o que parecia ser o largo principal, onde tudo estava muito tranquilo. Os ponteiros do grande relógio da igreja marcavam meio-dia, e as ruas estavam desertas, sem pessoas nem trânsito, que por aquelas paragens, aliás, nunca deveria ser muito intenso. Apenas uma bicicleta se encaminhava para o largo, mas, quando passou por ele, qual não foi seu espanto quando viu que o ciclista estava com curvatura incrivelmente achatada na direção do movimento. O relógio bateu as doze badaladas, e o ciclista pedalou com maior vigor. Mas a velocidade em nada aumentou, e o único resultado foi o ciclista ficar ainda mais achatado e seguir rua abaixo como se fosse uma figura recortada de cartão. Foi então que se aproximou um carro, que fazia um barulho infernal como o de uma Ferrari, embora rastejasse como uma centopeia. Que estranho era tudo aquilo!

João decidiu alcançar o ciclista, para lhe perguntar o que se passava. Como viu uma bicicleta encostada no passeio, pegou nela com algum receio de também ficar achatado. Mas nada disso aconteceu quando começou a pedalar, porém, o aspecto das coisas à sua volta mudou completamente. As ruas ficaram mais curtas, as vitrines das lojas se estreitaram e os candeeiros pareciam autênticos palitos. Como era bom ciclista, João fez todo o esforço possível para alcançar o rapaz: apesar disso, o aumento de velocidade foi insignificante, mas as ruas estavam cada vez mais curtas e, assim, ele foi se aproximando. Acercando-se do ciclista, João reparou que, afinal, ele tinha um aspecto normal. Sem que qualquer um dos dois parasse, João perguntou ao rapaz por que razão aquele povoado tinha um limite de velocidade tão baixo.

– Essa é a velocidade máxima? – João indagou.

– Não temos isso aqui! – retorquiu o ciclista, olhando-o de soslaio.

– Mas você ia tão devagar quando passou por mim há pouco... – replicou João.

– Acha que sim? – respondeu o ciclista, quase ofendido. E acrescentou: – Suponho que reparou que já passamos por cinco quarteirões desde que veio ao meu encalço.

– Ah, isso é porque as ruas encurtaram – disse-lhe João.

– Que diferença faz se as ruas encurtaram ou se nós nos deslocamos mais depressa? – obstou o ciclista, já bastante aborrecido.

Eles haviam, todavia, chegado, ao posto dos Correios, onde tudo estava muito calmo. Descendo da bicicleta, João olhou para o relógio dos Correios, que marcava meio-dia e meia.

– Está vendo? Levou meia hora para percorrer dez quarteirões.

– Tem certeza disso? – retorquiu o ciclista. E acrescentou: – De fato, a mim me pareceram uns escassos minutos, e quando olhei para o relógio vi que marcava meio-dia e cinco. Esse relógio dos Correios está adiantado.

– Ou o seu é que está atrasado, porque você veio muito depressa – disse João.

Seja como for, ele acertou o relógio pelo dos Correios e, para ter a certeza de que funcionava bem, esperou um pouco.

Despediu-se do ciclista, e nada de especial se passou. O relógio não se atrasou. Fascinado pela experiência, decidiu continuar na bicicleta até a estação de trem.

Quando lá chegou, João notou que seu relógio estava novamente atrasado. Que coisa! Dirigiu-se à primeira pessoa que encontrou. Era um funcionário que aparentava ter uns 40 anos. Quando se aproximou, ele estava sendo saudado por uma velhinha, que dizia:

– Olá, avô!

Julgava já ter visto de tudo, mas aquilo passava do limite. Perguntou ao funcionário, que parecia muito mais novo do que a senhora:

– Por que ela o chama de avô?

O senhor Ernesto, funcionário da estação, respondeu de modo enigmático:

– Meus familiares me dizem que eu pareço muito mais velho do que sou. Mas o curioso é que, para mim, eles é que parecem muito mais velhos do que são, porém, na realidade, somos todos relativamente jovens.

João ficou ainda mais perdido com essa resposta: – Essa agora – desabafou.

– Mas, afinal, que faz o senhor Ernesto nos trens, para ter essa aparência? – João pensou em voz alta.

– Eu sou maquinista – respondeu o senhor Ernesto. E acrescentou: – Estou constantemente viajando.

– Mas que relação tem isso com o fato de permanecer jovem ou velho? – interrompeu João.

– Isso eu não sei lhe dizer. Mas uma vez perguntei a um professor da universidade que viajou no meu trem. Ele me fez um discurso do qual nada entendi, e finalmente me disse que era a mesma coisa que a tendência para o vermelho... Já ouviu falar em *redshift*? – respondeu o senhor Ernesto.

Nosso amigo João não sabia o que responder. Pareceu-lhe nome de uma receita de peixe, mas isso não fazia sentido. O senhor Ernesto lhe disse vagamente sobre o desvio para o vermelho da luz proveniente das galáxias. João desviou a conversa e perguntou:

– Pode me dizer que horas são agora?

– Depende – murmurou o senhor Ernesto pensativo.

– Quer a hora do relógio da estação ou a dos regualógios? – o senhor Ernesto perguntou.

– Eu não sei o que são regualógios – respondeu João.

– Ah, o senhor não sabe? Mas de onde é que o senhor vem? Da Lua? – perguntou o senhor Ernesto.

– Não... Eu me perdi na estrada e não entendo nada do que se passa neste seu povoado onde tudo é relativo – respondeu João com hesitação.

– Ora, ora... – concluiu o senhor Ernesto, agora com boa disposição – Pois então se prepare, porque ainda não viu nada. Nossos vizinhos que vivem na cidade quântica têm uma vida muito mais intrigante do que a nossa.

Tendo escutado isso, João preparava-se para perguntar como se ia até lá quando começou a sentir uma comichão debaixo do relógio de pulso. Coçou-se com força e, de repente, deu por si deitado na cama, esfregando o pulso: havia despertado de um sonho. Como não conseguia conciliar o sono, pegou no livro do professor Gamow que tinha à cabeceira e pôs-se laboriosamente a ler, para ver se era desta vez que entendia melhor o mundo da relatividade.

O sonho que tivera lhe pareceu claramente uma ilustração da cidade relativista de Gamow, onde os métodos de medida do espaço e do tempo são paradoxais em face daquilo a que estamos habituados no dia a dia. Todas aquelas estranhas distorções de figuras, contrações de corpos, atrasos e adiantamentos dos relógios começaram a se afigurar evidentes, desde que se abandonasse a noção de simultaneidade absoluta e se adotasse a noção relativista: dois acontecimentos em diferentes lugares, considerados como simultâneos quando observados num sistema de referência, terão entre si um intervalo de tempo se observados de outro sistema.

Por exemplo, se almoçarmos num trem, comeremos a sopa e a sobremesa no mesmo ponto do vagão, mas em pontos afastados da via férrea. Podemos dizer que os dois acontecimentos, que se produzem em instantes diferentes no mesmo ponto de um sistema de referência, estão separados por um intervalo de espaço se observados de um outro sistema. Se compararmos essa proposição trivial, da experiência comum, com a proposição relativista de que falamos no parágrafo anterior, constataremos que são simétricas; podem ser convertidas uma na outra, trocando as palavras tempo e espaço.

Foi isso mesmo que fez Einstein. Em vez de considerar o tempo como independente do espaço e do movimento, fluindo igualmente sem relação com tudo o que é externo, considerou tempo e espaço como duas seções de um contínuo espaço-tempo em que ocorrem todos os acontecimentos observáveis. Podemos seccionar esse contínuo espaço-tempo em quatro dimensões, ou então num espaço de três dimensões e num tempo de uma dimensão. Depende do sistema de observação. Assim, dois acontecimentos observados num sistema, separados pela distância l e pelo intervalo de tempo t, estarão separados por uma distância l' e um intervalo de tempo t' noutro sistema; pode-se falar, de certo modo, na transformação do espaço em tempo, e vice-versa.

A transformação do tempo em espaço, no exemplo da refeição no trem, é uma noção comum, enquanto a transformação do espaço em tempo, da qual resulta a relatividade da simultaneidade, parece muito estranha. A razão é que, se medirmos a distância, por exemplo, em centímetros, a unidade de tempo correspondente seria representada pelo intervalo de tempo necessário para que um sinal luminoso percorra a distância de um centímetro, isto é 0,000000000003 segundo.

No âmbito da experiência comum, a transformação de intervalos de espaço em intervalos de tempo conduz a resultados quase inobserváveis; o tempo parece absolutamente independente. Mas o caso muda de figura em movimentos com velocidades superelevadas, como o dos elétrons no átomo: nestes, as distâncias percorridas num determinado intervalo de tempo são da mesma ordem de grandeza que o tempo expresso em unidades racionais. A Teoria da Relatividade assume, aqui, grande importância. Mesmo com velocidades menores, como no movimento dos planetas do sistema solar, podem ser observados efeitos relativistas graças à extrema precisão das medidas astronômicas. Os intervalos de espaço podem ser parcialmente convertidos em intervalos de tempo, e também o inverso, o que significa que o valor numérico de uma distância ou período será diferente se for medido de diferentes sistemas móveis. É a famosa contração do espaço e dilatação do tempo da Teoria da Relatividade... presentes nos sonhos do nosso amigo João.

2. Os filósofos do tempo e do espaço

Um dos propósitos deste livro é mostrar que as diferentes questões da filosofia estão estreitamente relacionadas. Neste capítulo, esperamos evidenciar que os problemas específicos do tempo e do espaço adicionam uma nova dimensão aos debates anteriores e preparam questões ulteriores sobre o ser, a pessoa, a história.

O que é o tempo? "Se não me interrogam, sei; se me perguntam, não sei": assim se exprimiu Santo Agostinho nas suas *Confissões* (Livro XI). É corrente observarmos que, quando nada sucede, quando estamos cansados ou impacientes à espera de algo que desejamos, ou mesmo quando a pessoa que amamos está ausente, o tempo move-se a passo de tartaruga. Mas, quando temos mil acontecimentos nos ocupando, quando estamos felizes ou apenas atarefados, o tempo parece voar. É também uma experiência corrente que o tempo vazio, que custou a passar, parece-nos, em retrospectiva, de curta duração, pois não temos nada a assinalar, não temos referenciais. Ao contrário, os momentos cheios, que passam correndo, esses parecem muito longos em nossa memória, graças à riqueza do conteúdo. A explicação é que dispomos de abundantes referenciais. Quando somos mais jovens, parece que as horas passam devagar e que temos tempo de sobra. À medida que envelhecemos, experimentamos uma sensação de aceleração constante e suspiramos por horas extras durante o dia. Os anos passam muito rápido, sem quase darmos por eles, ao contrário dos tempos da infância, "que eram tão longos como vinte dias o são agora", como escreveu o poeta William Wordsworth. Não há dúvida: para avançar na investigação da estrutura do tempo, temos de nos confrontar com a relatividade das durações que experimentamos.

O tempo é a imagem móvel da eternidade, afirmou Platão. O tempo é o número de um movimento, segundo Aristóteles. Outro pensador clássico que especulou sobre o tempo foi Plotino, que criticou as definições de Platão e Aristóteles. Para conhecer o tempo, dizia Plotino, é preciso começar pela eternidade, que tem o caráter de um ser que *nada perde nem ganha, não aumenta nem diminui; é o estado da Alma universal*. Mas, como a essência da alma é sair de si mesma, a eternidade escapa para o tempo e cria o mundo sensível. O tempo é a vida da alma que se dispersa, que progride e que, por fim, negando sua dispersão, aniquila o tempo e recupera a eternidade.

E o que é o espaço? Foi Platão quem primeiro o definiu, no diálogo *Timeu*, por um termo que se traduz como recipiente e cujo significado os intérpretes discutem. Até o século XIX, os físicos falavam do éter como um espaço ou receptáculo em que o Universo existe. Mas o que Platão diz, em *Timeu*, é ainda mais intrigante: existe o ser absoluto; existe o receptáculo (*chora*) onde nasce o ser relativo; e existe o que nasce desses fatores. É tentador ver nestes termos uma sequência dialética: o ser começa como o ser-em-si (ser absoluto), fora do espaço; depois é ser-para-si (ser relativo), disperso na *chora*, espacializado; finalmente, o ser volta a si e realiza-se no ser individual submetido ao destino (que nasceu).

Aristóteles relaciona o espaço com o movimento, mas de modo especulativo, sem observações nem experiências. A física destina-se a explicar o movimento como propriedade intrínseca e qualitativa das coisas naturais. Considera que o espaço existe independentemente dos organismos que o habitam e que tem um impacto próprio nas coisas. Existem lugares específicos para coisas específicas: assim, o fogo ou o ar sobem para seu espaço natural, e a terra e a água descem. É uma descrição muito estranha, porque o movimento é considerado simultaneamente quantitativo e qualitativo.

Descartes inaugura uma nova forma de pensar o espaço. Nossa consciência, segundo ele, é que distingue entre os corpos e o espaço em que estão situados. Na realidade, um corpo não é mais do que extensão ou espaço. Como eu, se deixasse de ter consciência, deixaria de existir, e um corpo que não tivesse espaço não seria um corpo. Corpo é tudo o que tem espaço e movimento; essas duas propriedades sustentam todas as outras, de modo que a geometria, com a mecânica, explicam o Universo.

Newton, em *Princípios Matemáticos da Filosofia Natural*, de 1687, fez a exposição da grandiosa teoria da atração universal, bem como dotou a ciência moderna com as fórmulas clássicas sobre o espaço e o tempo. O espaço é absoluto, sem relação com tudo o que é externo, e permanece sempre igual e imóvel. O tempo é absoluto, verdadeiro e matemático, e flui igualmente sem relação com tudo o que é externo.

Essa convicção de que espaço e tempo correspondem a noções absolutas adquire um cunho específico em Kant: este filósofo as considera como dados *a priori*. Através de raciocínios laboriosos, conclui que o espaço é uma forma *a priori* da experiência sensível; fundamenta os raciocínios geométricos de tipo euclidiano que estão de acordo com a experiência sensível. Em paralelo, o tempo é a outra forma *a priori* da sensibilidade e fundamenta os raciocínios aritméticos baseados na sucessão.

A especulação sobre o tempo desumanizado deixou de agradar aos filósofos nos finais do século XIX. Bergson ironizava ao afirmar que os relógios apenas marcam os intervalos do tempo, reduzindo a um movimento mecânico o que é uma duração. O tempo do relógio é uma abstração distinta da duração concreta: é a sucessão uniforme de momentos vazios e indistintos. Já o tempo da consciência é de uma plasticidade infinita, e é através dele que partimos à procura do tempo perdido.

A consciência pode encontrar processos para quantificar o fluxo de tempo, e também pode refletir sobre este como estrutura interna. Uma boa parte das análises fenomenológicas considera o tempo como um fluxo contínuo, incessante e irreversível. Somos tentados a representá-lo como a descida de um rio, de barco, em que podemos ir vendo as margens. Essa analogia, contudo, tem muitas limitações. No espaço e no tempo, o movimento pode ser contínuo; percorremos um espaço passando por um fragmento de cada vez, assim como vivemos um momento antes de chegar ao próximo. Mas, noutros aspectos, a analogia desaparece. O espaço é multidimensional. Podemos virar o barco em direção à margem e pará-lo. Se tivermos azar, até podemos afundar; e, se tudo correr bem, podemos ancorar e parar num outro ponto do espaço. O fluxo do tempo, contudo, é constante, e não o podemos deter. Há, ainda, uma distinção mais importante: no espaço, podemos remar de volta para o lugar de onde viemos; o fluxo de tempo, por sua vez, é irreversível. O que é passado é irrevogável e não pode ser alterado. Posso voltar atrás no rio para apanhar um objeto que caiu na água, mas não posso fazer isso em relação ao meu jantar de ontem.

Essa redução do tempo a uma sucessão irreversível é um sinal da sensação de incapacidade do ser humano perante as coisas. Heidegger medita muito sobre o tempo em que o ser humano experimenta sentimentos como ansiedade, tédio e solidão. Essa angústia metafísica é consequência do sentimento nebuloso da presença do minuto final, o tempo da minha morte. Quando experimentamos a ansiedade, percebemos uma espécie de vazio interior em nossa vida; e essa maneira de ser é resultado de certa consciência do tempo. O tempo é um fator limitante do nosso ser. E a cada momento que passa, temos menos oportunidades, mas um pouco mais de memórias; um pouco menos de esperança de existir, e um pouco mais de certeza da morte.

A filosofia sempre teve atitudes diferentes perante a consciência do tempo. A atitude do sábio estoico é aceitar o futuro como parte integrante da necessidade universal. Vem daí a resignação perante a morte, sem esperança de sobrevivência, como sugere a religião. Aceitando o tempo, nós nos tornamos quem somos.

Os poetas sempre lamentaram e deram eco ao sentimento universal sobre a transitoriedade de todas as coisas e a natureza efêmera do ser humano, mas também exaltaram o tempo como reparador dos agravos e escultor de vidas. Por um lado, o fluxo do tempo é entendido como ameaçador – basta referir personificações, como o tempo vingador, ceifeiro, devorador, de que se procura escapar para alcançar a permanência ou a eternidade. Por outro lado, existe um aspecto reconfortante do tempo, que cura e faz ganhar maturidade. No fim das contas, essas variações sobre a experiência de tempo nos deixam cientes de que é necessário passar a uma análise conceptual do tempo, deixando de lado as impressões subjetivas.

3. Nosso aqui e agora

É muito comum dizermos que existimos aqui e agora. Pensamento, experiência e linguagem seriam impossíveis se nossa consciência não existisse no tempo e nosso corpo, no espaço. Se não tivéssemos consciência e corpo, não poderíamos pensar, nem falar, nem conhecer. Mas, como vimos, é intrigante e até assustador saber que o aqui e agora são relativos. Somos criaturas espaço-temporais, mas participamos de uma realidade que nos transcende. Para compreender essa situação, começaremos por analisar experiências elementares, elaboraremos as noções resultantes de espaço e tempo, e mostraremos como elas implicam o uso de referenciais e transformações.

Qualquer uma das experiências cotidianas – como olhar, mover-se ou agarrar um objeto – serve ao nosso propósito. Consideremos a experiência de olhar para um objeto. A experiência em si mesma tem uma *duração*. Não ocorre de repente, leva tempo para acontecer. Além da duração do nosso olhar, existe a duração do objeto para o qual olhamos. A duração é uma qualidade do objeto e da experiência de olhar. A extensão só é atribuída ao objeto experimentado, e não à experiência. As cores que vejo, as superfícies que toco, os volumes por entre os quais me movo têm *extensão*. Mas não há extensão da experiência de ver, agarrar e mover. Verificamos, assim, a importante diferença entre as experiências do espaço e do tempo. As *extensões* – no espaço – são correlativas de certas experiências elementares, mas se encontram sempre nas coisas experimentadas, não no ato de experimentar. As *durações* – no tempo – encontram-se não só no objeto, como no ato de experimentar. Por isso distinguimos a experiência da duração como o sentido interno e a experiência da extensão como o sentido externo.

Além das extensões e durações concretas, há também as imaginárias. Podemos igualmente imaginar tudo aquilo que experimentamos. Um critério para distinguir entre o concreto e o imaginado é que, no espaço concreto, há uma extensão correlativa à experiência, com a qual todas as outras extensões se relacionam. Em virtude dessa relação, qualquer outra extensão no espaço é concreta. Também a noção de tempo concreto surge à volta de um núcleo de duração. Já o espaço e o tempo meramente imaginários não contêm nenhuma parte correlativa à respectiva experiência.

O passo seguinte é perceber como as noções de espaço e tempo se estruturam em torno de um referencial. Nós não conseguimos apreender a totalidade das extensões concretas, nem a totalidade das durações concretas. À nossa consciência chegam apenas fragmentos. Para além do quarto ou da sala em que estou, há outro quarto e outro lugar e outro espaço, e assim sucessivamente. Além da duração que experimento, há outra duração, seguida por outra e ainda outra, e assim sucessivamente. Uma extensão concreta serve de referencial para outra extensão contígua. Uma duração serve de origem a outra duração, antecedente ou precedente. É mediante uma estrutura relacional de extensões ou durações que as totalidades das extensões ou durações podem ser concretas. Em outras palavras, sem referenciais não há definição de espaço, nem de tempo.

Impõe-se que falemos agora desses referenciais. São estruturas de relações que ordenam as extensões e as durações experimentadas. Podemos dividi-los em três grupos: particulares, gerais e específicos.

Em primeiro lugar, cada um de nós tem os referenciais comuns com que nos orientamos nos lugares e momentos em que vivemos. Estamos sempre usando termos como *aqui, ali, próximo, distante, direita, esquerda, em cima, embaixo, em frente, atrás* para indicar o espaço onde vivemos. Esses referenciais deslocam-se quando nos deslocamos, e por isso são particulares. De igual modo, temos palavras como *agora, depois, em breve, recentemente, há muito tempo* que mantêm nosso agora sincronizado com o presente psicológico e que, também, mudam de alcance conforme nós próprios mudamos ou nos movemos.

Em segundo lugar, há referenciais públicos. *Onde estou? Que horas são? Que dia é hoje?* Se eu me fizer essas perguntas é porque, consciente do meu *aqui e agora*, quero relacionar o meu *aqui* com um lugar num mapa, e o meu *agora* com um relógio ou um calendário. Para isso aprendemos a nos familiarizar com plantas de edifícios, redes rodoviárias, mapas de cidades, plantas de metrô, mapas-múndi. De igual modo, aprendemos sobre a sucessão de dias, semanas e meses; e os relógios, os calendários e as agendas têm um papel destacado em nossas vidas. Esses recursos para medir o espaço e o tempo ordenam extensões e durações de modo objetivo. São referenciais que não se alteram com nossos movimentos. Em troca, são utilizados para transformar o *aqui e agora* pessoais em localizações e datas inteligíveis para todos.

Existe um terceiro tipo de referenciais resultantes do desenvolvimento científico, como é o caso dos gráficos cartesianos. Seleciona-se uma posição básica, uma direção e um instante. Traçam-se os dois eixos coordenados. Especificam-se as divisões nos eixos; assim, qualquer ponto num determinado instante pode ser indicado com rigor pela sequência x, y, z, t. Esses sistemas de referência especiais serão de tipo matemático se ordenarem um espaço e um tempo imaginários, mas serão físicos se ordenarem o espaço e o tempo concretos. A distinção torna-se clara selecionando qualquer ponto (*x, y, z, t*) e perguntando onde e quando ocorrem. Caso o referencial seja físico, a resposta indicará um ponto preciso no espaço e um instante preciso no tempo, mas, se for matemático, qualquer ponto-instante serve.

Podemos resumir as considerações anteriores à maneira do filósofo Lonergan. O Espaço – com E maiúsculo – é a *totalidade ordenada das extensões concretas*. O Tempo – com T maiúsculo – é a *totalidade ordenada das durações concretas*. Nossa consciência experimenta as extensões e durações concretas e as ordena com os referenciais nossos conhecidos, particulares, públicos e científicos. Adquirimos, assim, as noções do espaço-para-nós e do tempo-para-nós. O número de referenciais que podemos criar é ilimitado, conforme as conveniências. Mas, sendo assim, nenhum deles é absoluto. Para sabermos o que são mesmo o espaço e o tempo, temos de seguir outro caminho.

4. Construímos geometrias

Se quisermos descobrir a inteligibilidade do espaço e do tempo, precisamos mudar o ponto de partida. Se não existem marcos absolutos, como já vimos, temos de encontrar um conjunto de definições, postulados e inferências que unifiquem as relações de extensão. Mais simplesmente, chama-se a isso uma *geometria*.

A mais conhecida de todas as geometrias é a euclidiana. Trata-se de uma formulação abstrata da inteligibilidade do espaço e do tempo, com um conjunto de invariantes que acompanham as transformações dos referenciais. Conhecer o espaço e o tempo será, pois, descobrir um conjunto de invariantes que acompanhem essas transformações. Ainda mais especificamente, será conhecer o conjunto verificado pela física ao estabelecer a formulação invariante de suas leis e seus princípios abstratos.

Os princípios e as leis de uma geometria são proposições abstratas. Segue-se que a expressão matemática de tais princípios e leis forma um conjunto de regras invariantes que permite as operações nessa geometria. Como? Especificam-se conjuntos sucessivos de equações de transformação, determinam-se as expressões matemáticas invariantes dessas transformações e conclui-se que os conjuntos sucessivos de expressões invariantes representam os princípios e as leis de geometrias distintas, a saber, euclidiana ou não euclidiana.

A geometria euclidiana – criada há quase 2.500 anos – continua sendo comprovada em nossa experiência cotidiana de extensões concretas, assim como a noção corrente de simultaneidade se verifica na experiência cotidiana das durações concretas. Dito de outro modo, a geometria euclidiana e a visão comum da simultaneidade são ambas verificáveis e verificadas nas noções básicas e meramente descritivas do espaço e do tempo. A ciência e a filosofia modernas de cunho racionalista consideraram – desde o século XVI – o espaço e o tempo como absolutos. Pretendiam deduzir toda a experiência do espaço-tempo segundo princípios supostamente evidentes. Mas não lhes ocorreu que houvesse outra geometria além da euclidiana. Assim fizeram Galileu e Newton. Também Espinoza, o racionalista supremo, chamou à sua obra principal *Ética Demonstrada à Maneira dos Geômetras*. E Kant, quando fala de espaço e tempo na sua *Estética Transcendental*, está pensando na geometria de Euclides.

Desde meados do século XIX, ficou todavia provado que, além da geometria euclidiana, havia outras igualmente verificáveis, como a de Riemann e a de Lobachevsky, com definições, postulados e inferências revolucionárias em relação ao senso comum. Desde então, deixou de ser possível identificar a geometria euclidiana como a única natural. Dali em diante, os cientistas querem conceber o espaço e o tempo para além do que nos diz a consciência imediata. Querem concebê-los de modo objetivo, científico. O problema torna-se ainda mais complexo se os cientistas em questão forem físicos.

Há um exemplo célebre que ajuda a esclarecer a diferença entre considerar o espaço e o tempo como absolutos ou relativos. Suponhamos que, no vagão de um trem em movimento, uma moeda caia no chão. Qual a trajetória da queda? Talvez você nem imagine quantas explicações existem!... É que as explicações dependem dos referenciais que usarmos. Relativamente ao chão, a trajetória é, claro, uma linha reta vertical. Mas, no que se refere à Terra, é uma parábola. Contudo, em relação aos eixos fixos da Terra e do Sol, é uma curva mais complexa que tem em conta a rotação e a órbita terrestres. Em relação às galáxias que estão se afastando entre si, a trajetória é ainda mais complexa. E estamos falando somente de uma moeda e da sua queda ao chão.

Estamos vendo o argumento. A resposta sobre a trajetória da moeda depende da física que se adota. A física adotada depende da geometria e da matemática sobre a qual é construída, e estas dependem, claro está, da concepção do espaço e do tempo. Como já vimos, essas variam ao longo da história da ciência e da filosofia. Será que é desta vez que estamos mesmo perdidos no espaço-tempo?

Consideremos a explicação dada pela física de Newton. Como Galileu, Descartes e Kant, ele utiliza uma concepção de espaço e tempo absolutos. Colocando Newton perante o problema da trajetória da queda da moeda num vagão de trem, primeiro precisamos imaginar – com a devida vênia e um gesto elegante da nossa mão com punhos de renda – que estamos no século XVIII e que se trata de uma carruagem puxada por cavalos, de modo a não criarmos um anacronismo. Mas vamos ao que interessa: Newton responderia distinguindo entre o movimento verdadeiro e o aparente, e diria que ambos são relativos. O movimento aparente seria relativo a outros corpos, como a carruagem, a Terra, o Sol, as nebulosas. O movimento verdadeiro, ao contrário, seria relativo a um conjunto eterno de lugares imutáveis, apelidados de espaço absoluto. Se pensasse no movimento aparente, ele diria que a moeda se move relativamente à carruagem; a carruagem, relativamente à Terra; a Terra, relativamente ao Sol; e o Sol, relativamente às nebulosas de galáxias. Mas, se pensasse no movimento verdadeiro, poderia dizer que a moeda, o comboio, a Terra, o Sol e as nebulosas têm uma velocidade comum relativa a um conjunto de lugares imutáveis e eternos.

Newton imaginou uma experiência com um balde para demonstrar que se poderia detectar o movimento verdadeiro relativo ao espaço absoluto. Suspendeu um balde com água numa corda torcida. Distorcida a corda, o balde começou a girar e, por um momento, a superfície da água permaneceu plana. Em seguida, abriu-se à superfície uma cavidade paraboloide. Depois, o balde deixou de girar, mas a superfície permaneceu côncava. Por fim, a superfície voltou a ser plana. Ora, a concavidade da superfície da água deve-se à rotação desta e, como tal concavidade ocorreu enquanto o balde girava e quando deixou de girar, isso não seria apenas um movimento aparente relativo ao balde. Era um movimento verdadeiro relativamente ao espaço absoluto, concluiu Newton.

Passemos agora à crítica do exemplo de Newton. A experiência do balde não estabelece que exista um espaço absoluto. Baseados na experiência, poderíamos concluir que, efetivamente, a água girava; na concavidade da superfície, podia-se verificar uma aceleração centrífuga; e, se há uma aceleração centrífuga verificada, há um movimento verificado. Contudo, o movimento verdadeiro no sentido de um movimento verificado é uma coisa, e o movimento verdadeiro no sentido de um movimento relativo ao espaço absoluto é outra bem distinta. A experiência do balde não estabelece um movimento verdadeiro, nesse segundo sentido. Na realidade, a única ligação entre o experimento e o espaço absoluto reside no uso equivocado do termo *verdadeiro*. Ademais, a distinção feita por Newton entre movimento verdadeiro e movimento aparente implica um conceito filosófico que ultrapassa a ciência.

Ser cientista é recolher dados na experiência, formular hipóteses e verificar as formulações. Mas afirmar, como fez Galileu, que as cores, os sons, o calor e todos os dados da sensibilidade são aparentes – ou, como fez Newton, rejeitar como aparentes as mudanças observáveis da posição relativa dos corpos observáveis –, isso já não é ciência, é adotar uma filosofia, e não é evidente que seja boa filosofia.

Segundo Galileu, são reais e objetivas as qualidades primárias enquanto dimensões matemáticas da matéria em movimento. Segundo Newton, são verdadeiros os movimentos relativos a um espaço absoluto não experienciado, uma vez eliminados os movimentos experienciados como aparentes. Mas qual é a verdade do movimento verdadeiro? Afinal, Newton confundiu a verdade do experimento com a da verificação.

A afirmação de Galileu acerca da realidade e da objetividade das qualidades primárias não tem muito sentido. Em termos mais simples, o verdadeiro e a realidade objetiva de Galileu são apenas o *resíduo da experiência*, o *resto de realidade* que achamos que *está mesmo lá fora*, depois de eliminarmos as cores, os sons, o calor, etc. De modo análogo, o espaço absoluto de Newton seria o que *está mesmo lá fora*, sem as qualidades secundárias, nem os movimentos aparentes. Também Kant, como os seus predecessores científicos, considera as apresentações sensíveis como fenomênicas, em contraste com os *númenos*, ou seja, *aquilo que está mesmo lá fora*. A diferença é só uma: Newton atribuía um estatuto metafísico ao espaço absoluto, chamando-lhe *sensório divino*; Kant considerou que *o que está mesmo lá fora* era uma forma *a priori* da sensibilidade humana.

Daqui se pode concluir que Galileu, Newton e Kant andavam à procura de um certo tipo de absoluto, mas talvez o tenham procurado nos locais errados. Consideravam o real como oposto ao aparente, todavia, acabavam por concluir que tudo é aparente, inclusive a noção do real. Quando Newton descobriu a lei da gravidade, pensou que a gravidade era uma força vulgar, do mesmo tipo da que se obtém, por exemplo, esticando um fio elástico entre dois corpos. Mas subsistia o fato misterioso de que, sob a ação da gravidade, todos os corpos, no vácuo, sejam quais forem seu peso e suas dimensões, têm a mesma aceleração e deslocam-se segundo a mesma trajetória. Foi Einstein quem esclareceu, pela primeira vez, que a ação primeira da matéria é provocar a curvatura do espaço e que as trajetórias de todos os corpos movendo-se no campo da gravidade são curvas, precisamente porque o próprio espaço é curvo.

A ciência contemporânea seguiu um caminho muito diferente daquele que Galileu, Newton e Kant tinham apontado. Antes de mais nada, considerou que todos os conteúdos da experiência são válidos, pois todos são dados e todos têm de ser explicados. Além disso, levou a sério a recomendação filosófica de que todas as explicações nascem da abstração; sendo abstratas, sua expressão deve ser invariante. Por fim, entendeu que nem todas as explicações são corretas da mesma forma: umas podem ser verificadas e são falsificáveis, outras não. O cientista pode então concluir que o real, objetivo e verdadeiro consiste no que é conhecido ao formular e verificar princípios e leis invariantes. A explicação do tempo e do espaço é um caso particular dessa conclusão da heurística contemporânea.

Podemos agora tentar resolver o problema da trajetória da queda da moeda. Como vimos anteriormente, podem existir infinitos referenciais específicos, e, segundo qualquer um deles, existe uma trajetória correta para a moeda. Embora alguns dos referenciais sejam mais convenientes que outros, todos são válidos, então, há muitas trajetórias corretas para a moeda. E isso não implica contradição. Assim como o que está à minha direita pode estar à tua esquerda, também a queda de uma moeda pode ser uma linha reta num referencial e uma parábola noutro. Só haveria contradição se a mesma queda fosse *simultaneamente* uma linha reta e uma parábola no *mesmo* referencial.

Por último, enquanto falarmos de coisas particulares em tempos e lugares particulares, temos de usar expressões relativas; conhecemos o particular mediante nossos sentidos, e estes estão em lugares e tempos particulares. Ademais, a expressão *invariante científica* é independente do ponto de vista espaço-temporal dos observadores particulares. É uma propriedade das proposições abstratas e só pode ser exigida aos princípios e às leis de uma ciência. A trajetória da queda de uma moeda é um fato particular, não é um princípio, nem uma lei da ciência.

Quanto ao tempo, o abandono da noção corrente ou ingênua de simultaneidade tem consequências ainda mais amplas do que o abandono da noção de espaço absoluto. Se dois eventos ocorrerem ao mesmo tempo para um observador, devem suceder ao mesmo tempo para todos os observadores. Parece lógico, irão nos dizer. Afirmar que os mesmos eventos ocorrem ao mesmo tempo para um observador e não ao mesmo tempo para outro, isso seria violar o princípio de contradição.

Mas tal argumento pode virar-se do avesso. O que acontece *agora para nós*, que escrevemos, não é o que acontece *agora para vocês*, que nos leem. Se o mesmo evento pode ocorrer agora (*para nós*) e não agora (*para vocês*), a expressão *ao mesmo tempo* é um termo tão relativo como o termo *agora*, e, se assim for, não há contradição em dizer que os eventos que são simultâneos para um observador não são simultâneos para outro, e que os eventos do presente para um observador serão eventos do passado para outro. Será, então, que a expressão *ao mesmo tempo* faz parte da família de termos relativos, como *agora* e *em breve*, *aqui* e *além*, *direita* e *esquerda*?

Consideremos algumas concepções de simultaneidade. Já dissemos que experimentamos a duração como atividade que transcorre no tempo e como o experienciado que perdura no tempo. Esses dois aspectos da experiência de duração se encontram numa certa ordem. Se virmos um homem atravessar uma rua, examinamos a distância que ele percorre para atravessá-la, mas não podemos examinar da mesma maneira o tempo que leva na travessia. Isso é fácil perceber. A distância percorrida pode ser examinada de imediato, mas a duração da travessia só pode ser examinada por porções sucessivas. Isso é também verdade para inspecionar o que não ocorre de imediato, mas sim ao longo do tempo. Se supuséssemos a possibilidade de um exame atemporal, poderíamos inferir o exame de um contínuo quadridimensional, no qual as distâncias e as durações se apresentariam exatamente do mesmo modo.

De todas essas considerações um pouco complexas, podemos extrair uma conclusão simples: é que estamos sempre construindo geometrias. Na experiência cotidiana, nós nos satisfazemos com noções aproximadas de duração e extensão, e com marcos de referência subjetivos. Mas, quando passamos ao conhecimento científico, temos de elaborar as regras invariantes de construção do espaço e do tempo. Durante séculos, mesmo os grandes espíritos – como Galileu, Newton e Kant – só tinham à disposição as regras da geometria euclidiana. Quando se descobriram outras geometrias, foi possível a Einstein encontrar outro caminho no labirinto do espaço-tempo.

5. Tempo e eternidade

A ciência contemporânea avançou porque deixou de procurar o absoluto em referenciais concretos, a fim de defini-lo com expressões abstratas. Em vez do espaço e do tempo absolutos de Newton e Kant, Einstein estabeleceu a relatividade dos referenciais. Quase se poderia dizer que ele trocou as réguas e os relógios por *regulógios*. O relógio normal mede o tempo com a dimensão de espaço; a régua normal mede o espaço com o próprio espaço; o *regulógio* estabelece relações de espaço-tempo. É claro que, comparados com relógios e réguas normais, os *regulógios* fazem figura de relógios loucos, como os que encontramos na literatura. Em *Alice no País das Maravilhas*, de Lewis Carroll, há espaços e criaturas que crescem e diminuem; na obra *Em Busca do Tempo Perdido*, Proust descreve como o mero saborear de uma *madeleine* traz à memória toda a envolvência do passado, da mesma forma que há memórias infantis que só recordam grandes espaços e memórias de velhos em que a infância está mais próxima do que o dia anterior.

Com tudo isso, parecemos estar novamente perdidos no espaço-tempo. Para nos orientarmos, podemos sempre apelar aos poderes da consciência e estabelecer referenciais e medidas. Afinal, medir é relacionar unidades-padrão. Medir é relacionar as grandezas com uma unidade privilegiada. No dia a dia, estimamos a passagem do tempo e as distâncias de acordo com unidades aproximadas a que nos habituamos. Assim procede o senso comum. No entanto, quando a consciência se foca nas relações das coisas entre si, torna-se mais exigente e tem de definir a unidade-padrão. É como fizeram Galileu e Newton, e como fez Einstein ao escolher uma grandeza relacionada ao espaço e ao movimento do sistema de referência pelo qual é medido. Foi essa a razão por que a física relativista substituiu o tempo pelo espaço-tempo.

Há, contudo, mais um paradoxo para o qual a ciência não tem explicação e que a filosofia precisa explorar: a consciência existe no tempo e além dele. A consciência experimenta o tempo ao se concentrar no fato de existir. Tem um passado se, no presente, recorda um processo já ocorrido. Tem um futuro se, no presente, consegue projetá-lo. Passado e futuro são dimensões no processo de consciência. Quando a simplicidade da sensação nos permite ficar *conscientes da consciência*, podemos então reconhecer uma tensão entre tempo e eternidade. O paradoxo de nos captarmos como seres participantes do tempo e da eternidade mantém-se irresolúvel enquanto os dois termos forem compreendidos como propriedades objetivas, ou seja, o tempo como duração finita e a eternidade como duração infinita. A eternidade tem de ser definida de forma diferente da intemporalidade. Definir um círculo e afirmar que 2 + 2 = 4, na base decimal, são verdades intemporais. Mas, como falam os filósofos sobre a eternidade?

Se reconhecermos que cada ponto do fluxo temporal transporta uma tensão com a eternidade, a consciência ganha densidade e torna-se capaz de distinguir entre a existência presente e as fases anteriores. Platão chamou memória (*an+a+mnesis*) a esse evento. A memória é a negação da negação, é uma vitória contra o esquecimento. Platão quis dizer algo deste gênero: *Eu não recordo porque tenho um passado; eu tenho um passado porque recordo*. Se conseguimos recordar o que consideramos significativo, é porque a realidade do tempo que passa se inscreve num outro tipo de duração, a eternidade. Vivemos numa espécie de realidade interina que se insere numa realidade eterna.

Essa experiência de eternidade nos toca tão profundamente que não só os filósofos, mas também os artistas, revertem constantemente ao tema. Em raros momentos, sentimos uma completa absorção num presente que fica tão denso que parece eterno. A ternura que experimentamos por alguém, o impacto da beleza arrebatadora, a concentração num problema científico, a reflexão intensa, a contemplação mística, isso tudo contrai nossa consciência de modo a ficarmos absortos no que fazemos. Somos a música enquanto a música dura. Somos esses momentos eternos que têm uma força que ultrapassa o espaço e o tempo.

É a esse esfumar do fluxo temporal que os filósofos chamam a *experiência da eternidade*. Não é um prolongamento do tempo até o infinito. É o acontecimento do ser eterno no tempo. Ao afirmar essa eternidade, os filósofos confrontam-se com os limites da nossa linguagem e do nosso pensamento. Talvez esses momentos só possam ser referidos mediante símbolos artísticos e religiosos. Num dos grandes momentos do cinema do século XX, no filme *Um Sonho de Liberdade*, o prisioneiro Dufresne tem acesso ao gabinete do diretor da prisão e aproveita esses breves momentos para transmitir, através dos alto-falantes da prisão, o dueto *Sull'aria* de *As Bodas de Fígaro*, de Mozart. Um por um, os presos largam suas preocupações e escutam com reverência aquela música oriunda da eternidade. Por breves momentos, cada condenado de Shawshank sentiu-se livre. Talvez seja assim que podemos aspirar a nos libertar do espaço e do tempo em que vivemos.

8. Ternura pelas coisas

1. O escritório desarrumado

Todos nós já deparamos com o grande problema de ter seu escritório desesperadamente desarrumado, a começar por um monte de objetos amontoados na escrivaninha e que mal deixam ver seu tampo. As estantes estão atulhadas de papéis, livros e dossiês, e os documentos misturados jazem pelo chão ou em pilhas, a ponto de os darmos como perdidos. Embora se diga que do caos trepidante nasce a arte, o certo é que, se tudo isso não for colocado em ordem, o estresse espreita, e nosso trabalho corre o risco de se desvanecer apenas em boas intenções.

No dia D, à hora H, enchemo-nos de paciência e começamos a arrumar as coisas segundo os critérios que nos interessam. À parte o computador, uma ilha de arrumação num mar agitado, colocamos papéis para um lado, objetos que escrevem para outro, material de papelaria, como borrachas, tesouras, grampos e clipes, em canecas e caixas, e, além disso, criamos arquivos de correspondências recebidas e enviadas. Nas estantes, colocamos os objetos mais importantes à mão, enquanto os de menor interesse são remetidos para as gavetas do fundo ou para as prateleiras de cima. E assim continuamos o tempo que for preciso, até que, consolados por algumas horas de trabalho proveitoso e cheios de ternura pelas coisas que organizamos, nós nos sentamos matutando se falta arrumar algo e pensamos que, desta vez, tudo ficou em ordem. Pois então, até a próxima.

Na realidade, e por mais estranho que isso pareça, arrumar um escritório implica enfrentar um dos mais complexos problemas da filosofia: o das categorias. Se considerarmos o que se passou na arrumação, podemos pensar que o escritório é constituído pelas *coisas* que nele existem, as quais, por sua vez, são caracterizadas por certas *propriedades* e ligadas entre si por *relações*. Para arrumar, tivemos de distinguir e ter em conta essas três espécies de entes, como dizem os filósofos. Em primeiro lugar, vêm as *coisas* propriamente ditas. Uma longa tradição iniciada por Aristóteles preferia designá-las por *substâncias* – livros, papéis, pessoas, genes ou átomos. Atualmente, essa designação foi ultrapassada, pelo fato de colocar demasiados problemas. Depois, vêm as *propriedades*: por exemplo, os instrumentos de escrita são geralmente longos, os papéis costumam ser planos e retangulares, os livros são retangulares, mas sólidos; alguns livros são técnicos, outros, de ficção. E, finalmente, existem as *relações*: entre lápis e borracha, entre objetos maiores e menores, livros mais ou menos importantes, correspondência enviada e correspondência recebida.

As categorias referidas – *coisas, propriedades, relações* – são pressupostas não só nas arrumações, mas também em todo o nosso conhecimento e nas teorias científicas, assim como em qualquer outra atividade. Mas, quando se começa a refletir sobre elas, surgem grandes dificuldades. É difícil pensar na *propriedade* e fácil cair na tentação de considerá-la algo irreal. Mais difícil ainda é pensar numa *relação* que existe, de algum modo, *entre* as coisas. Pensar numa *coisa* apresenta também enormes dificuldades, já que tudo o que parecemos conhecer sobre ela são as *propriedades* e as *relações*.

Por mais abstrato que pareça esse assunto das categorias, estudado numa disciplina chamada ontologia, ele tem implicações profundas em todos os aspectos práticos da existência, uma vez que estamos sempre organizando a nossa vida. As categorias formatam a consciência, criam modos de pensar, de experimentar e de intervir no que é a pessoa, a sociedade, a história, os valores. Por exemplo: é muito diferente olhar para a sociedade como um somatório de indivíduos, ou um conjunto de relações entre pessoas, ou mesmo uma totalidade. Se dermos primazia à categoria *indivíduo*, nós nos tornamos individualistas e só nos preocupamos com os interesses pessoais. Se dermos prioridade à *totalidade*, só valorizamos o coletivo, o todo. Se destacarmos as *relações*, ganham importância os aspectos institucionais. As categorias adotadas influenciam nossas escolhas e atitudes. E ainda só estamos falando da fase inicial da questão, sem indagarmos se as categorias são atuais, possíveis, materiais, espirituais ou formais.

Por todos esses motivos, existe um debate permanente sobre que categorias acolher e quais excluir do nosso pensamento. Aristóteles considerou que havia dez categorias principais, prevalecendo a substância em todas. Kant, por seu lado, considerou que eram doze as categorias fundamentais, e Leibniz construiu seu sistema para dispensar as relações reais entre as coisas. Já na filosofia de Hegel as coisas são apenas feixes de relações, enquanto as propriedades são sedimentações de relações, não interessando a substância. A ontologia contemporânea debate-se com todas essas propostas. É preciso *arrumar* o ser, encontrar o nosso lugar no Universo e manifestar a tal ternura pelas coisas entre as quais vivemos.

2. As estruturas do ser

Com esse primeiro exemplo do que são as questões ontológicas, fica mais claro que nenhuma ciência é capaz de resolvê-las. Vamos nos concentrar agora no problema da *substância*, que se desdobra em dois: o que é central ou essencial numa coisa ou realidade, o chamado problema da *essência*; e o que nela é conjugado ou acidental, o problema das *relações internas*.

A questão pode ser colocada da seguinte forma: será que os entes nada mais são além de um conjunto de propriedades e relações, ou podemos descobrir neles uma estrutura fundamental que os constitui e da qual resultam essas suas propriedades e relações?

Para caracterizarmos uma estrutura e avaliarmos sua existência, é mais fácil começarmos por considerar o seu oposto, ou seja, um conjunto de objetos dispostos de modo aleatório ou, em palavras ainda mais simples, uma confusão. Podemos retomar o exemplo do escritório desarrumado, mas também, para variar, uma oficina com computadores desmontados que aguardam reparo, ou então um sótão com restos de guarda-chuvas, torradeiras, triciclos, brinquedos quebrados, etc. Em qualquer uma dessas confusões, estamos diante de partes que formam uma unidade acidental. Para a arrumarmos, precisaríamos de uma unidade essencial. Tudo conta para definir uma estrutura: cada uma das partes que a constituem, o conjunto de relações entre as partes, as relações entre as partes e o todo. Como escreveu Lonergan, cada parte é o que é em virtude da sua relação funcional com as outras, e o todo tem uma certa inevitabilidade, de tal modo que a remoção ou a adição de uma parte o destruiria. Esse todo constitui uma estrutura.

Se tudo compõe as estruturas cujas partes estão relacionadas entre si e com a unidade, nem todas são do mesmo tipo. Em algumas estruturas, as partes são compostas por materiais, por exemplo, cimento, madeira, vidro, plástico, fios de cobre. É o que sucede com as estruturas de uma escola: salas de aula, corredores, escadas, iluminação, computadores, mobiliário, ar condicionado. Também bicicletas, computadores e fones de ouvido são unidades compostas por peças que se relacionam de forma determinada e controladas mecanicamente, a que chamamos *estruturas estáticas*.

A estrutura será muito diferente, no entanto, se as partes do todo forem atividades. Essas atividades podem ser os passos de uma dança, os movimentos dos jogadores de um time de futebol, as notas cantadas por um intérprete musical. Como a unidade da dança, do jogo e da música têm origem externa, constituída por uma partitura ou por outra espécie de regras, podemos chamar esse tipo de unidade *estrutura extrinsecamente dinâmica*.

Pode ainda dar-se o caso de a atividade e o dinamismo não se restringirem às partes, e de o próprio conjunto ter capacidade de autogestão e autorreprodução. É essa atividade interna que caracteriza os seres vivos. Quer sejam bactérias, quer sejam células de plantas e de animais, trata-se de entidades autônomas. No ser humano, existe uma autointegração de unidades dos sistemas nervoso, esquelético, respiratório, vascular, nutricional, excretor e sensório. Todos esses sistemas se constituem como totalidades desde dentro, pelo que podemos classificá-los como *estruturas intrinsecamente dinâmicas*.

Para analisar uma estrutura tivemos, então, de responder a várias perguntas: Quais *elementos* básicos constituem? Quais as *relações* básicas entre esses elementos? Qual é o princípio de *unidade* dessas relações? Se tivermos de considerar um computador e um cérebro, podemos dizer que o cérebro é mais complexo que o computador, e que uma pessoa é mais complexa que um cérebro.

Uma vez que qualquer apresentação da ontologia nunca é exaustiva, vamos pular várias etapas e focar uma única questão. Admitamos que o ser humano tem uma estrutura essencial, a que se chama *razão* ou racionalidade. Isso é algo que todos nós admitimos. Mas os problemas começam quando queremos considerar, por exemplo, se um feto de quatro semanas tem racionalidade. E se considerarmos que não tem, será ele, então, humano? Será que tinha racionalidade um hominídeo dos muitos gêneros do *homo sapiens* de há centenas de milhares de anos, que já controlava o fogo e lascava as pedras, mas não criava imagens? Já era humano? Essas questões não são meramente teóricas. Em tempos passados, por incrível que pareça, considerava-se que os escravos, e até mesmo as mulheres, não tinham racionalidade. No caso do feto e do hominídeo, estamos decidindo se devemos tratá-los como nossos companheiros na aventura da humanidade, concedendo-lhes os mesmos direitos que reclamamos para nós. Um pode estar morto há centenas de milhares de anos; o outro pode vir a nascer dentro de oito meses. Farão parte da nossa comunidade?

Passemos agora ao problema das relações internas. Vamos dar um exemplo. Uma bola deve ter uma forma arredondada – esta é a característica que consideramos essencial numa bola. Essa forma pode ser esférica, como sucede em muitos desportos – futebol, basquete, handebol, tênis e pingue-pongue – ou pode ser oval, como no *rugby*. Em alguns desportos, a bola é de pequena dimensão; noutros, de tamanho médio. Pode ser colorida, branca ou listrada; de plástico, de couro ou de borracha. Mas nenhum desses aspectos conjugados ou acidentais constitui a essência de uma bola. Em primeiro lugar, está a *essência* da bola, só depois interessam as *relações* e os aspectos conjugados. Assim, ou uma coisa se torna aquilo que é pelo conjunto das suas relações acidentais, ou sua essência resulta apenas de uma relação essencial.

Lonergan encontrou uma solução interessante para esse problema ao considerar que as *coisas* são o centro de qualquer realidade, sendo as *propriedades* aspectos secundários. Entre coisas e propriedades existe uma relação, que apenas conseguimos determinar em termos de probabilidade e potencialidade, nunca em termos absolutos. Procuramos assim compreender o que está em causa no conceito do ser. Enquanto as ciências descobrem relações entre dados, a ontologia ocupa-se de captar a unidade e a identidade desses dados, ou seja, o que são eles enquanto entes ou seres. Estamos perante um problema de máxima importância e, precisamente pelo fato de a compreensão desses temas depender da posição que se adota em ontologia, não é fácil chegar a um acordo. Muitos filósofos afirmam que a essência de um ser depende do ponto de vista de quem o contempla e não está fundada na realidade. A polêmica entre estes e os filósofos que admitem essências reais sempre foi muito viva.

Essas dificuldades são agravadas pela posição de várias correntes da filosofia contemporânea que recusam a ontologia. Enquanto em outras disciplinas filosóficas todos concordam, ao menos, que existem questões que têm necessariamente de ser discutidas, no caso da ontologia existem pensadores que começam desde logo por lhe negar validade, considerando que se ocupa de problemas sem sentido. Pensam assim os adeptos do neopositivismo, da filosofia analítica, do pós-modernismo e de alguns idealismos. Por isso se impõe que nos interroguemos sobre as condições em que a ontologia é possível e, no caso de concluirmos pela sua viabilidade, tratemos das soluções que ela nos oferece no debate sobre o ser.

Antes ainda de entrarmos na discussão desses temas, será bom esclarecer previamente algumas questões de terminologia. Mais do que é habitual em filosofia, abundam nesse domínio as dificuldades semânticas. A designação de ontologia tem sua origem no grego *to on*, que significa, literalmente, *o que é*. Desse ponto em diante, surgiu a equivalência entre *o que é* e o termo *ser*, verbo que começou a ser usado como substantivo. O que a ontologia designa por *ser* é sinônimo de *realidade* e *coisa*. Mas existem ontólogos que preferem falar de *ente* para identificar tudo o que é. Tudo o que tem identidade própria é um ente, seja ela animado, orgânico, acidental, necessário, possível, humano, divino ou irreal. Por mais estranho que isso pareça, os filósofos admitem a hipótese de que o próprio *nada*, na medida em que consideramos que existe, tem impacto na existência.

A fim de evitar disparates na terminologia, uma das regras fundamentais da filosofia estabelece que, tanto quanto possível, devem reduzir-se os termos abstratos aos concretos, porque só assim a pesquisa pode tornar-se mais fácil e fecunda. Chama-se a essa regra *lâmina de Ockham*. Foi o filósofo medieval Guilherme de Ockham que sugeriu eliminar as referências desnecessárias a muitos tipos de entes. Por esse motivo, podemos partir do princípio de que os termos *ser, coisa, realidade* e *ente* são sinônimos, e que todos eles identificam as unidades ou seres a que prestamos atenção em nossa experiência cotidiana. Conseguimos compreendê-los mediante o uso da nossa inteligência. Somos capazes de determinar se existem ou não, mediante juízos racionais. Podemos nos empenhar, de modo mais ou menos responsável, em atingi-los como objetivos de vida. E a tal ponto nos identificamos com alguns dos entes que podemos nos apaixonar por eles. Fazendo todo esse percurso, os filósofos do passado achavam possível definir o ser de modo universal e definitivo, e o consideravam equivalente ao bem, ao belo e ao verdadeiro. Os filósofos contemporâneos, por seu turno, preferem desenvolver pacientemente os conhecimentos, considerando que *ser é tudo o que há para conhecer e ser conhecido* de modo atento, inteligente e responsável. Dessa maneira, afirmam que a noção de ser vai sendo determinada à medida que enunciamos juízos verdadeiros, em vez de pretender que conseguimos defini-lo de uma vez por todas.

3. O que é uma coisa?

Um preconceito que dificulta o avanço da ontologia, e que talvez seja mesmo o principal obstáculo, é a concepção de que os *seres* ou *coisas* são o mesmo que *corpos* ou *objetos* situados no espaço e no tempo. Ora, a filosofia fala de *coisas* como sinônimo de *entes* ou *seres*, precisamente para não confundir coisas com corpos. *Coisa* é tudo o que possui uma identidade e de cuja existência nos apercebemos através de um juízo.

Assim colocado o problema, verifica-se que há muito mais coisas ou realidades do que aquelas que imediatamente captamos em nossa experiência cotidiana. Um automóvel pode ser visto, mas um *quark* tem de ser verificado. De uma flor cheira-se o odor, mas essa coisa quase indefinível que é a beleza também pode ser apreciada e estimada por nós. A antiga lista de elementos criada pelos pré-socráticos – água, ar, terra, fogo – foi há muito substituída pela tabela periódica de elementos de Mendeleev, mas ambas são listas de *coisas* que existem, embora num grau de realidade muito diverso. De um governo, diz-se que seu programa eleitoral é uma *coisa*, mas suas práticas e políticas públicas são *outra*. A relação entre duas pessoas que se amam pode não ser visível, ou ser perceptível a poucos, mas não deixa de ser realidade. Nesse sentido, também as decisões que tomamos e nos marcam profundamente são coisas ou realidades.

Assim, há coisas, entes, realidades ou seres que não são objeto direto de experiência, nem corpos, mas que possuem uma identidade e estrutura que se pode conhecer. A filosofia nos esclarece que é assim porque o pensamento não é apenas capaz de extroversão, mas também de captar seres imateriais. Os corpos são extensos no espaço, remanescentes no tempo, sujeitos a mudança, têm propriedades constantes e estão sujeitos a leis. Épocas mais ignorantes, e porventura mais espiritualizadas do que a nossa, viam anjos, monstros, bruxas e demônios por toda a parte como se fossem *coisas*, pois o pensamento exteriorizava essas unidades que a imaginação concebia. Em contraste, épocas de imaginação mais materialista têm tendência a só considerar como coisas os objetos localizados no espaço e no tempo.

Como já foi dito, nem todos os filósofos aceitam a ontologia. Pode mesmo se afirmar que alguns defendem que tudo o que pode ser conhecido sobre o ser deve ser investigado pelas ciências, e que a filosofia deve se contentar com a tarefa de explicar a possibilidade, a origem e a natureza desse conhecimento.

A resposta mais evidente para esse desafio é que nenhuma ciência trata das questões de estrutura, substância, relação, possibilidade, categoria, propriedade, ser e nada. Necessitamos da ontologia para as compreender. Em segundo lugar, o pensamento a que se pretende reduzir o ser também existe, sendo, portanto, um ser; e toda essa questão de pensamento e ser só tem sentido quando se admitem duas espécies de seres, coisas ou entes, bem como se investigam suas relações mútuas. E isto, dizem os ontólogos, é pura ontologia. Afinal, mesmo os filósofos em estado de negação têm uma ontologia, ainda que seja primitiva e latente.

Como já se observou no capítulo sobre o romance da matéria, o conhecimento científico progride através da combinação de novos dados particulares descobertos pela experiência e de generalidades cada vez mais poderosas. Ora, isso coloca o importante problema de sabermos até onde podemos generalizar, ou seja, até que ponto podemos caminhar na direção do universal, da identidade comum a todas as coisas.

Pensemos, por exemplo, num cão que nos acompanha. Posso afirmar que esse cão é um feixe de energias, como qualquer outra coisa física, que é um conjunto de compostos químicos ou um organismo. E posso continuar a generalizar, dizendo que é também um ser vivo, um animal, um vertebrado, um mamífero. Então, por que motivo perceptível não poderei eu continuar essa série de substantivos cada vez mais genéricos e afirmar que o cão é um ser? Serei obrigado a considerar o *ser* apenas uma palavra?

Se podemos classificar os entes segundo as tabelas das energias físicas e dos elementos químicos, das formas de vida, e de acordo com outras tabelas propostas pelas demais disciplinas científicas, também devem ser possíveis classificações mais gerais, pertencentes a uma ciência do universal. A ontologia seria esse saber. Tais conclusões têm grande repercussão em todos os domínios da ciência. Todos os cientistas precisam se tornar ontólogos zelosos quando querem generalizar os resultados das suas descobertas, mas, por vezes, eles não têm talento ou capacidade para fazê-lo. Por exemplo, na sua *Uma Breve*

História do Tempo: do Big Bang *aos Buracos Negros*, Stephen Hawking propôs uma visão do Universo pela qual este é desprovido de limites ou fronteiras, sem princípio nem fim, como uma esfera. E ele comentou assim: "Nunca foi criado nem será destruído. É, sem mais". Teria sido preferível que conhecesse a pergunta formulada de modo muito elegante pelo filósofo Leibniz: "Por que existe ser, em vez de nada?". Não existem métodos científicos ou experimentais para lidar com a existência como tal, seja a de todo o Universo, seja a de qualquer uma das suas partes. É como querer responder a uma carta que não nos foi enviada. Os métodos das ciências já pressupõem a existência dessa coisa que é o Universo e tudo o que ele contém.

Muitos autores pós-modernos, mais ou menos relativistas e desconstrucionistas, insistem em proibir a ontologia por razões semânticas e linguísticas. Em vez de falarmos de animais vertebrados, deveríamos apenas falar do uso dessa palavra. Na cultura anglo-americana, está muito difundida a filosofia analítica de pensadores, como Ludwig Wittgenstein, focada nessas questões. Se afirmo, por exemplo, que *um computador é uma máquina*, esses pensadores dirão que é uma expressão com sentido; mas, se digo que um computador é uma coisa, ser ou ente – como faz a ontologia –, eu não estaria falando da realidade de um computador, mas sim da palavra *computador*. Os pós-modernos franceses, como Derrida, Deleuze e Foucault, também consideram que a ontologia deve ser substituída por uma gramática geral, ou então deve ser esquecida.

Existe ainda outra objeção de peso contra a ontologia. É apresentada tanto por filósofos que a conhecem como por pessoas que a desconhecem. Sobre o ser em geral, dizem que nada mais se pode afirmar do que trivialidades do gênero: *o ente existe* ou *o que é, é*. O lógico Alfred Tarski censurava Heidegger por ele empregar expressões como *o ser é* e *o nada nadifica*. O que se passa é que essas expressões visam enfatizar verdades que poderíamos afirmar de outro modo. O filósofo Heidegger, tal como Parmênides, que viveu há 2.500 anos, pensava que podemos intuir a essência do ser e procurou transmitir essa sua conclusão em passagens assaz obscuras. Mas, se a noção de ser for o resultado do que pesquisamos através dos juízos que vamos desenvolvendo, podemos trabalhar pacientemente nesse sentido sem a ilusão de conhecer tudo acerca de tudo, ou seja, de intuir o ser. Essa ilusão de um conhecimento absoluto é típica das mentes paranoicas e da propaganda ideológica. A ontologia serve, entre muitos outros fins, para desfazer esse tipo de ilusões.

4. Ser ou não ser

Como tantas vezes sucede em filosofia, a melhor resposta às objeções apresentadas consiste em fornecer resultados. Foi isso que fizeram os grandes filósofos do passado, e é isso que fazem hoje em dia os ontólogos convictos. As explicações sobre o ser são realçadas pelos contrastes entre as etapas da história da ontologia.

A ontologia, ou ciência do ser, tem evoluído muito. Como observa Heidegger em *Caminhos de Floresta*, para tomarmos posição sobre um problema ontológico, é importante conhecer a história da metafísica ocidental, ou seja, o saber implícito contido no saber atual.

Um dos mais notáveis pensadores pré-socráticos, o filósofo Parmênides, concebeu o ser como uma esfera, como uma realidade sem princípio nem fim, e tampouco mudança. Fora disso, nada mais se poderia afirmar. Entre o ser e o não ser existiria uma contradição que Parmênides considerava incontornável.

Em Atenas, Platão compreendeu que seria preciso encontrar um caminho do pensamento entre o ser e o não ser. Conforme aprendera com seu mestre Sócrates, a crítica das opiniões permitia separar a verdade e da mentira. A criação da dialética foi seu caminho para definir as ideias ou as formas, que são as unidades que descobrimos na experiência. Contudo, Platão criou várias dificuldades nesse debate, ao atribuir às ideias um caráter incondicional. Entre outros problemas, viu-se obrigado a admitir a existência de tantas ideias quantas as entidades do mundo dos fenômenos. Daí resultou uma proliferação de ideias a que Quine, um dos grandes lógicos do século XX, ironicamente chamou a *barba de Platão*.

Para ultrapassar essas dificuldades, Aristóteles identificou o ser com o universo concreto. No célebre quadro de Rafael *A Escola de Atenas*, Aristóteles segura em uma das mãos o livro *Ética a Nicômaco*, enquanto com a outra aponta para o chão. Em contraste, seu mestre Platão segura na mão o diálogo *Timeu* e aponta para o céu. Diz-se, de forma simplificada, que Aristóteles desviou a filosofia do céu das ideias para o universo dos fatos. Fez crescer o respeito pelos fatos e a ternura pelas coisas, porque orientou a filosofia para o estudo das realidades da natureza, da sociedade e do ser humano, partindo da experiência das realidades particulares. Além disso, distinguiu claramente entre questões de inteligência referentes à essência – *O que é? Por que é?* – e questões sobre a existência – *É assim? Por que existe?*. Contudo, houve uma barreira que Aristóteles não conseguiu quebrar: não ultrapassou a noção de ser como conteúdo conceitual. Explicar o ser continuou consistindo em determinar a natureza das coisas e identificar que propriedades possuem, desconsiderando, assim, o caráter hipotético da explicação e a necessidade de um juízo de existência.

Coube aos filósofos medievais, inspirados pela ideia de criação, a tarefa de ultrapassar a noção de ser como puro conteúdo conceitual. Os nominalistas radicais, como Henrique de Gand, consideraram a unidade do ser como apenas um nome, pois nada haveria de comum entre tudo o que existe. Por aqui se pode ver como um filósofo do século XII antecipou posições de autores do século XX, como Jean-Paul Sartre. Outros nominalistas, entre eles o moderado João Duns Escoto, viram no ser a negação do nada, a noção de máxima denotação e mínima conotação. Um realista moderado, como Tomás de Aquino, por seu turno, interpretou o desejo natural que o ser humano tem de conhecimento através da separação entre questões explicativas – *O que é?* – e questões factuais – *Existe?*. Os pensadores medievais ultrapassaram, assim, o conceitualismo dos gregos, entendendo o ser como unidade de uma função de conteúdos variáveis. Mas eles se excederam em argumentos sobre como a unidade da noção de ser é a relação entre o ser concebido e o ser afirmado, sem explicar como tal proporção emerge em nosso conhecimento.

Esses desenvolvimentos da ontologia são, sobretudo, para especialistas. Mas o resultado do debate ao longo dos tempos foi uma noção mais rica do *ser* como um agregado de seres concretos, devendo cada um ser investigado como *o que é* e se *existe*.

Entre os descobridores científicos da Modernidade, avulta Descartes, que descobriu as leis da óptica, a geometria analítica, e abriu caminho à física matemática. Como muitos dos seus contemporâneos, Descartes reconhecia um paralelismo perturbador entre a ordem da matéria e a da razão. Nas suas obras, expôs como era possível traduzir os fatos materiais em conceitos intelectuais, nomeadamente mediante equações matemáticas.

Assim nasceu o seu dualismo ontológico: há a coisa ou substância extensa, a *matéria*, em que o movimento recorta os corpos individuais com formas geométricas; e há a coisa ou substância pensante, o *espírito*, que se nos revela através da consciência. O espírito capta a si mesmo, sem necessidade do corpo, e possui intelecto e vontade. A matéria tem duas propriedades fundamentais, que são a extensão e o movimento. A questão fundamental é, obviamente, como explicar a relação entre espírito e matéria. A solução de Descartes é considerar que as duas substâncias estão sujeitas a uma necessidade universal descoberta pela razão e, ainda, que a garantia dessa necessidade resida num ser infinito e infinitamente livre, a que chamou deus. E observou que o deus das religiões monoteístas é uma representação humana.

Essa ontologia racionalista de Descartes levantou tantos problemas quantos aqueles que resolveu. A dificuldade fundamental consistia em explicar a concordância entre o espírito e a matéria. Como explicar que uma ideia matemática é adequada para descrever um fenômeno físico? Como uma picada de agulha corresponde a uma dor? Como a vontade de abrir a mão inicia o ato neurofisiológico de abri-la? Surgiram várias tentativas de explicação: o ocasionalismo de Malebranche, o monismo de Espinoza, a harmonia pre-estabelecida de Leibniz. Todas repetiam o mesmo: o conhecimento racional do mundo é possível porque o ser do mundo é racional e está submetido à necessidade divina. Compreende-se o humor de Espinoza ao dizer que só um milagre – uma contingência – poderia torná-lo ateu, na medida em que Deus, substância e natureza são um e o mesmo ser necessário.

A ontologia racionalista introduzida por Descartes não resistiu às suas próprias contradições. Os primeiros golpes foram dados pelos empiristas britânicos Locke, Berkeley e Hume, que criticaram a noção de substância. Locke colocou a tônica nas sensações; Berkeley afirmou que a matéria só existe na mente que pensa; Hume, por sua vez, afirmou que nada na experiência permite afirmar a existência de um ato espiritual, que não temos a legitimidade de pensar em ideias gerais, como a ideia de causa. Tal ceticismo anglo-saxônico degenerou em solipsismo, que defende que a realidade se reduz a uma série de estados de consciência. Mas o que é certo é que o tema da substância, depois das críticas de Locke, Berkeley e Hume, nunca voltou a ser o mesmo. O termo adquiriu a reputação de apresentar mais problemas do que soluções.

Kant, através de um novo fundamento, veio superar as duas tendências desavindas do realismo racionalista e do idealismo empirista. Podemos ter certezas teóricas sobre o que a experiência nos mostra, mas só o dever e o sentimento nos revelam as realidades que estimamos e amamos. O pensamento kantiano era, como se vê, profundamente dualista, como o de Descartes.

O idealismo absoluto de Hegel nasceu para ultrapassar esse dualismo, que considerava refletir demasiada *ternura pelas coisas*. Considerou o ser em si como conceito sem conteúdo e fora do alcance do sujeito que somos. Na perspectiva de Hegel, é o próprio pensamento que emerge sucessivamente como sujeito e como objeto, através da dialética. Para ele, tudo o que é racional é real, e o que é real é racional. Não precisamos assumir a existência como uma realidade exterior, nem opor a consciência à natureza. A ideia de um *ser puro* evoca sua negação dialética, ou seja, o não ser, e a negação da negação gera o *devir*, o movimento da realidade que, este sim, é o primeiro conceito concreto.

A grande novidade relativa ao tema do ser, no século XIX, veio da ontologia existencial de um pensador inesperado: o dinamarquês Søren Kierkegaard, que atribuía a autoria das suas obras a heterônimos com diferentes posições, como posteriormente fez Fernando Pessoa. Kierkegaard não acreditava em sistemas filosóficos, afirmando que só um deus poderia ter um sistema absoluto, algo que um ser humano jamais poderia alcançar. Por isso, opunha ao sistema – a toda metafísica – a comunicação indireta, como única forma aceitável de pensar o ser e a existência.

Kierkegaard considerava a existência como uma síntese de infinito e finito, de eterno e temporal. Seu personagem João Clímaco questiona-se sobre o que é a existência e responde: "É uma criança gerada pelo infinito e pelo finito, pelo eterno e pelo temporal, e que, por esse fato, se esforça continuamente". A grande originalidade de Kierkegaard reside em dizer que devemos manter a existência e a transcendência a par uma da outra, porque ambas são valiosas e insubstituíveis.

Esse combate apaixonado contra a exclusividade da transcendência resulta, no ser humano, de apreciarmos tanto o infinito como o finito. O desespero, o paradoxo, a angústia e a ansiedade são marcas dessa divisão essencial. O problema humano não é o ato de transcender o finito e de ascender ao infinito, mas sim de os compatibilizar. Nesse sentido, Kierkegaard é o pensador inaugural da filosofia da existência.

Martin Heidegger retomou esse tipo de reflexão ao considerar a metafísica como a expressão de uma atitude em relação à vida, uma visão do mundo. A ideia geral da sua ontologia pode ser entendida através da sua crítica ao cartesianismo. O que está em causa, mais uma vez, é o dualismo. Descartes separou o ser e o mundo. Sua tese básica – "Penso, logo existo" – nega a existência do mundo. Inversamente, para determinar o mundo, ou seja, a coisa extensa, ele põe de lado a coisa pensante. Ora, segundo Heidegger, a existência não é uma propriedade do *cogito*, mas sim do *estar no mundo*, uma condição revelada pela preocupação e pela angústia, categorias que herdou de Kierkegaard.

O existencialismo apresenta-se como um humanismo. Habitualmente, o ser humano não vive de modo autêntico, mas dissolve-se no que *se diz* e no que *se faz*. Para ganhar autenticidade, precisa se confrontar com os cuidados que a existência lhe inspira.

5. A ontologia atual

Na linguagem cotidiana, é comum falar de *possibilidade*. Uma semente, por exemplo, tem a possibilidade de vir a ser uma planta ou uma árvore. Quando se considera essa afirmação, pode-se concluir que a *possibilidade* é o que pensamos, e que a *realidade* é o que existe. Mas limitar a realidade ao existente é um erro. A possibilidade de a semente originar um ser vegetal não depende de nós. A possibilidade de haver um *tsunami* ou um terremoto, de amanhã chover ou fazer sol são independentes da nossa vontade. Mesmo que ninguém pense na semente, ela tem a potencialidade de vir a ser um vegetal. Como dizem os filósofos, a semente é uma planta em potencial.

A ontologia distingue entre o que é *em ato* – aquilo que é completo – e aquilo que é *em potência* – aquilo que pode vir a ser. A passagem da potência ao ato depende do que a ontologia chama *a forma*. A sequência *potência, forma* e *ato* foi sempre decisiva para compreender o processo do ser. Os ontólogos, todavia, sempre se dividiram quanto à forma de entender essa sequência. O grego Parmênides, o alemão Nicolai Hartmann ou o francês Jean-Paul Sartre afirmam que o real e o possível são, no fundo, a mesma coisa. Por seu turno, Aristóteles e Whitehead dizem que se deve distinguir rigorosamente os modos do ser real. Com isso surge um tema que continua no centro das discussões filosóficas.

Será que o *pensar* pode prescindir do *existir*? O filósofo Kant, num exemplo célebre, descreveu a razão por que pensar em cem táleres (a moeda da qual vem o termo *dólar*) não é o mesmo que ter no bolso cem táleres. Só há realidade quando captamos a existência do que pensamos. Colocado assim o problema, Kant parece ter razão. Posso pensar em extraterrestres como algo possível, mas isso não prova que eles existam. Uma criança pensa de modo confuso no que é um avião, mas não é por isso que os aviões deixam de voar.

O que sucede é que o ser humano não é apenas um desenhador de conceitos, nem é essa a natureza do processo cognitivo. Se eu penso baseando-me em conceitos, desde logo tento descobrir se existe algo que lhes corresponda. Nós queremos saber se realmente existe o que corresponde aos nossos pensamentos. O propósito final do pensamento é saber se existe o que é pensado. A inteligência busca o seu reverso, que é o inteligível; a razão, que é fundamento, busca o fundado. E, assim, podemos saber que o ser é tudo o que há para conhecer pela inteligência. Mas ele não é uma essência, porque não é apreensível por um ato especial, nem expresso por uma definição; o ser não prescinde da existência. A ontologia contemporânea aprendeu a lição de Kierkegaard e Heidegger ao aceitar que a existência particular entra na definição da generalidade do ente.

Outra questão que suscita fortes debates é a do *nada*. Dizemos que tudo o que existe é um ser, donde parece seguir-se que, fora do ser, nada existe. Mas daí se poderia deduzir que o *nada existe*, que tem algum modo de existência.

Afirmarmos que alguma coisa não é ou que *o nada é*, como dizem Heidegger e Sartre, é uma via muito inquietante. O nada penetra em nossas vidas quando experimentamos uma grande perda. Como escreveu Baudelaire, "Falta-me um só ser e todo o Universo se despovoa". Se queremos discorrer racionalmente sobre o nada, devemos vê-lo como um objeto. Portanto, o nada é um objeto; assim, *existe*. Contudo, é *nada*; portanto, não existe. Alguns pensadores pós-modernos, influenciados por Heidegger, passaram a afirmar que o nada, de algum modo, *existe*. Outros filósofos sustentam que o nada só é *pensado*, mas não *existe* realmente.

O conceito de nada é um ente racional, uma representação da ausência do ente real. Assim podemos pensar no nada. Mas o tema é fascinante quando reconhecemos que a ausência pode ser real; que eu esteja separado de quem gosto é algo real que provoca em mim sentimentos de saudades, de angústia ou de esperança. Não é só pensado. A questão da privação é estranha, mas é muito importante; as privações estão presentes em tudo o que conhecemos, porque todos os entes são limitados e finitos. Assim chegamos a questões metafísicas muito profundas – os problemas da limitação e finitude dos entes, que agora deixaremos de lado. Só diremos ainda que o nada, o não ser, deve ser admitido em algum sentido. Voltaremos a esse ponto em nossas reflexões sobre os valores e o absoluto.

Esses são alguns dos problemas da ontologia. Eis mais alguns: Qual é a relação entre essência – a razão pela qual o ente é o que é – e a existência – a razão pela qual o ente existe? Como se relacionam o ente de razão e o ente real? O que dizer sobre a necessidade e o acaso? Tudo está de tal maneira determinado que não pode ser diferente ou, pelo contrário, tudo pode ser diferente? E, nesse caso, o que significa a palavra *pode*?

A ontologia contemporânea tem um ponto de contato com o senso comum. A pessoa de senso comum tem a noção espontânea do ser como a soma de tudo o que é e virá a ser conhecido, a totalidade de todos os fatos e atos do Universo. Tal noção é invariável e universal, porque quem aspira a conhecer e a julgar corretamente deseja emitir juízos verdadeiros. Ademais, a noção de ser varia com o contexto filosófico, a radicalidade dos pensadores e a profundidade com que atendem às coisas, a ternura pelas coisas. Ambos – senso comum e filosofia – partilham a consideração do ser como objeto do desejo de conhecer. Ora, se o ser é o objeto do puro desejo de conhecer, incluindo o já conhecido e o que há por conhecer, apenas a elaboração paciente dos conhecimentos e o conjunto completo das respostas da humanidade pode nos aproximar do que são os seres, as coisas ou os entes.

Como podemos ver, as questões da ontologia são, geralmente, ainda mais difíceis e abstratas que as de outras áreas da filosofia. Mas quem concluísse que, por isso mesmo, elas não têm importância, estaria muito enganado. No centro de cada filosofia existe sempre uma ontologia, e esta disciplina, aparentemente tão alheia à animação da vida, pode revestir-se de uma força imensa, que transforma o curso da história e a própria vida da humanidade universal.

9. Rainha de copas e rei dos judeus

1. O interrogatório

Era um julgamento difícil e que se arrastava demasiado no tempo. Os magistrados não se entendiam sobre a jurisdição a escolher e enviavam o réu de Herodes para Pilatos. Havia acusações de que o réu desafiara a lei de Moisés, o que pouco interessava a Pilatos, e que pertencia a um grupo subversivo que já desafiara o poder político. O ambiente em cada sessão pública do julgamento era tenso. Havia gente armada na multidão, instruída para exigir a libertação de Barrabás em troca da condenação do réu.

O governador Pilatos hesitava. Nas suas trocas de impressões com o prisioneiro, não encontrara qualquer culpa ou pena suscetível de ser considerada crime. Além disso, desprezava a multidão de judeus, que já o obrigara a remover de Jerusalém os símbolos do poder imperial. Como magistrado romano, estava habituado a considerar as polêmicas de provinciais como intelectualmente patéticas, embora politicamente explosivas. Tinha relutância em desagradar a um povo que sabia cioso dos seus direitos. Sua mulher o avisara que, em sonhos, o réu lhe aparecera inocente das acusações que sobre ele pendiam. Mas, às instâncias dos fariseus, Pilatos insistia se era verdade que o réu era o rei dos judeus, se o que se dizia correspondia à realidade. Teria recebido uma resposta surpreendente. O réu disse que era rei, mas que o seu reino não era deste mundo. E continuou: "Eu vim ao mundo para dar testemunho da verdade". Desta vez, Pilatos sabia o que dizer. Muitas vezes ouvira os retóricos em Roma discorrer sobre a verdade. Pôs fim ao interrogatório com a questão: "O que é a verdade?". Mas declarou que não encontrava culpa naquele homem. Lavou as mãos. Foi então que a ira da multidão explodiu. Pediram que o réu fosse condenado.

No dia seguinte, Pôncio Pilatos condenou o réu à morte por crucificação, a pena por crimes infames, devendo a cruz ostentar a tabuleta *Jesus de Nazaré, rei dos judeus*.

O que é a verdade? A interrogação sobre a natureza da verdade ficou sem resposta. Pilatos apenas cedeu à pressão da multidão. Não deu o seu testemunho. Lavou as mãos. Talvez não tivesse consciência da gravidade do que fazia, ou talvez tivesse. Não sabemos. A verdade é uma questão difícil.

Certo é que a verdade é o que confirma, reafirma, define, situa e delimita a realidade. Grande ou pequena, simples ou complexa, boa ou má, a verdade é sempre um ponto cardeal ou uma luz pela qual podemos nos orientar. Relativa ou absoluta, é um marco de referência, desde as verdades mais triviais às mais profundas e reveladoras. Pode ser inconveniente, dura, injusta. Pode ferir, magoar, ofender. Mas também pode ser luz e caminho, descoberta e progresso, solução e lembrança. Qualquer que seja sua roupagem, doce ou amarga, macia ou áspera, é sempre testemunho; corresponde sempre a um modo de apreender o mundo. Um conhecimento não verdadeiro é sempre um não conhecimento. Quando se conhece alguma coisa, afirma-se a verdade sobre isso mesmo. O querer conhecer traduz-se pela busca da verdade. Mas ainda mais forte é a necessidade de testemunhar, dizer aos outros o que aconteceu.

A verdade pode ser entendida de diferentes maneiras e expressar-se de muitas formas. O que é impossível é pensar que ela não existe. A história da humanidade é uma busca da verdade, mas também da sua ocultação. Percorremos caminhos tortuosos na esperança de alcançá-la ou de negá-la. De início, não é desprezível nem indiferente para ninguém. Todos nós a queremos como pão para a boca. Filósofos, políticos, cientistas, missionários, sindicalistas, reis e cidadãos, chefes de Estado e operários, doentes e saudáveis, todos lutam com a verdade, que permanece como marca e carimbo da ação racional do ser humano.

A estrada é longa, as curvas, apertadas, e nunca chegamos à verdade como a sonhamos. Não podemos possuí-la do mesmo modo que possuímos objetos. Ela não é um objeto. Não podemos agarrá-la como a um baralho de cartas que lançamos sobre a mesa e com o qual podemos jogar vezes sem conta.

A verdade também não resulta de passes de mágica, nem sai de uma cartola preta, como coelhos ou pombas brancas, nem se esconde na manga e nos bolsos.

Será a procura da verdade suficiente para afirmarmos que ela existe? Afirmar que ela existe é diferente de saber o que ela é. Talvez só possamos nos aproximar dela como numa valsa lenta e num desvendamento vagaroso. É como lembrar o que antes sabíamos, mas esquecemos. É como um recordar ou um *desesquecer*. É, como diziam os filósofos gregos, um desvelamento, *alétheia*.

2. O misterioso caso da rainha de copas

Suponhamos que à nossa frente está um baralho de 52 cartas e que alguém retira uma delas sem mostrá-la. Ao lado da carta existe uma folha de papel, onde está escrito: "Esta carta é a rainha de copas!". O que significa afirmar que a frase no papel é verdadeira? Ora! Toda a gente sabe responder a esta questão. A afirmação é verdadeira se a carta escolhida for a rainha de copas. Um lógico dirá: "Se e só se a carta escolhida for a rainha de copas." Como Aristóteles escreveu: "Dizer do que é que não é, ou do que não é que é, é falso. Dizer que o que é é, e o que não é não é, é verdadeiro".

Porém – há sempre um *porém* nesses assuntos aparentemente simples – temos de introduzir algumas distinções. Em primeiro lugar, há diferentes maneiras de uma afirmação ser verdadeira ou falsa. Há *verdades de fato*, que resultam da correspondência entre o que afirmamos e a realidade. A afirmação "Esta carta é a rainha de copas" só é verdadeira se a carta a que se refere for a rainha de copas. Se a carta fosse a rainha de espadas, a afirmação já não seria verdadeira. É, por isso, uma verdade *contingente*. Mas também podemos conhecer *verdades lógicas*. Por exemplo, sabemos que a afirmação "A rainha de copas é a rainha de copas" é verdadeira usando apenas o pensamento ou a razão. Os lógicos chamam isso de *tautologia*s. São verdades *necessárias*, pois não podem ser falsas seja em que circunstâncias for.

Em nenhum desses casos – *verdades de fato* e *verdades lógicas* – tivemos de proceder a raciocínios para chegarmos à verdade. Contudo, na maior parte das vezes, descobrimos verdades porque extraímos as devidas consequências de verdades anteriores. A isso se chama raciocinar ou *inferir*. Nas inferências ou raciocínios, não chegamos à verdade diretamente, mas através de um *processo* que nos leva do que já julgamos saber para o que ainda não sabíamos.

Suponhamos que estou jogando baralho com os meus primos, por exemplo, Luísa (a minha parceira), Rui e Francisca. A certa altura, é a minha vez de iniciar uma rodada e decido jogar o ás de copas. Imaginemos também que se dá o caso de apenas Luísa competir com copas. Eu penso: *Ah, é você que tem a rainha de copas!* Como cheguei a essa conclusão se não posso ver que cartas têm os outros jogadores? É simples: parti de certas ideias que tenho por verdadeiras e delas inferi outra. Eis o que sabia:

1. Que a rainha de copas ainda não foi jogada;
2. Que não tenho a rainha de copas;
3. Que os meus primos Rui e Francisca também não a têm, pois não competem com copas.

Então, concluo: a rainha de copas só pode estar com Luísa.

Isso nos ajuda a pensar no que é a validade. Quando o salto das premissas para a conclusão é autorizado pelas regras da lógica, o raciocínio é válido. Caso contrário, é inválido. Verdade e validade são conceitos muito diferentes. A verdade diz apenas respeito a afirmações, enquanto a validade só se aplica a raciocínios. Não faz sentido dizer que *a afirmação tal e tal é válida* (ou inválida), ou que *o raciocínio frito e cozido é verdadeiro* (ou falso).

Atenção! Um raciocínio pode ser válido, mas nos conduzir a uma conclusão falsa. Imaginemos que durante o jogo de cartas, convenço-me erradamente, porque estou distraído, de que já saiu a dama de copas. Com base nessa premissa, construo o seguinte raciocínio: "A dama de copas já saiu. Logo, nenhum dos jogadores tem a dama de copas".

Minha conclusão é errada, pois parte de uma premissa falsa. No entanto, meu raciocínio é válido, pois, considerando eu (erradamente) que a premissa era verdadeira, a conclusão *se seguiria* dela. Vemos, assim, que num raciocínio existem dois aspectos: a verdade (ou a falsidade) das afirmações nele contidas e a validade (ou a invalidade) do raciocínio realizado. A verdade diz respeito à tarefa de saber se as afirmações contidas no raciocínio são ou não são reais. Mas isso não é um problema da lógica, e sim do conhecimento. É ao geógrafo que cabe saber se é verdadeira a proposição *a Turquia faz fronteira com a Grécia*; é o historiador que deve pronunciar sobre a verdade ou falsidade da proposição *a primeira Cruzada deu-se no século XVIII*.

A validade refere-se à questão de saber se as premissas implicam a conclusão. Quando as premissas implicam a conclusão e são verdadeiras, diz-se que o argumento é válido e também sólido. Num raciocínio dedutivo, a validade da inferência e a verdade das premissas garantem a verdade da conclusão. Se o raciocínio fosse indutivo, o caso seria diferente, como veremos adiante.

Finalmente, a questão da verdade coloca-se porque nós emitimos juízos sobre o mundo. Se apenas houvesse mundo e não o pensamento, não se levantaria a questão da verdade. A verdade não reside no que pensamos ou no próprio mundo. Uma proposição só é verdadeira quando está adequada à realidade. Se uma proposição é verdadeira, é absolutamente verdadeira para todas as pessoas, em todos os tempos e lugares. *Só há uma verdade*, diz a sabedoria popular.

Contra essa afirmação, há, todavia, várias objeções. Algumas são tão poderosas que muitos filósofos, e também muitos não filósofos, costumam dizer que a verdade é relativa, condicional ou mutável. Os franceses têm até um provérbio que diz: *Verdadeiro deste lado dos Pireneus, falso do outro lado*. Hoje em dia, quase se tornou moda dizer que a verdade é relativa.

A maioria dessas objeções é fácil de refutar. Se eu disser "são duas horas da tarde", trata-se de uma verdade relativa, porque podem ser *duas horas* em Lisboa ou Londres, mas não em, São Paulo, Funchal ou Macau.

Os lógicos indianos narram a história de três cegos que queriam descrever um elefante. Conta-se que um deles apalpou uma perna e disse que era semelhante a um tronco de árvore. Um segundo apalpou a tromba e afirmou que era semelhante a uma cobra. Um terceiro, ainda, tocou uma orelha e disse que era semelhante a uma folha. Afinal, de que animal se trata?

Essa narrativa nada prova contra o caráter absoluto da verdade. Se cada um dos cegos começasse por dizer: "O elefante, no que se refere a este membro que eu toquei, parece-se com...", então as afirmações subsequentes seriam verdadeiras. A dificuldade provém da formulação imperfeita do pensamento. Basta formular claramente as proposições e expor o que significam e infere-se que a verdade não é relativa. Quando alguém afirma "hoje chove", quer dizer "chove aqui e agora", não em todo o mundo. Quando as afirmações são bem formuladas, pode-se concluir se são verdadeiras ou falsas.

Mas, afinal, o que é a verdade? De que modo podemos defini-la? Será que depende apenas da relação entre ideias? A verdade é o mesmo que validade? É apenas uma questão de critérios? As respostas que dermos a essas interrogações dependem da perspectiva que assumirmos.

Quando nos questionamos sobre a *natureza* da verdade, estamos no terreno da ontologia, na reflexão sobre a *essência das coisas*.

Se perguntarmos *como* podemos atingir a verdade, nossa reflexão estará situada no terreno da *possibilidade do conhecimento*.

Se nos questionarmos sobre o *sentido* da verdade, então estaremos no campo da semântica e da filosofia da linguagem.

E, finalmente, se permanecermos no estudo das *condições* que garantem a verdade, estaremos no terreno da lógica, que é o que aqui nos interessa.

Quando nos interrogamos sobre a verdade, convergimos para um ponto. É como se os mapas de estradas da verdade fossem dar no mesmo lugar: verdade é correspondência ou adequação. Essa perspectiva está presente desde Aristóteles e teve seguidores em todas as escolas de filosofia.

O que significa a verdade como correspondência? É fácil: uma coisa é verdadeira quando corresponde à ideia que dela temos. Contudo, essa correspondência pode ser encarada de dois ângulos distintos. Quando se diz, por exemplo, "este vinho é francamente bom" ou "este jogador é um verdadeiro campeão", estamos falando da verdade como autenticidade, fazendo a realidade corresponder a um pensamento. Os filósofos chamam de ontológico esse primeiro modo de uma coisa ser verdadeira. Foi sobre esse aspecto que Pilatos não quis se pronunciar, não quis dar testemunho. Já quando se diz, por exemplo, "uma determinada afirmação é verdadeira", estamos falando de verdade lógica, na qual o pensamento corresponde ao que é pensado. Nesse segundo modo, verdadeiros só podem ser os juízos, as proposições, as afirmações, não as coisas fora da consciência.

Um enunciado é verdadeiro se existir concordância entre o que é dito e a realidade. Ao afirmar "esta carta é a rainha de copas", a frase será verdadeira se, de fato, a carta for mesmo *a rainha de copas*; entre aquilo que se diz e a realidade, há uma concordância. A verdade não está na afirmação ou na coisa, mas na correspondência entre ambas.

Quanto à validade, ela nada diz sobre a realidade das coisas, mas apenas sobre o modo como as proposições se ligam. A validade deriva do uso correto das regras de inferência que nos permitem alcançar conclusões partindo de premissas. Como veremos a seguir, a lógica estuda essas regras e, por isso, ocupa-se da forma dos raciocínios.

Em lógica, estudam-se formas ideais de raciocínio. Para tal, estabelecem-se regras de argumentos válidos e sólidos que possam guiar o pensamento ao encontro da verdade. O que se deseja evitar são as falsas conclusões baseadas em evidências verdadeiras. No raciocínio, o ponto de partida é constituído pelos enunciados que supomos conhecer ou que, provisoriamente, simulamos conhecer, para depois verificarmos que consequências resultam daí. Esses enunciados formam o ponto de partida do raciocínio e se chamam premissas do argumento. Se nosso raciocínio tiver, por exemplo, a estrutura chamada *modus ponens*, sabemos que, se as premissas forem verdadeiras, a conclusão será sempre verdadeira. A designação latina significa *modo de afirmar*, enquanto *modus tollens* significa *modo certo de negar*.

> *Modus ponens*: Se P, então Q.
> P.
> Logo, Q.

> *Modus tollens*: Se P, então Q.
> Logo se não Q,
> Então não P.

Para alguns lógicos, a verdade derivaria da coerência dentro de um sistema de raciocínios. Assim, existiram diferentes sistemas, e as proposições consideradas verdadeiras em uns seriam falsas em outros. Ficou surpreso? Ainda há mais. Existem enunciados verdadeiros segundo a geometria de Euclides que se tornam falsos na geometria de Lobachevsky, que parte de outras premissas. Quando dizemos que *2 x 5 = 10*, isso é válido no sistema decimal que usamos no dia a dia, porém, se mudarmos os referenciais de cálculo, a verdade é outra, pois as regras mudaram. No sistema hexadecimal, temos: *2 x 5 = a*. E no sistema binário, temos: *2 x 5 = 1*. Não existe aqui nenhuma relatividade da verdade, apenas a consciência de que um enunciado verdadeiro deriva sempre de regras lógicas.

A teoria da verdade como correspondência foi muito debatida pela filosofia pragmatista dos norte-americanos Charles Peirce, William James e John Dewey. Abandonaram a definição tradicional de verdade como correspondência de uma afirmação com o mundo real. Preferiam dizer que a verdade é *o que é confirmado* por um teste, ou seja, aquilo que é verificável. Escolhemos um sistema de pensamento em função da utilidade. No limite, a verdade é o que for útil; temos de ser pragmáticos, dizem eles.

Será que se ganha alguma coisa em substituir a teoria da correspondência de Aristóteles pelas propostas dos pragmatistas? Estes viveram no início do século XX, quando a filosofia ocidental era marcada pelo relativismo antimetafísico. Nessa época, a ciência começou a sugerir que nossas ideias sobre o mundo eram provisórias; quando muito, tinham graus de probabilidade variável. Os pragmatistas acharam que o significado da verdade ficaria mais esclarecido se abandonassem o sentido absoluto.

William James sustentou mesmo que, se uma crença satisfaz a um desejo humano, isto basta para considerá-la verdadeira. Se a teologia do Corão torna os muçulmanos mais felizes, então, para eles, o Corão é verdadeiro. E o mesmo se passará com outras crenças que não são demonstradas pela ciência, mas que têm valor psicológico para o crente. O verdadeiro é o que funciona.

John Dewey considerava que a verdade significa apenas o que é verificado. Mais tarde, deixou mesmo de usar a palavra *verdade*, passando a preferir o termo *assertividade garantida*. As conclusões dos pragmatistas não implicam que a verdade seja relativa. A verdade pragmática funda-se nas consequências ou nos efeitos práticos, e não é de todo independente da correspondência com a realidade.

3. As origens da lógica

O termo *lógica* vem do grego *logos*, que significa razão, mas também palavra, pensamento, ideia, argumento e princípio. Talvez não tivéssemos lógica se Aristóteles não tivesse existido. Mas também é verdade que, sem existir a lógica, Aristóteles não a teria descoberto. Coisas da filosofia!

Aristóteles sistematizou a lógica nos vários livros do *Organon*, termo que significa *instrumento*. Suas investigações, desde logo continuadas no liceu e em escolas de megáricos e estoicos, constituem um grande período de desenvolvimento da lógica na história intelectual do Ocidente. Também na Índia, foram desenvolvidos, desde o século I, modelos de argumentação (*nyaya*) na perspectiva de que a arte de bem pensar liberta o espírito das ilusões. Muito mais tarde, Raghunatha Shiromani apresentou esses resultados num sistema formal semelhante ao de Aristóteles. A lógica é universal, e a verdade é só uma.

Geralmente, considera-se que Aristóteles construiu a lógica partindo das questões de linguagem. Tentemos perceber como ele refletiu. Existe uma linguagem sempre que existe possibilidade de comunicação de mensagens entre indivíduos. A linguagem é uma capacidade que, no ser humano, materializa-se através da língua concretamente falada e escrita mediante um conjunto de signos. O conjunto de todas as mensagens possíveis constitui o discurso. E existem muitos tipos de discurso, tantas quantas são as atividades humanas: político, científico, técnico, artístico, amoroso, diplomático.

À primeira vista, parece que uma língua se reduz a um conjunto de signos, a um vocabulário. Erro completo. O simples conhecimento de listas de termos não nos permite dominar uma língua. Podíamos conhecer todas as palavras húngaras e nem por isso saberíamos falar húngaro. Ou chinês. Ou grego. Só conhecemos uma língua quando estabelecemos relações entre os seus elementos utilizando uma ligação, que pode ser sempre reduzida ao verbo *ser* e mesmo à forma verbal *é*. Suponhamos que temos uma lista de substantivos (Sócrates, homem, árvore) ao lado de uma lista de adjetivos (grande, malvado, mentiroso). Assim, podemos dizer: *Sócrates é um malvado*, *A árvore é grande*, *O homem é mentiroso*. Mas, se estabelecermos relações entre os elementos de um mesmo conjunto, também podemos dizer: *A árvore é homem* e *O malvado é grande*, o que cria uma língua complexa. Um discurso pode ser um enunciado simples – como essas proposições – ou um enunciado muito mais complexo, com artigos, proposições, marcas de plural, tempos verbais, etc. Os enunciados podem ir desde as mensagens SMS até os grandes discursos da oratória política, religiosa e outros.

Sendo a língua um instrumento de comunicação, deve obedecer a regras chamadas sintáticas. Como também se exige que o discurso exprima nossas percepções ou nossos sentimentos, ou seja, os conteúdos da nossa consciência, exige-se que tenha significado, ou seja, conteúdo semântico. *A árvore é um homem* é admissível do ponto de vista sintático, mas não o é do ponto de vista semântico. Assim, de repente, começam a ressurgir todos os problemas e fantasmas da verdade. Por que razão uma árvore não é um homem? Para os poetas, até pode ser, mas na vida real não o é. E por que é que Sócrates é homem? A verdade semântica nos exige provas, e assim chegamos à verdade gnosiológica. Esta requer que cada discurso tenha regras metodológicas e epistemológicas específicas, e estas exigem regras universais da razão. É disso que trata a lógica e foi por aqui que Aristóteles começou.

No *Organon*, para examinar o que é uma proposição, Aristóteles partiu da análise gramatical da linguagem. Chamou *juízo* ao enunciado que é uma ligação entre dois termos – o sujeito e o predicado – por intermédio de uma forma do verbo ser. Por exemplo: *Sócrates* é o sujeito do enunciado. *Homem* é o predicado. E estão ligados pela cópula *é* numa proposição.

O grande objetivo da lógica no *Organon* é a teoria do silogismo sobre o modo como construímos raciocínios válidos. Este continua a ser um ponto de partida para o estudo da lógica.

Na lógica aristotélica, os termos da proposição correspondem ao que modernamente se chama classes ou conjuntos de objetos com uma propriedade em comum.

A *extensão* do termo descreve a grandeza do conjunto correspondente. Podemos distinguir entre termos singulares (Sócrates); múltiplos (árvore); indefinidos (grão de areia); e mesmo infinitos (números inteiros). Devemos chamar a atenção, pois o termo de maior extensão possível é *ser*, o que revela a importância fulcral dessa palavra na filosofia.

A *compreensão* é o conjunto de todos os predicados que podem ser atribuídos ao sujeito, ou seja, de todas as características comuns a todos os indivíduos que pertencem à classe designada pelo termo. A extensão do termo varia na proporção inversa da sua compreensão. A classificação dos termos por grau de extensão decrescente (criatura, vertebrado, mamífero, ruminante, etc.) fornece as regras clássicas de definição. Um termo se define por seu gênero próximo e sua diferença específica. Por exemplo, o quadrado é um retângulo (gênero próximo) com os lados iguais (diferença específica).

Segundo Aristóteles, uma proposição tem duas propriedades: sua qualidade, negativa ou afirmativa, e sua quantidade, que pode ser universal ou particular.

Os juízos aristotélicos fazem parte desse conjunto de proposições sobre o qual opera o cálculo. O exemplo mais simples de silogismo é: *Todo y é z. Ora, todo x é y. Logo, todo x é z.* Neste silogismo, chama-se premissas às duas primeiras proposições, e conclusão, à terceira.

O segundo grande período da lógica aconteceu nas universidades medievais, entre os séculos XII e XIV, quando atualizaram Aristóteles quanto aos estudos de gramática e retórica. Pedro Abelardo elaborou sua dialética chamada *Sim e Não*, e seu ensino oral popularizou o estudo da lógica. O português Pedro Hispano, futuro papa João XXI, escreveu as *Summulae Logicales*, o tratado mais difundido em toda a Europa até o século XVI. Guilherme de Ockham, que serve de modelo ao franciscano Guilherme de Baskerville em *O Nome da Rosa*, ajudou a sistematizar a lógica.

Os medievais tornaram a lógica mais sistemática. Inventaram fórmulas mnemônicas para recordar os 24 modos de silogismos válidos, mediante palavras artificiais de entoação latina, tendo cada sílaba, como vogais, as letras simbolizadoras das proposições.

A disparidade entre modos válidos e inválidos de silogismo chama a atenção para um fato espantoso: o pensamento lógico é um estreito caminho por entre um território de disparates, enormidades, ilusões e intoxicações do pensamento. Se, por um lado, há raciocínios que imediatamente percebemos que são incorretos, por outro lado, há outros que são tão sutis que aparentam ser corretos, mas não o são. Estes são traiçoeiros, são uma espécie de armadilha para o pensamento, às quais precisamos estar atentos. Os medievais os designaram por falácias e os tipificaram com designações que continuamos a utilizar, como: *parte pelo todo*, *petição de princípio*, *argumento de autoridade*, *redução ao absurdo*, *ignorância da questão*, e muitos outros.

A silogística fez muito pelo prestígio da racionalidade, mas pouco pela descoberta científica. A lógica era a ciência maior, cabendo-lhe validar os atos da razão na procura da verdade. Partindo de um conjunto de princípios admitidos como verdadeiros, por um processo dedutivo, procurava-se encontrar explicação para todos. Contudo, a silogística tornou-se um entretenimento intelectual sem interesse para a descoberta de novas verdades. Para que a lógica cumprisse sua ambição, teria de formalizar com símbolos as proposições com que opera, tal como faz a matemática ao operar sobre números. Foi essa a tarefa da lógica moderna e contemporânea, que se desenvolveu com novos ramos.

4. A lógica formal

A ideia de que a forma de nossos raciocínios pode ser analisada sem ter em conta seu conteúdo foi defendida por Aristóteles. No século XVII, o sucesso do cálculo algébrico inspirou Leibniz a procurar um sistema lógico universal que permitisse aos filósofos dizer *calculemos* em vez de *pensemos*. Para isso, inventou um sistema de notação com *1* e *0*, que, cerca de trezentos anos depois, serviu para a computação informática. Mas sua ambição ficou por cumprir. Por quê?

Para formalizar um sistema lógico, é preciso preencher um conjunto de requisitos que Leibniz não alcançou. Um sistema lógico carece, primeiramente, de uma lista de símbolos para transcrever os enunciados. A seguir, é preciso enunciar as regras para a formação de proposições válidas. Depois, é necessário selecionar as proposições válidas consideradas como axiomas. Finalmente, é preciso enunciar as regras de derivação que permitem obter outras proposições válidas advindas dos axiomas e das expressões demonstradas, por exemplo, os teoremas. Mesmo depois de tudo isso estabelecido, o que temos são regras de validade, e não regras de verdade. Pensar continua a ser sempre muito mais rico e complexo do que calcular. Mesmo que Leibniz estabelecesse todos os requisitos de um sistema lógico, de nada ele serviria, pois identificava verdade lógica e verdade ontológica.

Os resultados da formalização da lógica surgiram em meados do século XIX. George Boole foi o primeiro a tratar a lógica como um cálculo de signos algébricos. Foi isso que possibilitou, no século XX, o desenho dos circuitos nos computadores eletrônicos. Augustus de Morgan enunciou as regras da validade da lógica formal. Gottlob Frege foi o primeiro a apresentar o cálculo proposicional na sua forma moderna, introduzindo o uso de quantificadores e o cálculo dos predicados. Estava assegurado o ponto de viragem formal na lógica moderna, que, para alguns, é a antecâmara da álgebra.

A silogística podia já ser considerada um tipo de cálculo lógico, mas era um sistema pobre. O cálculo lógico é muito mais ambicioso, uma vez que fornece meios de combinar proposições de todos os tipos a fim de alcançar conclusões válidas, e o uso dos símbolos confere um automatismo que pode ser entregue a uma inteligência artificial.

Em lógica formal, como veremos, distingue-se o cálculo proposicional, ou de proposições, e o cálculo dos predicados, ou de classes.

O cálculo proposicional permite formar proposições valendo-se de outras e verificar seu valor de verdade mediante tabelas. Depois, a lógica formal introduz axiomas, que servem para justificar os operadores escolhidos e as regras de composição de proposições bem formadas. Os axiomas são proposições fundamentais que permitem reconhecer que uma proposição está bem formada, transitar dos axiomas para as proposições bem formadas, e vice-versa; permite, ainda, demonstrar um teorema. Chama-se a isso uma axiomática.

Aqui não vamos entrar em pormenores sobre a elaboração dos sistemas axiomáticos. Aristóteles, por exemplo, partia de algumas definições e de três *princípios fundamentais* da lógica. O princípio de identidade diz que *uma proposição é idêntica a si mesma*. O princípio de contradição, por sua vez, enuncia que *duas proposições não podem ser falsas e verdadeiras ao mesmo tempo*. Já o princípio de terceiro excluído expõe que, *de duas proposições contraditórias, se uma é verdadeira, a outra é falsa, e reciprocamente.* Essa axiomática tradicional permite construir a teoria do silogismo.

A axiomática veio a ser enriquecida com a distinção entre sentido e referência, criada pelo lógico Gottlob Frege. Nomes e descrições, predicados e termos relacionais, proposições e conectores, todos têm sentido e referência, como acontece com as próprias frases. Se atribuirmos a cada frase um *valor de verdade*, compreenderemos que o valor lógico de verdade está para a frase, assim como o objeto está para o seu nome. Quando juntamos duas frases com a palavra *e*, formamos uma nova frase: ela é verdadeira quando as partes que a compõem são ambas verdadeiras, e falsa em caso contrário. Assim, de uma série finita de palavras, podem ser construídas infinitas frases, frases complexas que podem ser bem ou mal formadas.

No século XX, na sequência da obra de Frege, a lógica deu passos gigantescos no sentido da formalização dos conceitos e processos demonstrativos. Entre os matemáticos e filósofos que mais contribuíram para esses avanços, destacam-se Peano, Bernays, Russell, Whitehead e Hilbert. A lógica passa a ser formal e é entendida como o estudo das leis do pensamento, ou das condições formais da verdade, ou formas válidas de raciocínio. Assim, é concebida como a ciência que estuda as condições gerais do pensamento válido e um meio para distinguir entre formas de inferências válidas e não válidas.

Em lógica, o estudo da validade tem por objetivo estabelecer as condições que garantam a correção dos raciocínios. Quando passamos para o discurso, as regras de validade garantem conclusões verdadeiras. O conceito lógico de raciocínio é uma abstração independente de fatores psicológicos. A lógica não trata do modo como as pessoas efetuam os raciocínios, assemelha-se mais a uma gramática que estabelece as normas para que o raciocínio seja válido. Por isso, é necessário distinguir entre validade e verdade. A validade é uma propriedade dos raciocínios, e não das proposições, e a verdade é uma propriedade das proposições. Avaliar uma proposição é diferente de avaliar um raciocínio.

O cálculo das proposições supõe que apenas existem dois valores de verdade, 1 (verdade) e 0 (falso). Contudo, a experiência nos sugere proposições que não são verdadeiras nem falsas. Se eu disser: "O rei dos Estados Unidos é democrata", das duas, uma: posso considerar que a questão não se põe porque o sujeito correspondente não existe, ou posso achar que é uma proposição nem verdadeira nem falsa e, portanto, meio verdadeira e meio falsa.

Os lógicos Brouwer e Heyting construíram uma lógica trivalente. Nesta, as tabelas de verdade, além de 1 e 0, têm ½. É ainda possível generalizar esse tratamento dos valores de verdade em lógicas com valores polivalentes, nas quais as tabelas de verdade se transformam em matrizes de *n vezes n*.

Em sua obra monumental *Principia Mathematica*, Whitehead e Russell consideraram a matemática uma extensão da lógica, conforme a posição logicista que respondia à crise dos fundamentos da matemática no final do século XIX. Mas a filosofia da matemática é outra praia em que aqui não entramos.

5. Argumentos e testemunhos

Todos nós temos questões a resolver e procuramos respostas. Mas as respostas não nascem de geração espontânea. Mesmo que estejam depositadas em livros e artigos famosos nas prateleiras das bibliotecas ou em arquivos do computador, de nada servem se não as conhecermos e se não forem comunicadas. Por mais especialistas informados que haja, é preciso comunicar a verdade. Além disso, as verdades que a ciência considerou definitivas revelam-se, na maioria das vezes, insuficientes. As certezas inabaláveis das ideologias sucumbem perante a voragem das contradições que seu dogmatismo produziu. O que hoje é sólido amanhã se dissolve no ar.

Vivemos num tempo de novos problemas e novas esperanças, aos quais já não responde o paradigma de uma racionalidade única e linear. Vivemos num tempo de luzes e trevas, de riqueza e miséria, de comunicação e isolamento, de liberdade e tirania. Nunca fomos tão iguais e, ao mesmo tempo, tão diferentes. Vivemos num tempo que necessita de outras razões e verdades que se completam. Já não nos satisfazem as certezas que não são partilhadas. Tudo é mais misterioso e complexo. Precisamos de mais e diferentes razões para novas e diferentes realidades.

Nosso mundo foi enriquecido pela diversidade. A rigidez da verdade deu lugar à plasticidade. A imaginação inteligente cria novas leituras. Na arte, na ciência, na política ou na filosofia, de nada serve a mera repetição de verdades antigas. As novas gerações têm sempre o mundo inteiro para reconfigurar. Mas, apesar dos tempos difíceis, podemos sempre buscar o que em nós é mais genuíno: a liberdade de criarmos diferentes futuros e novas verdades.

Vimos como a lógica desempenha um papel capital nessas mudanças, ajudando a clarificar o pensamento e a evitar erros de raciocínio. Ao tentarmos resolver problemas, apresentamos argumentos e teorias. Se a argumentação resistir ao crivo da lógica, tem a garantia de coerência formal e correção. As demonstrações não dependem das circunstâncias, do momento ou do sujeito.

Outra coisa muito diferente é o que se passa no discurso argumentativo, em que estamos no âmbito do plausível. Nem todos os argumentos que apresentamos têm a mesma força e poder. O poder dos argumentos depende do tipo de validade que lhes atribuímos. Mas nem toda a validade lógica é validade formal. Só os argumentos dedutivos são argumentos formais, e, mesmo assim, com exceções que agora não referimos. Os argumentos dedutivos têm uma particularidade: a conclusão *segue-se necessariamente* das premissas, ou seja, é impossível que as premissas sejam verdadeiras e a conclusão, falsa. Lembremos nosso exemplo:

1. A rainha de copas ainda não *saiu*.
2. Todos os outros jogadores, à exceção de Luísa, não têm a rainha de copas.
3. Logo, é Luísa quem tem a rainha de copas.

Estamos perante um argumento dedutivo porque, se as afirmações 1 e 2 forem verdadeiras, é impossível que 3 seja falsa.

Ora, nos argumentos válidos não dedutivos, o que se passa é que é improvável (mas não impossível) que as premissas sejam verdadeiras e a conclusão, falsa. Exemplifiquemos:

1. Já joguei inúmeras vezes com Luísa e ela se zanga sempre que perde um jogo.
2. Luísa vai perder este jogo.
3. Logo, ela vai ficar zangada.

Neste caso, 1 e 2 tornam 3 muito provável. Mas não é necessário. Luísa pode ter um *ataque* de boa educação no jogo. A validade não dedutiva não garante a verdade das conclusões, mas torna razoável que as aceitemos.

Os argumentos não dedutivos têm o maior interesse porque, no conhecimento em geral, nas ciências e na vida cotidiana, a maior parte das nossas conclusões não é produto da lógica formal ou dedutiva. As pessoas que subestimam a lógica julgam que ela se limita apenas ao plano do raciocínio formal e dedutivo. Depois, concluem que fora dessas áreas é o *reino do vale tudo*. Apenas contariam os dotes retóricos de quem profere o discurso. Isso é incorreto. Os lógicos distinguem entre argumentos mais ou menos válidos, consoante estes tornem mais ou menos razoável uma determinada conclusão, e depois sistematizam as regras da lógica informal.

A retórica tem seu papel na comunicação da verdade. Quando nos comunicamos, nós o fazemos sempre com uma certa linguagem, em contextos específicos e perante auditórios diferentes. Aqui, entramos num domínio em que as capacidades do orador e a relação que estabelece com o auditório são da máxima importância. É preciso adaptar o discurso às circunstâncias. Se queremos fazer passar a nossa mensagem, temos de reconhecer que, muitas vezes, é tão importante *o que* é dito como *o modo como* é dito. É o que sugere o título de uma famosa obra do lógico John Austin, *Quando Dizer é Fazer*. É importante o que é explícito e o que é implícito, o que é afirmado e o que é sugerido, é importante a palavra e o silêncio, o gesto e o olhar.

No dia a dia, quando queremos refutar alguém, utilizamos expressões como *isso não tem lógica* ou *isso é ilógico*, como quem diz que não é claro, não é razoável nem plausível. A maioria das pessoas gosta de pensar que é dotada de lógica, e a expressão *ilógico* está associada vulgarmente ao irracional, ao confuso ou ao sem nexo, ou àquilo que não é verdade. Quando os interesses práticos se sobrepõem à procura da verdade, procuramos ter razão a todo custo. Recorremos a argumentos falaciosos, ou seja, que parecem válidos, mas não o são. O advogado quer ganhar a causa a qualquer preço. O juiz venal quer encobrir a verdade. O político oportunista quer o poder para fazer negócios. O aluno quer boas notas, mesmo copiando. O profissional quer subir na carreira, mesmo que seja à custa dos outros. O fundamentalista religioso confunde fé com poder. O terrorista mata em nome da sua verdade. Mas a preocupação de argumentar corretamente só prejudica toda essa gente. Sua especialidade são as falácias, os argumentos sem validade lógica, que usam nas controvérsias diárias, na política, nos negócios, nos tribunais, nas carreiras, nos estudos, como forma de vencer os adversários a qualquer preço. Querem lá saber da lógica!

Quem for honesto procura sempre a verdade, e só a verdade, sem se preocupar se é conforme às suas opiniões ou às dos adversários. Mas, muitas vezes, sucede o contrário. Somos irritáveis e irritantes, e nem sempre aceitamos que nossos argumentos sejam falsos e os do adversário, verdadeiros.

Há muita gente que, em vez de procurar a verdade e os argumentos corretos, com *gaia ciência*, a alegria que dá a sabedoria, necessita *falar por falar*. Em vez de pensar primeiro e falar depois, cultiva a vaidade e a desonestidade intelectual. O resultado é que, em muitos debates, televisões e redes sociais, estamos sempre vendo quem não se bate pela verdade, mas sim pela sua posição. E aqui vale tudo, contra a lógica.

A escola de Atenas – Sócrates, Platão e Aristóteles – denunciou essa atitude como *erística*, a arte de ter razão a qualquer custo. Criticaram a argumentação retórica por considerar que não visava a uma finalidade filosófica, mas sim sofística. Era sofista quem só estava interessado em ganhar dinheiro, prazer, prestígio, aplauso, poder; tudo, menos alcançar a verdade.

Em contrapartida à sofística, foi criado o diálogo que procura a verdade. Segundo Aristóteles, nas *Refutações Sofísticas*, as conclusões erísticas são sempre falsas, enquanto as conclusões dialéticas são verdadeiras na forma e no conteúdo. Essa crítica se assenta nas distinções entre prazer e bem, e entre *doxa* e *episteme*.

Quase 2 mil anos depois, Schopenhauer escreveu um dos livros mais divertidos da história da filosofia: *A Arte de Ter Razão*. Nele identificou nada mais, nada menos, do que dezenas de estratagemas lógicos com que todos os dias procuramos nos enganar uns aos outros. A finalidade da argumentação é esclarecer a controvérsia: devemos tratar as teses filosoficamente, em função da verdade, e dialeticamente, em função da aprovação dos outros. O próprio Aristóteles concebeu sua lógica nos *Analíticos*, como base para a teoria da argumentação nos *Tópicos*.

Schopenhauer não era pessimista na lógica. Admitia que as pessoas têm uma tendência natural para serem lógicas, de tal modo que, embora os juízos falsos sejam muito frequentes, as conclusões falsas são raras, porque a lógica se impõe à consciência. Num certo sentido, *a verdade vem sempre à tona*. Mas há muita gente fascinada por ter razão a qualquer preço. Por vezes, temos razão, mas nos deixamos confundir por argumentos especiosos; e também pode suceder sermos vencedores em debates não por termos dito a verdade, mas porque fomos habilidosos.

A lógica será sempre uma condição necessária, mas não suficiente, do pensamento. Será sempre um instrumento que nos permite formular com correção nossos argumentos e, ainda, confere clareza e rigor na exposição das ideias. Mas a lógica jamais ensinará a reconhecer tudo o que encontramos na relação com as coisas e as pessoas. Esse é o sentido do testemunho – como o que Pilatos quis evitar.

Já se disse que a verdade é adequação e correspondência. Mas é também coerência, conformidade, desvelamento, revelação e utilidade. Pode ser entendida como gramática, semântica ou pragmática. Pode assumir diferentes modos, ser material ou formal, ser analítica ou sintética. A verdade pode ser reconhecida como finita ou infinita, deste mundo ou de outro, imóvel ou mutável, perecível ou eterna. A verdade pode existir no mito ou na demonstração matemática, pode ser simbólica ou factual, pode ser ideal ou real, pode estar dentro ou fora de nós, mas é sempre a meta do conhecimento humano, seja ela alcançada por intuição, por dedução ou por analogia. A verdade, mesmo que provisória e temporária, tem sempre o dom da magia, provoca em nós a surpresa, a admiração, e leva-nos a utilizar a expressão alegre e entusiasta de Arquimedes: *Eureka!*

10. As palavras que escutamos

1. Conversa fiada

Em 2005, o livro mais vendido na lista do *New York Times* era do filósofo norte-americano Harry Frankfurt e se chamava *On Bullshit* (na edição brasileira, *Sobre Falar Merda*), ou seja, acerca da embromação em um discurso. "É inevitável falar merda toda vez que as circunstâncias exijam de alguém falar sem saber o que está dizendo", escreveu Frankfurt. E uma das características mais evidentes das palavras que escutamos no dia a dia é a proliferação de baboseiras, patranhas, bagatelas, asneiras e blefes. *Conversa da treta*, no português de Portugal; *conversa fiada*, no português do Brasil. Quem a pratica é um *embromador*, um *prosa*. Só não damos mais importância ao caso porque confiamos em nossa capacidade de identificar disparates e não irmos atrás deles.

A linguagem da embromação despertou o interesse de pensadores de todas as épocas. *Elogio da Loucura*, de Erasmo, bem como *Gargântua e Pantagruel*, de François Rabelais, são monumentos da literatura renascentista a fustigar os disparates à solta, na loucura que periodicamente se apodera da mente humana. *Bouvard e Pécuchet* é um delicioso livro de Gustave Flaubert sobre os pequenos burgueses, armados de informação, que decidem discorrer sobre os destinos da humanidade. Já no século XX, os livros *Da Estupidez*, do romancista Robert Musil, e *The Prevalence of Humbug* [O Predomínio do Logro], do filósofo Max Black, narram o que sucede quando os cretinos querem tomar conta do mundo. Wittgenstein também dedicou muitos dos seus livros à identificação e ao combate ao *nonsense*. Mas, até surgir o texto de Frankfurt, ninguém se preocupara em elaborar uma teoria geral sobre esse tema fascinante, definindo a estrutura da treta e as condições lógicas que a acompanham.

A conversa fiada surge nos noticiários e debates de televisão quando, em vez da voz dos peritos, começamos a escutar a variedade heterogênea de comentaristas, formadores de opinião e celebridades que pretendem falar sobre tudo. Muitas vezes, a embromação vai além das palavras. A linguagem corporal excessiva de determinado âncoras dos telejornais e outras personalidades é do gênero da enrolação. Piscar os olhos, franzir as sobrancelhas, fazer esgares com a boca, valorizando a alegria ou a reprovação com que as notícias são dadas, pertencem ao gênero da treta, porque sugerem que as reações subjetivas são mais importantes do que as notícias. A lorota é sempre um abuso, mas tem um uso tão vasto e diversificado que, para compreendê-la, dificilmente evitamos o célebre dilema de Procusto, o assaltante da antiga Grécia que cortava ou esticava suas vítimas até a exata medida do leito em que as aprisionava.

Algumas considerações poderão ajudar a explicar por que o ato de falar asneiras está tão disseminado, muito particularmente na televisão. A embromação é inevitável sempre que alguém fala sobre assuntos que não conhece. A produção de asneiras cresce à medida que uma pessoa tem de abordar um tema que não domina. Essa falta de conhecimento transparece nos governantes que falam sobre assuntos que, em boa parte, ignoram. A convicção generalizada de que, em democracia, cada cidadão deve ter opiniões políticas leva as pessoas a emitirem juízos sobre tudo. A falta de conhecimentos é ainda mais grave em quem tem responsabilidades. A mídia, a publicidade, as relações públicas, as campanhas políticas estão repletas de treta. E, com a ajuda de técnicas de pesquisa da opinião pública, há especialistas que se dedicam a obter as palavras e as imagens que produzem o efeito desejado.

Um cientista sabe muito bem do que trata sua disciplina. Um artesão trabalha com cuidado os produtos em que se especializou. Um profissional domina os métodos com que trabalha. Todos eles não relaxam na autodisciplina, mesmo que não estejam à vista as características dos seus trabalhos. Não varrem os erros para debaixo do tapete. Não dizem lorotas. A atenção ao pormenor exige disciplina, objetividade, e implica aceitar as normas e limitações, contra a satisfação de meros impulsos ou caprichos. Pelo contrário, os embromadores e os falsificadores estão sempre fazendo contrafações. Agem como um trabalhador desleixado e sem disciplina. Respeito pela realidade é algo que não existe na embromação, como não existe nas obras malfeitas e nas hipóteses malconcebidas. A desagradável palavra *trapaça* sugere isso mesmo. Os excrementos não são trabalhados, são apenas expelidos, são matéria da qual foi removido o elemento nutritivo.

A proliferação da asneira também resulta de tendências céticas. A suspeita sistemática atenua a noção de objetividade e mina a confiança. Quem acha que não faz sentido ser fiel aos fatos dificilmente será fiel a si mesmo. Nossa consciência responde aos outros, e nada sabemos de nós sem reconhecermos os outros. Além disso, a convicção de que é fácil uma pessoa saber a verdade sobre si mesma não tem fundamento. Somos seres elusivos e difíceis de entender. E, na medida em que é esse o caso, a mania da sinceridade também é uma tolice.

Após considerar alternativas, Frankfurt propõe o seguinte significado para embromação: *uma distorção da realidade através de palavras e ações, intencionalmente enganadora, mas diferente da mentira.* Há aqui várias questões. A embromação distorce a realidade porque é um pensamento malconcebido ou por que tem a intenção de enganar? Qual a diferença entre o mentiroso e o embromador? Como a embromação não é só uma categoria de expressão, mas também de ação, tanto surge através de palavras como em obras. Tudo isso significa que, na lorota, não só a pessoa está distorcida como também distorce o objeto a que se refere.

Suponhamos que alguém esteja fazendo um grande discurso político e diga que a aprovação de um determinado documento foi um notável avanço para a humanidade, que é a melhor conquista do povo, que, sem ele, o mundo não seria como antes... O orador não está mentindo, nem quer incutir falsidades à audiência. Só pretende que suas afirmações transmitam uma imagem positiva de si próprio e do tema que o motiva. Pode ser até um bom patriota e democrata com pensamentos profundos sobre a missão do país. Mas não deixa de ser conversa fiada.

A televisão apresenta programas de *talk show* em que os participantes debatem, com aparente sinceridade, temas de política, economia e sexualidade. São assuntos que exigem preparação. Contudo, dizem coisas e tomam atitudes mais para descobrir como os outros reagem e para ouvir a si próprios, do que para conhecer a realidade. Confiam na superficialidade, porque não procuram a verdade. Cai-se na conversa fiada quando os participantes assumem que não têm de revelar o que pensam, mas apenas manter um tipo de sinceridade superficial.

O embromador cultiva a irresponsabilidade e incentiva as pessoas a transmitir tudo o que lhes passa pela cabeça, sem se preocupar com a realidade.

A conversa fiada implica mais blefe do que mentira. Onde há mentiras, há falsidades; onde há blefe, há deturpações. Quem blefa apresenta realidades espúrias, como os espelhos curvos que deformam a imagem do corpo ou como os produtos de imitação, que não parecem inferiores aos originais de marca. O que está errado nessas realidades alternativas é que se fazem passar pela própria realidade. Com a conversa fiada, é igual. Não é falsa, nem verdadeira, o embromador só quer fingir que sabe.

"Nunca digas mentiras, se puderes safar-te com uma lorota!", diz um advogado cínico. Talvez seja mais fácil escapar às consequências da conversa fiada do que às da mentira. As consequências de um embromador ser apanhado são geralmente menos graves do que do mentiroso. Toleramos melhor a embromação do que a mentira, talvez porque esta seja considerada uma afronta pessoal. Somos mais propensos a encolher os ombros perante uma embromação do que perante uma mentira.

Mentir exige muita atenção à realidade. Um bom mentiroso tem que ser um especialista. É preciso inserir uma falsidade particular num conjunto de afirmações, a fim de ocultar ou evitar as consequências que resultariam da verdade. Isso requer perícia, e o mentiroso tem de se preocupar com valores de verdade e submeter-se às restrições impostas pelo seu objetivo. Para ser eficaz, tem de pensar que sabe o que é verdade e projetar sua falsidade como se fosse verdadeira.

Em contraste, o embromador desfruta de mais liberdades. Como não está constrangido a inserir uma falsidade em pontos específicos do seu discurso, nem está limitado pelo contexto, ele não precisa cuidar de pormenores. Essa liberdade de discurso não implica que a lorota seja mais fácil que a mentira. A conversa fiada exige mais criatividade; a mentira, mais disciplina lógica. O embromador não precisa ser tão analítico como o mentiroso. Tem a oportunidade de improvisar e imaginar falsos contextos.

Esse é o ponto crucial da distinção entre a embromação e a mentira: o mentiroso tenta nos afastar da correta apreensão da realidade sem que saibamos o que está passando, enquanto o embromador nos afasta da possibilidade de sermos verdadeiros. É impossível a alguém mentir, a menos que considere que saiba a verdade. A conversa fiada não requer esse conhecimento. Enquanto a pessoa honesta diz o que acredita ser verdade, e o mentiroso falsifica as declarações, o embromador só finge conhecer os fatos, não se importando muito com a realidade.

Num célebre ensaio sobre a mentira, Santo Agostinho distingue oito tipos diferentes. Os primeiros sete são meios para alcançar fins; são *mentiras maquiavélicas*, licença ao anacronismo. Quem as profere só está interessado em atingir o objetivo. Mas a última categoria é a mais perturbadora: é a mentira que é contada apenas pelo prazer de enganar. E esta é a verdadeira e absoluta mentira, a propagação de falsidades por gosto. Todos mentimos pelo menos uma vez na vida, mas são raras as pessoas que mentem por gosto.

O hábito de falar por falar, de fazer afirmações sem prestar atenção, exceto ao que nos interessa, enfraquece nosso sentido da realidade. Quem mente e quem diz a verdade está, de certo modo, jogando o mesmo jogo. O embromador, pelo contrário, ignora a realidade. Nem sequer lhe presta atenção. Deixa de acreditar na possibilidade de identificar as afirmações como verdadeiras ou falsas. E continua a fazer afirmações, mas só diz lorotas. Nesse sentido, a embromação é mais inimiga da verdade do que a mentira.

2. Do que podemos falar

Ludwig Wittgenstein tornou-se uma lenda ainda em vida. Nasceu em Viena, em 1889, a metrópole da Europa Central. Seu pai, com talentos musicais, era um industrial que ergueu um império econômico na Áustria. Criou a família num grande palácio da capital, onde eram recebidos artistas famosos, como Mahler e Klimt. Contudo, era uma família disfuncional, em que três dos filhos se suicidaram. Ludwig era o mais jovem dos nove irmãos. Antes de se dedicar à filosofia, foi matemático, músico, arquiteto, escultor, engenheiro mecânico, professor primário, militar e aviador. Poderia ter prosseguido com sucesso qualquer dessas carreiras. Ao chegar a Cambridge, em 1911, Bertrand Russell o considerou um gênio. Combateu na Primeira Guerra Mundial e sobreviveu às trincheiras. E, no verão de 1918, tinha pronto o seu *Tratado Lógico-Filosófico*, publicado em 1921, em que a linguagem tem papel central.

Para além do que escreveu em sua obra, muitos episódios da sua vida revelam alguém que se dedicou totalmente a combater o *nonsense*. Uma vez, uma amiga lhe telefonou dizendo que havia extraído as amígdalas, desabafando que *se sentia como um cão atropelado*. Era preciso ser Wittgenstein para lhe responder, com modos indignados: "Tu sabes lá o que um cão atropelado sente?". Noutra ocasião, quando ele adoeceu com cancro, a mulher do seu médico lembrou-se de fazer um bolo de aniversário, onde escreveu com açúcar em pó: "Que se repita por muitos anos!". Quando Wittgenstein lhe perguntou se refletira nas consequências de tal desejo, a pobre senhora começou a chorar e deixou cair o bolo, tornado mártir da história da filosofia. "Repare," observou Wittgenstein, "fiquei sem o bolo e sem uma resposta à minha pergunta."

A objeção de Wittgenstein a essas frases correntes dá o que pensar. Afinal, qualquer pessoa entende a sensação desagradável do pós-operatório e qualquer pessoa entende os votos escritos no bolo de aniversário. São hipérboles aceitáveis. Se frases assim chocam, então toda a utilização figurativa ou alusiva da linguagem é chocante. Talvez Wittgenstein estivesse brincando, tentando animar a conversa com críticas simuladas. Supondo que estava falando a sério, ele não censura as pessoas amigas por dizerem mentiras, mas sim por deturparem a realidade. O problema com essas afirmações, para falar à maneira de Wittgenstein, é que sugerem o *conhecimento de um estado de coisas*. E, para ele, quem fala assim não está descrevendo a realidade, mas inventando coisas sem se preocupar com o valor de verdade do que diz.

Conta-se de Wittgenstein que, nos seus passeios pelos bosques, para calcular a altura de uma árvore ele partia do tronco como o vértice da base de um triângulo retângulo; media com passos a distância percorrida até chegar a um ponto em que, projetando sua bengala num ângulo de 45°, como se fosse a hipotenusa do triângulo ideal, olhava para o topo da árvore e invocava o majestoso teorema de Pitágoras. Somando-se ao fato de ele ter inventado uma máquina de costura e ter projetado sua residência em Viena, com a assistência regular aos filmes de Betty Hutton e Carmen Miranda, calcular a altura das árvores era um dos poucos atos da sua vida cujo significado se afigura transparente.

Não foi Wittgenstein decerto o maior filósofo do século XX, mas um dos mais significativos. No final do seu primeiro livro, o *Tratado Lógico-Filosófico*, escreveu, "quem compreender as minhas afirmações acabará eventualmente por considerá-las absurdas, à medida que as utilizar como degraus para ascender além delas". No prefácio de outro livro, *Investigações Filosóficas*, lê-se: "Não é impossível que, na pobreza e escuridão do nosso tempo, caiba a este livro trazer luz a uma ou outra mente – mas claro que é muito pouco provável".

Até então, a linguagem fora parente pobre dos temas filosóficos. Em contato com Gottlob Frege e Bertrand Russell, e motivado pelo empirismo lógico do círculo de Viena, Wittgenstein apresenta a grande ideia da sua vida: "Os limites da linguagem são os limites do pensamento". Seu sonho inicial é criar uma linguagem exata e logicamente perfeita, que descreva a realidade de forma objetiva. Seria necessário anular as frases sem nexo. O mundo não é a totalidade das coisas, mas a totalidade dos fatos, ou *estados de coisas*. Os problemas filosóficos resultam da falta de compreensão da lógica da linguagem. Uma vez dominada a lógica da linguagem, desapareceriam os pseudoproblemas criados pelas proposições mal construídas. Finalmente, *acerca do que não podemos falar, devemos nos calar*.

Em sua obra de maturidade, *Investigações Filosóficas*, de 1953, Wittgenstein abandona a ideia de que a linguagem pode ser compreendida apenas com base na lógica. Os problemas filosóficos passam a ser vistos como problemas linguísticos. O significado das palavras depende do seu uso. A linguagem depende do contexto. Afirmar que *vejo tudo negro*, tanto significa que *estou adiante de um quadro preto*, como que *estou pessimista*. A linguagem comporta sempre ambiguidades, diferentes significados, sentidos ocultos. É preciso escutar o que é dito, mas também as pausas, os olhares, o que não é dito... Por vezes, os silêncios clarificam, indicam e revelam.

Wittgenstein não argumentava, apenas se submergia em problemas cada vez mais sutis e profundos. O registro feito por alunos de suas lições e conversas em Cambridge revelam um ser tragicamente honesto e maravilhosamente absurdo. A academia conferiu-lhe uma reputação de impenetrabilidade, no que, aliás, pagava na mesma moeda. Wittgenstein pensava que um ser humano, normal e honesto, não pode ensinar. Os alunos que se aproximavam esperavam conhecimentos profundos, e, afinal, encontravam alguém que lhes dizia que só o sofrimento congrega a humanidade e que é preciso tratar o próximo com gentileza. Ele lia muito, para multiplicar sua experiência. Lia Tolstói, mas nunca chegava ao fim; lia os Evangelhos e histórias policiais. Encolhia os ombros quando citavam Freud. Ao morrer, suas últimas palavras foram: "Digam-lhes que tive uma vida maravilhosa".

3. A textura da linguagem

Conta o mito que Orfeu encantou a natureza com palavras. Era o mais talentoso dos poetas e, quando selava a palavra com a música, maravilhava. Quando tocava lira, os pássaros paravam de voar para escutá-lo; os rouxinóis choravam; os animais selvagens perdiam o medo; as sereias permaneciam caladas; e as árvores curvavam-se para escutar os sons no vento. Com todos esses poderes, recuperou sua Eurídice do mundo dos mortos. Mas, ao não cumprir a palavra de não olhar para trás, Eurídice perdeu-se, e os deuses tiraram-na definitivamente de Orfeu.

Há palavras que não podem ser quebradas. São as palavras de honra, que equivalem à dignidade com que nos comprometemos com os outros. O mito de Orfeu não é uma história para adormecer ou passar o tempo. É um fado que se eternizou e configura o pensamento. Na sua forma originária, apresenta-se como verdade. Verdade revelada. Verdade apresentada de forma simbólica. Lugar do encontro entre a palavra e o pensamento. Através dele, o ser humano se relaciona com o mundo. Não é mera ilusão, mas forma de compreensão da realidade. Como outras formas simbólicas, o mito constrói a realidade, mas a constrói sem consciência da atividade criadora. Não diferencia entre signo e significado, entre imagem e coisa. No pensamento mítico, a palavra não é um signo convencional, mas é indissociável das coisas. Existe identidade entre a palavra que designa a realidade e a própria coisa designada. Dizer o nome de alguém é chamá-lo à realidade, invocá-lo, torná-lo presente.

O pensamento racional começa por separar a realidade e o modo de dizê-la. Quando a linguagem se torna objeto do pensamento, é reconhecida como intermediária entre os humanos e as coisas. Apresenta-se como um Universo de signos que permitem a comunicação. Passa a ser analisável em si mesma, na sua estrutura interna, e torna-se objeto de análise lógica e linguística.

Noutra perspectiva, é pela linguagem que nos dirigimos ao mundo. A linguagem fala do que está para além dela, fala das coisas e do mundo. Ordenamos palavras, criamos frases, damos sentido aos enunciados, pomos ordem nos pensamentos. O pensamento anima e orienta a comunicação, fixa seus limites, dá conteúdo à linguagem. Narrar uma história é reconstituir significados. E essa identidade criada pela narração, com a constituição de personagens e o encadeamento dos eventos, acaba por permitir que o narrador se identifique. Quando o ser humano se revela e revela a realidade, a linguagem envolve o ser em toda a sua plenitude. "A linguagem é a casa do ser", escreveu Heidegger.

A denominação é o processo pelo qual damos um nome às coisas. Procuramos nomear objetos, mas também estados de alma, disposições e sentimentos. Podemos brincar com as palavras, construir jogos e universos. Podemos inventar palavras e trocar os nomes das coisas. No diálogo *Crátilo*, Platão debate a relação entre os nomes e as coisas. A polêmica pode ser reduzida ao seguinte: A linguagem nasce da natureza ou na cultura? A denominação é natural ou convencional? Será que os nomes são uma convenção ou surgem naturalmente? Hermógenes afirma que objeto algum é nomeado tomando por base a natureza, mas sim o costume dos que empregam as palavras. A convenção atenua a arbitrariedade da denominação. Segundo Crátilo, porta-voz de Platão, os nomes vêm das próprias coisas.

A linguagem não é apenas instrumento do conhecimento, mas via de encontro. Para além da compreensão lógica da linguagem, há uma compreensão social e cultural. Há sempre contextos, pretextos e subtextos. Há sempre um tom, um sentido oculto, um símbolo que espreita, uma suspeita que se adivinha ou umas entrelinhas que atrapalham.

O filósofo norte-americano George Herbert Mead salientou a importância do contexto cultural e das relações sociais na utilização das palavras que dizemos. A linguagem está sempre sendo reinventada no terreno social, na complexidade dos significados e das interpretações, das palavras e dos olhares, do dito e do não dito, do visível e do oculto. A atividade simbólica envolve a construção e a interpretação de significados na interação com os outros. O sentido ocorre sempre num contexto. A interação humana é mediada pelo uso de símbolos e significados, que se constroem na interação e na construção de uma narrativa com os outros.

No século XX, a filosofia da linguagem se impôs ao mostrar que os problemas do pensamento são também problemas de linguagem. Frege, Russell e Carnap fizeram a crítica à linguagem vulgar como repleta de ambiguidades, considerando que também a metafísica está cheia de expressões sem sentido.

O desenvolvimento da linguística como ciência, no século XX, fez contribuições importantes para a filosofia da linguagem. Distinguiu o estudo semântico das significações e o estudo pragmático dos atos de fala. A obra pioneira foi o *Curso de Linguística Geral*, de 1916, de Ferdinand de Saussure, que trata de língua e palavra, sincronia e diacronia, significante e significado. Roman Jakobson ultrapassa essas dicotomias e reconhece a língua como um processo metafórico. Émile Benveniste, por sua vez, supera a separação entre língua e fala, salientando que o discurso se refere ao sujeito falante. E com a gramática generativa, Noam Chomsky descobriu as estruturas profundas e inatas da linguagem, sob a superfície dos enunciados. Nascemos com uma disposição natural para sermos gramáticos. Combinamos sons e sílabas desprovidas de sentido – *da, di, va* – para formar palavras significantes. Somos criaturas portadoras de um patrimônio de comunicação.

Nos anos 1950 e 1960, surge a teoria dos *atos linguísticos*. Quem diz também faz. A linguagem não é só descrição e constatação. Tão importante como saber se uma frase é verdadeira ou falsa, é entender o seu sentido. A teoria linguística da verdade cede lugar à teoria da comunicação. Em *Speech Acts* [Atos de Fala], 1969, John Searle apresenta a tese de que falar também significa agir. Certas palavras, em certas circunstâncias, correspondem a ações, como o *sim* num casamento, num batizado, num testamento ou num divórcio. São palavras performativas que executam ações. A força da linguagem é tal que seus ecos realizam ações e alteram a realidade.

Esses aspectos já haviam sido introduzidos por John Austin na sua obra póstuma *How to Do Things with Words* [Como Fazer Coisas com Palavras] de 1962, na qual distinguia três aspectos: o aspecto *locutório*, que remete para o ato de pronunciar um enunciado; o *ilocutório*, que é o que se faz enquanto se fala (no caso de avisos, ameaças e ordens, a intenção de executar associa-se ao significado do enunciado); por último, o aspecto *perlocutório*, que é o efeito produzido pelo ato de fala. Quando digo *eu te amo*, descrevo uma verdade (aspecto locutório), faço uma confissão (aspecto ilocutório) e provoco uma reação (aspecto perlocutório).

Proferimos palavras de agradecimento e desculpas, e esperamos que elas tenham eco e poder de consolidar relações. Tentamos nos comunicar, e queremos que os ouvintes reconheçam nossas intenções. Fazemos promessas, e nos referimos a atos futuros. Firmamos compromissos e a obrigação de realizar o que foi expresso, o assumir de uma intenção, a criação de um efeito e de uma expectativa. É essa a força ilocutória dos atos de fala. A linguagem é comunicativa, pois induz atos, provoca reações e sentimentos, compromete, afasta, agride ou aproxima. É um contágio, uma gargalhada, uma vibração, um choro. E o som e o ruído das palavras batem nas paredes do fundo das nossas vidas e regressam de modo diferente, repercutindo-se em ondas, choques e alterações na realidade em que vivemos.

4. A metáfora viva

Aristóteles escreveu *Poética* em duas partes, uma das quais, entretanto, foi perdida. A primeira parte aborda a poesia e a tragédia; a segunda seria sobre a comédia. A poesia é apresentada como a arte de imitar as ações; a tragédia é exaltada em face da poesia lírica, pois não se limita a narrar uma fábula qualquer ou ocorrências passadas, mas conta uma história primordial. E o poeta consegue contar essa história porque é um criador de metáforas. Aristóteles sublinha que metaforizar bem é ver a semelhança, encontrá-la onde não era vista. O poeta não recolhe uma semelhança dada, mas a cria pelo fato de produzir sentido onde antes não existia.

Numa entrevista de 1993, Paul Ricoeur lembra o quadro de Rembrandt, intitulado *Aristóteles Contemplando o Busto de Homero*. É uma boa ilustração da relação entre o discurso filosófico e a obra poética. Aristóteles é o filósofo, mas o filósofo não parte do nada, e sim da poesia. Rembrandt pintou o filósofo com roupas contemporâneas, pois é ele que está continuamente a interpretar. O poeta, representado no busto de Homero, está contemplando seu escrito. Mas o filósofo não contempla apenas o busto de Homero; toca-o, porque está em contato com a poesia que orienta o seu olhar. A filosofia é reflexiva, interpreta a poesia e as linguagens científicas. O discurso filosófico entra em diálogo com os demais discursos mediante um trabalho inesgotável de interpretação.

Paul Ricoeur é o autor por excelência nesses domínios. Em *A Metáfora Viva*, de 1975, ele a examina em oito estudos, desde a palavra poética até o discurso filosófico. Poesia e filosofia são cumes de duas montanhas distintas, dois caminhos diferentes para alcançar o sentido originário. O poeta é um indisciplinador de campos semânticos, enquanto o filósofo é um ordenador deles. Um trabalha com símbolos, o outro, com conceitos. Mas ambos abandonam as metáforas mortas, os clichês, as ideias feitas, o pensamento convencional, e procuram incutir metáforas vivas nas palavras que escutamos nos seus textos. São hermeneutas.

Etimologicamente, hermenêutica significa interpretação. O termo vem do grego *hermeneuein*, que significa também traduzir, clarificar, anunciar e declarar. É provável que o termo derive de Hermes, mensageiro dos deuses, associado à compreensão do que é enigmático. Hermes tem a função de tornar acessível uma mensagem opaca. É pela interpretação das metáforas vivas que descobrimos o sentido.

Aristóteles foi o primeiro a fazer a teoria da metáfora. Podemos caracterizar sua visão como *teoria da substituição*. A metáfora é definida como um desvio do sentido atribuído à denominação: em lugar de dar a uma coisa o seu nome usual, estaríamos designando-a por um nome emprestado, transferido de uma coisa estranha para a coisa à qual o nome faz falta. Daí a substituição.

"Amor é fogo que arde sem se ver!..." – escutamos essas palavras e ficamos encantados, apetecendo-nos continuar: "É ferida que dói e não se sente / É um contentamento descontente / É dor que desatina sem doer...". Sim, poderíamos continuar... Segundo a *teoria da interação*, a operação metafórica não incide sobre as *palavras* tomadas isoladamente, mas sim na *frase* considerada como um todo. O processo de interação não consiste em substituir uma palavra por outra – a *metonímia* –, mas em combinar um sujeito e um predicado de modo novo. Com a frase "Amor é fogo que arde sem se ver!", é um mundo novo de sentimentos que Camões nos comunica. O desvio na metáfora refere-se à estrutura predicativa.

Ricoeur salienta que o enunciado metafórico estabelece uma impertinência que encanta o leitor. Essa nova impertinência – *Então o fogo não se vê?* – é aceita como pertinente – *Ah, pois, o fogo do amor é invisível*. A metáfora é e não é, simultaneamente, a totalidade de sentido criada. Conta mais a semântica da frase do que a da palavra. A metáfora permite dar uma nova cor ao velho objeto. Ao esquematizar a atribuição metafórica, nossa imaginação expande-se em todas as direções, reanima experiências anteriores, revitaliza lembranças adormecidas.

Na metáfora, as imagens estão ligadas de um modo não associativo, mas sim poético. Como ensinou Bachelard na *Poética do Espaço*, a imagem poética é o nascimento da própria linguagem no seio da imagem. O sentido metafórico é figurado e esquematizado.

Uma metáfora constitui uma unidade mínima e não se deixa reduzir à soma das suas partes. É mais rica que os termos que associa. Inventar uma metáfora consiste em desfigurar um determinado sentido para abrir, por meio de uma deslocação, certa semelhança que vai desestabilizar tudo num primeiro momento, para figurar depois o sentido, segundo outras e novas relações. Uma metáfora tem a capacidade de produzir uma semelhança inédita.

Para Ricoeur, o sentido de uma *metáfora viva* consiste na emergência de uma nova harmonia advinda da modificação do sentido literal. A metáfora diz o que é e não é. Através da imaginação, a palavra rígida cede lugar à flexibilidade da metáfora. A metáfora faz, desfaz e refaz a realidade; e, enquanto sistema simbólico, torna-se um modo de ver e de redescrever o mundo. Mas, ao contrário da linguagem descritiva, orientada para o mundo exterior, a linguagem poética aparece orientada para o sujeito. Tem o poder de sugerir, revelar e desvelar a realidade num determinado tempo. O tempo torna-se humano na medida em que é organizado numa narrativa. E as narrativas são temporais, e a temporalidade só pode ser descrita através de narrativas.

Em *Tempo e Narrativa*, de 1983, Ricoeur destaca as afinidades entre a apreensão do tempo na historiografia e no discurso literário. Quer relacionar a filosofia da narrativa com a reflexão sobre a linguística e a poética. A linguagem realiza-se como discurso, e não apenas como palavra. O discurso, por sua vez, é acontecimento: acontece alguma coisa quando alguém fala. Dizer que o discurso é acontecimento implica reconhecer que ele dura no tempo, enquanto o sistema da língua existe fora do tempo. A língua não tem um sujeito, mas o discurso remete sempre para um outro. E é da tensão entre acontecimento e significação que nasce a produção do discurso como obra.

Bergson escreveu que as palavras começam por estar disponíveis como generalidades, e que apenas remetem para os gêneros das coisas. Fazem esquecer as diferenças e fixam as ideias gerais. A palavra que é entendida como um rótulo não salienta a diferença específica, ela dissolve os contornos das coisas. Mas, depois, a palavra é transformada pelo escritor para captar a realidade móvel e maleável.

O poeta e o escritor são aqueles que conseguem moldar as palavras de modo a amaciá-las para que digam o que é único. A arte de escrever consegue trazer a palavra à fluidez do pensamento e ao fluxo da consciência. Para Bergson, a palavra é um véu por trás do qual se pode adivinhar as coisas, embora nunca completamente. A palavra torna visível, mas também obscurece. Há um jogo de luz e de sombras. O que têm de extraordinário grandes romancistas como Homero, Dostoiévski, Proust, Joyce, o que os grandes poetas da humanidade, como Virgílio, Camões, Dante e Pessoa, trazem é esse poder – o de esculpir palavras, transformando-as, dando-lhes vida, juntando-as ao avesso, criando novidades que irrompem em colorido e som em nossas vidas.

5. Palavras cantadas

Convite para sábado à noite, com os amigos. A semana foi de trabalho, agitação e correria. O restaurante foi escolhido, e a reserva, efetuada. Estamos em um grupo animado, seguindo por ruas tortas até avistarmos o local procurado. Entramos. Toalhas com quadriculados vermelhos e brancos cobrem as mesas. A taberna é castiça, e a comida tem fama de saborosa. Bebemos sangria e, enquanto a comida não chega, petiscamos azeitonas, queijo e presunto. Novos jarros de sangria substituem os vazios. O ruído aumenta. Chegam novos grupos, e a casa fica cheia. Fazem-se pedidos. Escutam-se palavras de conversas entrecortadas. Partilham-se comida e sorrisos. Os empregados circulam, com pratos e travessas nas mãos.

É então que, no meio de muita azáfama e gargalhada as luzes baixam de intensidade. De repente, cessa o barulho da louça. Calam-se as vozes, sossegam-se os presentes. Afinam-se as guitarras, que começam a gemer baixinho. Surgem os primeiros acordes. Silêncio. É preciso um silêncio profundo. Silêncio. Silêncio, porque se vai cantar o fado. E o fado acontece.

A canção é palavra. E a palavra é poesia. Momento único. Palavra e música unidas para dar vida ao poema, que transforma as palavras em emoção, em dor e alegria. A guitarra portuguesa acompanha a voz e a embala. A voz canta o que vai na alma. Ficamos absorvidos. É impossível falar. A palavra é mágica, porque é canção, e porque é poesia.

Sabem os poetas que as palavras dizem sempre mais do que dizem.

>São como um cristal (...)
>Algumas, um punhal (...)
>Outras, orvalho apenas.
>   (Eugénio de Andrade)

>Há palavras que nos beijam
>Como se tivessem boca.
>   (Alexandre O'Neill)

>Certa palavra dorme na sombra
>de um livro raro.
>Como desencantá-la?
>É a senha da vida,
>a senha do mundo.
>Vou procurá-la.
>   (Carlos Drummond de Andrade)

>Pois é preciso saber que a palavra é sagrada
>Que de longe muito longe um povo a trouxe
>E nela pôs sua alma confiada.
>   (Sophia Andresen)

Desde Amália Rodrigues, o fado canta todos os poetas. O fado e a música popular brasileira. Vinicius de Moraes, Chico Buarque, Elis Regina, e tantos outros, fazem da poesia uma dança e cantam a festa da palavra. Músicos e poetas. A palavra e a lira estão unidas desde Orfeu. É em silêncio que se ouve o poeta, como uma celebração. E é preciso dançar. Dançar o fado, o samba e a bossa nova. Celebrar a palavra e a música.

Fado, samba e chorinho, raízes que se cruzam numa viagem longínqua. A palavra tem o poder mágico de nos abrir o mundo e de construir sentidos novos. A enunciação poética manifesta o poder da palavra de saudar o aparecimento das coisas, de evidenciar a abertura do ser falante ao mundo. Na utilização cotidiana da língua, apenas indicam objetos ou transmitem informação direta. Mas a força da linguagem poética é diferente. Revela o mundo. Convoca a presença das coisas e apela à força da sua existência.

Temos a expectativa da palavra. A expectativa de ouvir as palavras do conferencista, da jornalista ou do professor. A expectativa da palavra amiga. A expectativa de receber uma palavra de conforto, ou a expectativa de poder falar. Tomar a palavra é acrescentar um pouco do nosso mundo. A linguagem expressa nosso ser, que tem consciência de si, e precisa se comunicar.

Quando algo é importante e significativo, torna-se necessário dizê-lo, comunicá-lo; a partir desse momento, tudo se torna mais real e verdadeiro. Quando acontece o inesperado, corremos para casa para contar a notícia. Telefonamos aos amigos para dizer o sucedido e relatamos os acontecimentos. Queremos narrar a nossa história. Fica dito, comunicado, logo, confirmado. Ganha outra realidade. As coisas passam a existir, diz Aristóteles, à medida que as nomeamos.

Expectativa da palavra. Ansiosamente se aguarda. Pressentimos que está quase. Um dia, quando menos se espera, não é apenas um grunhido, um som caótico, nem uma indecifração. Um dia, abre-se o mundo. Solta-se a primeira palavra, como um beijo. Os pais ficam embevecidos. Dá-se a notícia aos avós e ao restante da família. O Benjamim disse a primeira palavra! Pouco importa se é *mamã* ou *papá*, se é *papa* ou *popó*. O importante mesmo é que a palavra foi proferida. Registra-se no livro do bebê, para que fique na memória. Todos batem palmas. É tanto o alarido que depressa surgem outras palavras.

O mundo se abre com a primeira palavra. A primeira palavra tem a magia e o poder de *Abre-te, Sésamo*! A fala é a chave de entrada no mundo humano, num mundo novo. A fala torna humano o bebê, e pela palavra se revela a soberania em face do mundo animal. Cada palavra adquirida pela criança amplia o seu universo. A fala é um recomeço humano, um movimento em direção ao mundo e ao outro.

Somos a espécie falante e temos uma linguagem que se dirige aos outros. Falar é falar a outro. Modificamos comportamentos pelas palavras dos outros. A voz do outro é sempre inconfundível e única, impressão digital dos pensamentos. Nessa medida, a linguagem é o lugar do encontro, é o que possibilita existir um *nós*. É pela linguagem que o ser humano passa a existir com um ser único. Por isso, os amigos se juntam à volta de uma mesa do restaurante para conversar. Que bom oferecer uma palavra amiga! Que bom receber palavras especiais! E, se nenhum presente se compara a esse, é porque os amigos são os que partilham as palavras mais importantes. Por isso estas palavras de O'Neill, que celebram a festa, a festa do encontro e da palavra:

> Mal nos conhecemos
> Inauguramos a palavra "amigo".
>
> "Amigo" é um sorriso
> De boca em boca,
> Um olhar bem limpo,
> Uma casa, mesmo modesta, que se oferece,
> Um coração pronto a pulsar
> Na nossa mão!
>
> "Amigo" (recordam-se, vocês aí,
> Escrupulosos detritos?)
> "Amigo" é o contrário de inimigo!
>
> "Amigo" é o erro corrigido,
> Não o erro perseguido, explorado,
> É a verdade partilhada, praticada.
>
> "Amigo" é a solidão derrotada!
> "Amigo" é uma grande tarefa,
>
> Um trabalho sem fim,
> Um espaço útil, um tempo fértil,
> "Amigo" vai ser, é já uma grande festa!

11. Reconhecer-te, eis a questão!

1. Encontros e desencontros

O aeroporto está particularmente agitado, dificultando o acesso ao *check-in*. Por entre a multidão dos que passam, dos que se encontram e se falam, e, ainda, dos que pedem informações, surge o balcão da companhia aérea que procuramos. Então nos encaminhamos para a fila do *check-in*; concentramo-nos em antecipar a nossa vez, em saber se não haverá surpresas desagradáveis com a bagagem, horário, acidentes... Nossa relação com as pessoas na fila limita-se a contá-las como números à nossa frente. São apenas *eles*. Não sabemos quem são e, na verdade, não interessa. Só sabemos que querem entrar para o mesmo voo. Tantos destinos e tanta coisa que ignoramos!

Alcançamos o balcão do *check-in*. Colocamos a mala na esteira rolante, que a levará para o nosso destino, e apresentamos o passaporte e o bilhete. Trocamos com a atendente um sorriso polido. É alguém que cumpre uma função e de quem esperamos um serviço. A troco de um pedaço de papel. Que trocamos por um bocado de dinheiro. Que arranjamos por termos um trabalho. Que prestamos fazendo um serviço. No dia a dia é assim, trocas de serviços. Eu reconheço este ser humano como alguém que me presta um serviço, pois veste um uniforme e está no seu posto. Se me pedisse um bilhete na rua, eu não o daria a ela. Mas aqui, na estação de partida, somos passageiros e funcionários. Nós nos tratamos na terceira pessoa – o senhor, a senhora –, é um encontro com funções específicas.

Dirigimo-nos para a porta de embarque, atravessando longos corredores de cafeterias e lojas, onde a multidão apressada se acotovela, vendo utilidades e inutilidades mais ou menos espalhafatosas. A certa altura, o inesperado. Para nossa surpresa e alegria, vemos um dos nossos melhores amigos. Grandes gestos de reconhecimento. Nós nos aproximamos até trocarmos aquele abraço ou um beijo. As palavras de amizade saem em jorro de nós, de ambos. Depois de tanta gente com a qual nada temos a ver, apareceu alguém que não se limita a uma função. Estou falando com uma pessoa, de corpo e alma. Nós nos tratamos por tu, trocamos intimidades, revemos episódios passados. Perguntamos o destino de cada um. Tudo a correr. Mas tudo com um sabor diferente. Deixamos de ser impessoais; somos mais do que seres que se comunicam. Habitualmente, estamos limitados por desconhecidos. Mas quando o *tu* é pronunciado, nosso *eu* sai do limite. Reconheço-me e sou reconhecido. "Assim como uma melodia não é feita de notas, nem um verso só de palavras, nem a estátua de linhas, mas todas essas partes devem ser puxadas e arrastadas até a unidade nelas ficar espelhada, assim também sucede com a pessoa a quem tratamos por tu", escreveu Martin Buber, filósofo, escritor e pedagogo austríaco. Assim entramos no reino do reconhecimento.

2. No reino do reconhecimento

Uma grande parte da nossa vida cotidiana desenrola-se num plano intersubjetivo. Não havendo dúvidas de que falamos e nutrimos sentimentos uns pelos outros, não deveria haver qualquer problema filosófico acerca disso. Mas é importante saber que o reconhecimento é mais do que intersubjetividade.

Consideremos um sorriso. Em primeiro lugar, tem um significado transmitido através de uma combinação de movimentos dos lábios, olhos e músculos faciais. Esse significado é, por assim dizer, inerente ao movimento do rosto. Não sorrimos para toda a gente; se o fizéssemos, seríamos mal interpretados. Além disso, não aprendemos a sorrir. Sorrir resulta de uma estrutura reflexa. Sorrir é um ato intersubjetivo: tanto pode expressar gratidão, acolhimento, amizade, amor, alegria, encanto, satisfação, divertimento, como pode ser sarcástico, enigmático, cansado, resignado. Apresenta uma gama variada de sentimentos.

Em segundo lugar, um sorriso pode ser autêntico ou simulado. O assassino pode sorrir para a pessoa que vai matar, o mentiroso ri da pessoa ingênua.

Com um sorriso, não estamos conhecendo, mas sim alimentando uma relação. Entro numa sala e vejo alguém. Se sorrir, eu também o faço; se não o fizer, hesito em tomar a iniciativa. Se ele ou ela franzir a sobrancelha, fico apreensivo. O sorriso fala sobre a relação entre sujeitos.

Esses exemplos ilustram atos intersubjetivos. Estes não são unívocos, nem verdadeiros ou falsos à maneira das proposições; exprimem simulação ou sinceridade. Não se referem a objetos, mas sim à relação entre sujeitos. Se alguém tentasse compreender o Universo apenas através da intersubjetividade, chegaria à consciência mítica. Esta personifica tudo e a tudo compreende através de nomes próprios. Animais e coisas ganham vida. Como os primitivos personificam o céu, a terra, os rios, as montanhas; como as crianças dão nome aos bonecos e falam com eles e por eles.

O reconhecimento é muito diferente da intersubjetividade. Ocorre entre sujeitos, sim, mas sujeitos que se sabem participantes no ser. Sou racional se eu relacionar as coisas no espaço e no tempo, se eu compreender como os objetos se delimitam com outros objetos, se eu definir as coisas como somas de partes. Esse é o mundo cotidiano do conhecimento. Mas também somos racionais quando somos surpreendidos pelas coisas, quando nos identificamos com aquilo que se manifesta sem ainda o compreender, quando as coisas vêm ter conosco sem que a nossa consciência as procure.

Faz parte das verdades básicas da filosofia que o mundo pode ser conhecido quando as coisas são apreendidas pelo *eu*. Mas, tendo chegado aqui, devemos também dizer que há momentos diferentes, como se escutássemos de repente os sons de uma partitura que não nos é acessível, momentos únicos, evanescentes. Criam um conteúdo com que nos identificamos e que penetra nosso conhecimento e nossa ação. Conhecimento e reconhecimento são dois modos de estar no mundo. O primeiro é sobre os objetos que conhecemos. O segundo é sobre as seres que nos interpelam.

Voltemos ao exemplo do avião, que, passada a descolagem, ganha altitude. Por uma das janelas de bordo, vemos se afastarem a pista, os prédios, as ruas, os parques, o aeroporto. Tudo começa a ficar mais nítido, porém menor. O avião ganha altitude até o território nos aparecer como uma manta de retalhos de muitas cores. As autoestradas, vistas do ar, são longas fitas negras. Ao nosso lado, algumas nuvens parecem de algodão. São comprimidas pelo impacto do vento, como uma névoa elástica; são levadas adiante, dispersas e rompidas, de todos os feitios, mas com uma mesma natureza, ou essência, como diria Schopenhauer.

Voar num avião que atingiu a altitude de cruzeiro e ver a Terra distante é como estarmos isolados conhecendo a essência do mundo. E poderíamos ir ainda mais longe, como o astronauta que atingiu a órbita lunar e vê o pequeno planeta azul à distância média de 380 mil quilômetros. Estamos no avião e olhamos para baixo. Água, por exemplo. Um rio não é mais do que uma serpentina cor de prata. Uma fina orla branca de ondas e espuma, que bate nas praias, separa a terra e o mar. Um lago ou uma represa formada por uma barragem são manchas de contornos irregulares. Se pudéssemos observar cristais de gelo formando-se na janela, veríamos como as forças naturais obedecem à geometria. Tudo o que é água comporta-se segundo leis; esta é a essência da água, quando a vemos nas suas variadas manifestações.

O conhecimento é a relação entre um sujeito e um objeto. Há uma espécie de torrente caudalosa de dados que provém dos objetos, do *isso* das coisas, e há outra torrente que provém do *sujeito*. Através do conhecimento, alcançamos a ciência e a técnica, e criamos bens que aumentam a qualidade de vida. Mas o reconhecimento envolve a totalidade da pessoa e faz aflorar a reciprocidade entre a consciência que faz parte do ser e o ser que está presente na consciência. É então que chamamos *tu* aos seres com os quais nos identificamos.

Buber deixou expressivas páginas sobre essa dualidade que experimentamos ao considerarmos as coisas segundo a relação *eu-isso* ou a relação *eu-tu*. Como sujeitos, usamos ambas as relações e optamos constantemente por uma delas. Nenhuma é privilégio de quem sabe ou sente mais. Assim como o *isso* pode consistir em qualquer ser que é nosso objeto, também o *tu* é qualquer ser que nos interpela pelo simples fato de existir. Como escreveu Bachelard, "coisas infinitas como o céu, a floresta e a luz não encontram seu nome senão dentro de um coração apaixonado".

Cada um de nós quer conhecer como sujeito e quer ser reconhecido enquanto ser. A consciência experimenta essa dualidade e esse diálogo: conhece objetos através da descoberta das respectivas propriedades e reconhece sujeitos até proferir as palavras que os definem.

3. Naquele lugar, àquela hora

O reconhecimento visa à mútua apropriação entre consciência e ser, pois a consciência faz parte do ser, e o ser é parte da consciência. É o dom criativo de acolhermos a realidade com que nos identificamos para depois nos apropriarmos dela. Não é um processo intersubjetivo entre dois *eus*, nem uma dança de mensagens unilaterais. Não sou eu, nem os meus desejos e sentimentos que determinam o que reconheço. É antes o meu *eu* que se constitui pelo que reconheço nos outros seres. É uma apropriação que começa pela identificação do outro, identificação apaixonada que se converte em responsabilidade, em testemunho sobre quem ele é, em inteligência sobre o que ele faz, em atenção ao que ele experimenta.

Essa via do reconhecimento, como sempre referiram os filósofos, é feita de surpresas. É preciso estar à espera do inesperado, escreveu Heráclito. Enquanto o caminho do conhecimento começa por tentativa e erro da pesquisa em direção ao objeto a definir segundo propriedades genéricas, o reconhecimento principia por uma identificação com o ser existente. O ser existente nos surge com uma plenitude de características concretas, num determinado tempo e espaço, com um corpo e um rosto, criando encontro e comunidade, suscitando uma palavra e uma obra. O reconhecimento nos liberta para um universo que é mais do que um mercado de objetos e mais do que uma coleção de sujeitos.

Com o reconhecimento, as coisas se revelam num momento concreto. Respondemos à presença do outro acolhendo sua dignidade, numa atitude muito diferente da simples troca de informações e desejos. O reconhecimento é o que sucede *naquele dia, àquela hora*. O encontro pode até ser casual e não estar planejado, ou, pelo contrário, podemos ter sido nós a marcar uma data para recordar ou para assinalar um novo começo.

Ao ocorrer num lugar concreto, o reconhecimento cria um território, uma morada, e esse espaço, ao se tornar nosso, passa a ser mais do que um espaço. Nossa casa é mais do que qualquer outra, é o lugar de comunicação onde jogamos nossas identidades, uma posição de onde procedemos e para onde voltamos. Quando recebemos amigos, a casa fica mais cheia, e não só fisicamente. Quando sai ou morre alguém, a casa fica mais vazia. É um lugar de origem e de destino, ansiado após um dia exuberante ou mesmo após longas férias, quando exclamamos: "É bom voltar para casa!". Assim termina, aliás, um célebre livro de filosofia, *O Princípio Esperança*, de Ernst Bloch.

Como o reconhecimento envolve a pessoa em seu todo, o corpo adquire total importância. Nossos movimentos e nossas posturas falam por nós. Através dos gestos, nossa consciência dirige-se aos outros. O que nos toca e move, as gentilezas que nos fazem prender a respiração ou suspirar, tudo exige uma ação nossa. A ternura move o coração. A carícia me tira do eu para o outro. Mais do que um conforto ou consolo, traz uma unidade de propósito e implica uma decisão. Ou então, pelo contrário, surgem palavras, gestos e atos de violência, desprezo e raiva com que assediamos e martirizamos o outro, a ponto de nos tornarmos mutuamente insuportáveis. Pode ainda suceder que a ansiedade, o tédio e o desassossego escorreguem para dentro das nossas vidas, então a repetição rotineira cansa e angustia muito mais do que o trabalho. Por isso nos livramos da ansiedade e do tédio, fazendo o que nos ocupa e cansa.

No corpo, destaca-se o rosto. Somos postos à prova pelo rosto dos outros, pela sua identidade concreta. O rosto do outro sugere respostas e transmite atitudes, um mundo de vivências. Decodifico as palavras, os silêncios, os sorrisos, as surpresas e as modificações no rosto alheio. A relação humana faz-se olhos nos olhos, e o que é reconhecido como um *tu* transforma-me num *eu*. Esse reconhecimento é louvado pelos místicos quando consideram tudo o que nos rodeia numa relação misteriosa, direta e intuitiva. Santo Agostinho, no diálogo *O Mestre*, escrito no ano de 389, refere *a busca do rosto* como a procura de uma verdade maior. Emmanuel Lévinas escreveu páginas fantásticas sobre a importância do rosto.

O reconhecimento é sempre um encontro. Habitualmente, eu dou para receber, eu agradeço para me desobrigar. É esse o mundo do cerimonial e do comércio, das boas maneiras e das trocas. Há até a palavra *etiqueta*, que significa ética em ponto pequeno. Como todo verniz e polimento, é fácil criar e fácil quebrar. Escreveu Brecht que "a hipocrisia é a homenagem que o cínico presta à virtude". Mas o reconhecimento me confronta com o outro. Em vez do convencional *obrigado*, sinto-me mesmo obrigado se estiver reconhecido. Em vez do convencional *desculpe*, minha consciência sente-se envolvida ao acolher o outro. E essas respostas do reconhecimento podem transformar uma vida. Os que mudam as vidas não se limitam a conhecer, mas a reconhecer.

Fazer parte de uma comunidade exige dar e oferecer, mas também aceitar e acolher. Fazer comunidade é reconhecer a importância do altruísmo. Não só cada pessoa, mas também cada sociedade, apresenta-se como insubstituível, única e preciosa. No século XX, as políticas totalitárias atacaram com violência classes e povos inteiros. As sociedades foram violentadas para servir valores de raça, nação e classe, impostos como superiores por indivíduos e partidos que não reconheciam o outro e que, por isso mesmo, o eliminavam. O fim trágico do totalitarismo mostra que as sociedades que violentam os outros acabam por condenar a si próprias.

O reconhecimento cria uma linguagem própria. E a linguagem é criadora de sentido e portadora de ser. "A linguagem é a casa do ser", exclamou Heidegger numa das mais célebres proposições da filosofia contemporânea. "Minha pátria é a língua portuguesa", disse Fernando Pessoa. E é assim porque é através da palavra que entramos na existência. Somos nós que a utilizamos, mas é ela que nos mantém no ser. A linguagem torna-se poética para encontrar maneiras de dizer aquilo que, de modo objetivo, não alcança. A consciência tem a capacidade de criar palavras poderosas e tão concretas como as ações que mudam a vida. Numa cultura do entretenimento, em que pagamos para sermos distraídos, a palavra poética tem a tarefa essencial de dirigir a nossa atenção. O poeta, o que tem o dom da palavra, é quem sabe o que interessa e a quem interessa. Oferece-nos textos, versos, livros, e essas suas obras se tornam a casa ou a pátria a que a consciência chama sua morada, um lugar de conversação entre a consciência e o ser.

4. Excluir e alienar

Se é o reconhecimento que nos define como humanos, a recusa de reconhecimento é causa de alienação.

A falta de reconhecimento pode insinuar-se de muitas formas. Podemos começar por não falar com alguém e virar-lhe as costas. É o começo da marginalização, da morte social. Desfiguramos o outro quando não aceitamos sua presença. As falhas de reconhecimento criam conflitos. O silenciar do outro nas arenas privadas torna-se o primeiro passo para o eliminar da praça pública. Começamos a vigiar e a punir, como escreveu Michel Foucault. Instala-se o conflito, e a exclusão caminha até a violência deliberada que afasta ou elimina o outro. Até a morte. A luta de morte entre senhores e escravos prossegue com os conflitos entre perseguidores e violentados, entre assassinos e vítimas. Se o conflito se desenrolar entre coletividades, é a guerra. Pode terminar com a vitória de uma das partes. Mas ficam as feridas, que, no futuro, podem reacender-se. E assim sucessivamente, sem expectativa de reconciliação.

Numa famosa passagem de *Fenomenologia do Espírito*, Hegel criou uma narrativa sobre a *dialética entre o senhor e o escravo*. É uma história idealizada sobre o modo como a consciência luta pelo reconhecimento. O escravo é aquele que nada tem de seu, senão trabalhar para o senhor. Este possui todas as coisas do mundo, exceto o reconhecimento do escravo. Chegará o dia em que se enfrentarão, olhos nos olhos. Se nesse dia o senhor não vir o escravo submisso, é porque este iniciou um processo de revolta que, através de muitos obstáculos e peripécias, inverterá as posições. Ao se assenhorear do seu destino, o escravo rompe as cadeias da submissão e se liberta para uma existência mais digna; e o modo como ele se libertar decidirá sua existência futura.

Vejamos com algum pormenor essa narrativa. Em primeiro lugar, Hegel inseriu-a no contexto de uma explicação sobre o relacionamento da consciência humana com o absoluto. O conhecimento absoluto só existe mediante o reconhecimento entre consciências. O encontro entre consciências distintas assume a forma de uma luta até a morte, em que uma domina a outra até descobrir que a dominação impossibilita o reconhecimento.

Num primeiro momento do encontro, cada uma das consciências ignora a outra e a encara como objeto. *Ao aproximar-se o outro, perdeu o seu próprio eu, uma vez que se encontra com um outro ser.* Essa consciência primitiva que não considera o outro como real tenta depois controlá-lo para fazer valer sua vontade. Ao sentir-se ameaçada, a consciência inicia uma *luta até a morte* pela preeminência. Mas – e aqui está a originalidade de Hegel – o fato de uma das consciências desaparecer nada resolve. É a *má negação*. Se a morte for evitada pela subordinação, surge a relação entre o senhor e o escravo. Um é independente e vive para si mesmo: este é o senhor. O outro é dependente e vive para o outro: este é o escravo. Torna-se senhor quem ousa arriscar a vida e não teme a morte. Fica escravo quem se submete ao medo.

A relação entre senhor e escravo é uma forma negativa de reconhecimento. Do ponto de vista do senhor, seu desejo de independência em face da natureza só existe através do trabalho do escravo. Usufrui das coisas, consome produtos, satisfaz os seus desejos, e sua verdade presente já é só o trabalho do escravo. Do escravo, que é uma coisa, obteve um pseudorreconhecimento mediante a violência; não lhe foi dado livremente. Por tudo isso, o senhor fica insatisfeito: afinal, arriscou a vida para se tornar dependente do escravo.

Quanto ao escravo, o reconhecimento negativo é o medo da morte. Tudo subordinou ao desejo de preservar a vida. O senhor começa por ser sua verdade. O escravo quer mudar de vida, mas a violência ensinou-o a conter-se, a ficar como morto para si mesmo. Mas, apesar de a consciência servil recear a morte e ter medo do senhor, é aqui que principia o caminho para a humanidade genuína. Como o senhor se tornou o oposto do que queria ser, também o escravo mudará a natureza das coisas e transformará o mundo.

O escravo trabalha com a natureza e começa a ver-se refletido nos seus produtos; percebe que o mundo é criado pelas suas mãos. Através do trabalho forçado, muda os seus instintos e reconhece o mundo como fruto do seu trabalho. Ultrapassa o terror inicial, deixa de ficar alienado e alcança a consciência de si. Enquanto o senhor ficou dependente dos produtos, o escravo libertou-se pelo trabalho. Ao compreender essa contradição, volta a lutar e a olhar o senhor nos olhos. A contradição será resolvida quando a diferença entre o escravo e o senhor for dissolvida e ambos reconhecerem que são iguais.

A *dialética do senhor e do escravo* permite várias leituras. É certamente o despertar da consciência na pessoa, nos povos, na história. Pode ser o desenvolvimento humano desde a criança até o ser adulto, ou a consciência de uma nação que alcançou a liberdade, ou um grupo ou uma classe que se emancipou, ou o processo em que a pessoa se liberta dos seus fantasmas e preconceitos, ou a dominação da natureza através da técnica, ou, ainda, o progresso na história.

Essa narrativa marcou muitos filósofos. Poderá ter influenciado a concepção da luta de classes em Karl Marx e as ideias de Friedrich Nietzsche sobre o abismo entre a moral dos senhores e a dos escravos. A ênfase no reconhecimento foi crucial para a filosofia de Martin Buber. Simone de Beauvoir analisou as relações conflituosas de gênero em *O Segundo Sexo*; e Frantz Fanon examinou as relações coloniais em *Pele Negra, Máscaras Brancas*. Em O *Fim da História e o Último Homem*, Francis Fukuyama, na senda de Alexandre Kojève, refere que a história chegará ao fim quando surgir o cidadão integral e o estado universal.

Falamos que a exclusão pode surgir de muitas formas. Uma delas resulta do abuso do conhecimento científico. "Ciência sem consciência não é senão a morte do espírito", assim escreveu François Rabelais no século XVI. A partir do século XVIII, muitos intelectuais aspiraram a ser os *Newtons da consciência* e a reduzir a compreensão do ser humano às ciências naturais. Mas o ser humano fica desfigurado quando é reduzido aos níveis físico, químico e biológico, supostamente mais reais que a existência completa da pessoa. Com essa falta de reconhecimento, surge a tentação da *produção* de um novo homem. O célebre personagem criado por Mary Shelley em *Frankenstein*, de 1818, em resposta a um desafio de Lorde Byron para criar uma história de terror, retrata um cientista que acaba por gerar um monstro. Abusar da ciência natural – como Victor Frankenstein – é reduzir o ser humano a escravo dos seus elementos constituintes.

Em *Admirável Mundo Novo*, de 1931, o escritor inglês Aldous Huxley cria o personagem do *diretor*, que pratica a engenharia genética, a seleção sexual e a experimentação biológica sem limites éticos. No século XX, não faltam manipuladores do ser humano. Embora nunca tenha ido muito além de controlar pombos, o psicólogo norte-americano Burrhus Frederic Skinner dizia que a análise científica do comportamento humano não tinha de respeitar a liberdade pessoal.

A recusa do reconhecimento *vem de cima* quando absolutiza realidades como *raça, classe, estado, nação, religião*. Assim procederam o comunismo, o nazismo, o fascismo e o fundamentalismo religioso. O escritor russo Eugene Zamyatin escreveu *Nós*, em 1920, um romance antiutópico. No início da história, *o indivíduo* é igual a *nós*, o *Estado*, de tal modo que D-503, o construtor de um projeto chamado Integral, identifica-se totalmente com o Estado. Mas, através do contato com os bárbaros e do amor por I-330 – uma mulher-número –, D-503 começa a se desenvolver como pessoa.

Esses temas vão ressurgir na famosa obra *1984*, de George Orwell. Aí surge o *Big Brother*, que domina os membros do Partido Ingsoc. Para o *Big Brother*, o ser humano é um escravo. Sua sociedade perfeita é mantida através da mentira, da ilusão e da força. O herói Winston Smith começa a lutar para se proteger do mundo ilusório das devastações da realidade, criadas pelo Estado totalitário. O desenlace será negativo, e Winston e sua amada Julia terão de regressar ao mundo onde a *mentira é verdade*, a *guerra é paz* e o *reconhecimento é impossível*.

O reconhecimento nunca está garantido, pois não são nossos desejos e sentimentos que o definem. O personagem Gollum, na obra *O Senhor dos Anéis*, de Tolkien, deseja tanto o anel poderoso – "meu precioso, meu precioso" – que transforma um bem numa coisa má, uma possibilidade de libertação num instrumento de escravatura. O impulso de reconhecimento torna-se destruidor e conduz ao egoísmo. A afirmação exacerbada do eu destrói a relação com o outro.

Um dos diagnósticos mais penetrantes da manipulação sentimental da personalidade deve-se a La Rochefoucauld, um moralista francês do século

XVII e introdutor de máximas e epigramas de profundo pessimismo. Em suas *Reflexões ou Sentenças e Máximas Morais*, de 1664, atribui ao amor-próprio um papel preponderante na motivação das ações humanas. Considera que muitas das chamadas virtudes são movidas pelo egoísmo. A falsa sociabilidade é uma manipulação dos outros com caráter autodestrutivo: "Estamos tão acostumados a nos disfarçar dos outros que acabamos por nos disfarçar de nós mesmos".

Não há pior cego do que aquele que não quer ver – esse velho provérbio mostra as distorções da consciência no nível intelectual. Lonergan chamou *escotose* ao obscurecimento deliberado de quem nós somos. Nietzsche fala de uma *vontade fundamental do espírito*, que quer excluir tudo o que o contradiz. Voegelin afirma que o nosso eu constrói *segundas realidades* com que satisfaz a pretensão de realidade. O jogo *Second Life*, na internet, explora todas essas construções de personalidades imaginárias com que muitas vezes enganamos a nós mesmos.

Os regimes totalitários do século XX edificaram-se com base nessas *segundas realidades*, que implicaram a morte de milhões de pessoas. Segundo Francis Bacon, nossa consciência deixa-se prender por ídolos de todos os tipos: ídolos do eu, da praça pública, da moda, da espécie. Nas sociedades democráticas, permanece o espetáculo grotesco dos que pretendem ser donos da verdade; o espetáculo torna-se letal quando surgem indivíduos que levam a sério a si próprios e desencadeiam assassinatos em massa, como sucedeu com o terrorista Anders Behring Breivik, na Noruega.

Caso de distorção da liberdade são o sadismo e o masoquismo, analisados por Sartre. É sádico quem quer se apropriar da liberdade daquele de quem abusa; mas, quanto mais o sádico persiste em tratar o outro como um instrumento, mais a liberdade do outro lhe pode escapar. O sádico descobre seu erro quando a vítima o olha, isto é, quando experimenta a alienação absoluta do seu ser na liberdade do outro. Muitas descrições nos chegaram do olhar da vítima que não se deixa derrubar pelos torturadores. Como conta o escritor norte-americano William Faulkner nas páginas finais de *Luz em Agosto*, o negro Christmas foi castrado pelos *bons cidadãos* que o deixaram morrendo; mas *o homem ficou crescendo nas suas memórias para sempre*.

O sádico quer dominar, mas desiste quando sua vontade de poder não consegue destruir a personalidade do outro. Ao contrário, o masoquista deseja ver sua personalidade destruída pelos outros, e essa abdicação é sua triste expressão da liberdade. O masoquista não pretende capturar a liberdade do outro, mas sim se deixar dominar. Quanto mais se sente dominado, mais usufrui da sua abdicação. Como o sadismo, o masoquismo é uma confissão de culpa. O masoquista é culpado pelo fato de ser um objeto, e é culpado porque consente na alienação.

Sem reconhecimento, o sujeito se desintegra em fragmentos, que ficam a se mover desamparados dentro de si. Poderá voltar a colar esses pedaços? Se me perco em impasses e se distorço meus sentimentos, minhas ideias e minha liberdade, poderei voltar a ser uma pessoa? Será que existe redenção? Como a alienação é a perda do eu através da perda do outro, será que a reconciliação nos permite recuperar a relação com os outros? Como pedir a alguém que nos ajude, que nos perceba, que nos conduza, que nos faça subir as escadas da vida?

5. Regresso à casa

"Todos os meus métodos são racionais", diz o capitão Ahab, no romance *Moby Dick*, sobre a perseguição da baleia branca, que representa o mal. "Só os meus fins é que são loucos!" Ao contrário do capitão Ahab, se fôssemos tão racionais ante os fins da existência como perante os meios, estariam resolvidos os problemas da humanidade. É esse o desafio a que nos convida Aristóteles na *Ética a Nicômaco*. Se existissem normas para o bem e para o mal aplicáveis a todos os lugares e épocas, acabariam os conflitos e alcançaríamos o reconhecimento universal. Decerto que não é fácil! Mas a pergunta filosófica é outra: Será possível?

Quando examinamos a possibilidade de conhecer os fins universais da existência, oscilamos entre o sujeito que somos e os objetos que queremos alcançar. Todas as necessidades humanas e todas as normas morais são subjetivas em uns aspectos e objetivas em outros. A sede é subjetiva, pois cada um de nós a sente; e é objetiva, porque se refere ao corpo na interação com o mundo. A regra "é errado envenenar poços" é subjetiva, pois alguém teve de formulá-la. Mas é objetiva na medida em que deriva de fatos: água envenenada mata.

Também é perder tempo querer decidir se as normas são absolutas ou relativas. São relativas porque emanam da consciência, mesmo que algumas delas sejam comuns a todas as sociedades. Caso se alterasse radicalmente a natureza humana, por evolução natural ou por engenharia genética, as necessidades e as normas mudariam. Em contraste, dada a nossa natureza e as leis do mundo físico, existem valores absolutos. Uma sociedade não sobrevive sem alimentação e sem água.

Quer consideremos os valores objetivos, quer os consideremos subjetivos, absolutos ou relativos, nós nos consideramos capazes de reconhecer a bondade, a justiça, a beleza e outros valores. O reconhecimento de que esses valores existem, e de que podemos defini-los pelo menos com uma certeza aproximada, é tão antigo quanto a humanidade. Foi dado como certo pela maioria dos filósofos e é tido como evidente pelo senso comum. Pascal resumiu essa evidência numa fórmula célebre: "O coração tem razões que a própria razão desconhece".

Consideremos os valores estéticos de uma pintura. Se a beleza significa o prazer que ela desperta em nós, então é subjetiva. Se por beleza entendemos uma característica da pintura que causa prazer, então é objetiva. Consideremos agora que pessoas com gostos diferentes têm capacidades diferentes para apreciar a pintura. Desse ponto de vista, as grandes obras de arte são as que, durante o maior período de tempo, dão um prazer mais intenso aos apreciadores e criadores mais competentes. Se um mestre da pintura sabe mais que um aprendiz, passamos a ter um critério de excelência. O teto da Capela Sistina é melhor do que qualquer pintura a óleo feita em dez minutos. Dito de outro modo: os clássicos são as obras de arte que permanecem.

Como reconhecemos critérios de excelência nas artes, também há valores éticos incontornáveis. É melhor haver respeito entre etnias do que racismo. É melhor a mulher ser igual ao homem do que inferior. É melhor a raça humana sobreviver do que se extinguir. Mas – aqui está o problema – é preciso justificar essas afirmações que reconhecemos como verdadeiras. É esse o desafio. Temos de encontrar o caminho a partir do nosso encontro com os valores. A questão é como podemos transformar em regras – através da razão atenta, inteligente, racional, responsável e apaixonada – as verdades que reconhecemos.

No início do século XX, havia nesse debate dois rivais de peso. De um lado, estava John Dewey, o campeão norte-americano da ética naturalista, que dizia que razão e ciência justificam critérios morais. Do outro, estava o britânico Bertrand Russell, defendendo uma ética não cognitiva em que só as emoções justificam as normas. Dewey dava como certo que existem necessidades humanas comuns a todas as culturas. Com base nesse consenso moral quanto aos fins supremos, queria salientar que nossas escolhas de meios para atingir os fins são hipóteses a serem testadas. Achava evidente que é melhor ser saudável do que doente, mas não se interessava pelos cuidados concretos a prestar. Russell, por sua vez, tinha as preocupações de um lógico. Na sua perspectiva, uma ética não cognitiva só poderia se assentar num conjunto de postulados que seriam expressões de desejos humanos.

A maioria das nossas decisões implica longas cadeias de razões, nas quais cada etapa é um meio para o fim que se segue, até atingir o fim derradeiro. Por exemplo, se quisermos colocar astronautas em Marte, temos de melhorar a tecnologia das viagens espaciais. Se enviarmos astronautas, ficaremos sabendo mais sobre a vida em Marte. Esse conhecimento vai melhorar o que sabemos sobre a vida na Terra. Quanto mais soubermos nesse campo, mais problemas de saúde resolveremos. Se isso suceder, ajudaremos a humanidade a sobreviver. Chegamos, finalmente, a uma pergunta muito filosófica: Por que a humanidade deve sobreviver?

O Universo não se importa que a humanidade sobreviva. Talvez um deus se importe, mas isso é uma questão de fé. A resposta que procuramos está para além da ciência. Só a filosofia pode reconhecer a necessidade de finalidades derradeiras, embora apresente as justificações na forma de postulados.

Exemplifiquemos com afirmações em relação às quais, supostamente, estamos todos de acordo. É melhor estar vivo do que morto. É melhor ser saudável do que doente. É melhor ser alegre do que triste. É melhor que a raça humana sobreviva do que se extinga. É melhor uma cultura, uma língua, uma espécie animal ou vegetal sobreviver do que perecer. Estes são postulados sobre a existência que todos aceitamos.

Os grandes debates na filosofia do reconhecimento ocorrem sempre entre relativistas e realistas; entre os que dizem que as leis e os postulados morais existem por convenção e os que os fundamentam na natureza; entre os que dizem que os postulados decorrem do arbítrio humano e os que os deduzem da estrutura da realidade. A escola de Atenas conseguiu fundar a filosofia em base firme ao defender que a lei existe segundo a natureza das coisas, opondo-se aos sofistas e relativistas, que a consideravam apenas um efeito da convenção.

O relativismo extremo é a crença de que todos os valores são equivalentes. É verdade que teve defensores como o Marquês de Sade, mas duvidamos de que haja leitores dispostos a dizer que não há nada de errado com a pedofilia, o tráfico de pessoas ou a violação de mulheres. O relativismo mais sofisticado a se ter em conta é oriundo de estudos antropológicos e sociológicos. Em *A Ciência da Antropologia Cultural*, Melville Jean Herskovits sustenta que os valores são apenas normas derivadas da cultura a que pertencemos; que a ética é apenas a moral dominante; que a estética deriva dos padrões correntes de gosto; que a política é apenas a gestão de interesses. Contudo, se essas afirmações relativistas fossem corretas, nenhuma sociedade progrediria. Para uma sociedade progredir, ela precisa de critérios de excelência, e é isso que os relativistas não querem aceitar.

Um progresso do reconhecimento foi a lenta descoberta de que não existem escravos por natureza. Durante milênios, povos e sábios acreditaram que existiam escravos por natureza. Milhões de cristãos e muçulmanos acreditaram que os negros eram inferiores aos brancos e que se destinavam a ser escravos. Uma vez reconhecido o erro, a sociedade começou a se redimir desse mal, muito embora ainda existam exemplos de escravatura no início do século XXI.

Outro exemplo de redenção pelo reconhecimento é a mudança de atitude em relação às mulheres. A convicção de que a mulher, por natureza, seria intelectualmente inferior ao homem foi atacada por Platão em *A República*, bem como no famoso ensaio de John Stuart Mill, *A Sujeição das Mulheres*. Mas só em meados do século XIX começou a ser aceito, nas nações liberais, que todos tinham direito à igualdade de oportunidades. Levou tempo para se compreender que a sociedade que trata as mulheres como iguais é superior a outra em que a mulher continua inferiorizada.

O progresso social não implica o progresso moral. Não temos o direito de nos sentirmos moralmente superiores aos gregos antigos ou aos senhores de engenho do Brasil, que tinham escravos, ou, ainda, às culturas em que as mulheres foram consideradas inferiores. Mas, se o reconhecimento nos conferiu uma melhor compreensão da natureza humana e melhorou nossa capacidade de redimir os injustiçados, então a filosofia cumpriu seu papel.

Não devemos confundir essa clareza quanto aos fins últimos com certezas sobre fins intermediários. Não cabe à filosofia, por exemplo, formular opiniões sobre a melhor forma de prevenir o crime ou tratar criminosos, ou decidir quais as guerras justas e as injustas, ou saber se a família nuclear, com sua base monogâmica, tem raízes na genética ou no condicionamento cultural. A filosofia não tem de decidir essas questões particulares.

As reivindicações da filosofia do reconhecimento são menos grandiosas, porém mais profundas. Ela nos pede que respeitemos o outro, um desafio tão forte quanto o de procurar a verdade, e trataremos cada pessoa como um ser insubstituível e indispensável. No entanto, para reencontrarmos o outro, temos de dar algo de nós. Num certo sentido, temos de nos tornar reféns dos outros antes de partilharmos com eles seja o que for. Se quero dar, tenho de perder algo. Se quero receber, tenho de me esvaziar. Se quero me unir, tenho de deixar de ser o centro do mundo. Só com esses atos de reconhecimento entro numa relação genuína. Exemplifiquemos.

O psiquiatra R. D. Laing relata como uma enfermeira, ao entregar uma taça de chá a uma doente, psicótica crônica, ouviu o seguinte agradecimento: *Foi a primeira vez na vida que alguém me deu uma taça de chá...* Muitas taças de chá haviam passado pelas mãos da doente, mas nunca alguma lhe tinha sido oferecida assim. Dar, oferecer, é a coisa mais simples e mais difícil do mundo: só oferece de fato quem se oferece a si mesmo, não apenas na aparência, mas na verdade.

Receber também não é fácil. Diz-se que o mestre japonês Nan-in recebeu um professor que queria aprender o zen. Ao lhe servir chá, encheu a taça do ilustre visitante até derramar. O professor observou o chá transbordando e não pôde se conter: *Já está cheio. Não cabe mais!* Respondeu-lhe Nan-in: *Tal como esta xícara, também tu estás cheio de opiniões e especulações! Como posso ensinar-te o zen sem que primeiro esvazies a tua xícara?*

12. Retirar a máscara

1. Não mintas, Pinóquio!

É verão. A noite está quente e convida a sair. Em tempo de férias, as noites são longas. Os amigos se juntam. Bebem cerveja no parque, e o ciclo de cinema ao ar livre convida a entrar.

É noite de sessão infantil. Será que vale a pena? Nós nos aproximamos para ver melhor o cartaz: é um filme de Walt Disney. Então vale a pena assistir! O filme já começou. Um pequeno viajante na noite escura entra na única casa do povoado onde a luz ainda está acesa. Uma lareira irradia calor numa sala aconchegante. Cadeiras e canapés junto da mesa da oficina de um marceneiro e mestre relojoeiro. Numa das paredes, prateleiras com relógios extraordinários, de parede, cuco, com dançarinos, figuras de circo e de corte. Noutra parede, ferramentas para moldar a madeira e dar-lhe forma. Serras, formões e lixas. Pregos, porcas e parafusos. Réguas e esquadros para medir. Um torno para fixar as peças; colas e tintas para embelezá-las. De repente, alguém começa a descer as escadas e o intruso na casa tem de se esconder.

Quem desce é mestre Gepeto e seu gatinho Fígaro. É ele o mestre que desenha, esculpe, afaga, pinta e acaricia. Desta vez, falta dar os últimos retoques num boneco que ele criou. Ao que antes eram apenas pedaços de madeira, deu um ar de brinquedo atrevido e bem-disposto. Fios de marionete fazem com que ele se mova. E quando os relógios começam a tocar a sinfonia das horas, Gepeto o faz dançar, saltar e cumprimentar o mundo à sua volta, enquanto o grilo intruso observa. Falta lhe dar um nome. Qual há de ser? Hum... Pinóquio! Está decidido. O boneco é apenas uma engrenagem, mas já parece um menino de verdade. Só falta mesmo nascer. Por obra da fantasia? Da magia? Do sonho? Não será assim que todos nascemos? Não começa tudo por um desejo?

Pinóquio nasceu em 1881, quando Carlo Collodi, aliás Carlo Lorenzini, publicou *Storia di un Burattino* [A História de uma Marionete] em estilo de folhetim num jornal para crianças. O sucesso foi estrondoso. Das histórias nasceram *As Aventuras de Pinóquio*, que teve sua primeira edição em 1883. Traduzido em todas as línguas do mundo, encantou crianças e adultos. Uma fantasia deliciosa, uma ternura de animismo. Povoou o imaginário da infância e foi recriado milhares de vezes e de mil maneiras. Pinóquio é um boneco que se transforma em gente. Como é possível? Quando acontece? Quando discute com o grilo falante, quando abandona a escola e vive mil aventuras, até ir parar no ventre da baleia, quando lhe nascem orelhas de burro, quando cresce o nariz por causa das mentiras ou quando regressa à casa com Gepeto?

Dizem que a mentira tem perna curta, mas, no caso de Pinóquio, a mentira tem nariz comprido. Durante as suas muitas aventuras, ele não quer saber do que está certo ou errado, do bem e do mal, dos deveres para com os outros. Faz o que lhe dá prazer, o que o satisfaz de imediato. Não se compromete com regra alguma. Nada o preocupa. Não sabe o que são defeitos ou fraquezas. Ele não tem consciência.

Pinóquio gosta de brincar. Mas o grilo falante está sempre por perto, a mostrar-lhe as consequências de suas ações. A fada de cabelos da cor do sol dissera ao grilo para cuidar de Pinóquio: "Eu te nomeio guardião supremo do conhecimento do bem e do mal, conselheiro nos momentos de tentação e guia do bom e do mau caminho". Ser menino de verdade não é conquista fácil. O grilo está sempre avisando, sempre lhe dizendo: "Não mintas, Pinóquio!". Pinóquio e a voz do grilo que incomoda nunca estão de acordo.

Muitas foram as aventuras de Pinóquio depois de ter sido raptado a fim de trabalhar para o diretor do circo, que o trata mal. Apesar de ter sido engolido por uma baleia, conseguiu sair de lá com vida. No meio do mar, salvou Gepeto e, de regresso à casa, pediu-lhe desculpas pelas travessuras e cuidou dele com amor e carinho. Torna-se, então, um menino de verdade. Deixa de ser um boneco de madeira. O perdão refaz a realidade. Perdoar é apagar um quadro de giz, limpar e recomeçar. Gepeto e Pinóquio se abraçam. Podem dizer de novo: *Olá!* E, no fim, dançam e cantam ao som da música dos mil relógios da velha oficina. Pinóquio: todos o reconhecemos, esse pedaço de madeira que é mais do que um simples objeto na oficina de Gepeto, que tinha o sonho de ser pai. Afinal, não temos todos, dentro de nós, um pouco de ambos?

2. Quem sou eu?

Terminou a sessão de cinema. Encontro marcado para o próximo fim de semana. Regressamos à casa. Alguma desarrumação. A janela aberta fez voar papéis ao chão. Cartas por abrir, contas por pagar, que apanhamos. Aos nossos pés, um pequeno tubo de pepelão desliza para debaixo da cadeira. Agarramos o cilindro que quase cabe na palma da mão. Nós o seguramos e, antes de o pousarmos na mesa, não resistimos a direcioná-lo para a luz. Mais uma vez. Ficamos admirados com as formas e as cores variadas que se sucedem num ritmo inebriante. O que é curioso num caleidoscópio é que, maravilhosamente, para nada serve. Mas ele cria magia, cores e geometrias em cadeia, constelações de estrelas e flores coloridas que parecem nascer umas dentro das outras, de forma inesgotável. Parece que nasceu na Inglaterra, nos primeiros anos do século XX. Foi inventado pelo cientista escocês Dawid Brewster, que, como mestre Gepeto, deu à criatura um nome apropriado. Uniu as palavras *kalos* (belo), *eidos* (imagem) e *scopeo* (vejo) e pronto: caleidoscópio, *vejo belas imagens*.

Brinquedo para crianças e adultos, fonte de inspiração para *designers* e decoradores, o caleidoscópio é precioso, mágico, fascinante. É um simples tubo cilíndrico, com fundo de vidro opaco. No interior, fragmentos de vidro colorido e três espelhinhos que multiplicam as imagens. Se olharmos através do furo feito na tampa, fazendo rolar lentamente o tubo, temos espetáculo: os pequenos vidros coloridos multiplicam-se com os reflexos dos espelhos e dão lugar a desenhos simétricos e sempre diferentes. Pois é! Da mesma forma, quando olhamos para dentro, sentimo-nos muitas vezes caleidoscópicos, pedaços de vida com imagens diferentes de nós mesmos. Muitas imagens e vozes que nasceram das nossas relações, conforme foram se desenrolando os acontecimentos. Nossas relações com os outros, vizinhos, colegas, família, amigos, inimigos... Para cada um, um vidro partido, uma cor, uma tonalidade. Fragmentos, muitos fragmentos.

Somos unos ou múltiplos? Somos um ou muitos? Somos identidade ou pluralidade? Que característica me distingue? Não serei eu apenas uma das vozes na consciência?

Encontro acidental e inesperado. Alguém passa por nós na rua e se detém. Faz um gesto de reconhecimento. Tem um rosto não completamente estranho. Amigo de infância? Companheiro da escola? Colega de trabalho? Rebobinamos memórias arquivadas. Reviramos arquivos antigos, puxamos da memória, levantamos o pó de anos passados e acabamos por descobrir: *Ah! Você?! Como está?*. Dizemos *olá* e, em segundos, recuperamos os anos. O rosto revelou-se familiar e reconhecemos suas expressões. Mentalmente, fazemos contas. Quantos anos se passaram? *Ah! Como você está diferente?!...* – pensamos, mas não dizemos. A voz é a mesma, os olhos têm o mesmo brilho, mas o tempo deixa marcas. É a mesma pessoa? É outra? Que acha ele de mim? Será que, também eu, estou diferente?

Quem sou eu? Eu sou plural como o Universo. E há mais almas em mim do que eu mesmo. Sinto-me múltiplo. Sou muitos, incompletamente, diz Fernando Pessoa. Os desassossegos da alma, as dores da multiplicidade, a lucidez de nada querer, de não ser nada e, à parte isso, de ter todos os desejos do mundo. O pastor dos pensamentos, o engenheiro de máquinas e de engrenagens, desdobra-se em múltiplos *eus*. Seus heterônimos surgem materializados em *personae*, fragmentos de um estar em lado algum, de um sentir com o pensamento e de ignorar quem pensa ou sente, *porque sente e pensa de muitas maneiras*. Diferentes vozes dentro de nós. Alma transformada em caleidoscópio. Fragmentos de um todo. Uno e plural. Unidade na multiplicidade.

> O poeta é um fingidor
> Finge tão completamente
> Que chega a fingir que é dor
> A dor que deveras sente.

Mas será o poeta o único que finge? Somos fragmentos de poetas desmultiplicando dores caleidoscópicas, variadas e múltiplas. Fingimos e ocultamos.

> Não sei quantas almas tenho.
> Cada momento mudei.
> Continuamente me estranho.

Afirma Pessoa:

> Sei de sobra,
> que nunca terei uma obra.
> Sei, enfim,

que nunca saberei de mim. (...)
Deixem-me crer,
o que nunca poderei ser.

E o poeta continua à procura:

Não sou nada.
Nunca serei nada.
Não posso
À parte isso, tenho em mim todos os sonhos do mundo.

A questão sobre o *meu ser* inquieta e angustia. A questão sobre a identidade é penosa. Quem sou? Essa é uma pergunta decisiva. Já todos a colocamos em algum momento da vida. Os espelhos estão quebrados, as imagens, fragmentadas. O que somos é também o que os espelhos nos devolvem. Os outros são sempre espelhos de nós próprios. Que faço aqui? Para onde vou? Quem és tu? Quem somos nós? Reflexos múltiplos, dispersos e distintos. Somos mesmo uma unidade? Sou o mesmo que era há vinte anos? O que há entre mim e a criança que fui? O que liga o meu ser ao meu estar? Somos caleidoscópicos, fragmentos dispersos a que tentamos dar unidade, coerência e continuidade. Com frequência, escondemos nossas cores, com o tempo nos tornamos embaçados, cinzentos por fora, para criarmos uma seriedade aparente. Tapamos emoções e canais de comunicação, e mergulhamos numa solidão maior.

Através da categoria da identidade, a psicologia tenta organizar o turbilhão de vozes que ecoam dentro de nós. Fala de personalidade e considera patológicos os que assumem diferentes entidades psíquicas. Somos um só documento de identidade, temos direito a um único passaporte e a um voto, temos um nome, uma data e, qualquer dia, teremos duas. Porque temos identidade, desempenhamos vários papéis, assumimos diferentes estatutos. Mas não será também ao contrário? Não será que desempenhamos sempre os papéis a que nos obrigam as identidades múltiplas que vamos tendo, conforme as circunstâncias e nossas relações com os outros?

3. O que é ser pessoa?

Estamos em fevereiro, e o carnaval bate à porta. Época de disfarces e máscaras. Época de folia e atrevimento para o corpo e a alma. É carnaval, ninguém leva a mal. Colocamos a máscara, mudamos de identidade, fingimos ser outro, o impossível outro. Mickey Mouse, super-homem, joaninha, malmequer, palhaço, bombeiro, bailarina ou feiticeira. Da imaginação infantil, transborda a fantasia dos personagens, a magia do boneco ou do herói. Queres ser índio ou *cowboy*? Polícia ou ladrão? Branca de Neve ou Bruxa do Bosque? Mudamos de aspecto, colocamos a máscara, mudamos de género e de condição social. Brincamos de faz de conta. Transfiguramo-nos. Assumimos a máscara. Encobrimos o rosto. Mudamos as feições. Alteramos a aparência. Com o disfarce, ninguém nos reconhece.

Terça-feira gorda é tempo de esbanjamento, por oposição aos quarenta dias de privação da quaresma que já não queremos. A festa é na rua, as cidades entram em folia. Na Roma Antiga, os escravos eram libertados para se entregarem a prazeres e cortejos. No Renascimento, vingaram os bailes de máscaras. Fantasias e trajes ricos, máscaras e mascarilhas que impedem o reconhecimento. O rosto tapado. As máscaras da *commedia dell'arte* entram na festa. A partir do século XVII, passam a ser de uso obrigatório no carnaval de Veneza. A identidade é escondida, os nobres misturam-se com o povo. Arlequim e Colombina ganham vida nas ruas de água. Pierrot, Pantaleão e Pulcinella partem à conquista do mundo.

Carnaval maior é no Brasil, onde os desfiles e as escolas de samba dão cor e música à festa. A grandiosidade atrai gente de todo o mundo. É a festa em que se rompe com os limites. À folia do corpo e dos sentidos junta-se a ocultação da identidade, a transmutação. O encobrimento da identidade favorece o exagero e o excesso. Tapam-se os espelhos, colocam-se máscaras, e tudo é possível. Estamos incógnitos. O corpo e a alma estão escondidos. Agora, só a máscara é visível.

Pessoa vem de *persona*, em grego *prosopon*, a máscara dos atores nas representações teatrais. Os filósofos gregos suaram muito até criarem os conceitos de substância, natureza e essência. Mas nunca o pensamento grego conheceu a realidade que é a pessoa. Antes e depois do século de Péricles, os gregos compreendiam o ser humano como a mais elevada das realidades naturais. Falaram do *ser vivo* racional, que, além da alma vegetativa e sensitiva, era possuidor de alma racional, o *logos*. Mas perceber a realidade única, original e concreta do ser pessoa, isso não alcançaram.

Para além dessas questões de identidade, passando da psicologia para a filosofia, em vez das preocupações com a personalidade e das interações com o meio, procuramos a essência do ser humano, o que é ser pessoa. É uma procura difícil ao longo da história da filosofia, com muitos debates sobre a relação entre corpo e consciência. Para uns, são duas faces da mesma moeda; para outros, duas realidades distintas.

Platão, como os pitagóricos, fala da alma prisioneira do corpo. Para ele, o ser humano eleva-se do mundo sensível até o mundo das ideias, onde brilha o bem, simbolizado pelo Sol que a tudo ilumina. É preciso sair da caverna, das pálidas paragens onde não chega a luz e o calor do mundo das essências.

Na Idade Média, a natureza da alma e do corpo ocupa muitos tratados, mas nem por isso avançamos muito. Alguns medievais resolvem o dualismo de corpo e alma pela aniquilação de um dos termos. O contragolpe surgirá na era moderna, quando os materialistas negarem a existência da alma e reduzirem a consciência a um epifenômeno cerebral.

Na Modernidade, a descoberta do *cogito* torna-se a pedra fundamental do edifício do racionalismo moderno. Mas, depois, há o tal *erro de Descartes*. O sujeito é um eu pensante, puro pensamento. Corpo e alma ficam em dualidade permanente, duas substâncias que não se comunicam, contra todas as evidências. Um fantasma dentro de uma máquina.

O filósofo alemão Max Scheler, no século XX, tem uma doutrina mais englobante: o ser humano caracteriza-se pela abertura ao mundo. O que é peculiarmente humano é muito diferente do que se denomina inteligência e vontade. Somos seres situados no cosmos, e essa abertura original nos dá a possibilidade de passar dos impulsos afetivos, da memória e da inteligência, para a interrogação fundamental.

Perguntar o que é ser pessoa é questionar a natureza do ser humano. Haverá uma diferença radical entre humanos e animais, ou há apenas evolução contínua e diferenças específicas?

Os filósofos sempre tentaram responder à questão sobre o que é o ser humano. Não é por acaso que Sócrates foi considerado o primeiro a se centrar nesse tema, em contraste com os sábios que o antecederam. A questão fundamental deixa de ser o princípio da natureza. Evocando a célebre frase do Oráculo de Delfos – *Conhece-te a ti mesmo* –, Sócrates quer conhecer a humanidade, o que é comum a todos e o que nos torna diferentes. Conhecer-me a mim mesmo é reconhecer em mim o que me torna humano.

Sócrates compara-se a um mosquito que incomoda. Quer picar as consciências alheias, despertá-las para as grandes questões. Só um conhecimento perturbador e impertinente modifica o pensamento. Ele dialoga na praça pública, fala com os jovens, transforma o conhecimento em reconhecimento vivo. Foi condenado à morte pelo poder que não quis reconhecer sua voz. Mas, desde então, os filósofos não cessaram de retomar a mesma questão. Como reconheço no outro a humanidade? Haverá, entre nós e os outros seres, uma diferença específica? Em que consiste? O que nos distingue dos animais? O que somos nós, criaturas inteligentes? O que nos caracteriza? A memória e a inteligência? Os afetos, a sensibilidade, a emoção? As escolhas e o livre-arbítrio? A capacidade criativa e a imaginação? A arte e a cultura? A vida em sociedade? A insatisfação? A invenção? O conhecimento? A angústia? Os valores? A capacidade de agir? A técnica? A ciência? A ida à Lua? A liberdade? A história? A tradição?

 O ser humano já foi descrito de mil e uma formas. Já foi visto como coisa e como mercadoria. Já foi pensado nas suas tensões entre o consciente e o inconsciente, o racional e o irracional, o lógico e o ilógico, o coração e a razão, o corpo e a alma, o finito e o infinito. Já foi examinado na sua angústia existencial, no desespero, na dor, na finitude de ser incompleto. Já foi equacionado como ser finito, problemático, falível, imperfeito, débil e fraco. Já foi exaltado como produtor de sonhos e poesia, criador de música e das mais belas invenções. Já foi cantado como um ser excepcional em inteligência e cultura, que transmite patrimônios extraordinários de beleza e generosidade. Já foi descrito com um monstro, um predador, um violador, um criador de violência, de tortura e morte, em doses individuais e em campos de extermínio, em tempo de guerra e em tempo de paz.

 Os filósofos sempre chamaram a atenção para a nossa natureza relacional. Um pensador franciscano do século XIII, São Boaventura, utilizou o conceito de *relação* para definir o ser humano: pessoa e relação são o mesmo. Em outras palavras, a relação não é acidental, é sim inerente à natureza humana. Nosso ser implica uma relação com o outro, e somos um *eu* na medida em que reconhecemos um *tu*.

 Em todas as dimensões do ser humano – biológica, psicológica, social, política, cultural, econômica –, o *eu* implica um *tu*. Podemos conhecer muitas coisas, muitos objetos, fatos, acontecimentos, teorias, histórias, ideias, conceitos. Mas o outro é mais que um objeto: só existe na relação comigo e, por isso, reconheço-o como sujeito, seja esse reconhecimento doloroso ou pacificador, harmonioso ou conflituoso, tenso ou integrador.

 Como seres vivos inacabados, estamos sempre em relação com o mundo, com os outros e conosco. A relação humana implica reconhecimento. Mais do que adquirir conhecimentos, eu me torno humano na capacidade de me encontrar com os outros. Cuidar do outro é reconhecê-lo. Cada um de nós traz uma herança cultural, experiências, práticas, valores, características e formação. Nas relações entre sujeitos, o que conta não é só o conhecimento, nem os bens que cada um possui, mas o reconhecimento do outro na sua história de vida, na sua narrativa e no caminho que traçou.

O ser humano é um mistério. Somos constantemente surpreendidos. Não somos previsíveis como os outros seres vivos e não funcionamos como máquinas ou robôs. Só há relacionamento e diálogo se existir o encontro, uma relação entre o *eu* e o *tu*. Como meu interlocutor, o outro estabelece comigo uma relação dinâmica, e através dele eu me torno um eu, com a capacidade de dar, trocar, lutar e crescer em conjunto. Se o outro é reduzido a um *isso*, ou seja, compreendido como *coisa* e conhecido como *objeto*, então a relação passa a ser de luta, ódio e aniquilamento.

4. Passado e futuro

Temos uma história individual e uma história da espécie humana, uma ontogênese e uma filogênese. Nossa história individual é única e irrepetível… e começa mal. Começa com um berreiro, o qual, diz a ciência, é para inspirarmos oxigênio, mas que, como sugere a metafísica, é por nascermos carentes e inacabados. As crias de outras espécies começam a andar e a comer sozinhas logo após nascerem. Nós demoramos cerca de um ano para andar e dois para falar. Tanta lentidão! Nascemos como se estivéssemos no meio do processo de fabricação. Esse inacabamento biológico nos torna seres prematuros. A neotenia nos torna dependentes. Mas, apesar dessas limitações, acabamos por surpreender. Superamos obstáculos e constrangimentos. Construímos respostas, aprendemos e transmitimos.

Após o nosso nascimento, o cérebro continua a se desenvolver e a crescer. Nosso programa genético aberto nos dá uma invejável plasticidade. Embora ao nascer sejamos seres desamparados, nossa flexibilidade adaptativa transforma essa fraqueza em força futura. A aprendizagem vence barreiras. Criamos cultura, produzimos civilização e patrimônio intelectual. Somos criaturas abençoadas pela lentidão, pois sabemos que a pressa é inimiga da perfeição.

Se olharmos em nível micro, somos genoma, um comboio de genes que transportam nossas características biológicas. *Adenina, timina, citosina* e *guanina*, as quatro bases que formam as combinações do nosso DNA. Somos um motor de dupla hélice, pares entrelaçados que, entre si, escrevem em espiral a nossa história. Em nível macro, somos cultura e civilização. Identificamos o outro, reconhecemos o ser humano. Para além da sua nacionalidade, território ou cor, reconhecemos a humanidade. Não seguimos sempre a mesma direção, não estamos programados para uma só via. Pelo contrário, criamos e inovamos, e por que não estamos completamente programados, temos de aprender.

Em comparação com outros animais superiores, constatamos que somos apenas uma espécie entre outras. Um animal muito fraco. Do ponto de vista meramente biológico, não teríamos o direito de nos impor ao mundo e de dominá-lo como o mais poderoso predador. Somos um animal muito imperfeito. Vista fraca, olfato reduzido, ouvido débil. Armas naturais, como as garras, é algo que nos falta. Nossa força física é insignificante. Porém, o ser humano tornou-se senhor da natureza. Exterminou pura e simplesmente uma longa lista de animais que o ameaçavam; outras espécies foram capturadas e domesticadas. Mudamos o aspecto do planeta; basta olhar a superfície da Terra de um avião ou do alto das montanhas para constatar que a modificamos. E agora também estamos interessados no espaço interplanetário. Como foi possível tudo isso?

Sabemos a resposta: graças à razão. O ser humano, embora seja fraco em quase tudo, tem uma arma terrível: sua inteligência. É incomparavelmente mais inteligente do que qualquer outro animal. Parece consensual que a racionalidade e a capacidade de abstração são traços distintivos dos humanos. Mas será só isso?

O ser humano não só tem mais inteligência que os outros animais; sua inteligência é de outra natureza. Essa natureza própria da inteligência humana mostra-se numa série de características únicas: técnica, tradição, progresso e reflexão.

O ser humano é o único produtor de técnica. Serve-se de instrumentos que ele próprio fabrica. Alguns animais utilizam pedras para derrubar frutos das árvores e quebrar ovos alheios. Mas a fabricação consciente de instrumentos por meio de um trabalho longo e árduo é tipicamente humana. Fazer instrumentos é um ato complexo. Exige a arte prévia de pensar e planificar.

A técnica desenvolveu-se porque a criatura humana é um ente social, num sentido bem específico da palavra. Conhecemos outros animais que vivem em comunidade; abelhas e formigas têm uma organização admirável. Mas o ser humano é social num sentido diferente. Cresce para a sociedade por meio da tradição. A sociedade não é congênita. O ser humano aprende porque tem uma linguagem e um pensamento complexos. Só a tradição bastaria para distinguir o ser humano de outros animais.

Graças à tradição, o ser humano é um animal progressivo. Aprende mais e mais. E não é só o indivíduo que aprende, o que acontece também com outros animais, é a própria sociedade que aprende, a humanidade. Por isso criamos civilizações. Cada nova geração sabe mais que a anterior, herda mais e pode produzir mais. Esse progresso científico e tecnológico nada tem a ver com o desenvolvimento biológico. Biologicamente, em quase nada nos diferenciamos dos antepassados de 40 mil anos atrás, mas sabemos incomparavelmente mais do que eles. A ciência supera nossos limites fisiológicos. Criamos aviões para voar, aparelhos que amplificam os sentidos, computadores que calculam, motores com que encurtamos distâncias e navegamos pelo espaço.

Técnica, tradição e progresso dependem de uma realidade mais profunda, que é a nossa capacidade de pensar de modo diferente dos outros seres vivos. Somos consciência. Enquanto os outros animais só concebem coisas particulares e concretas, nós abstraímos. A abstração permite criar objetos ideais, como números e valores, e possibilita coisas tão distintas quanto a matemática e a ética. Tudo o que o animal conhece tem apenas utilidade imediata; ele vê e compreende o que de algum modo é útil para si ou para a sua espécie. Bem diferente é a consciência humana, que tem a capacidade de pensar pelo prazer de pensar. Por isso somos a única espécie a compreender o mundo, a produzir arte, ciência e religião. Somos os únicos a ter o culto da morte. Prestamos homenagem aos nossos mortos. Esse culto nos permite reconhecer e agradecer. Avivamos a memória dos que nos marcaram. Rituais de aniversário e de falecimento, formas de reconhecimento. Não somos apenas mais um. Não fazemos mais do mesmo. Somos seres complexos em que natureza e cultura são indissociáveis.

Somos trabalhadores da consciência. Não temos capacidade apenas de pensar o mundo exterior, mas também de reconhecer os outros. Temos consciência do nosso eu e sabemos que ele é somente uma parte da consciência. Somos seres insatisfeitos. Queremos sempre mais. Mais dinheiro, mais férias, mais tempo, mais saúde, mais espaço. Mais, mais e mais. Insatisfeitos por natureza, afogados na ânsia de ter, reconhecemos, no entanto, que a troca do ser pelo ter não traz grande alegria. Sabemos que, por vezes, basta um sorriso ou um raio de sol no jardim para nos sentirmos felizes. Coisas simples e mesmo primitivas, mas nossas.

5. Um longo caminho

Desde o aparecimento do *Homo sapiens sapiens*, há cerca de 40 mil anos, temos consciência de um longo caminho percorrido.

As mais antigas criações artísticas que conhecemos datam do Paleolítico. Vivia-se em grutas e cavernas, lugares de proteção e acolhimento, por vezes disputadas com os animais. Uma das mais famosas é Altamira, com um conjunto impressionante de pinturas. O carbono-14 fixou-lhes a data por volta de 15000 a.C. Sabe-se hoje que, por volta de 13000 a.C., a queda de uma rocha bloqueou a entrada da caverna; cessou a ocupação humana, mas se preservaram as pinturas. Impressionantes! Quando descobertas, em 1879, houve quem não acreditasse que se tratava de arte rupestre, mas sim de pinturas feitas por pastores medievais.

A grande sala ou galeria de Altamira é conhecida como a Capela Sistina da pré-história. A abóbada, de dezoito metros de comprimento por nove metros de largura, está repleta de animais de grande porte, bisões, cavalos, javalis e touros. A perfeição técnica, o realismo anatômico das proporções e do volume, a representação do movimento e a policromia são insuperáveis. As formas da rocha contribuem para dar volume e expressão às representações. Na verdade, somos mais do que animais coletores; somos criador de símbolos, como o extraordinário bisão ferido de Altamira. O animal tombou moribundo, e as patas já não aguentam o peso do corpo. É uma imagem assombrosa pela agudeza da observação, pelo traço firme e vigoroso, pela força e dignidade da fera em agonia.

Lascaux, França, 1940. À procura de um cão perdido, vários rapazes entram num buraco e rastejam por um túnel até atingirem mais uma maravilha da humanidade. Escondidas nas profundezas da Terra, nas entranhas escuras da rocha, num abismo escuro e frio, longe dos raios solares e fora do alcance de intrusos, as pinturas de Lascaux mostram rituais de representação e relação que continuam a intrigar. São várias as galerias, sendo a denominada *Sala dos Touros* a mais célebre. Em tons de amarelo, vermelho, castanho e negro, estão lá cerca de 1.900 representações de animais. Depois, no poço ou galeria vertical, uma figura semi-humana, com pênis ereto, cabeça de pássaro e quatro dedos em cada mão, mostra como a capacidade pictórica se libertou do concreto e do imediato, até representar não sabemos que entidade sobre-humana.

Lascaux e Altamira são criações que revelam a humanidade universal. Animais e símbolos geométricos que suscitam interpretações diversas sobre o modo como os homens e as mulheres do Paleolítico se relacionavam entre si e com o mundo. Intrigantes, enigmáticas, especulativas, mas representativas. Antes da escrita, falam de nós e do mundo. Somos seres que representamos. Antes de tudo, somos animais simbólicos. Coletor ou caçador, o ser humano pinta, esculpe, desenha e grava.

As grutas não são o lugar exclusivo da representação. Ao longo de 17 quilômetros nas margens do Rio Coa, 24 núcleos de gravuras, que milagrosamente não se deterioraram com o tempo. Formam um conjunto notável de arte rupestre na rocha, ao ar livre. As superfícies verticais do xisto são o suporte natural desses animais entalhados no Paleolítico Superior. Nesse período, entre 40 mil e 10 mil anos a.C, homens e mulheres realizaram a mais antiga forma de arte, a arte rupestre. Também os *dolmens*, as antas e os *cromlechs* do Neolítico revelam simbolismos idênticos, rituais religiosos, relações com os antepassados, memórias que se querem de eternidade. Vimos de longe.

6. Olhos nos olhos

Saltamos para o presente. Continuamos a viver da imagem e dos símbolos. Transportamos fotografias na carteira e possuímos álbuns antigos ou digitais, com imagens dos conhecidos. Continuamos a rasgar fotografias em sinal de ódio ou quando rompemos uma relação. Entre nós e os primitivos, o mesmo sentir, a mesma capacidade de relação, o mesmo simbolismo.

Vivemos num universo simbólico. A linguagem, o mito, a arte e a religião são partes integrantes desse universo. Mais do que racionais, somos animais simbólicos, como nos diz o filósofo alemão Ernst Cassirer, e, por que assim somos, produzimos cultura. Segundo Cassirer, o sinal é uma convenção, enquanto o símbolo é mediador entre o eu e o mundo. O símbolo reúne, relaciona e possibilita o reencontro. A linguagem humana, simbólica e dialógica, permite a comunicação e o entendimento. O significado das coisas não é visível de forma física, mas abre-se aos olhos da consciência, que se exprime por meio do simbólico. Nossa abordagem da realidade – nos diz o filosofo alemão Hans Blumenberg – diferenciou-se a partir de um passado primitivo e primordial em que a humanidade já balbuciava tudo, mas de forma compacta. Estão por descobrir novas formas simbólicas através das quais criaremos novas pontes entre o *eu* e o *tu*, entre nós e o mundo.

Quando alguém entra em nosso campo visual, procuramos os seus olhos. Quando entramos num local público cheio de gente, procuramos olhos conhecidos. Com os olhos cumprimentamos, falamos e até sorrimos, e é estranho falar com alguém se não houver esse contato visual direto, porta de acesso ao outro que nos devolve o olhar e o nosso eu. Eu nem seria eu, se o outro não existisse. O olhar do outro me traz de volta ao meu lugar, me confirma que estou ali.

A expressão *olhos nos olhos* significa ser verdadeiro e autêntico, como se houvesse impossibilidade física de ser falso quando assim se diz e fala. Renascemos no olhar do outro. Em contraste, quando não queremos ser reconhecidos, desviamos o olhar. E há quem dê um aperto de mão viscoso e fugidio, que nem se sente. Temos logo a sensação de falta de comunicação, circuitos avariados, plugue que não está ligado à tomada.

Somos seres de linguagem, o que significa que nos comunicamos. Contudo, não nos comunicamos apenas com palavras, mas de muitas formas. Com símbolos, com o corpo, gestos, olhos e mãos. Somos seres de linguagem, e a linguagem é dialógica; mesmo na forma de monólogo, sou eu em relação comigo. Não estamos sós, não somos sós, e por isso a solidão dói e magoa, é *contra natura*. Nossas palavras têm sempre um destinatário. A aventura do mundo se faz sempre com os outros. Quando perguntamos quem sou eu, encontramos a resposta em olhos alheios. Os olhos são muitas vezes considerados como a porta de acesso à escadaria da alma.

A filosofia há muito reconheceu que o ser humano não é uma sobreposição de camadas sucessivas, um fóssil com camadas sedimentares. Não é um fantasma perdido neste mundo. Não é uma máquina feita de peças que se encaixam. As máquinas não estão animadas por um sopro vital ou uma energia misteriosa. Os fantasmas não sabem olhar para nós. Não somos máquinas ou fantasmas. Somos totalidades, pessoas que se tratam por pronomes – *eu, tu, nós* – e colocam em relação o eu e o outro, nós e o mundo. Olhos nos olhos: assim será.

13. Completamente em rede

1. As cidades e as torres

Fizeram tijolos, que cozeram em fornos, e começaram a construir. A construção avançou, ambiciosa e destemida. Tijolo a tijolo, ergueu-se da terra. Cor de terra. Com uma escadaria em espiral. Em forma de vulcão, para chegar ao céu. O empreendimento era grande, mas havia união e comunicação. O dilúvio havia ficado para trás. Existia um só povo, e a falar a mesma língua. Sempre faltavam materiais, mas havia meios para ir buscá-los. Contudo, em todas as obras, há sempre imprevistos, acidentes. Por mais que os arquitetos planejem, uma obra tem suas surpresas. Esta também teve suas complicações. Inéditas. Únicas. Definitivas.

O choque veio dos céus. A obra do rei Nimrod, entre os rios Tigre e Eufrates, que podia ser avistada dos jardins suspensos de Babilônia, foi entendida como uma afronta dos mortais, merecedora de punição. Então, a divindade castigou as criaturas humanas, separando-as e dando-lhes línguas diferentes. Os homens e as mulheres deixaram de se entender, e o projeto parou. Sem comunicação não há empreendimento. Os povos se dispersaram pela Terra e se agruparam de acordo com a língua que falavam. Nasceram culturas e sociedades diversas. Sons diferentes, línguas que ficaram estranhas e mesmo estrangeiras, palavras por decifrar. Barreiras semânticas criam estranheza. O outro deixa de ser próximo e conhecido. Não o reconhecemos.

Pieter Bruegel fixou para sempre, em nosso imaginário, essa famosa Torre de Babel. Em seu quadro do século XVI, ergue-se a obra com forma, cor, localização, textura e grandiosidade. Ele imaginou arcos numa torre de muitos andares, que nunca chegou a ser terminada. Pintura cheia de pormenores minuciosos, repleta de figuras, máquinas, pedras, roldanas. E a cidade em seu redor. Tal quadro merece um olhar atento nos pormenores. Símbolo da confusão e da incomunicabilidade. Símbolo das divisões das línguas e dos diferentes povos e sociedades.

A Torre de Babel é o primeiro arranha-céu da humanidade. Um grande projeto de afirmação humana. Nisso, nada mudou. As sociedades continuam a projetar-se em grandes edificações. Continuamos a criar modos visíveis de opulência. Como símbolo de prosperidade, continuam a nascer torres altas, altíssimas, esguias, gêmeas, para expressar o poder financeiro, com orgulho e vaidade. Fazem concorrência umas às outras. No século XXI, o edifício mais alto do mundo está sempre sendo superado. Dubai, Chicago, Kuala Lumpur, Xangai, Nova York, Tóquio, Singapura, Hong Kong e São Paulo: não há cidade poderosa que não tenha arranha-céus de concreto e vidro. É preciso dizer aos outros que estamos melhor, mais altos, mais perto do Sol. Símbolos e marcas de poder, cartão de visita para turistas, empresas e negócios, um modo coletivo de reconhecimento.

A Torre de Babel não foi destruída por inimigos, não foi deitada abaixo por terroristas ou por cataclismos. A obra parou por um só e enorme problema: a impossibilidade de se comunicar. Tudo se dividiu e desmobilizou. Deixou de haver propósito comum. Não é possível a sociedade sem a comunicação. É a linguagem que possibilita a vida em comum, a organização social, o entendimento, a compreensão. Sem comunicação, deixamos de ser solidários, deixamos de funcionar como um todo. Mais do que tijolos, argamassa ou cimento, precisamos nos comunicar, reconhecer o outro. A confusão da Babel dispersa, enquanto a comunicação une como nenhum outro cimento e sedimenta como nenhuma outra cola.

Lenda ou história, a interrupção da Torre de Babel é também um símbolo do fim das sociedades cosmológicas da Antiguidade. Eram assim chamadas porque a ordem da sociedade pretendia imitar a do cosmos. Concebia-se a vida na Terra segundo o princípio do mundo superior; as regras da sociedade eram um eco do cosmos. O resultado era uma rigidez nas instituições, no governo, na organização das famílias e das castas. Os séculos passavam no

Egito, na Mesopotâmia, na China, na Índia, no Irã, mas a organização social mantinha-se inalterável. Sucediam-se as dinastias régias, repetindo as receitas das origens. "A história do Egito é como um relâmpago seguido de um longo trovão": assim resumiu um historiador o destino das sociedades cosmológicas.

Os seres humanos das civilizações antigas pertenciam a uma *sociedade fechada* e submetiam-se a uma *moral fechada*, que estabelecia que os deveres sociais continham os impulsos egoístas. Não havia liberdade de espírito. Em contraste, a *moral aberta*, descoberta por filósofos no século VI a.C., exigia a liberdade humana e criava uma *sociedade aberta*.

2. O que é ser moderno?

O debate sobre o que é uma sociedade moderna vem de muito longe e gera muita polêmica. Num ponto existe acordo: a Modernidade, como época, nasceu na Europa, mas a modernização, como processo, alargou-se a todas as sociedades do planeta e gerou as principais dinâmicas do mundo contemporâneo. Doravante, dividem-se as doutrinas.

Karl Marx, Émile Durkheim e Max Weber consideravam que as diferentes dimensões da Modernidade formavam um todo. A cultura, a economia e o Estado eram inseparáveis na Modernidade europeia e impuseram-se ao restante do mundo, a todas as sociedades em processo de modernização. Os anglo-americanos costumam simplificar tais especulações profundas dizendo que só existem *the West and the rest*. Mas parece que não é bem assim.

Na segunda metade do século XX, filósofos sociais menos conhecidos – como Eric Voegelin, Shamuel Eisenstadt, Hans Blumenberg e Rodney Stark – criticaram a teoria da modernização convergente. Mostraram que a Modernidade ocidental combinou dimensões autônomas. Havia forças de conservação e forças de transformação. A dimensão organizacional veio com o desenvolvimento da urbanização, das comunicações, da industrialização. A dimensão institucional trouxe o Estado-Nação moderno e as economias capitalistas. O programa cultural da Modernidade estruturou a sociedade com novos princípios e novas ideias de literacia, educação, ciência e direitos humanos. Essas novidades não se impuseram sem contestação. Mas, no seu todo, a modernização abriu novas possibilidades e interações, desenvolvendo-se uma grande variedade de sociedades com características comuns, mas também com grandes diferenças entre si. Hoje, a humanidade vive, simultaneamente, em múltiplas modernidades.

Em 1992, o filósofo e economista político nipo-americano Yoshihiro Francis Fukuyama anunciou o *fim da história*. Embora com variações regionais, afirmou que estaria em marcha a homogeneização das sociedades contemporâneas; todas acabariam por ter democracia, direitos humanos e economia de mercado. No essencial, é uma visão de convergência das sociedades industriais. O economista norte-americano Samuel Huntington refinou a teoria em 1996. Aceitando a convergência tecnológica, considerou que os processos de globalização conduzem ao choque de civilizações entre as principais sociedades contemporâneas: ocidental, muçulmana, chinesa, budista, entre outras.

Mas as sociedades contemporâneas vivem em múltiplas modernidades. Estão sempre em busca de novos equilíbrios e com elites em permanente mutação, selecionando instituições e novas visões do mundo.

Foi sempre assim. A expansão ocidental, nascida em Portugal e depois alargada pelas demais nações europeias, desenvolveu novos sistemas institucionais e novos quadros de referência simbólicos. Surgiram sistemas econômicos, políticos e ideológicos, multicêntricos e heterogêneos, e cada sistema gerou sua própria dinâmica. O processo de modernização sempre combinou aspectos organizacionais, econômicos, políticos e culturais.

A realidade atual desmente, em parte, os que apostam na convergência das sociedades modernas. As instituições econômicas, políticas e familiares continuam a ter dimensões autônomas, que se combinam de diferentes modos. Apesar de muito semelhantes na economia, as sociedades contemporâneas na Europa, Estados Unidos, China, Índia, Japão, Rússia, mundo árabe e nações africanas não têm apenas uma dinâmica de convergência. Cada uma luta pela sua tradição e pela sua modernidade.

A adoção das técnicas ocidentais não implica adotar a cultura ocidental. A Modernidade expandiu-se em todo o mundo, mas não originou uma civilização única, nem só um padrão institucional. Vemos, isto sim, o desenvolvimento de vários padrões e civilizações que partilham características comuns, mas com dinâmicas diferentes.

As sociedades não ocidentais tinham sistemas econômicos, políticos e culturais considerados subalternos. Ao se modernizarem, tiveram de resolver esse desafio. As elites não ocidentais sentiam-se atraídas pelas instituições ocidentais – lembremos Gandhi, Mandela, Mao Zedong, Stalin, Nasser e outros dirigentes árabes modernos e anticolonialistas – mas rejeitavam o controle e a hegemonia exterior. Incorporaram elementos universalistas na construção das novas identidades sociais dos seus países, porém mantiveram componentes tradicionais.

A modernização empreendida pelas elites das sociedades asiáticas, árabes e africanas implicava novos centros de orientação e de protesto, assim, tornou possível a revolta contra a própria civilização moderna. Nenhuma sociedade se considerava inferior, o que facilitou a diversificação das respectivas agendas culturais. Em vez da humanidade homogênea, surgiu uma humanidade em rede. No século XXI, temos sociedades com diferentes níveis de desenvolvimento e séculos de diferença no modo de construção das relações sociais. Mais do que línguas diferentes, a humanidade tem modos distintos de compreender e de viver em sociedade.

Em muitos países, ser mulher significa não ser, não ter direito de nascer ou não ter direito de escolher. O tráfico de pessoas persiste, e milhões de mulheres não têm acesso ao ensino, aos cuidados de saúde, à escola, à carteira de habilitação; não têm direito a depor em tribunal, a criar uma empresa. Os estilos de vida e de realização pessoal e profissional variam muito. Ainda sobrevivem algumas formas de escravatura, e a pretensão de superioridade cultural impossibilita o acesso ao outro e o torna irreconhecível.

Ficamos chocados ante relatos de sociedades em que, como sanção, é legítimo atirar ácido sulfúrico ao rosto de uma mulher para cegá-la e desfigurá-la; pode-se apedrejá-la em praça pública ou até provocar mutilações genitais ou mesmo a morte. Nesses mundos em que reina a lei *sharia*, a velha *pena de talião*, a justiça é feita com as próprias mãos, *olho por olho, dente por dente*.

Até em nosso mundo, supostamente civilizado, permanecem práticas discriminatórias. Para uns, práticas cruéis; para outros, práticas próprias de uma tradição que validou hábitos. Mais do que por decreto, só pelo acesso à educação se pode transformar o modo de reconhecer o outro. Muitas campanhas não atingem o alvo porque se dirigem a mulheres que nem sabem ler; tudo lhes passa ao lado, sem acertar no alvo. Inventamos a escrita, mas temos de ensinar a literacia. Incluir é ensinar. Nunca a escola foi tão importante. Só a cosmópole poderá mudar o mundo. Mais do que sucesso, temos de criar condições de acesso. Mais do que fornecer o peixe, é fundamental ensinar a pescar. Mais do que igualdade, temos de promover a equidade.

Neste mundo que se quer global, encontramos desafios a cada passo. É preciso reconhecer o outro: mulheres, crianças, desprotegidos, deficientes, pobres, todos os excluídos. Os contrastes são brutais. Dentro dos mesmos países, povos e continentes. Entre homens e mulheres. Entre brancos, negros e ciganos. Em 2010, estimava-se que 1,1 milhão de pessoas tinham níveis de consumo inferiores a 1 dólar por dia, e que 2.700 milhões tinham nível inferior a 2 dólares por dia. Em comparação, uma vaca na União Europeia recebe um subsídio da Política Agrícola Comum (PAC) de 2 euros por dia.

A pobreza e a exclusão nunca estão longe. Habitam a nossa cidade e, muitas vezes, a nossa rua. A atual crise europeia elevou o número de pobres para 20% da população. Entre os pobres, as crianças são os mais desprotegidos, fato que reveste de ainda maior importância a escola, que a todos deve acolher. Um gesto isolado de nada serve. Uma ajuda pontual pouco significado tem. Fazer uma campanha só no Natal pouco ajuda; entregar o que não se precisa pouco vale. Ser solidário significa não excluir. Em geral, só pontualmente nos lembramos dos outros.

A exclusão flagela as relações sociais, marginaliza, expulsa quem não reconhece, rejeita a integração. Por vezes, há muros invisíveis e poderosos, total incomunicabilidade. O excluído vive ao lado, mas não tem porta de entrada. Desprovido do essencial, não tem presente nem futuro. Pode ter menos bens materiais. Mas, pior que o problema de ordem material, é o problema de ordem social. O excluído nunca é um *tu*; como tal, fica ferido de morte na existência, e tudo se reduz à luta pela sobrevivência.

3. Sociedade de comunicação

É banal dizer que vivemos na era da comunicação e do conhecimento. Nossas tecnologias, ditas de futuro, são de comunicação, apesar de sabermos que metade da população mundial nunca fez nem recebeu um telefonema. Mas também sabemos que não podemos tomar a parte pelo todo. Ainda hoje, lutamos contra Babel. Ainda hoje, queremos superar a incomunicabilidade, pois sabemos que gera o caos e quebra os laços da solidariedade.

Estima-se que existam 6.912 línguas faladas, sem contar os milhares de dialetos. Algumas aumentam em número de falantes, como é o caso do mandarim, com mais de 1,3 bilhão de falantes no planeta, e do português, que vai a caminho dos 300 milhões. Muitas outras línguas já morreram ou estão em vias de extinção. E, sempre que morre uma língua, morre um conjunto significativo de conteúdos, morrem modos de dizer, ser e pensar.

Mais do que o lugar onde vivemos, nosso país será aquele ao qual devemos a língua. A língua em que penso e sonho é a que me configura e me dá a nacionalidade. A língua em que fabrico os sonhos e o pensamento é aquela que me dá o ser e a existência humana. Mais importante do que viver em Lisboa, São Paulo, Londres ou Madri, é nos reconhecermos como parte de um todo que fala uma língua, seja ela a de Shakespeare, seja a de Camões, seja a de Cervantes. Pertencer a uma comunidade linguística é participar de uma rede. As comunidades configuram-se como redes de comunicação. Comunidade lusófona e comunidade hispânica são exemplos da importância da força dos falantes. Muito mais do que um instrumento, uma língua é um substrato que liga um conjunto de pessoas pela raiz do pensamento, dos afetos e dos interesses. Quando estamos no outro lado do mundo e ouvimos a nossa língua, reconhecemos uma proximidade. *Esse é um dos nossos, pertence ao meu clube linguístico, joga no meu time.* Não o conheço, mas reconheço que fala a língua dos meus poetas.

Melhor do que ninguém, Fernando Pessoa, na voz de Bernardo Soares, fala das palavras como "corpos tocáveis, sereias visíveis e sensualidades incorporadas." As palavras tocam-nos e fazem-nos festas como as crianças em nosso colo, saltam do coração para os bolsos como crianças traquinas, fazem travessuras, pregam peças e brincam conosco. Por isso, há palavras e poemas que fazem rir e chorar mais do que algo real. O poeta afirma que não se importaria se invadissem Portugal, nem tem ódio a quem não sabe português. O que lhe dói mesmo é a página mal escrita, porque "Minha pátria é a língua portuguesa".

A maior parte do que sabemos, aprendemos pela tradição. Nossos sentimentos e nossas vontades dependem em larga escala da educação, do que a sociedade sente e pensa como um todo e nos é transmitido desde os primeiros anos de vida. Linguagem, memória, leis e proibições fazem parte da sociedade, e, desde cedo, tudo isso nos formata. As convenções criadas e tecidas pelo tempo, guardadas na memória e transmitidas de geração em geração vão tecendo os fios das relações sociais.

Do latim *communio* vem comunhão, comunidade. Assim adquirimos consciência de nós e dos outros, e assim interiorizamos comportamentos, valores, normas. Socialização e aculturação. Nas sociedades humanas, a comunicação é acompanhada pela criação de signos e códigos linguísticos. Não se trata apenas de descrever objetos, mas também de representar ideias.

A linguagem foi o maior passo no caminho da humanidade. Foi a maior manifestação de inteligência e de criatividade desse animal frágil que tinha tudo para ser esmagado pelas demais espécies, mas que, graças à razão, superou suas limitações, organizou-se em sociedade e tornou quem é. Não podemos precisar o instante em que as emissões sonoras deixaram de ser meros grunhidos, gemidos e gritos para se tornarem coerentes, inteligíveis e, sobretudo, reproduzíveis. Desconhecemos as circunstâncias dessas primeiras manifestações verbais, mas foram um marco na história da humanidade.

Depois da fala, veio a escrita. Johann Gottfried von Herder, filósofo alemão do século XVIII, em seu *Ensaio sobre a Origem da Linguagem*, considerou que o ser humano inventou a linguagem quando se viu no estado de reflexão livre. Da fala, passou à maravilhosa invenção da escrita. A necessidade de se comunicar impeliu o ser humano a registrar pensamentos, ideias e acontecimentos de modo a transmiti-los às gerações vindouras. A possibilidade de os signos gráficos serem representados por unidades de sons menores que as palavras originou as letras, as sílabas e, finalmente, os alfabetos.

A grafia é uma tecnologia de comunicação que registra marcas num suporte fixo. Assinala a passagem da pré-história para a história. Terá sido criada pelos egípcios por volta de 5000 a.C. Na Pedra de Roseta, trazida do Egito, a mesma mensagem está gravada em grego, egípcio hieroglífico e demótico. Esse feliz achado permitiu decifrar três alfabetos diferentes.

O cineasta mexicano Alejandro González Iñárritu realizou *Babel* em 2006. É um filme sobre a angústia e a dor que se instalam perante a impossibilidade de se comunicar e pedir ajuda. Histórias que se cruzam em continentes diferentes. Filme entrecortado, sem princípio, nem meio, nem fim. A narrativa de não ser capaz de narrar. Dolorosamente percebemos que as diferentes histórias são uma só, a história da confusão e da solidão de mundos que não conseguem se reconhecer. É inquietante essa separação entre pessoas e povos, a raiz da incompreensão humana e da imprevisibilidade dos acontecimentos. Iñárritu reflete sobre a ausência de comunicação entre potenciais comunicadores, o grave problema de uma sociedade que se afirma global e comunicativa.

As tecnologias de informação e comunicação ajudaram a mudar o mundo. Trouxeram inovação e globalização. Mas, ao sentirmos a falta de comunicabilidade, queremos saber como gerir esse desafio.

Comunicação são canais, informação são conteúdos. A humanidade sempre encontrou formas de fazê-las crescer. As novas linguagens nasceram sempre a par dos novos meios de comunicação. A história da escrita, por exemplo, é um fascínio. Durante séculos, os manuscritos circulavam entre os poucos que os decifravam. Os copistas gastavam anos no trabalho minucioso de reprodução manual. Os chineses inventaram a técnica para imprimir com caracteres móveis. Foi então que, entre 1438 e 1440, o alemão Johannes Gutenberg aperfeiçoou os tipos móveis criados pelos chineses e uma prensa tipográfica, que, com o reduzido alfabeto romano, possibilitou a produção de livros em grande escala. Com o avançar dos tempos, a comunicação conheceu grande desenvolvimento. Desde os sinais de fumaça e tambores até os mensageiros a cavalo, da mala postal ao Morse, de Gutenberg aos correios, do Morse ao telégrafo, da rádio ao telefone, da televisão aos satélites, do analógico ao digital. A descoberta da rádio abriu uma nova era, porque permitiu quebrar a barreira do analfabetismo. A televisão aumentou o acesso, permitindo ver e ouvir. A comunicação avança a passos largos. Parece incessante. Fax, *e-mails*, SMS e afins. Vivemos agarrados a celulares que dependem de satélites e que, numa fração de segundo, transportam milhões de mensagens para o outro lado do mundo. Precisamos nos comunicar, estar em rede, fazer parte do todo.

É frequente ouvirmos que a sociedade do conhecimento encurtou distâncias, diminuiu espaços, derrubou barreiras, tornou-se aldeia global. Mas, por detrás dessas designações, nem tudo é transparente. A junção entre conhecimento, informação e *World Wide Web* cria uma realidade nova, poderosa, nem sempre visível. Congregando a eficiência e a eficácia, a *World Wide Web*, desde que Tim Berners-Lee a tornou possível, em 1989, mudou o modo de nos relacionarmos uns com os outros. Todas as noites, há quem jogue pôquer com alguém no outro lado do mundo. Com o Skype, falamos à vontade, mesmo com quem vive nas antípodas. Basta uma ligação à internet e ficamos com a possibilidade de contatar qualquer ponto do mundo. O espaço virtual ganha dimensão à medida que diminui a importância do espaço físico.

A internet é fonte de partilha, novidades e curiosidades. Entramos na rede, espreitamos as novidades e temos a sensação de tomar o pulso do dia. Já não é preciso esperar pelas notícias da televisão e da rádio. Um clique na internet nos dá uma parte do mundo em transmissão simultânea, ao vivo e em cores. Um terremoto no Japão ou na Índia, uma bomba no Oriente Médio, a queda das bolsas, as previsões de recessão, as decisões dos bancos centrais e as grandes cimeiras mundiais. Nós nos sentimos a par com o mundo, como se estivéssemos acompanhados. Adicionamos contatos nas redes para esquecer a solidão. Para um jovem, é inimaginável a vida de seus pais ou avós sem celular e sem computador, tal como para muitos adultos que trabalham exclusivamente *on-line*. Tudo tem de ser já, agora, neste instante. Esperar tornou-se impossível. Mas as TIC também enganam. Dão a ilusão de algo direto e pessoal, embora haja sempre uma tela e um teclado entre mim e o outro. Vencemos a barreira do espaço e do tempo, mas perdemos quadros de referência.

A luta entre as nações já teve como prêmio a conquista de territórios. Os vencedores erguiam suas bandeiras, edificavam suas fronteiras num espaço unitário de soberania, defesa e segurança, mas hoje coexistem espaços diferentes no mesmo lugar e criam-se proximidades entre espaços distantes. As fronteiras terrestres deixam de ser barreiras de identidade. A deslocalização e a mobilidade permitem entender o espaço social com outras lógicas, sem coincidir geograficamente com um país, alterando-se a percepção das distâncias, as coordenadas do próximo e do longínquo. Predomina uma lógica dos fluxos em que o espaço se contrai ou se expande, conforme as redes relacionais que promove, sem depender de um território. Criam-se comunidades de interesse, redes de compartilhamento nas quais, por vezes, a distância comunicativa é mais premente ou dolorosa que a distância física.

A sociedade é uma invenção ousada da vontade humana, em que a partilha, a cooperação e as relações são suportes de crescimento e desenvolvimento. A sociedade do conhecimento funda-se na partilha e no trabalho em rede. A internet derruba muros e fronteiras. Para além dos limites físicos de um território, criamos uma sociedade global. A globalização é um modo de regresso à Torre de Babel, afinal, o mundo é uma aldeia, e talvez nós sejamos um todo e, com sorte, um só povo. Tudo está em comunicação. O bater de asas de uma borboleta pode desencadear uma tempestade no outro lado do mundo. A globalização é, ainda, uma tentativa de repor a Torre de Babel no século XXI, talvez uma *globabelização*. As torres têm a mesma soberba de antes, e queremos sempre chegar mais alto e a todo o lado. Depressa, temos pressa. Esperar tornou-se impossível.

4. O mundo mudou

Em 1989, o mundo assistiu à queda do muro de Berlim. Espaço físico que se abre, espaço ideológico que desmorona, pedras que caem como símbolos de um passado que ficou para trás. A queda do muro é a queda de um regime e de uma ideologia. O mundo estava dividido em dois blocos, duas concepções separadas por uma cortina de ferro. De cada lado, visões antagônicas do mundo e da sociedade. Rivalidade total. Ódios e orgulhos separados.

Os Jogos Olímpicos eram uma oportunidade de mostrar ao mundo as grandezas de um regime político. Mais do que medalhas ou recordes desportivos, estava em jogo uma luta entre modos de conceber o mundo. Era imperioso revelar o melhor de cada um. No filme *Good Bye, Lenin!*, de 2003, temos a paródia da encenação de um regime que já desabou, dos símbolos que simulavam o bem-estar social. O cômico e o drama unidos na tentativa de parar o tempo e o devir histórico. De um lado, uma visão coletivista da sociedade, em que o indivíduo se dilui. De outro, a primazia do indivíduo sobre o todo.

Na visão coletivista, o indivíduo existe *na* sociedade, *pela* sociedade e *para* a sociedade. É o primado da massa a que o indivíduo serve. O resultado é o totalitarismo; o ser humano é um meio e a sociedade é o fim.

Conceber as pessoas como o meio e não como o fim em si mesmo anula seu valor e sua dignidade. O ser humano torna-se peça de uma engrenagem. Assim nasceram os regimes totalitários do século XX, de direita e de esquerda – comunismos, fascismos e nazismos. Com unanimismo, não há liberdades. O totalitarismo destrói a sociedade civil, livre e tolerante.

Em contraste, para o individualismo, o fundamento do sistema social é a liberdade do indivíduo e a livre concorrência. A sociedade é uma ficção. Sem proteção social, impera a luta de uns contra outros, a lei do mais forte. Sem justiça social, os mercados são desregulados.

Levado às últimas consequências, o individualismo não considera reais as influências recíprocas entre pessoas: a sociedade é apenas um somatório de indivíduos. Os individualistas julgam que a única realidade social são os indivíduos; todo o restante é irreal, em especial as relações. São poucos os filósofos individualistas radicais, como o pensador alemão Max Stirner, que, em sua obra *O Único e a sua Propriedade*, negou todos os deveres sociais.

Se os individualistas estivessem certos, a sociedade não teria direito algum. O que não existe, o que é pura ficção, não pode ter direitos. Ora, para além dos indivíduos, existem as relações; a sociedade é mais do que a soma das partes. O *eu* e o *tu* não são abstrações, inserem-se num tecido social, numa sociedade que lhes dá a língua e a cultura. É certo que a nossa liberdade só se exerce de modo delimitado pelos outros. Mesmo na sociedade mais livre e democrática, estamos condicionados e não podemos nos comportar como queremos. Mas os condicionamentos não anulam a nossa capacidade de decidir; apenas restringem o leque de escolhas e opções. Somos livres dentro dos condicionalismos da vida em sociedade.

5. Cidadania e sociedade do futuro

Viver em sociedade não é opção, mas sim nosso modo de sermos pessoas. Somos membros ativos, cidadãos com direitos e deveres. A vida em sociedade possibilita a segurança, a aceitação voluntária de limites, nos dá a hipótese de exercermos nosso papel. Mas a regulação é importante para que o todo funcione, para que não impere a lei da selva, para que a igualdade se transforme em equidade, para criar respeito, porque, afinal, só somos nós quando reconhecemos no outro a humanidade comum.

Somos criadores de civilização, à qual acrescentamos a nossa marca. Para o bem e para o mal. Nunca houve tanta consciência dos contrastes gritantes de que é feito nosso mundo. "Vemos, lemos e ouvimos, não podemos ignorar", escreveu Sophia de Mello Breyner. Além disso, somos fazedores de impérios e de atrocidades. Massacres e guerras, genocídios e holocaustos, campos de concentração e extermínios em massa, torturas e discriminações ocorrem quando nos recusamos a reconhecer o outro como pessoa. Mas o mundo não está perdido. Talvez nunca tenha havido tantas instituições de solidariedade e tantas ações de voluntariado como hoje. São muitas as organizações prontas a acolher, a cuidar, a dar ao outro as condições para que ele se realize.

A sociedade aparece como uma força muito real e poderosa. Embora pareça existir como qualquer outra coisa real deste mundo, é ainda mais poderosa e, por assim dizer, mais real que as outras coisas que o compõem. A sociedade não é um somatório de pessoas e de instituições. É um todo que se organizou, dividiu tarefas, criou estruturas. Há formas de participação e de atuação a incentivar e reinventar. Mais do que pertencer a um coletivo, nós participamos nele, através das relações, das iniciativas, das responsabilidades, da capacidade de atuar.

A pessoa permanece a finalidade última da atividade social. Os deveres que temos a cumprir para com a sociedade nos ligam com a mesma força dos deveres para com os indivíduos. As relações sociais estão fundadas na realidade de cada pessoa. Essa realidade que se encontra em cada um é aquilo que todos têm em comum. É, essencialmente, a natureza humana; do ponto de vista dinâmico, chama-se o bem comum. O bem comum da sociedade é a conjunção do bem de cada indivíduo com o que pode ser alcançado por todos.

"Prever é sempre difícil, em particular o futuro", escreveu ironicamente o físico dinamarquês Niels Bohr. Mas temos de inventá-lo. Antever futuros é fazer sociedade sem nos submetermos à tirania do presente. A capacidade de o projetarmos revela nosso presente. A filosofia apela a uma ética do futuro, da responsabilidade. Quanto mais ficamos absorvidos pelas urgências do presente, menos nos relacionamos com um projeto. Se é verdade que o futuro está sempre em aberto, ainda assim ele não é fruto do acaso ou do destino, mas sim de decisões. Pensar o improvável é o único modo de decidir sobre o incerto.

Aquilo que nos tornamos é sempre fruto do que vivemos hoje. A sociedade do futuro será a que escolhermos agora, e, se é verdade que somos sempre seres situados, isso não nos impede de abrirmos portas para novas realidades. Esperança não é sinônimo de fantasia ou de entusiasmo ignorante. Vivemos dias de incerteza, insegurança e imprevisibilidade. Nada está adquirido. Tudo é volátil e tudo se consome depressa. Mas temos sempre a força da comunidade. *A união faz a força*. Ainda não fomos capazes de construir a cosmópole, mas estamos sempre a tempo de nos reinventarmos e de criarmos formas de reconhecer que vivemos num só planeta, que somos habitantes da mesma Terra, afinal, nós a possuímos. Por isso temos a capacidade de antecipar e reconhecer o outro, mesmo que o outro ainda seja futuro.

14. A história tem sentido?

1. A ampulheta do tempo

Sete, seis, cinco, quatro, três, dois, um... zero! Lançam-se foguetes e abrem-se garrafas de champanhe. Fazem-se brindes ao novo ano e renovam-se desejos e promessas. Novos propósitos são enunciados ou reafirmados: a dieta adiada, as visitas nunca feitas, os horários por cumprir...

O Ano-Novo serve para renovar esperanças e desejos. Desejam-se boas entradas, bom ano, saúde e felicidade. Em Portugal, mastigam-se passas; no Brasil, usa-se roupa branca; na Espanha, comem-se uvas. Todos formulam desejos ao som das doze badaladas. Há quem salte de uma cadeira ou dê o primeiro passo com o pé direito. Batem-se panelas na rua para receber o ano que se inaugura. Comida, bebida, música e dança. Ouvem-se sinos, foguetes e sirenes, e todos estão felizes ou simulam alegria quando se despedem do ano velho.

No mundo todo, comemora-se a renovação, com as marcas de cada cultura. Chegam até nós imagens de praças e ruas cheias de multidões, fogos de artifício e danças tradicionais tanto do ocidente como do oriente. Cor e músicas regadas com expectativas, salpicadas de esperança. Alguns mais animados do que outros; uns mais exuberantes, outros mais contidos, mas sempre com desejos. Todos anseiam que este seja o ano da sua vida, o ano em que finalmente se concretizam desejos profundos. O ano mau fica marcado por dias longos, sombras intensas e temperaturas geladas. Todos desejam que o próximo seja melhor e mais feliz.

O dia 1º de janeiro transformou-se em celebração desde que Júlio César o fixou, em 63 a.C., como o primeiro dia do ano novo. É o dia de todos, uma espécie de aniversário mundial, dia da paz. Ano novo, vida nova. Aparecem visões, cumprem-se rituais, fazem-se prognósticos, e os astrólogos entram em ação. Preveem-se escândalos e casamentos, crises financeiras, perdas na Bolsa, falências, vitórias, sorte e azar no amor. Vendem-se títulos sensacionalistas sobre o que aí vem.

É dia 1º de janeiro do ano 2013 do calendário juliano; para os islâmicos, estamos em 18 de Safar do ano de 1434 da Hégira, e, para os judeus, no 19 Tevet do ano 5773 da vinda de Abraão de Ur. Poderíamos pesquisar mais sobre os calendários dos aborígenes australianos e africanos, bem como de povos desaparecidos, como astecas e sumérios, e chegaríamos a conclusões idênticas. A comparação entre cronologias revela que o decurso da história depende da relação entre acontecimentos e interpretações. Uma cronologia serve para que a sociedade consiga enquadrar as novidades segundo um grande acontecimento originário. Mas "a história respira devagar", escreveu Voegelin, para assinalar a importância das escalas. Como ordenar o fluxo de acontecimentos segundo marcos que lhe conferem um significado? Como validar as ideias e os valores que orientam a seleção de acontecimentos? Como avaliar os símbolos através dos quais as sociedades se autointerpretam? Se a humanidade vive simultaneamente em épocas múltiplas, é preciso avaliar os acontecimentos que desfilam, trazendo memórias e novidades.

Já vimos como a experiência cotidiana do tempo se apresenta como um fluxo irreversível, que cada pessoa vive à sua maneira. Estamos conscientes de que o passado nos condiciona e o futuro nos chama. O presente pode ser descrito como uma linha de demarcação móvel entre o passado e o futuro. Já vimos como o tempo é uma totalidade ordenada de durações concretas.

A possibilidade do conhecimento histórico funda-se na experiência do tempo. As experiências de vida nos transformam no que somos; afetam os pensamentos e as ações no presente; assim como os planos para o futuro. A experiência de infância depende do tipo de família que tivemos. Nossa vida, como a dos antepassados, foi moldada pelas circunstâncias. Houve uma longa cadeia de causas que moldou as escolas onde estudamos e as profissões que agora exercemos. Nós nos orientamos num mundo com ideias transmitidas de geração em geração. Temos ciências, tecnologias, filosofias e religiões vindas do passado, onde também se fixam as raízes de preconceitos e ideologias que vemos hoje. Julgamos segundo princípios em que fomos embebidos enquanto aprendíamos a falar, e nos adaptamos à sociedade antes de sermos autônomos. Nossa vida ainda não está fechada. As ações e as decisões presentes irão reverberar no futuro. Por tudo isso, sabemos que o ser humano é um animal histórico; a historicidade, como dizem os filósofos, é uma dimensão decisiva da existência.

2. A escrita da história

A escrita da história terá começado modestamente pelo desejo de perpetuar fatos. Cronistas obscuros registraram os acontecimentos importantes de seu tempo, da mesma forma que hoje em dia escrevemos diários. Esse desejo de preservar a memória terá sido reforçado por uma finalidade prática, como registrar transações comerciais, nascimentos, mortes e sentenças judiciais. Houve, ainda, o interesse em narrar fatos inspiradores, acontecimentos curiosos e exemplos heroicos. Tudo isso é matéria-prima da história.

Como os filósofos gregos que queriam entender toda a realidade, também a historiografia quer abranger toda a ação humana. No início, o interesse prático absorveu todos os testemunhos. Depois, pretendeu-se atribuir significado aos atos de um povo e integrá-los numa memória do passado, assim como numa especulação sobre o futuro. Só lentamente emergiu o desejo de narrar os acontecimentos baseando-se em provas, sem a preocupação de extrair lições. Mais tarde, procurou-se reconstruir sequências de acontecimentos e identificar causas culturais, sociais e econômicas; e, finalmente, pretendeu-se uma interpretação global de todo o curso da história, uma filosofia da história.

No início do livro *O Declínio do Ocidente*, o filósofo alemão Oswald Spengler interroga-se se existe uma lógica da história. Será que, para além dos fatos contingentes, existirá algo a que possamos chamar uma estrutura metafísica que permeia as estruturas sociais, culturais e políticas? Terá a história uma forma, uma lógica?

Talvez a mais antiga dessas estruturas da história seja o movimento cíclico. As circunstâncias se repetem, as respostas são sempre as mesmas. Na natureza, repetem-se as estações do ano, a alternância entre noite e dia, a geração dos animais. Os mitos narram que os deuses são sepultados no inverno e ressuscitam em cada primavera. Os povos têm ascensões e quedas. Os anos das vacas magras alternam-se com os das vacas gordas. Na luta entre o bem e o mal, a vitória de um é seguida pela do outro, num ciclo sem fim. O modelo cíclico surge em mitologias de todo o mundo.

Nos tempos modernos, Nietzsche subscreveu essa visão. Considerava que existia no Universo um número limitado de fatores, que se combinariam periodicamente. Seria o *eterno retorno do mesmo*. Spengler fala de *crescimento e decadência* das civilizações, e conhecemos os lamentos do senso comum: *Não há nada de novo sob o sol* ou *Quanto mais isso muda, mais parece a mesma coisa*.

Em contraste com os modelos cíclicos, a Bíblia trata a história da humanidade como um progresso que começa e termina na presença da divindade. A fim de compreender esse progresso, assinala acontecimentos como o êxodo do Egito, a chegada à terra prometida, a criação do império de Salomão e o cativeiro da Babilônia. Nos livros dos profetas, explica as conquistas, as invasões e os desastres a que Israel esteve sujeito como resultado da ação divina. Na visão judaico-cristã, a história vai desde a criação do mundo até o juízo final. No *Novo Testamento*, afirma-se que Jesus Cristo é o mediador, o Salvador, e o progresso da humanidade já não depende só de um povo, mas de cada indivíduo.

Essas duas concepções da história originam expectativas muito diferentes. Se houver eterno retorno, não há esperança de progresso e pouco adianta tentar mudar as coisas: há que se aceitar o destino. Se, pelo contrário, houver progresso, há um fim a se alcançar e um movimento a realizar. A história adquire uma finalidade com a qual somos convidados a cooperar.

Apesar de terem uma consciência da história mais profunda do que geralmente se admite, os gregos nunca abandonaram de todo a visão do eterno retorno. A épica de Homero transmitia a memória da imigração do século IX a.C. e providenciava uma mitologia comum aos povos helênicos. Heródoto e Tucídides, criadores da ciência histórica, responderam às crises da época com teorias distintas. Heródoto queria promover as tradições da Grécia em face da invasão persa. Tucídides descreveu como destino o *movimento* que opunha as *cidades* gregas na Guerra do Peloponeso. Platão mostra a existência humana oscilando entre o tempo da caverna e a eterna libertação. Aristóteles distingue entre a época do mito e a da filosofia, revelando consciência do novo período histórico que então se abria e do qual Alexandre Magno será o organizador imperial.

Uma expectativa muito diferente sobre a história resultou da influência cristã. Cristo é a figura em torno da qual gira a história. Essa descrição de uma entidade divina que tem ação direta sobre a história ganhou proeminência no Ocidente. Santo Agostinho, na obra *A Cidade de Deus*, considerou que coexistem a história profana – sujeita às atribulações no tempo – e a história sagrada, a participação da humanidade no ser eterno. A edificação da cidade de Deus é história sagrada; as atribulações dos povos são história profana, tempo de envelhecimento e crise. A existência pessoal deve ser de êxodo e libertação através da revelação divina.

Esse modelo de dupla história predominou desde *A Cidade de Deus* e *Historiae Adversus Paganos* [História Contra os Pagãos], do bracarense Paulo Orósio, no século V, até *Discurso sobre a História Universal*, de Jacques-Bénigne Bossuet, teólogo francês, em finais do século XVII. Uma exceção foi a do monge franciscano Joaquim de Fiore. No século XIII, ele concebeu a história como uma sucessão de eras, em que estaria para breve a era do espírito. Spengler chamou-o de o primeiro europeu moderno, porque transformou em visão otimista a sequência pessimista da história profana.

3. As filosofias da história

A visão da dualidade entre história sagrada e história profana desgastou-se ao ser desmentida pelos fatos. O cristianismo sobreviveu para além do quadro civilizacional que o vira nascer e alargou-se à Europa. A começar por Portugal, o horizonte da humanidade expandiu-se por todo o planeta, com povos que não haviam participado da história da salvação. E, além disso, a visão cristã associou-se a guerras santas, perseguições e inquisições. O cristianismo deixou de ser considerado o caminho da história universal.

A tarefa de identificar um novo fio condutor da história atraiu muitos autores. Os iluministas do século XVIII tiveram a ambição de apresentá-lo, dispensando a providência divina e os fins sobrenaturais. Autores como Voltaire, no *Ensaio sobre os Costumes e o Espírito das Nações*, Gibbon, em *Declínio e queda do Império Romano*, Condorcet, em *Ensaio de um Quadro Histórico do Espírito Humano*, e Herder, em *Ideias para uma Filosofia da História da Humanidade*, todos eles atribuíram um significado de progresso à história profana. A humanidade vivia na *idade das luzes*. O progresso era a lei geral da história.

Em face desse triunfalismo, que substituía a crença na presença divina na história por uma nova religião da humanidade, Immanuel Kant esboçou um esquema alternativo em *Ideia de uma História Universal de um Ponto de Vista Cosmopolita*, de 1784. Não basta o estudo empírico de fenômenos históricos à maneira dos iluministas. As finalidades individuais, embora racionais, não explicam por si só o desenvolvimento das sociedades. A história se desenrola segundo *tendências transcendentais* que não estão à vista, mas que revelam uma finalidade na ação racional do ser humano. Kant faz um apelo para conciliar o sentido providencial da história com o sentido imanente: como Kepler e Newton tinham descoberto a racionalidade subjacente ao universo físico, deveria surgir alguém capaz de revelar o modelo subjacente ao devir histórico.

O apelo de Kant obteve resposta por parte de Hegel – cuja obra *Preleções sobre a Filosofia da História Mundial*, de 1837, é uma das mais relevantes filosofias da história – uma tentativa ambiciosa de explicar o sentido de todas as civilizações conhecidas. É o desenvolvimento da razão, a *marcha do espírito*, que confere sentido aos acontecimentos. Hegel quer reconciliar transcendência e imanência, bem como expor o que considerava as verdades do cristianismo. Contudo, apaga as fronteiras entre conceitos filosóficos e símbolos religiosos. A providência divina é convertida na atividade da razão, e o fim da história é a manifestação do espírito absoluto.

Essa visão hegeliana da história como desenvolvimento do saber absoluto incentivou os historiadores a entender as relações entre acontecimentos e, ainda, a promover o conhecimento de todas as manifestações de civilização. E assim emergiu uma vaga de propostas do *fim da história*. No *Manifesto Comunista*, de 1848, em coautoria com Friedrich Engels, e depois em *O Capital*, Marx imagina leis históricas que governam a mudança social, da sociedade escravagista para a feudal e para a capitalista. A sociedade sem classes é o ideal do futuro. As aspirações religiosas são produtos da falsa consciência. Em vez de um mundo governado pela providência divina, anuncia um mundo sem constrangimentos materiais. Em vez da queda do ser humano, fala da propriedade privada e da exploração. O Messias é o proletariado, crucificado pela sociedade capitalista. A revolução é o dia do juízo. A sociedade sem classes é o reino dos céus.

Apesar da influência contundente do marxismo no século XX, as filosofias mais conhecidas na história do século XIX devem-se aos positivistas Comte e Spencer. Para Comte, autoproclamado fundador da sociologia moderna, o pensamento religioso é um estágio primitivo da mente, a ser substituído pelos avanços da ciência positivista. Para Spencer, a ciência remediaria as inadequações da religião, e o evolucionismo seria a nova filosofia do Universo.

Nessas filosofias, permanece a convicção de que existe um sentido da história, mas a história se revelaria mais rica que o positivismo. John Stuart Mill, em *Sistema de Lógica Dedutiva*, de 1843, mostra que a explicação dos fenômenos do mundo natural cabe aos métodos da ciência empírica, enquanto o mundo humano exige uma explicação moral. Essa proposta de autonomia do ser humano impacientava os revolucionários que queriam mudar os destinos da humanidade; para eles, a visão de Marx sobre a luta de classes era muito mais empolgante.

Ante a acumulação de conhecimentos, surgiram novas propostas com Spengler e Toynbee. A inspiração de Spengler vem da filosofia da vida de Schopenhauer e Nietzsche; a de Toynbee provém do empirismo anglo-saxônico. Ambos corrigem a ideia do progresso constante da humanidade com o conceito de *ciclo*, mas pouco acrescentam à compreensão dos processos históricos concretos.

As narrativas da *filosofia da história* proclamam que o passado tem um sentido absoluto. Por mais diferentes que sejam o *espírito* em Hegel, a *humanidade* em Comte, o *proletariado* em Marx, a *nação* em Spengler, a *civilização* em Toynbee, todos são entidades que se desdobram no tempo segundo um plano. A convicção do progresso ajuda a investigação histórica a estudar a natureza das instituições, dos regimes, das ideias.

Além disso, há muitas críticas ao historicismo. Hegel sempre foi criticado por distorcer o curso dos acontecimentos mediante uma construção metafísica. O processo dialético é como uma valsa a três tempos – tese, antítese e síntese –, que serve para descrever toda sucessão de acontecimentos. Qualquer situação inicial é considerada uma tese. Quando algumas potencialidades são atingidas e a situação é negada, surge a antítese. O novo estado de coisas é uma combinação de antigos e novos elementos, a síntese. Alguém brincou ainda mais com a dialética: aqui está um ovo, a tese; quebramos o ovo, a antítese; fazemos uma omelete, a síntese. Aplicada à história, isso significa que cada fase contém possibilidades, primeiro reprimidas, depois reafirmadas. O problema dessa dialética não é ser falsa, mas equívoca.

4. Do tudo ao nada

A crença no progresso permanente foi abalada pelos acontecimentos do século XX. Os herdeiros de esplêndidas tradições culturais mostraram-se capazes de extremos implausíveis de selvageria e irracionalidade. Após séculos de civilização, a Alemanha levou a cabo o holocausto e a Rússia criou o *Gulag*, sistema de campos de trabalho forçado para criminosos e opositores políticos na ex-União Soviética. As ambições das filosofias da história revelaram-se inadequadas em face desses horrores e chegaram mesmo a suscitar repulsa. Todos esses grandiosos modelos metafísicos pareciam conter erros fatais. Passou-se a dizer: *Auschwitz, nunca mais!*

Em vez das ambições de determinar o sentido absoluto da história, houve quem procurasse articular os métodos e pressupostos da história empírica. Karl Popper tornara-se conhecido por afirmar que uma teoria só é uma contribuição genuína para o conhecimento se for falsificável, ou seja, se a demonstração de que a teoria é verdadeira for acompanhada pela demonstração dos casos em que é falsa. Em *A Sociedade Aberta e seus Inimigos*, de 1945, e *A Pobreza do Historicismo*, de 1957, Popper aplicou esse critério às teorias historicistas. Segundo ele, as filosofias da história de Hegel e Marx estão viciadas, porque manipulam as provas a fim de evitar o teste da falsificabilidade. Quando Hegel considera que as histórias da Índia e da China não cabem na sua visão geral, explica-as como aberrações. Quando Marx diz que a história é a luta de classes, põe de lado a luta de nações, etnias e religiões. Não estão falando de como *é* a história, mas de como ela *deveria ser*.

Quando a construção de grandes narrativas deixou de ser respeitável, a filosofia da história no século XX passou a se apresentar como metodologia. Para conferir à história um estatuto equivalente ao da ciência, os historiadores se questionaram sobre como se manteriam neutros. A neutralidade perante os valores ditou o abandono das interpretações que concebiam o passado como uma luta entre as forças do bem e do mal. O cume da filosofia metodológica da história foi um ensaio de Hempel, *A Função das Leis Gerais em História*, de 1942. A única tarefa do historiador seria a recolha, a triagem e o registro dos fatos. Qualquer ordenação destes resultaria do interesse subjetivo do historiador.

Essa tentativa de redução da história à ciência natural levantou dúvidas. A história não pode ser uma sucessão cega de acontecimentos, sem rima nem razão. Como pode uma mera listagem de ocorrências tornar-se história significativa? E como pode uma seleção subjetiva permitir debates racionais? Será possível um conhecimento objetivo do passado?

Robin George Collingwood, filósofo e historiador britânico, deixou claro, em *A Ideia de História*, de 1946, que a compreensão histórica é muito diferente da explicação científica. Existe uma diferença radical entre eventos históricos e processos naturais. Como esses últimos não têm significado próprio, os cientistas podem ordená-los segundo finalidades. Mas as ações na história têm significado para os agentes executores: dependem do contexto e do sujeito que as executa. Os processos naturais podem ser explicados, os acontecimentos históricos têm de ser compreendidos. Como escreveu Mark Twain: "A história não se repete, mas rima".

A partir dos anos 1950, a filosofia da história hegeliana emergiu com uma face pessimista. Alexandre Kojève divulgou o símbolo do *fim da história* para identificar a marcha da humanidade em direção ao término dos conflitos num estado universal e homogêneo, caracterizado pela miscigenação do consumismo e da banalidade. Trata-se da primeira teoria da globalização, hoje muito em voga. A *era do vazio*, como a designou Gilles Lipovetsky, ou a *era pós-capitalista*, segundo o austríaco Peter Drucker, são outras interpretações poderosas do nosso tempo. Pensadores como Michel Foucault e Jacques Derrida conceberam a consciência moderna como desprovida da inteligibilidade racional proclamada pelo iluminismo. Essas ideias culminaram na *Teoria da globalização*, de Francis Fukuyama, em que o mercado, os direitos humanos e a democracia são o legado da modernidade que se globalizou em todas as sociedades atuais.

5. Sentido na história

Na segunda metade do século XX, emergiu um conjunto de autores – Hans-Georg Gadamer, Eric Voegelin, Hans Blumenberg, entre outros – que valorizam a historicidade de modo inovador. As novas teorias consideram que a humanidade evolui de formas compactas de pensamento e ação para formas diferenciadas; e que historicidade não é sinônimo de progresso, mas sim de abertura. Nossa compreensão é sempre moldada pela historicidade, nos diz Gadamer em *Verdade e Método*. Para compreender o mundo pós--moderno, em que os valores estão em constante fluxo, é preciso abandonar o preconceito contra os preconceitos, típico dos iluministas. Blumenberg, em *Arbeit am Mythos* [Trabalho sobre o Mito], demonstrou como a racionalidade tem uma história de diferenciação comparável à da criação de tecnologias que permitiram a sobrevivência humana.

O mais importante representante desse movimento foi Voegelin, que, em *Ordem e História*, mostrou como só o reconhecimento da historicidade afasta o historicismo. O determinismo histórico é errado, pois apresenta a história como um tempo finito cuja *finalidade* é previsível, a *essência* é determinável, o *sentido* é exterior à consciência, e o *sujeito* é a humanidade como ente coletivo. Essas teses são ilusórias. Em alternativa, afirma Voegelin que o tempo histórico *emerge da consciência*, com uma estrutura constante de novidades ou *surtos de ser*; e que os acontecimentos são esclarecidos mediante indicadores *de ser eterno* e *ser no tempo*.

Essas teorias filosóficas da história têm aspectos difíceis, mas que podem ser esclarecidos à luz do que já afirmamos sobre a experiência do ser humano no tempo. O abandono do modelo metafísico da história não elimina a procura de sentido. Não podemos nos resignar ante a falsa alternativa entre o *significado absoluto* dos fundamentalismos da história e a *sequência sem sentido* dos relativismos. Pode não haver *sentido da história*, mas há com certeza *sentido na história*, pois nós damos significado às nossas vidas mediante interpretações e avaliações. Nossa existência adquire identidade através de lutas e festas, planos e sonhos, realizações e frustrações, metas alcançadas e por alcançar. Afinal, é a consciência que se procura reconhecer nos fatos históricos.

Vejamos o que significa esse esforço para captar o sentido na história através das manifestações da consciência. A historiografia começa pela leitura de testemunhos e evolui para disciplina científica ao incorporar técnicas e métodos auxiliares. Arqueologia, filologia e demais ciências auxiliares interpretam registros, arquivos e vestígios, como ossos, edifícios, moedas. Psicologia, economia, sociologia e demais ciências humanas ajudam a articular os acontecimentos evocados por esses materiais.

Mas como podemos ter conhecimento do que já não existe? Como podemos estudar no presente as marcas do passado? O historiador utiliza os métodos científicos de compreensão. Por exemplo, no verão de 2012, no Alentejo, os arqueólogos encontraram estatuetas de marfim que datavam de 4.500 anos atrás. Uma boa parte das provas históricas, como inscrições, cartas e contas, falam por si, no sentido literal do termo. O fato de o autor estar morto ou as circunstâncias serem ultrapassadas, isso não apresenta dificuldades maiores. Mas permanece a questão crucial das filosofias da história: Podem as provas revelar mais do que um amontoado de ocorrências? Como encontrar *sentido na história*?

Quando lemos o que nossos antepassados escreveram em cartas, diários, autobiografias, ensaios e memorandos, confrontamo-nos com suas interpretações. Apreendemos o que a vida significa para um outro, porque reconhecemos essa vida em nossa consciência e aprendemos sobre a forma como as pessoas então pensavam e sentiam. No caso de personalidades que afetaram o curso da história, reconhecemos, nos seus escritos, as ideias e os propósitos determinantes no rumo dos acontecimentos. É esse modelo que nos diz que a história emerge da consciência e dela passa para a sociedade.

Há, contudo, também testemunhas que mentem ou que estão mal informadas. Por isso, o historiador, ao contrário do biógrafo, não se contenta em explorar o ponto de vista pessoal; tem de considerar que o valor do testemunho depende da convergência de provas. Cada personalidade histórica teve um objetivo particular, sua visão e suas realizações. Seus adversários viram os acontecimentos a uma luz diferente ou mesmo oposta. Um governante pode ter tido consciência de aspectos que o historiador não encontra em registros, e o historiador pode descobrir fatos que esse governante então ignorava. O historiador tenta captar essa teia de significados valendo-se das provas disponíveis; não lhe interessa apenas o fato bruto, mas sim o fato refletido por quem agiu e sofreu.

Nada há de misterioso ou surpreendente no fato de a mesma situação ter significados diferentes para pessoas diferentes ou adquirir um novo sentido com o passar do tempo. É a dinâmica da historicidade que atua sobre a consciência. A imaginação histórica é a capacidade de entender o significado global dos acontecimentos e, ainda, de recriar os sentimentos e pensamentos do passado. Na sua base está a experiência partilhada do que é ser humano. Todos nós sabemos o que é amar e sofrer, nos esforçarmos e ficarmos decepcionados. Sentimos, em maior ou menor grau, o aperto do medo e o esporão da ambição. Podemos entender o riso e as lágrimas dos outros, pois nós mesmos rimos e choramos. Assumimos que há um significado nos testemunhos alheios e tentamos compreendê-los, porque também somos sujeitos de comunicação. Podemos entender o impulso por detrás da construção de túmulos e templos, estátuas e estradas, pois temos necessidades semelhantes. Nesse sentido, existe uma equivalência dos simbolismos nas várias civilizações que permite que os seres humanos se entendam. É essa capacidade filosófica de compreensão que permite reconhecer os acontecimentos no tempo passado e, assim, possibilita a compreensão histórica.

O historiador tem de fazer uso da imaginação histórica ao tentar compreender os depoimentos que descobre. Está situado num ponto específico da história. É afetado pela cadeia de consequências. É influenciado pelas preocupações de seu tempo. Se, por exemplo, testemunhou o surgimento da democracia, estará interessado nos processos anteriores de democratização. Sua subjetividade é compensada pela compreensão imaginativa desses aspectos, e tenta, assim, reconstruir a sequência de acontecimentos através da qual nossos destinos se manifestam.

Por vezes, os historiadores também distorcem os fatos, mas, ao identificarem os erros, também os podem corrigir. Usamos o conhecimento do passado para saber como surgiu o presente. Aprendemos nossas potencialidades e as características da forma como agimos; acreditamos que esse conhecimento pode nos ajudar a preparar o futuro. Por todas essas razões, é urgente debater a natureza e a possibilidade do conhecimento histórico.

Há um esforço humano permanente para entender a experiência mediante conceitos, para criar os ideais que nos esforçamos por atingir e os princípios com que organizamos as escolhas. Técnicas, ferramentas, instituições e organizações são meios que concretizam nossas aspirações.

Para além disso, há sempre novidades à nossa espera: a evolução dos hominídeos para o *Homo sapiens sapiens*, criador de símbolos; do animismo para as religiões cosmológicas; da superstição para a revelação; do mito para a filosofia; do paganismo para o cristianismo; da manufatura para a tecnologia; da sociedade industrial para a era da informação, a *terceira vaga*. Em todas essas novidades, podemos ver pulsar a busca da verdade, a criação de beleza, a conduta ética com que a humanidade tenta se erguer para além do tempo que passa.

A tarefa da filosofia da história é construir sentido no meio da mudança social. As filosofias da história de Kant, Hegel, Marx, Toynbee e Voegelin, entre outros, foram criadas com essa finalidade. Deixamos aos especialistas a tarefa de provar como estimularam linhas de pesquisa científica, mas nunca é demais enfatizar o modo como contribuíram para enaltecer a aventura humana e encontrar *sentido na história*.

15. Querer é poder!

1. A tragédia grega

Tragédia…! *Puxa vida!* – diz o Pato Donald. A vida já é tão difícil e ainda é preciso que nos venham falar de tragédias? Contudo, a tragédia grega foi o grande acontecimento do século V a.C., em Atenas. Nesse período de glória, a representação não era um pesadelo, nem uma diversão para gente cansada; não equivalia a uma ida ao cinema ou ao teatro; não era um festival animado como o *Rock in Rio*. Era um concurso solene ao qual assistiam os cidadãos, que se prolongava por vários dias e se repetia anualmente, fazendo parar a cidade. Era um evento absorvente, com a apresentação de uma trilogia dramática e uma comédia, e que produzia um efeito catártico sobre a assistência.

A tragédia era um culto público e, além disso, um culto dispendioso. Por várias vezes, houve políticos que desviaram dinheiro do fundo trágico que subsidiava as representações gratuitas. A plateia era constituída por cidadãos que se identificavam com o drama e que o compreendiam como um ato de obediência à justiça. A justiça não tem saídas fáceis. O povo deveria se identificar com a empresa da cidade. Atenas tinha dirigentes ilustres – Sólon, Péricles, Temístocles – que se consideravam os representantes da justiça divina e que usavam o poder para defender as glórias gregas contra um mundo desordenado, se necessário, até mesmo através da ação militar.

A grande maioria dos manuscritos das tragédias se perdeu. Veja-se o caso de Sófocles. Começou como um atleta de luta livre e foi um excelente músico, mas, tendo ganho 24 vezes o concurso anual, seu nome ficará para sempre ligado às tragédias. Logo aos 27 anos, venceu Ésquilo, o dramaturgo mais célebre da época. Escreveu mais de 120 peças, das quais só restam nove, e morreu aos 90 anos. Era um homem meticuloso. Retratou a alma humana, colocando em cena personagens como Antígona, Medeia, Orestes, Édipo, Cassandra e Electra. São mais do que personagens: são heróis e heroínas que ousam escolher a liberdade e seguir a consciência.

A representação da tragédia faz reviver a decisão em favor da justiça. Ainda que os espectadores não sejam heróis, sentem a ação trágica como exemplar; o destino do herói os faz tremer como se fosse o seu próprio destino. O sentido da tragédia como culto da cidade consiste nesse sofrimento representativo, e em Atenas, num momento dourado da história, aconteceu o milagre de uma sociedade que experimentou a responsabilidade de viver a verdade da consciência e de exprimi-la em culto público.

Examinemos algumas dessas obras em que Ésquilo, Sófocles e Eurípedes narram as escolhas humanas. Os protagonistas não vacilam: assumem as decisões e levam-nas até as últimas consequências. Cumprem o destino, mas o destino é aprender com o sofrimento e cada um assumir o seu caráter. Para compreender a importância desse princípio, nada melhor do que começar por *As Suplicantes*, de Ésquilo, aliás, uma tragédia com final feliz.

O enredo de *As Suplicantes* parece do século XXI, pois gira em torno do sagrado direito ao asilo político. Nesse caso, são as filhas de Dana que fogem do Egito para a ilha de Argos, pois os filhos de Egito queriam forçá-las a se casarem contra a vontade. Elas expõem a situação ao rei Pelasgo, que logo percebe o dilema: ou ele lhes nega o direito de santuário, abandonando as fugitivas e provocando a ira de Zeus, ou envolve-se numa guerra árdua contra os egípcios. "Sem dano, não sei como ajudá-las; e, no entanto, não é aconselhável desprezar estas súplicas!"

O rei tem medo de *agir ou aceitar o que o destino traga*. As donzelas não têm direitos contra os egípcios, mas lembram que existe uma justiça superior pela qual Zeus vela. A decisão não é fácil. Se o rei escolher a guerra, será acusado de honrar os forasteiros à custa do povo; se abandonar as fugitivas, todos terão de pagar pela violação da justiça. O rei precisa "de um conselho profundo e salvador, como um mergulhador que baixa às profundezas".

Pelasgo é um rei constitucional, não um tirano. Tem de persuadir os membros da assembleia de Argos a concordarem com a decisão e a assumirem o ônus da guerra com os egípcios. Consegue-o através de um discurso acerca da justiça que prevalece sobre os receios. A decisão surge a favor das suplicantes, e o coro sublinha este fato: "É Zeus quem faz o fim acontecer".

Observemos agora *Antígona*, de Sófocles. Antígona representa a justiça, Creonte representa a lei humana. Nenhuma escolha é inocente, ninguém é neutro, não há caminhos fáceis. Polinices, irmão de Antígona, atentou contra a cidade de Tebas, e Creonte, o tirano da cidade, proíbe o enterro dos que assim procedem. Para que a alma do irmão tenha paz, Antígona desafia a lei e prepara-lhe o funeral. De nada adiantam os apelos de Hêmon, seu noivo e filho de Creonte. Não ouve sua irmã Ismena, tímida e submissa. Creonte lhe pergunta: "E ousaste então tripudiar sobre essas leis?" Antígona tem de escolher: seguir a consciência ou os códigos, os princípios ou as conveniências, a lei eterna ou a lei da cidade.

Antígona é mulher sem medo. Não aceita as leis de Creonte. "É que essas leis, não foi Zeus que as promulgou, nem a justiça que coabita com os deuses." Opta por dar um funeral digno ao seu irmão. Enfrenta as represálias. É condenada à morte. Mas, ao fazer valer a justiça eterna, representa a nobreza da humanidade.

O milagre da Atenas do culto da tragédia durou pouco; desapareceu nos horrores da Guerra do Peloponeso. Com o declínio, o drama se transformou. Um dos últimos trabalhos de Eurípides, *As Troianas* tem por tema a vulgaridade e as atrocidades praticadas pelos gregos por ocasião da queda de Troia. A aventura heroica desliza para o pântano. Logo na primeira cena, a deusa Atena, que antes protegia os gregos, muda de lado, pois seu templo foi insultado. E ela combina com Poseidon a destruição dos vencedores no regresso à casa.

Há quem considere a filosofia e a tragédia irmãs separadas ao nascer, porque ambas refletiram sobre a escolha e a justiça. O poeta cômico Aristófanes, inimigo de Sócrates, queixou-se de que a tragédia morrera com a filosofia. Morrera, de fato, porque os cidadãos já não se sentiam representados nos protagonistas. Na Atenas do século V a.C., a representação da verdade passou da tragédia para os filósofos. E o drama, a ação, encontrava agora em Sócrates o seu herói, o novo representante da verdade. À tragédia como gênero literário, seguiu-se o diálogo socrático.

2. A dificuldade de escolher

O significado de *drama* é ação de quem participa na justiça. Nem todos os momentos que vivemos são dramáticos. Só o são quando atuamos à altura das nossas responsabilidades. A ação trágica nos eleva ao fundamental. Cada pessoa e cada sociedade confrontam-se com esses momentos. Não existe qualquer lugar de onde possamos ver o espetáculo da comédia humana. Não podemos escapar ao nosso papel, o de descobrirmos a nossa humanidade. A existência é constituída por esse drama.

Nossa existência é feita de encruzilhadas. Escolher nem sempre é fácil, e, no entanto, estamos sempre optando. Há decisões insignificantes e outras que alteram uma vida. Ao longo de um só dia, tomamos dezenas de decisões; ao longo de uma semana, centenas; e ao longo do mês, milhares. Decidimos sobre tudo e acerca de muitos pequenos nadas. Se faço isto ou aquilo, se compro ou não aquele objeto, se vou ao cinema ou ao teatro, que filme vejo, em que local e em que sessão. A maior parte das escolhas do dia a dia são pouco importantes e demasiado triviais até para serem mencionadas. Mas é com elas que tecemos as nossas vidas e o curso dos acontecimentos. Temos de decidir se pomos ou não açúcar no café, se comemos ou não uma sobremesa, se escolhemos uma fruta ou um sorvete. Decidimos trajetos, roteiros e caminhos. Nada disso é muito significativo. E, no entanto, estamos sempre tomando decisões que se referem a princípios. Se colocamos demasiado açúcar no café, começamos a engordar, inibimos nossas capacidades e, talvez, encurtamos nosso tempo de vida. Mas, se não pomos açúcar, podemos ficar sem energia e trabalhar mal. Se comemos demais, ficamos obesos; de menos, anoréticos. Se, se, se... A vida parece uma longa fila de dilemas aos quais temos de responder. Imaginamos que, agora, o leitor esteja ficando irritado com tanta indecisão e prefira mudar de parágrafo.

Algumas das nossas ações se tornaram tão habituais que já nem nos apercebemos da decisão que as originou. Se, todas as manhãs, levamos um quarto de hora para ver notícias, poderíamos passar de modo diferente essas duas horas por semana ou cem horas por ano. Há, ainda, as grandes decisões, como escolher um curso, uma carreira, ter filhos, abraçar uma causa. Pode mesmo suceder que não sejam escolhas plenamente conscientes. Há quem se deixe arrastar para certas escolhas sem ter consciência do que está fazendo. Mas a decisão está lá, escondida. Se julgamos que é melhor escapar ao olhar dos outros e nada fazer, continuar agindo segundo os hábitos ou pedir tempo para refletir, nos enganamos a nós mesmos; se pensamos ter evitado uma decisão, acabamos por tomá-la por omissão.

O que importa é refletir sobre a forma como decidimos. Nossas escolhas são diversas, mas há sempre uma avaliação, quer seja por instinto, quer seja por intuição, quer seja por raciocínio. Usamos critérios. Posso escolher comprar uma peça de roupa porque ela é econômica ou bonita, fazer um cozido rápido ou complicado, ajudar um colega ou ir às compras. Perante os dilemas, sentimos dificuldades. Valores diferentes apontam para caminhos diversos. E acabamos por estabelecer critérios para a nossa escolha e por criar uma hierarquia de valores para tomar decisões.

Escolher é a marca dos seres humanos, nossa glória e nossa desgraça. Pode trazer grandes alegrias ou grandes amarguras. Não nos deixa ter aquela impassividade que vemos nos olhos dos animais. Somos forçados à decisão. "Somos condenados a ser livres", como escreveu Sartre.

Certamente, já nos interrogamos sobre se existem ou não circunstâncias em que é aceitável mentir ou desobedecer. Escolher produtos no supermercado ou seguir princípios do código da estrada não tem significado moral. As escolhas sem significado moral tratam dos meios, das técnicas e dos instrumentos com que procuramos alcançar os fins. Mas roubar no supermercado ou ser irresponsável no trânsito têm um impacto moral. As escolhas morais se referem a finalidades da ação, e através delas definimos quem somos e que tipo de vida queremos ter.

Se nos interrogarmos agora sobre o objeto das nossas escolhas, reparamos que as noções de bem e de valor andam de mãos dadas. Do ponto de vista filosófico, é bem o que tem um determinado valor para nós e de que nos apropriamos. Um bem é tudo aquilo de que necessitamos e por isso lhe atribuímos valor.

O bem começa por ser o objeto particular de um desejo. Caso seja alcançado, ficamos satisfeitos. Não interessa se falamos de alimento, abrigo, roupas, dinheiro, ideias ou convicções. A experiência nos faz desejar todos esses bens particulares. Temos prazer se os alcançamos e dor se nos são negados.

Sabemos que as carências humanas formam uma hierarquia, desde as elementares fome e sede, até as necessidades mais elaboradas de segurança e reconhecimento. Uma das mais conhecidas hierarquias de necessidades é a *Pirâmide de Maslow*, que adaptou a filosofia dos valores de Scheler aos fins da psicologia dinâmica.

Nós também recorremos a bens institucionais que condicionam a satisfação dos desejos particulares. São de natureza muito variada, como, horários dos transportes públicos, dos calendários escolares e empresariais, e vencimentos pontualmente pagos. São as instituições que viabilizam a vida em sociedade – família, mercado, hospital, tribunais, administração pública, escolas, clubes.

Os bens institucionais são criados para viabilizar a satisfação dos desejos. Como tal, não são objeto de desejo: apresentam-se como o sistema, ao sistematizado, e a condição geral, ao particular condicionado. Estão sujeitos a mudanças e crises, porque somos nós que os criamos e que deles usufruímos. As instituições existentes para nos proteger – estados, polícias, tribunais – podem se desviar das finalidades para as quais foram criadas. Um mesmo sistema econômico pode criar riqueza ou recessão. A mesma constituição política pode reger sociedades muito diferentes, conforme a qualidade dos governantes.

Então, e os valores? Os bens particulares são as coisas que desejamos. Os bens institucionais são os sistemas que permitem a satisfação desses desejos. Os valores são os bens que orientam nossas escolhas. Nossa inteligência não se limita a determinar as correlações entre as coisas como elas são, mas consegue discernir as coisas como elas deveriam ser. E assim criamos alternativas.

3. Os valores

Os valores formam a textura das nossas vidas. Cada civilização, cada sociedade e cada grupo humano criam regras consoante o que entendem por comportamentos certos e errados. Que os seres humanos evoluem e se expressam mediante valores é inegável. Sem eles, não nos entenderíamos. Escolhemos os objetos de nossos desejos e, uma vez satisfeitos, passamos a novos desejos. Escolhemos regras, normas e constituições, que modificamos quando se revelam falíveis. Escolhemos valores, mas evoluímos na sua definição. E são os valores que nos orientam nessas escolhas em que os hábitos e a vontade se conjugam para selecionarmos as possibilidades de ação. Ouçamos, a esse propósito, as vozes de Kant e Scheler.

Ao examinar as éticas criadas ao longo da história da filosofia, Kant notou uma característica comum a todas: a voz da consciência que nos comunica de modo imperioso o que devemos fazer é como uma bússola da vida moral. Ao refletir sobre essa constante, salientou que ser moral não é agir em proveito próprio, evitando a dor e buscando o prazer; ser moral não é apenas ajudar a sociedade a funcionar sem problemas. Não é isso que queremos dizer quando falamos de moralidade. O que queremos dizer é que agimos segundo a consciência do dever. O que leva as pessoas a agirem moralmente não é o mais importante. O que importa é esclarecer que é o dever que dá sentido à ação moral.

Essa consciência do dever, ou lei moral, existe *dentro de mim*. É possível que todas as nossas ações não sejam nada mais que as consequências estritas de impulsos biológicos, de experiências de infância, de meras circunstâncias. É provável que nossas ações resultem de um desejo inconsciente, e não de uma escolha clara. Mas o que é inegável é que ouvimos a voz da consciência e nos julgamos livres. É isso que temos de explicar, deixando a cargo de cada pessoa sua própria avaliação.

Apesar da profundidade do seu pensamento e da tecnicidade dos seus escritos, Kant toma o lado do bom senso contra as sofisticações de alguns filósofos. Como explicou, na *Crítica da Razão Pura*, como o conhecimento é possível, na *Crítica da Razão Prática* ele aceita o que cada um de nós já sabe sobre o significado do dever, rejeitando a noção de que a filosofia ensina o que deveríamos fazer. Nesse aspecto, segue a lição de Jean-Jacques Rousseau. Se o dever existe, seria absurdo supor que era desconhecido até surgirem os escritos dos filósofos, como também seria absurdo que só as pessoas muito intelectuais ou capazes de compreender essas obras entendessem o dever.

Que possamos ouvir e obedecer à voz da razão, isso é possível; que somos levados por instintos e desejos, é certo. Um ser sem consciência segue apenas as leis da natureza: a pedra cai devido à gravidade, e a ave migra em razão do instinto. Já uma criatura que fosse puramente racional seguiria leis racionais. Mas, se o ser humano tem razão e tem instintos que entram em conflito, como será possível que exista um princípio independente da experiência, porém oriente sua ação?

Kant responde que esse princípio é o chamado imperativo categórico. Entre as várias formulações desse princípio, que surge na consciência, escolhemos duas: "age de modo que a máxima da tua ação se torne uma lei universal; e age de modo a tratar a humanidade, quer na tua própria pessoa, quer na de qualquer outro, em todos os casos como um fim, e nunca como um meio". Em outras palavras, respeitar as pessoas é a essência da moral; degradá-las é imoral. Quem age apenas conforme o direito só respeita a forma exterior do dever. Um homem que é honesto porque tem medo da polícia: ele age de acordo com o direito. É uma ação socialmente útil, mas sem significado moral. Ser honesto porque considera seu dever demonstrar boa vontade, isto, sim, tem valor moral. Está seguindo o imperativo categórico e agindo segundo o conteúdo do dever.

Scheler deixou uma marca profunda na reflexão sobre os valores no século XX. Em sua obra *Der Formalismus in der Ethik und die Materiale Wertethik* [O Formalismo na Ética e a Ética Não Formal de Valores], ele mostrou que o imperativo categórico de Kant não nos diz o que devemos fazer, nem como devemos agir – como os princípios da lógica também não nos ensinam o que devemos pensar. Em vez dessa visão formal, propôs que mergulhássemos no mundo dos valores que apelam à nossa deliberação e decisão, como faz o rei Pelasgo da tragédia *As Suplicantes*.

À nossa volta, a realidade se apresenta como bela ou feia, boa ou má, justa ou corrupta, agradável ou dolorosa, nobre ou comum, santa ou impura, e assim por diante. Em seu conjunto, a vida humana é um tecido de apreciações e avaliações. A avaliação é intrínseca à nossa inteligência, e o terreno dos valores é, entre todos, o mais amplo e o que oferece maior número de dificuldades. Os valores se apresentam, a princípio, como muito simples e claros. O caso complica-se quando queremos compreendê-los em profundidade. No terreno das avaliações, a instabilidade e as mudanças são muito maiores do que em qualquer outro domínio; ninguém esgota o domínio dos valores, nem tampouco exaurimos a riqueza de um só valor.

O primeiro passo a dar nessas questões de axiologia é distinguir entre valores e avaliações. Os valores podem ser permanentes, mas as avaliações são mutáveis, relativas, instáveis, e estão sujeitas às circunstâncias. Nossas avaliações mudam devido a imensos fatores. Nossa reflexão pode evoluir. O que foi considerado justo já não o será passados alguns anos. A avaliação de uns não é aceita por outros. Os códigos morais variam conforme as sociedades – e até entre quadrilhas de criminosos há códigos de conduta. Em resumo: não existem avaliações unânimes e que recebam a concordância universal.

Um segundo grande contributo de Scheler para a axiologia foi ter criado um mapa de valores éticos, estéticos, políticos, econômicos e religiosos. Além dessa natureza específica, os valores se apresentam em tensão, aos pares, apelando à escolha: o bem e o mal, o justo e o injusto, o belo e o feio, o sagrado e o profano, o equitativo e o corrupto. Finalmente, um mesmo objeto pode assumir diferentes tipos de valor: um relógio, por exemplo, pode ter valor prático, valor afetivo, valor econômico, valor estético.

Consideremos agora a diferença entre dois tipos de valores: éticos e estéticos. Ter valores éticos é sinônimo de sabermos como devemos agir; implica um *dever fazer*, uma responsabilidade para comigo e para com outros. Não há relação ética senão entre quem se reconhece. Quanto aos valores estéticos, implicam apenas um *dever ser*. Quando se vê, por exemplo, um belo edifício, vê-se que assim *deve ser*, mas não existe um apelo direto para agirmos.

Existirão valores universais que se aplicam em todos os tempos e lugares, na medida em que derivam da natureza humana? Essa questão persegue a filosofia desde sua origem e continua a dividir os filósofos. Embora estejamos convictos de que a resposta é afirmativa, a afirmação tem de ser argumentada contra os relativistas.

O relativismo extremo consiste na convicção de que todos os valores são equivalentes. Não vamos perder tempo debatendo uma posição tão cínica. Não devemos ter leitores que considerem que o canibalismo é uma prática aceitável, ou que nada há de errado em violar crianças e assassinar pessoas. Contudo, existe outro tipo de relativismo moral, que se apoia em fatos e argumentos apresentados pela antropologia e pela sociologia. Este não aceita que os critérios éticos transcendam as normas individuais de conduta social. Afirma que os valores são normas derivadas da cultura a que pertencemos.

Os relativistas mais sofisticados afirmam que a mudança das avaliações se explica pela relatividade e mudança dos próprios valores. Os valores nada mais seriam do que uma sedimentação das avaliações. Os seres humanos se acostumaram a avaliar por motivos utilitários e, do conjunto das avaliações, formaram os respectivos valores. Com a mudança das circunstâncias que transformam a utilidade das coisas e das ações, mudariam também as avaliações e, com elas, os valores, que, assim, dependeriam completamente dos comportamentos individuais.

O papel da filosofia não é refletir sobre comportamentos – como fazem a sociologia e a antropologia –, mas sobre os conceitos, critérios e princípios que os orientam. Consideremos, por exemplo, o conteúdo da frase: *Não se deve matar!* Este se nos apresenta, primeiro, como um dado independente de nós e de tudo o que existe. É, como dizem os filósofos, um ente. Por certo, não é um ente concreto, pois uma frase não é uma coisa que existe no mundo. É um ente ideal, da mesma espécie que os conceitos matemáticos, contudo, não se apresenta com a neutralidade de uma fórmula matemática. *Não se deve matar!* – é um apelo, uma voz na consciência. Diz respeito ao que Kant designou por *imperativo categórico*: *imperativo* porque ordena; *categórico* porque exige sem condições. Mesmo que o mundo desabe, não devo matar a minha mãe, porque o princípio conserva o seu valor.

É assim que se apresentam os valores: como entidades ideais com que justificamos e motivamos as nossas ações. Nossa posição em face do mundo nunca é neutra ou indiferente. Porque temos valores, preferimos certas decisões e condenamos outras. Efetuamos as escolhas segundo os valores que elegemos. O mundo dos valores remete sempre para o dever ser, o ideal, mas não habitam o céu estrelado, mas sim a nossa consciência. A compreensão dos verdadeiros valores e a força para os colocarmos em prática é o que mais deveríamos ambicionar durante a vida.

Os valores partem de uma apreciação do sujeito. Mas subjetividade não é sinônimo de relativismo. Nem tudo é relativo, e nem tudo vale a mesma coisa. Matar, violar ou agredir será sempre um ato censurável. Um assassínio será sempre um crime. O canibalismo não é uma questão de gosto. A violação será sempre um ato brutal e indigno. Quem o negar estará cego em relação aos valores. Como existem cegos para as cores, a axiologia considera que há quem não veja os valores. Para além disso, existe a chamada incomensurabilidade dos valores. Duas pessoas podem ter diferentes visões de um valor, mas nenhuma o abarca totalmente. A distinção permanece: relativismo das avaliações não significa relativismo de valores, pois os valores são imutáveis e perenes. A vida será sempre um bem, e a dignidade da pessoa será, em qualquer época, cultura ou religião, um princípio.

Nesse sentido, podemos falar da universalidade dos valores como o horizonte comum entre povos e culturas. A tortura, a escravatura, o tráfico de pessoas, o abuso de crianças, os genocídios e demais crimes contra a humanidade serão sempre atentados à dignidade humana, quer ocorram na Europa, quer na Ásia, quer na África. Os diplomatas portugueses Aristides de Sousa Mendes e Sampayo Garrido, os brasileiros Luís Martins de Sousa Dantas e Aracy de Carvalho Guimarães, e o empresário alemão Oskar Schindler são alguns exemplos de pessoas que receberam o Prêmio *Justos entre as nações* porque se dedicaram, dia e noite, no salvamento de judeus perseguidos pelo nazismo que, em desespero, lutavam contra o racismo e a morte, durante a Segunda Guerra Mundial.

Nem sempre agimos em conformidade com princípios morais. Há sempre oportunistas, corruptos e mentirosos que elogiam a moral com uma grande dose de hipocrisia. Muitas vezes por raiva, ambição, medo, insegurança, paixões ou argumentos ilusórios, somos levados a agir contra as nossas próprias convicções: nesses casos, somos *antimorais*. Há, ainda, quem se delicie em desrespeitar a lei moral; o prazer que o sedutor retira dos seus sucessos pode ter para ele o mesmo sabor que os ideais da santidade têm para aquele que é religioso: essas pessoas são *imorais*. Outros gostam de desafiar ou perverter os valores e agir como se eles não existissem: são as pessoas *amorais*. Antimoral, imoral, amoral... Em todos esses casos, a ação gira sempre em torno dos valores. Seja para cumprir, seja para ignorar, seja para fingir, vivemos sempre tendo os valores como referência. O próprio Max Scheler respondeu, um dia, a quem o acusava de contradição entre sua doutrina e suas atitudes de mulherengo: "Já viu alguma vez um sinal de trânsito deslocar-se ao longo da estrada?".

Os valores não são abstrações remotas, mas sim forças tão concretas quanto ganhar a vida ou educar a família. À nossa volta, vemos familiares ou amigos que fazem escolhas muitas vezes difíceis e, por vezes, trágicas. Conhecemos quem sacrificou o emprego ou até mesmo a família para afirmar as convicções. Conhecemos outros que, por patriotismo ou defesa dos direitos humanos, morreram pelos seus ideais. Por que razão os que foram considerados *justos entre as nações* optaram pelo caminho mais difícil e só eles tiveram essa coragem? Por que agiram com prejuízo para as suas vidas? Por que não vacilaram, mesmo que o valor do bem e da justiça não estivesse à vista de todos? A resposta tem muito a ver com a liberdade.

4. Livres, somos todos

O modo como efetuamos nossas escolhas, os critérios que usamos e os valores que nos orientam são questões que dizem respeito à liberdade. É importante analisar conceitos que, no que diz respeito a esse tema, vagueiam pela consciência de forma imprecisa. Motivos, causas, valores, finalidades, ações, critérios, intenções, o que é tudo isso? Antes de mais nada, quando, em filosofia, falamos de ação, nós nos referimos sempre a ações livres, e não a ações involuntárias, mecânicas ou inconscientes. Sabemos que as circunstâncias externas nos condicionam e limitam, mas também sabemos que podemos responder aos desafios porque somos livres.

Concentremo-nos num par de conceitos introduzidos por Aristóteles: necessidade e contingência. Por necessidade, entende-se a característica do que uma coisa é e não pode deixar de ser. Por contingência, referimo-nos ao que ocorre de um modo, mas que poderia ser diferente. Segundo Aristóteles, só as ações decorrentes de um processo de escolha deliberada têm dignidade, e a imprevisibilidade das ações acentua a responsabilidade da escolha.

A filosofia do século XX voltou a centrar a análise dos atos humanos na contingência e nos atributos que a caracterizam: mutabilidade, indeterminação e particularidade. A contingência existe nos desejos porque estes oscilam entre bens alternativos. A contingência é requerida na deliberação, pois apenas deliberamos sobre as coisas que permanecem incertas no seu resultado e indeterminadas no seu começo. Há também contingência na decisão, pois, após todos os prós e contras da deliberação, a escolha é da nossa inteira responsabilidade. O mundo da liberdade é o mundo dos desejos, das deliberações e das decisões que se manifestam na ação. A responsabilidade pode se tornar um fardo grande demais, que esmaga e sufoca. Kierkegaard exprimiu bem essa ansiedade como o conceito de *instante eterno*, em que a existência sente sua liberdade.

Em *A Náusea*, Sartre apresenta o tema da contingência na forma de ficção. Trata-se de um dos grandes textos do existencialismo francês sobre a liberdade humana e teve grande impacto na literatura, no cinema e, em alguns casos, na filosofia. A contingência é considerada como o absoluto da existência. O ser humano que experimenta a liberdade sente a angústia da escolha, a preocupação, o desespero, o fracasso e o absurdo. Esses mistérios da existência não cabem nos sistemas filosóficos tradicionais. A existência humana é o que há de mais individual e concreto e, de início, não está definida, não tem consistência. Como o ser humano não tem uma essência prévia, ele é apenas contingência de existir, probabilidade de ser. Como diz Sartre, "a existência precede a essência": a liberdade precede e possibilita a essência do ser humano, e revela-se como angústia. Desenvolvamos essas ideias existencialistas.

Escolhemos dentre muitos condicionalismos, mas não escolhemos ser livres; e a liberdade, independentemente do que fizermos ou das nossas escolhas, não deixa de existir. Somos sempre projeto, construção, escolha, compromisso, potência e possibilidade. Experimento a angústia quando percebo que sou o fundamento dos valores. O mundo é a minha escolha. A consciência de me escolher se traduz pelo duplo sentimento de angústia e responsabilidade. Escolhendo-nos, escolhemos um tipo de humanidade e, dessa forma, escolhemos o mundo. Porque somos contingência, a escolha não se funda em nenhuma realidade anterior. O ser humano define-se e realiza sua essência através das escolhas que faz. Somos responsáveis e, por isso, suportamos sozinhos o peso do mundo.

Os existencialistas consideram que é existindo que construímos e configuramos nossa essência. Mas o fato de existirmos levanta incessantemente novos problemas e angústias. Somos aquilo que fazemos e aquilo que escolhemos, não estamos definidos de início. A existência tem uma leveza insustentável, não tem espessura ou substância, o que também cria desespero, angústia e náusea. A ontologia transforma-se em *ciência da existência*, uma espécie de *quadratura do círculo*, uma vez que a existência é potência, contingência, devir e projeto em construção. Nada existe para além da liberdade. A liberdade é *um nada que é tudo*. Não tem dentro. Seu possível é a sua ação. O existencialismo nos deixa nus perante a contingência do existir.

Os filósofos da consciência têm uma maneira muito diferente da adotada pelos existencialistas no que se refere a entender o conceito de contingência e de liberdade. Como vimos anteriormente, o ser humano não é fantasma, nem máquina, mas sim uma pessoa, com corpo e consciência. A contingência funciona de modo muito distinto no corpo e na consciência. A contingência das ocorrências no corpo tem um caráter não sistemático. A contingência dos atos de inteligência e de vontade resulta de uma adição às pluralidades das coincidências corpóreas. Simplificando muito, pode-se dizer que a liberdade é um tipo de contingência que não deriva dos empirismos do corpo, mas sim da racionalidade da consciência. Seu objeto é a possibilidade, e seu sujeito somos nós mesmos enquanto ganhamos autoconsciência.

Como vimos no capítulo sobre a ciência, o fato de haver leis estatísticas não significa que os acontecimentos naturais, nomeadamente os do corpo, ocorram de modo livre, mas sim que não podem ser previstos por dedução sistemática. Existem elementos residuais em cada um dos níveis da natureza, sistematizados pela física, pela química, pela biologia e pela psicologia. A física nos diz que nosso corpo é um feixe de energias. A química nos fala dos compostos presentes no corpo. A biologia estuda nossas células e nossos tecidos.

A psicologia estabelece que as pluralidades de níveis inferiores são integradas por pulsões inconscientes. Desse ponto em diante, coloca-se a questão da livre escolha, na qual intervém a consciência racional. O que parecia ser mera coincidência entre elementos de cada nível pode ser compreendido como relação de causalidade num nível superior. O indeterminismo na natureza – e no corpo humano – não permite concluir que sejamos livres. Permite dizer, sim, que na pessoa humana existem graus sucessivos de integração dos comportamentos que excluem o determinismo de qualquer grau sobre outro.

A descrição da liberdade emerge do exame do ato da vontade e dos seus antecedentes intelectuais. Toda ação é sempre a manifestação concreta de valores. Tudo são escolhas, e, ao escolhermos, escolhemos a nós próprios, escolhemos o tipo de pessoa que somos, que desejamos ser e que queremos construir. Nesse sentido, *a existência determina a minha essência*, como diz o existencialismo. Mas há uma diferença radical. Quando escolhemos praticar uma ação e não outra, é sempre em função de razões. Sou racional porque me preocupo com as razões dos meus atos.

Nós escolhemos os meios de ação conforme a finalidade seja mais agradável, útil ou benéfica. Nossas deliberações nos orientam para a ação, mas não resultam logo em execução. Colocamos muitas questões relacionadas com o objetivo da ação, os passos a dar, as alternativas a considerar e a excluir, as consequências. Navegamos num mar de deliberações e questões. Será agradável? Compensa? Que utilidade tem? Até que ponto é desejável? Será boa ou má? Quais são as implicações? O mundo ficará melhor? Vale a pena?

A deliberação poderá nos fazer concluir que a ação é possível, eficaz, agradável, útil, obrigatória. Mas saber é uma coisa; fazer é outra. Estamos condenados a divergir entre o que devemos fazer e o que fazemos, e essa discrepância não é mera incongruência. O espaço entre saber e fazer exige a intervenção da vontade. Essa experiência incontornável da divergência entre o que a consciência nos diz para fazer e o que efetivamente fazemos revela a contingência na vontade. A formulação inteligente do que devemos fazer não resulta imediatamente em execução, pois é preciso ponderar objetos e avaliar motivos. Por isso, a reflexão não tem um termo certo, vai-se alargando até o momento em que temos de decidir, a favor ou contra. As pessoas resolutas impacientam-se com as deliberações. As pessoas reflexivas agonizam até tomar uma decisão. A reflexão só acaba quando decidimos. Contudo, como escreveu Sartre, quando deliberamos, a decisão já está tomada.

A decisão transforma nossa realidade. Nada fica como era antes. *Querer é poder*. Mas, enquanto o juízo é um ato da inteligência durante o qual temos de decidir se uma coisa é ou não é, a racionalidade da decisão depende de querermos ser coerentes. Somos racionais na ação quando a exigência de consistência entre o conhecer e o fazer é seguida por uma decisão coerente com o conhecimento.

Quando decidimos o modo de atuar, a obrigação surge em nossa consciência como uma necessidade racional, o imperativo de que falava Kant. Se eu julgo que devo agir de determinado modo, não serei razoável se agir de outro. Mas, porque minha obrigação está dependente de um ato da vontade, esse elo sólido pode se transformar num frágil fio. Quando obrigamos a nós mesmos, como sujeitos, a fazer algo, estamos usando a consciência de modo apenas teórico, mas, quando alargamos a racionalidade ao campo da ação mediante um ato da vontade, passamos da consciência psicológica para a consciência racional ou filosófica.

Atingimos, aqui, o coração da liberdade. Recapitulemos o que já foi dito. Nossa consciência é capaz de escolher dentre a massa de dados sensoriais, movimentos corpóreos, representações conceptuais, sentimentos e afetos. Se quero erguer a mão, ergo-a. Se quero pensar em alguém, penso. Se quero estimar uma coisa, estimo. À medida que nossas escolhas se tornam mais complexas, captamos alternativas de ação, examinadas pela deliberação e decididas por atos da vontade. Além da razão, temos vontade e, portanto, liberdade de escolher de que forma queremos viver. A criatividade da inteligência prática permite que a vontade e o hábito se conjuguem para selecionar entre múltiplas possibilidades. É nisso que consiste a liberdade.

A experiência da liberdade é a contingência que se manifesta na consciência. Sabemos que nem sempre as decisões estão de acordo com os valores. Sabemos que, muitas vezes, poderíamos ter feito melhor. Sabemos que o progresso moral não é um dado adquirido. Sabemos que nem sempre é fácil ser lúcido e ter uma visão clarividente. Mas não devemos permitir que os reveses nos desencorajem. Querer é poder. Temos de operar com a razão e a liberdade. O despotismo nada resolve. Os preconceitos mutilam as relações e impedem o reconhecimento.

Os fracos têm liberdade, mas não a usam, não ousam exercer seu livre-arbítrio. Os fracos não reconhecem a consciência, esquecem-se de que têm de viver com ela, todos os dias e todas as noites, e que é ela que nos torna humanos. Geralmente, é melhor fazer o fácil, é mais cômodo optar em conformidade com os outros, é mais fácil não pensar e apenas cumprir procedimentos, é mais seguro seguir de forma obediente, mesmo que as leis humanas sejam absurdas. Apesar de a racionalidade ser a nossa marca, nem sempre a exercemos de forma livre e de acordo com princípios universais. Cumprir o que a consciência nos diz ou seguir o caminho mais fácil só constitui um dilema para aqueles que ousam ser livres e justos.

5. Não há crise!

No mundo da ação, os valores representam a tentativa de ultrapassar a natureza, o esforço de transformar a vida segundo um ideal. O ideal recusa o caminho mais fácil e projeta querer, esforço e coragem. Os valores não são um impulso espontâneo ou inato, mas sim uma conquista da racionalidade.

A competição impera por todo o lado. Na política, na empresa, no esporte, no trabalho, na escola, entre as nações, entre continentes, na humanidade. Viver é competir, começando pela natureza, onde competir é uma necessidade de sobrevivência. Os espermatozoides competem entre si para serem os primeiros a penetrar o óvulo da sua vida. Não há cerimônia entre esses cavalheiros. Todos os meios são bons e todos os estratagemas são usados.

Ademais, escutamos com frequência o velho discurso cheirando a mofo sobre a falta de valores. Diz-se, então, que o mundo está perdido e que vivemos na *era do vazio* e da ausência de valores. A ladainha repete-se em vários registros: *No meu tempo havia valores que agora já não existem*, dizem os mais velhos de espírito. *Na minha época, o respeito era uma coisa muito bonita. Hoje, os jovens estão perdidos e não têm valores; os pais não educam os filhos, os filhos não respeitam os pais, os estudantes não respeitam os professores, ninguém respeita a autoridade nem os mais velhos.* É o discurso de quem já esqueceu que foi jovem, que um dia ouviu essas palavras da boca de alguém mais velho e, agora, esqueceu que não gostou do que lhe disseram. *No meu tempo...* Esse é o discurso de quem já não acompanha o seu tempo, nem quer enfrentar a realidade.

Esse discurso fácil, e que deixa transparecer algum azedume, pouco acrescenta à nossa reflexão. A ideia de que não existem valores, de que o mundo está perdido e os jovens, desorientados, de que impera a lei do mais forte, de que tudo é uma selva sem referências, segundo Hegel, é o manifesto da consciência infeliz. Na realidade, nunca há crise de valores. O que há são discursos pouco entusiastas que afirmam a falta de valores. Há azedumes que ficam como calcário agarrado e incrustado nos canos velhos. Temos solução para os canos. Também haverá solução para o azedume. Crise de valores?! Ausência de valores? Não! Nunca existiram tantos valores como hoje. Talvez tudo se tenha tornado mais confuso ou complexo, apenas isso. O trinômio Deus, pátria e família deixou de ser um *menu* exclusivo. Hoje, temos uma multiplicidade de escolhas. As vias se multiplicaram, já não existem caminhos únicos. Temos a liberdade de assumir nossos valores e inventar novos.

O mundo está repleto de valores e de causas, cada qual mais entusiasmante do que a anterior: ecologia, ambiente, sustentabilidade, energias renováveis, acessibilidades, direitos dos animais, defesa da terra, defesa das minorias, defesa das vozes diferentes, defesa das mulheres, das crianças, dos velhos, defesa dos deficientes, dos direitos humanos, do patrimônio, da qualidade de vida, dos pobres, dos imigrantes, dos excluídos, da equidade, contra o tráfico de pessoas, proteção às vítimas, proteção aos dissidentes e aos refugiados.

Em oposição à ganância dos banqueiros, a sociedade criou bancos alimentares, bancos de ajuda, bancos de horas e bancos de voluntários prestes a ajudar. Existem dias de tudo e mais alguma coisa. Cidadania, associações locais, culturais, desportivas e recreativas. Talvez nunca, como no século XXI, tenham existido tantas associações cívicas, tantas movimentações, tanta consciência de direitos e deveres. Para uns, mais consciência de direitos do que de deveres, mas sempre apelos à sociedade civil.

Nem tudo é claro no mundo dos valores. As águas nem sempre são límpidas. O mundo tornou-se mais complexo, mas, por isso mesmo, mais fascinante e com infinitas possibilidades de ser, fazer, atuar e sonhar. A perplexidade surge quando descobrimos incoerências e contradições, ou quando somos confrontados com um problema ao qual podem ser aplicados princípios conflitantes. Se é verdade que o caminho só se faz caminhando, parece igualmente verdade que a liberdade se faz das escolhas que vão sendo feitas e das opções que vão sendo tomadas. O problema não é geracional. Já não preocupa saber se os filhos afirmam valores diferentes dos pais. No mesmo espaço, no mesmo tempo, na mesma geração, coexistem visões distintas, causas diversas. Multiplicidade e heterogeneidade não significam ausência, mas sim maior complexidade de reflexão, maior dificuldade de opção, maior exigência pessoal.

Quando tudo é possível, é mais difícil optar. Quando o leque de escolhas é pequeno, é mais fácil decidir. Se formos a um restaurante que só tem dois pratos, é fácil escolher a refeição. Mas nosso mundo tornou-se um imenso restaurante do tipo *self-service*, repleto de iguarias diferentes. A escolha não é um jogo aleatório ("Minha mãe mandou eu escolher este daqui..."). Uma escolha ética implica uma decisão consciente, refletida, intencional, livre e pessoal, a realização de um ato possível em detrimento de outro. É difícil eleger, por isso, temos sempre de voltar a refletir sobre o fundamento da moral.

Isso é ainda mais evidente nas sociedades pluralistas, em que os juízos morais se tornaram problemáticos, sobretudo pelas mudanças brutais no modo de vida. Da agricultura para a indústria, do campo para a cidade, da família nuclear para a família ampliada, as transformações foram radicais. A evolução acelerada da ciência, tecnologia e indústria exige que repensemos a estrutura moral das nossas ações. As regras antigas já não encaixam, a experiência do passado não ajuda a responder às novas questões, a sabedoria dos velhos não é suficiente. Então, como resultado da perplexidade pessoal e da perda de orientação social, surge a necessidade de reflexão sistemática e emergem as tarefas da ética.

Apesar de tudo, nada disso é novo. Aconteceu pela primeira vez na Grécia, no século V a.C., e deu então origem à tragédia que precedeu e, em parte, originou os desenvolvimentos da filosofia sistemática. Quando há valores universais a orientar as escolhas, aparecem os justos, e esses não são indiferentes ao bem e ao mal. À revelia dos códigos, não se conformam e ousam exercer a liberdade de escolha, têm coragem para optar pela consciência e não desistir. Querer é poder!

16. A arena do poder

1. Uma realidade fascinante

As luzes todas se apagaram, exceto uma. Só ficou um feixe de luz, fria e intensa, varrendo lentamente a arena até se deter na abertura do túnel de acesso. A música passou das trepidantes melodias, que haviam acompanhado em surdina os malabarismos anteriores, para um fundo obstinado. Foram-se embora as travessuras dos palhaços, que mexiam nos ouvidos, e as habilidades dos malabaristas, que levantavam grandes pesos, andavam no arame, saltavam no trapézio e balançavam uma xícara de chá sobre o nariz. O público silenciou. Foi então que começaram a surgir tigres e leões de grande porte, cujos longos e famintos rugidos quebraram o silêncio.

Entre as emoções com que o circo mexe, a exibição do puro poder sempre exerceu um particular fascínio. As garras e os dentes das feras mostram mais que um corpo possante: exibem o poder que pode ferir e matar. Mas, por grande e suprema ironia do circo, as feras começam a dar a volta na arena e saltam para cadeiras e plataformas, obedientes a uma criatura que estala o chicote por cima dos animais. Alguém os domou, de forma enigmática, sabe-se lá à custa de que truques, pancadas, recompensas e incentivos. Alguém os domesticou para darem prazer e servirem ao espetáculo. Talvez por isso se diga que os humanos são um animal político.

Animal político – foi assim que Aristóteles definiu o ser humano. A política como arte de domar o poder e de colocá-lo a nosso serviço. Formigas e abelhas são animais gregários. O animal humano é diferente. Tem o poder de moldar a comunidade em que vive, fazendo leis, executando-as e julgando sua aplicação. Talvez desde a noite dos tempos, certamente desde os tempos históricos em que a aurora da civilização se mostrou em todos os continentes.

Os gregos eram grandes experimentadores políticos e criaram muitas formas de governo. Nas monarquias e realezas, o governo seguia as leis tradicionais. Nas tiranias, apenas um mandava e usava o poder como lhe convinha. Conheciam a plutocracia em Creta e o regime militar de Esparta. Chegaram a regimes de compromisso entre interesses de ricos, pobres e classe média, assim criando as aristocracias e as oligarquias, bem como, finalmente, a democracia em Atenas.

Afirma-se que a democracia começou no século V a.C. em Atenas. Mas as democracias contemporâneas nasceram de processos históricos muito variados, e seus ingredientes se desenvolveram de modo muito desigual ao longo dos séculos, entre grandes lutas e conflitos. Democracia é uma comunidade de gente livre que recusa o poder despótico. Democracia é quando a comunidade é *coisa pública* e não posse privada. Assim sucedeu com as garantias, as magnas cartas, as cortes, as liberdades e os forais, que entraram no patrimônio dos povos ocidentais na Idade Média. Com a entrada na Modernidade, os direitos individuais e sociais começaram a ser constitucionalizados e garantidos por órgãos de poder independentes nas revoluções liberais, a começar pela Revolução Francesa.

Dos gregos clássicos, herdamos nossas ideias sobre a organização da comunidade política e aquilo a que podemos chamar democracia formal, a participação do povo no governo e o primado da lei acima dos indivíduos. Mas a chamada democracia real, ou seja, a existência de uma comunidade de proprietários livres que é julgada por uma lei, tem origem no antigo Israel. Através das doutrinas do cristianismo, esses princípios influenciaram a Europa e o mundo contemporâneo. Israel e Grécia eram dois povos que tinham de se defender contra os impérios vizinhos; os judeus, muito insignificantes, contra o Egito e a Babilônia; os gregos, muito mais poderosos, mas disseminados, contra os persas. Ambos tinham de domar o poder interno para depois se defenderem do exterior. Raramente foram fiéis à visão democrática, mas chegou até os nossos dias o princípio de que o poder reside na comunidade, que depois o delega a representantes.

Talvez a mais simples definição de democracia seja a do presidente Lincoln, proferida numa cerimônia fúnebre, após a batalha de Gettysburg, em 1863: "O governo do povo, para o povo e pelo povo". O ministro da Guerra fez um discurso que durou uma hora. O presidente Lincoln apenas dirigiu algumas palavras ao público durante três minutos. Poucos saberiam que estava transcrevendo o prefácio à tradução da Bíblia para o inglês, escrito pelo reformador John Wycliffe no século XIII. Lincoln não era homem de muita erudição. Conhecia bem a lei e a Bíblia. Para ele, ambas continham o essencial da democracia.

Com poucas e notórias exceções, a governação atual segue procedimentos democráticos. Os princípios são conhecidos. Sufrágio universal no direito de voto, eleições livres e justas, representação proporcional do eleitorado na assembleia legislativa, decisões tomadas por maioria em todas as questões importantes, igualdade perante a lei, um sistema judicial independente, igualdade de oportunidades, liberdade para organizar partidos políticos, liberdade de expressão e de consciência, liberdade de imprensa e de reunião, impedimento de prisão ou punição arbitrárias, separação entre Igreja e Estado, liberdade de religião.

A teoria e a prática democráticas têm-se desenvolvido com perspetivas muito diferentes sobre como alcançar a igualdade, a liberdade e a justiça. Os eleitores dividem-se entre partidos conservadores e progressistas, esquerda e direita; são liberais, socialistas, radicais, populistas, extremistas. Mas, do ponto de vista filosófico, os eleitores dizem, através do voto, como domesticar o poder, como domar os animais do circo. Assim nascem as teorias políticas: a convicção de que a lei e a ordem são objetivas, de que o poder é a conveniência do mais forte, um contrato entre indivíduos, ou de que a cooperação entre as partes gera a justiça.

Pode-se dizer que essas teorias foram antecipadas em *A República*, de Platão, o diálogo fundador da filosofia política. Os argumentos atribuídos, respetivamente, ao tradicionalista Cérbero, ao sofista Trasímaco, ao aprendiz de filósofo Glauco e ao filósofo Sócrates correspondem às principais atitudes perante o poder. O governo é a pura expressão do poder, diz Trasímaco. Deve seguir as leis tradicionais, diz Cérbero. É um compromisso entre interesses privados, segundo Glauco. É o resultado de uma cooperação entre valores, indivíduos, classes e povos, como explica Sócrates ao definir a justiça.

Essas teorias admitem compromissos. A lei e a ordem podem ser concebidas como se exigissem o consentimento dos governados. O contrato entre indivíduos requer, decerto, a nomeação de uma autoridade competente.

A justiça é apenas alcançável se houver estabilidade social. A maioria dos filósofos políticos defende um regime misto em que a autoridade das leis e dos direitos humanos tem de ser garantida através do consentimento popular. No entanto, apesar dos consensos sobre esta questão – o que diz respeito a todos deve ser decidido por todos –, deve ficar claro que, nessas matérias, existem divergências importantes entre os filósofos.

2. A lei e a ordem

A história do poder é cheia de surpresas. Uma das mais surpreendentes é o fato de a democracia ter nascido em Israel, como explicaram Eric Voegelin, Abraham J. Heschel, rabino austro-americano e Gerhard von Rad, teólogo alemão. Escutemos o coro dos escravos hebreus na ópera *Aida* de Giuseppe Verdi. É a reivindicação de uma sociedade em que todos querem ser respeitados como iguais. Essa defesa dos oprimidos não é desprezo pelos outros: é uma luta contra as injustiças sociais através de uma nova aliança.

Aliança (*berith*) é o principal conceito político de Israel. O termo começou a ser usado nas relações privadas e corresponde a *contrato*. Tornou-se depois sinônimo de uma confederação de pessoas, famílias ou tribos numa unidade política religiosamente sancionada. Havia alianças para fins militares e para concessão de direitos; havia confederações entre entidades maiores, sendo a mais grandiosa o pacto entre Jeová e os israelitas no Monte Sinai, onde nasceram as Tábuas da Lei; houve a aliança entre Israel e os primeiros reis, Saul, David e Salomão; e, finalmente, houve a aliança de Iavé, ou Jeová, com os profetas.

A aliança de Israel com Jeová nasceu num período de fraqueza relativa dos grandes impérios. A confederação israelita transformou-se numa monarquia, com um aparelho militar, fiscal e administrativo. A população dividiu-se. O javismo transformou-se na religião do campo, pacificado, embora com as tradições do Senhor dos Exércitos. Os choques surgiram entre, de um lado, a aspiração guerreira pela vitória suprema sobre os outros povos e, de outro, a dura realidade social dos camponeses. Os direitos dos estrangeiros deveriam ser respeitados. A lei deveria ser administrada com equidade. As injustiças deveriam ser reparadas nos anos de jubileu. O poder dos privilegiados deveria ser restrito. Tudo isso seria o *shalom*, a paz e o bem-estar da aliança com o Deus de Israel.

Com a instituição da monarquia em Israel, surge um novo símbolo político; a vitória resultará em uma personalidade de estirpe real. Mas o ressentimento contra a realeza também fará surgir um líder montado num jumento. Ambas as ideias, a da descendência de David e a do líder montado num jumento, aparecerão mais tarde na história de Jesus, o servo sofredor.

A história de Israel foi contemporânea dos impérios grandiosos da Mesopotâmia, da Pérsia e do Egito. Israel deixou de existir como Estado na Antiguidade. Mas os seus símbolos de aliança, lei, rei e profetas galgaram fronteiras com a aparição de Jesus e a incorporação do cânone judaico nos livros sagrados das comunidades cristãs. Juntamente com a literatura dos judeus helenizados, que marcaram os padres da Igreja e o Islã, com o Talmude judaico, que influencia a Idade Média tardia e o Renascimento, o messianismo influenciou profundamente o pensamento político moderno.

Na Idade Média, o mais conhecido representante da teoria da lei e da ordem é Tomás de Aquino. Sua teoria política tem um pendor mais humanístico do que prático. Ele pouco fala sobre o melhor sistema de governo, preferindo desenvolver princípios com referência às instituições israelitas e helênicas – aliás, muito pouco adaptáveis ao século XIII. Cada comunidade perfeita tem de ser estruturada pelos três reinos de *optimates*, *populus honorabilis* e *populus vilis*. Trata-se de um modelo inspirado na distinção entre nobreza, *popolo grasso* e *popolo minuto* das cidades italianas. A liberdade cristã permite desenvolver instituições de governo. Mas não sabemos o que Santo Tomás pensaria sobre a evolução nas cidades italianas onde existiam as revoltas dos *Ciompi*, e dos *Patarenos*, respectivamente, Florença e Milão; nem sabemos como ele aplicaria os seus princípios na Inglaterra do parlamentarismo e, menos ainda, na França feudal.

Em seu livro *De Regimine Principum*, que permaneceu incompleto, a teoria do governo constitucional surge em ligação com o problema da tirania. O tiranicídio é aceito, cabendo à autoridade depor o governante injusto. O melhor seria a prevenção da tirania através da delimitação do poder régio, no chamado regime misto. A propósito das instituições do povo hebreu, Santo Tomás afirma que a monarquia é a melhor forma de governo, mas corre o risco de degenerar em tirania. Ele adota o princípio de que rei, povo e senhores devem ter, cada um, seu lugar no governo. O regime misto teria por magistrados o rei, a nobreza e os representantes do povo, impedindo assim a tirania, provocada pela compra de votos, a eleição de personalidades indignas e a espoliação dos proprietários.

As principais fontes de Santo Tomás são a teoria aristotélica, a constituição romana, a democracia original, a monarquia de Israel, a democracia das cidades italianas e o sentimento da liberdade cristã. Esses elementos coexistem no seu estilo harmonizador. A síntese possível é o regime misto, baseado em dois princípios: a estabilidade de governo que depende da participação popular e o princípio cristão da liberdade espiritual.

A posição tradicionalista acredita numa ordem do Universo. Para os estoicos, tudo no cosmos tinha uma função e uma finalidade, e servia a um bem supremo. Os filósofos iluministas acreditavam em leis da natureza e da razão, que não só determinariam o curso físico dos fenômenos, como representariam as normas objetivas segundo as quais os seres humanos deveriam viver e em cujos termos poderiam se basear para avaliar as leis e as instituições.

A religião sempre sustentou a crença numa ordem moral objetiva, de valores supremos, criadora de instituições naturais. Para judeus, cristãos e muçulmanos, a ordem moral provém da vontade divina, revelada em Escrituras ou falada à consciência. Na medida em que os governos refletem a ordem moral e as leis humanas cumprem a lei natural, são representantes de Deus na Terra, estando sua autoridade justificada. Essas doutrinas podem ser usadas para justificar a autoridade existente ou para criticá-la em nome de um ideal de governo.

3. A conveniência do mais forte

Trasímaco é um sofista muito direto. Está sempre querendo interromper o diálogo de Sócrates com os amigos. Quando finalmente encontra uma deixa, Sócrates, que também sabe ser malicioso, pergunta-lhe: *Quanto te pagamos desta vez?* Mas Trasímaco está farto de esperar e lança-se no seu discurso de que *a justiça não é senão a conveniência do mais forte*. Não vale a pena ficar com rodeios. Quem tem o poder manda, os fracos submetem-se. O poder não carece de justificação moral. São fórmulas secas, brutais, diretas, retomadas em todas as épocas – na Antiguidade, foram retomadas pelos promotores do Império Romano; entre os medievais, pelos defensores do principado, como Marsílio de Pádua; e, nos tempos modernos, segundo colocou Maquiavel, aparecem como doutrina lida e aplicada por todos os ditadores, dos que seguem a razão de estado e dos que seguem os instintos ou a luta de classes. Um instrumento da superioridade do partido, da raça superior, da religião eleita, dos que consideram que a autoridade do Estado se justifica por si mesma. Mas, antes de todos os avatares, a doutrina de que o poder é domínio, e nada mais, foi vivida pelo homem que os monarcas absolutos e ditadores imitaram e cujo nome passou a designar uma função política: César.

Na madrugada de um dia de inverno de 49 a.C., Júlio César estava à beira de um riacho insignificante, o Rubicão. Quem o atravessasse sem a autorização do Senado tornava-se um rebelde. Parece que César disse em grego: *A sorte está lançada.* Então mandou avançar a 13ª legião. Como general precavido que era, mandara já uma facção cruzar o rio na noite anterior, preparando o avanço que o levaria ao domínio do mundo romano numa série impiedosa de batalhas. Muito pouco tempo gozou César do poder supremo. Cinco anos depois, em 14 de março de 44 a.C., ele foi assassinado pelos amigos mais próximos, entre os quais o seu filho natural.

Essa madrugada de 10 de janeiro assinala o fim da República Romana. O acontecimento e a data têm de ser mencionados porque, na carreira de César, o homem e as suas ações valem como símbolos políticos. Sua vida encaixa tão perfeitamente no decurso dos acontecimentos que é impossível separar os feitos do seu sentido. Os filósofos gregos haviam criado a cidade ideal. Júlio César criou o mito da personalidade política. É o primeiro *príncipe*. A travessia do Rubicão é o símbolo que marca o fim e o começo de uma época. Desde então, César permaneceu como um modelo no qual se inspiraram Carlos Magno, Napoleão, Stalin, Hitler e todas as demais figuras políticas da Europa que viveram à sombra do dominador perfeito.

Suas conquistas não são de um imperador como Alexandre, educado por Aristóteles para implantar as ideias gregas em horizontes remotos. Júlio César era um predador que vagava pela terra, apoderando-se do mundo conhecido. Hispânia. Gália. A Bretanha esteve por pouco. Dalmácia. Egito. África. Sua última batalha foi, de novo, na Hispânia. O mais decidido dos seus adversários, o jurista e filósofo Cícero, retratou sua grandeza selvagem.

Cícero orgulhava-se de Roma como *res publica*, mas César transformou o mundo na sua *res privata*. Como Aristóteles, Cícero achava difícil decidir qual o melhor regime: a monarquia, em que um rei tem amor ao povo; a aristocracia, em que a sabedoria prevalece num conselho; ou a democracia, pela liberdade que dá ao povo. Em todo caso, considerava que a soberania residia no povo. A regra que a todos diz respeito deve ser aprovada por todos.

Nem mesmo os reis se pronunciavam por direito divino, segundo o costume e a tradição, mas segundo leis feitas no interesse do povo. Essa ligação entre o Estado e a liberdade fornecia uma base jurídica para a proteção de pessoas e bens contra a tirania. César veio acabar com essas limitações ao poder romano.

O estranho segredo de Roma foi a capacidade de sobrevivência do seu aparelho governamental, como uma concha, enquanto a substância se modificava. Cícero salvava a ideia de Roma e lutava contra o poder pessoal, mas a República Romana deu lugar à brutalidade e ao despotismo. Houve apenas um Júlio César. Seus despojos foram repartidos por criaturas de caráter mais sinistro. Seus sucessores, Otávio Augusto e Marco Antônio, chegaram a um acordo temporário, que incluía a troca de personalidades perseguidas por cada um deles. Cícero estava na lista dos inimigos de Marco Antônio; Otávio entregou-o, e um antigo cliente com dívidas enterrou a faca no pescoço do filósofo.

A morte da República Romana é o começo do império que continuou o nome de Roma. Os gregos criaram a *polis* como cenário grandioso da história, libertando-se da servidão humana do Oriente. Mas esse velho mundo morrera. Os antagonistas, gregos e persas, despareceram. As conquistas de Alexandre foram divididas. Em vez do grande tema da política grega – a estrutura da *polis* –, ganhou preponderância a ascensão e a queda dos impérios com o novo poder de Roma. A política já não pertencia à comunidade. Era um movimento de animais ferozes à escala da Terra, em que predominam a fortuna e o destino. Impérios e dominadores não têm raízes na vida do povo. O poder é um jogo para profissionais, enquanto as populações nada mais podiam fazer senão fugir das tempestades que sobre elas rugiam.

A teoria do poder como domínio manteve-se em Roma sem necessidade de ser vazada em fórmulas teóricas. Essa separação radical entre ética e política deixa a nu o domínio do homem pelo homem e revela o poder como dominação e egoísmo. Sem ordem ou pacto para se legitimar, sem leis para domesticá-lo, o poder extraía sua aura de prestígio da autoridade pessoal. Foi assim com os imperadores romanos, com os tiranos medievais e com um tipo de senhores que surgiu nas cortes italianas dos séculos XIV e XV.

Na Itália dos senhorios, surgiram os *condottieri*, sem raízes dinásticas ou obrigações morais. Sua autoridade confunde-se com o exercício do poder. Os Malatesta em Rimini, os Visconti e, depois, os Sforza em Milão e os Médici em Florença, todos eles provenientes de famílias de banqueiros. Quando esses novos dados políticos combinaram com a admiração renascentista pela Antiguidade, ficaram preparados os elementos da teoria do poder como domínio, que Nicolau Maquiavel resumiu em seu manual *O Príncipe*.

Maquiavel, talvez o único homem que se vestia para entrar em casa, é considerado o fundador da filosofia política moderna. Mas não pretendia criar uma nova teoria da sociedade. Queria resolver os problemas do exercício do poder mediante as circunstâncias do século XVI. Profundamente tocado pela grandiosidade das doutrinas clássicas, dispensou a moral nas regras de governo. Como escreveu Ernst Cassirer, *O Príncipe* não é um livro imoral, mas sim um livro técnico. Mais do que objeto de conhecimento, o Universo é objeto de conquista. Maquiavel quer deduzir a política da vida concreta, e não de tratados cheios de abstrações metafísicas.

O capítulo XV de *O Príncipe* inclui a famosa lista das regras de conduta do governante. Maquiavel insiste que está descrevendo a verdade da política, distorcida por outros autores. Considera que a observância de regras morais em política conduz geralmente à derrota: "A vida como é está tão distante da vida como deveria ser, que um homem que desiste do que está feito, em prol do que deveria fazer, engendra sua ruína mais do que a preservação". O príncipe pratica ou não o bem, conforme as necessidades. O príncipe tem de ser como a raposa e o leão "porque o leão não sabe se proteger das víboras, nem a raposa dos lobos". O príncipe deve violar a palavra e todas as regras de fé, caridade, humanidade e religião, embora as louve em palavras. Os seres humanos admiram a fachada da virtude e não se importam de ser iludidos pelos poderosos. Admiram o êxito e, se a aparência for boa, não buscam a realidade que está por detrás dela. O príncipe deve evitar a má reputação, mas não pode se dar ao luxo de ter moralidade, porque a massa das pessoas pertence à casta ingrata, desconfiada, medrosa e ávida. Segue os poderosos enquanto vê proveito, mas revolta-se quando as carências chegam. Como os laços de gratidão dependem do proveito, o príncipe deve confiar nos laços do medo. Pode mesmo matar, mas não deve se apropriar dos bens do morto. A massa aprecia a segurança no lar e nos bens. São poucos os que desejam ser livres: quase todos só desejam a liberdade para viver em segurança.

Ao longo dos séculos – desde João Botero, que no século XVI inventou a expressão *Razão de Estado*, até Leo Strauss, do século XX, que defende o *direito natural* – os adversários dirão que Maquiavel rebaixou as expectativas da humanidade. Dirão que a força e a astúcia são incontornáveis na política, mas não eliminam os princípios morais. A *Razão de Estado* é um caso especial do bem comum, um privilégio do príncipe para agir em nome do bem público.

Quando o interesse do príncipe se torna o critério supremo, a razão de Estado torna-se maquiavélica. O maquiavelismo torna-se o estilo de governo de Francisco I e Carlos V, de Isabel I e Filipe II. A técnica do poder inspirou a política das potências europeias. No plano interno, corresponde ao absolutismo dos monarcas, emancipados da lei moral e do direito natural. A fórmula *ab legibus solutus*, da qual provém o termo absolutismo, significa *desligado das leis*. O monarca faz *quod principi placuit*, o que apraz ao príncipe, pois cumpre a lei por sua vontade absoluta e ciência certa, e não por obrigação externa.

No plano internacional, como mostrou Friedrich Meinecke, historiador alemão, a *Razão de Estado* leva os Estados a se emanciparem da autoridade da Igreja e do império. Surge o sistema de equilíbrio europeu com uma pluralidade de estados nacionais independentes e sem reconhecer uma autoridade superior. A comunidade internacional que se forma com o Tratado de Vestefália, em 1648, passando pelo Congresso de Viena, em 1815, até as vésperas da Primeira Guerra Mundial, vive com essa balança de poder em que nenhuma potência está em condições de predominar ou de ditar leis às outras. Um mundo que terminou com as duas Guerras Mundiais.

4. Dou para que tu me dês

O terceiro grupo de teorias do poder diz que deriva do consentimento dos governados a autoridade do soberano. Glauco a apresenta em *A República* como a opinião da maioria. Existe um contrato (*syntheke*) celebrado entre os cidadãos que aceitam prescindir do poder em favor dos governantes que lhes garantem segurança. De modo sucinto, é a fórmula do contrato social, que, nas exposições modernas de Thomas Hobbes, Locke e, sobretudo, de Rousseau, desempenhou um grande papel na história.

Basicamente, o argumento é o seguinte: cada pessoa é dotada de força física e inteligência; entregue a si mesma, usaria esses poderes em benefício próprio, confrontando-se com obstáculos esmagadores. Sua vida seria "sórdida, embrutecida e curta", segundo a fórmula de Hobbes. Então, para evitar a guerra de *todos contra todos*, os seres humanos renunciaram de comum acordo à utilização de força e delegaram seu poder a um governante.

Esse pacto ou contrato social que cria a autoridade do soberano não deve ser imaginado como um ato histórico, mas como um princípio regulador da sociedade. No estado de natureza, existe uma guerra perpétua. Para se protegerem dessa beligerância permanente, os cidadãos delegam os seus direitos ao Estado. Hobbes chama a isso de *animal artificial*, semelhante ao monstro Leviatã da Bíblia. O príncipe é a cabeça, e todos os outros são o corpo. Tudo o que o soberano ordenar é legítimo.

O que traz algo de novo a essas ideias é a antropologia pessimista de Hobbes. Para ele, o homem como *animal político* é o *lobo do homem*, uma expressão que parece ter sido usada para se referir aos piratas do Caribe do século XVII. Em seu livro *Os Elementos da Lei Natural e Política*, Hobbes afirma que, sendo os seres humanos iguais por natureza, a luta é inevitável: todos competem pelo poder e desconfiam uns dos outros. Alguns têm prazer em contemplar seu poder nos atos de conquista, que levam mais longe do que a segurança permite. Entregue a si própria, na sua solidão, a criatura humana deseja-se onipotente, procurando ultrapassar os outros com atividade incessante. Quer evitar o abismo da ansiedade. Hobbes compara a vida do ser humano a uma corrida. "Mas nessa corrida não temos outro objetivo, nenhum outro prêmio, que não seja ser o primeiro. Ser constantemente ultrapassado é miséria. Ultrapassar constantemente o seguinte é felicidade. E esquecer a corrida é morrer", arremata ele. Sinistro!

As ideias de Hobbes foram antecipadas por Marsílio de Pádua, que viveu na primeira metade do século XIV. Ele atribuiu ao *legislador, ou ao corpo inteiro dos cidadãos*, a capacidade de *fazer a lei*. Nas suas palavras, a totalidade dos eleitores, *universitas civium*, é a fonte suprema da soberania. Essa soberania da comunidade não admite qualquer poder exterior a si mesmo.

Enquanto Hobbes inaugurou o pensamento contratualista, seu compatriota John Locke foi o notário da evolução política do século XVII, na Inglaterra, nos dois *Tratados sobre o Governo Civil*. No primeiro, ele rejeita por completo a noção do direito divino dos reis, avançada pelas teorias legitimistas. No segundo, socorrendo-se das ideias políticas de Cícero, Tomás de Aquino e Hooker, Hobbes estabelece um compromisso entre o poder do povo e os seus representantes. Por motivos evidentes, sua teoria recebeu a designação de individualismo possessivo.

Entregue a si mesmo – ao *estado de natureza* –, o indivíduo usaria o poder em benefício próprio. Em vez disso, ele delega o poder a um governo, criando o *estado de sociedade*. Esse contrato desdobra-se em dois momentos. A sociedade civil baseia-se no direito natural, que é a base para os direitos individuais: vida, liberdade e propriedade. A sociedade política é criada para proteger esses direitos e baseia-se no consentimento. A cidadania não será para todos, depende da posse de bens, e o Estado existe para proteger as pessoas. Ao nomear governantes para agir em seu nome, os cidadãos entregam grande parte do seu próprio poder. Mas, tendo em conta que os representantes também possuem terras e propriedades, os eleitores sabem que os eleitos agirão para proteger os interesses mútuos.

A relação entre *estado de natureza* e *estado de sociedade* torna-se um capítulo essencial das teorias contratualistas dos séculos XVII e XVIII. Surgem duas correntes. Para autores como Suárez, Althusius, Locke e Montesquieu, existe um pacto que explica a origem da sociedade civil e um outro que explica a origem do Estado. Diferentemente, para Hobbes, Espinoza e Rousseau, existe um único contrato, do qual deriva a soberania. Segundo Hobbes, reside no poder executivo do monarca.

Mas agora aparece alguém muito diferente a implicar com a teoria do contrato natural. Ele compõe sinfonias, mas não é músico. Tem filhos, mas não constitui família. Viaja e conhece muita gente, mas a todos indispõe. Quer reviver a comunidade como os gregos antigos, mas acaba vivendo solitário em Ermenon. Nasceu em Genebra, mas não tem pátria. Sua bolsa está vazia, mas vive como uma celebridade. Ama a natureza e herboriza um pouco. Escreveu um maravilhoso tratado de educação, mas abandonou os filhos. Discursa sobre a bondade original do ser humano, mas admite que ele mesmo não é grande coisa. Escreve suas *Confissões*. Chama-se Jean-Jacques Rousseau. Apesar dessas suas contradições, trata-se de um dos grandes pensadores políticos da humanidade. Diz que "O homem nasce livre, mas que a sociedade o aprisiona". São essas as primeiras linhas de *O Contrato Social*, a obra doutrinária mais consistente do Iluminismo.

Rousseau concebe o ser humano com sentimento, com vontade, com imaginação. Não está interessado nos intelectuais, na generalização, na razão. É um despertador da vida pessoal, da autenticidade, um esquadrinhador da realidade concreta, um revolucionário estético e sentimental contra o racionalismo do século das luzes. Reagiu com a voz dos sentimentos naturais contra o ateísmo dos seus amigos iluministas e, sobretudo, contra o egoísmo, que considerava a pior das depravações humanas e a causa de todos os males.

O filósofo iluminista trata da *vontade geral*, a vontade do corpo moral e coletivo, o novo princípio que lhe vai permitir harmonizar a vontade empírica e a liberdade de cada indivíduo com as exigências da lei natural e do bem comum da coletividade. Ela é distinta da vontade dos seus membros e da vontade da maioria. É o princípio do contrato social. Por esse contrato, opera-se a *alienação total* dos direitos de cada associado em favor da comunidade. Cada um, dando-se a todos, não se dá de fato a ninguém. Cada um adquire o equivalente de tudo o que perde e ainda uma maior força para conservar aquilo que tem. O indivíduo integra-se num todo. Troca sua *liberdade natural* por uma *liberdade política*. Em vez de uma liberdade puramente *negativa*, de exclusão e oposição contra o Estado, assume uma liberdade nova, *positiva*, de integração e colaboração dentro de um todo, que é esse mesmo Estado.

Nessas condições, ser livre equivale a obedecer à *vontade geral*. Hegel amplia esse argumento decisivo na sua dialética e, quando essa vontade emprega a força para obrigar o indivíduo recalcitrante, nada mais faz do que *obrigá-lo a ser livre*. Eis aí o *cidadão*, o ser político, em contraste com o indivíduo no estado natural.

Rousseau tem uma luz para guiá-lo: "O ser humano é essencialmente bom", é bom por natureza, é a sociedade que o torna depravado. Então, para voltarmos a ser felizes, a sociedade deve ser reformada. A história deve ser reconduzida à origem, para encontrarmos o verdadeiro caminho, o único conforme com a natureza e sua perfectibilidade. Seus escritos são um desenvolvimento desta tese: o regresso do ser humano à natureza. Não a natureza animal e o estado selvagem, como alguns pensaram e Voltaire ironizava, mas a verdadeira natureza racional do ser humano, expressão simultânea da lei natural e da vontade divina. Os dois *Discursos*, o *Emílio*, *A Nova Heloísa* e *O Contrato Social* são projeções dessa mesma ideia na educação, na política e na sociologia. A unidade da sua obra de filósofo é, nesse aspecto, perfeita. É a expressão de uma individualidade que ultrapassa o pensamento abstrato e se alimenta da vida.

Os críticos reacionários, como o Visconde de Bonald, viram em Rousseau um utópico, um visionário, de costas voltadas para a realidade da vida. Esse é um juízo superficial. A visão de Rousseau é uma das grandes construções racionais sobre o Estado, uma das *utopias* que procuram resolver pelo pensamento as contradições da vida. A *vontade geral*, o *povo*, a *democracia* são os símbolos de Rousseau para resgatar o contratualismo de Hobbes e Locke.

A utopia elimina as contradições. Ele é o primeiro a nos dizer que "sua democracia nunca existiu, nem poderá jamais existir".

O impacto de Rousseau na história da democracia foi grande e se traduz na *autonomia da esfera política*. Ele completou a tendência, esboçada desde Marsílio de Pádua e acelerada com Maquiavel, no sentido da completa emancipação do Estado. A *liberdade contra o Estado* de todos os contratualistas anteriores, foi substituída pela *liberdade política dentro do Estado*. A síntese entre o indivíduo e a comunidade através da vontade geral sobrepõe-se a todos os particularismos. Um mundo novo poderia nascer.

5. Justiça é cooperação

Um quarto grupo de teorias sobre o poder o faz nascer da cooperação. O grupo consegue mais que o indivíduo. A união faz a força. Muitas conquistas do passado são acumuladas, desenvolvidas e integradas pelas instituições atuais. Cada vez que se forma um agrupamento de grupos, o poder é multiplicado. Como a fonte do poder é a cooperação, o detentor do poder é a comunidade. Por comunidade, entende-se um povo com uma história, objetivos e valores comuns. Por ter esses elementos em comum com outros, cada povo consegue transmitir a herança do seu passado e tornar-se, assim, um poderoso foco de lealdades.

A antiga Atenas inventou a democracia como participação direta do povo no governo. Mas os atenienses só reconheciam liberdade e igualdade de direitos a cidadãos do sexo masculino, chefes de família e que cumpriam o serviço militar. Mulheres, escravos e forasteiros eram excluídos dos direitos e das prerrogativas da cidadania. Apesar dos seus méritos, a democracia ateniense era uma *tirania de cidadãos*, na qual não havia uma doutrina dos direitos humanos ou a noção de pessoa. Talvez por isso poucos atenienses tinham respeito pela democracia. Os filósofos viam-na como uma receita que não resolvia as crises, nem garantia um bom governo.

Segundo Platão e Aristóteles, se a *polis* queria ser justa, tinha de possuir uma minoria com a tarefa de administrar e defender a cidade, com inteligência, coragem e aptidão física. Só as minorias com talento poderiam governar com sabedoria. A fim de se preparar para o governo e impedir os abusos de poder, essa minoria deveria alternar o exercício de cargos com uma exigente educação. Desse ponto em diante, os dois filósofos divergem.

Inspirado em Esparta, Platão considerou que a minoria governante deveria viver sem propriedade privada e sem família, sendo os filhos sustentados pela comunidade. Ele foi criticado por desprezar as tendências naturais do ser humano. No entanto, sua teoria do *comunismo dos governantes* é um alerta contra a corrupção dos interesses que nascem das instituições da propriedade privada e da família.

Aristóteles tanto considerou aceitável o governo de um bom monarca como o de uma aristocracia capaz ou o de um povo cívico. A democracia beneficia os pobres, mas o faz à custa do interesse público. A monarquia degenera em tirania, e os governos aristocráticos, em oligarquia. Melhor mesmo seria um regime misto, a *politeia*. Aristóteles explicou os seus fins no último livro da *Ética a Nicômaco*. O fim da vida humana é viver bem. Para isso, devemos ser educados e temos de educar. Quando se compreende o que é viver bem, é mais fácil conceber as instituições educativas apresentadas no final de *A Política*.

Não interessa aqui debater se o sistema de Aristóteles é certo ou errado para o seu tempo, ou se está ou não ultrapassado. Só interessa salientar que o poder deve ser domesticado pela interação entre ética e política. Nisso consiste a cidadania.

Em termos práticos, no livro V de *A Política*, o argumento fundamental dessa filosofia política trata da *stasis*. O termo costuma ser traduzido por *revolução*. Mas *stasis* evoca a palavra *estado*, e significa a *rigidez* das instituições. Quando uma entidade social perde flexibilidade e não se adapta, começa a *stasis*. Em oposição à rigidez dos governos, os opositores também endurecem as posições, e assim surgem conflitos que levam à desordem e à revolução.

Aristóteles identificou os grupos de interesse cujas posições rígidas originam as revoluções: os ricos, os pobres e os virtuosos. A posse de riquezas proporciona abusos, e, quando estes se cristalizam como privilégios, geram reações violentas. Em contraste, quando a pobreza cresce por negligência ou discriminação por parte dos governantes, o ressentimento dos pobres ganha pendor revolucionário. Finalmente, quando os virtuosos se tornam imorais e corruptos, surgem as condições para a indignação.

A lista em que Aristóteles pormenoriza os motivos que produzem a *stasis* ainda hoje é válida. Existe a arrogância dos governantes, o ressentimento dos governados, a inveja das qualidades pessoais, que determinam a prática do exílio forçado, o silenciamento e a censura. As práticas imorais de quem governa afetam a autoridade. A intriga eleitoral, a atribuição de cargos a pessoas não qualificadas e outras práticas, como a mesquinhez de conduta, causam raiva e desaprovação. Finalmente, as relações de poder modificam-se conforme o peso relativo dos diferentes setores da população.

Esses argumentos sobre a mudança social ressurgem em muitas doutrinas políticas posteriores. Por exemplo, a maioria das fórmulas encontradas em *O Príncipe*, pelas quais Maquiavel é considerado imoral, são copiadas de Aristóteles. Sempre que alguém se interroga sobre *o que é a política, quem recebe o quê, quando* e *como*, está pensando conforme o livro V de *A Política*. Não significa que esteja copiando Aristóteles, mas sim que usa o senso comum para manter olhos e ouvidos bem abertos. Se soubermos a razão de o equilíbrio degenerar em desordem, poderemos desenvolver fórmulas institucionais para evitar as crises.

As mudanças sociais resultam, ainda, de outro aspecto decisivo, a *prostasia*, a empresa da cidade, o seu projeto, como se diria hoje. Na sua análise da *Constituição dos Atenienses*, Aristóteles descreve com muita precisão os efeitos da *prostasia* de Atenas. A cidade tornou-se um império marítimo, o que exigiu o acréscimo da frota. Desenvolveram-se então novas corporações de pessoal destro na navegação, na construção de navios e nos serviços portuários. As novas forças sociais destruíram o equilíbrio da política antiga e fizeram-na evoluir numa direção democrática. Péricles fez o elogio da democracia por ocasião de um discurso fúnebre aos marinheiros soldados de Atenas.

É um fato que as *empresas* sempre desempenharam papel muito significativo na política grega. A empresa da Guerra de Troia uniu os gregos, assim como a empresa das guerras persas. A empresa da frota com Temístocles e Péricles criou o fugaz império ateniense, e a empresa da Ásia, ensinada por Aristóteles ao seu pupilo, o futuro imperador Alexandre, o Grande, aproximou o Ocidente e o Oriente.

Com o declínio das cidades gregas, as estruturas do poder e os povos se separaram. Começaram os impérios ecumênicos do fim da Antiguidade. Enquanto uma organização política é a forma viva de um povo, sua expansão tem limites. Mas, quando o poder se estende a outros povos, a cidade transforma-se em império. Quando a desintegração dos povos foi grande, como sucedeu no Mediterrâneo oriental no período helenístico, o poder separou-se da base populacional e expandiu-se até onde a organização militar e administrativa mantinha coesão. Foi o caso de Roma.

No fim da Antiguidade, o poder tinha muitas facetas. O primeiro fator era o *orbis terrarum*, o mundo mediterrânico, o campo de batalha entre poderes que determinavam a política. O segundo era o próprio *Império*, o poder que se estende sobre as populações desintegradas. O terceiro era a ordem criada pelo Império, que culminou na *Paz Romana*, imposta com mão de ferro. O quarto fator, finalmente, é o ser humano, que domina as forças desencadeadas e as molda numa organização eficaz, fator designado pelo nome de quem primeiramente cumpriu essa função: César.

Esta situação do fim da Antiguidade apresenta muitos paralelos interessantes com a globalização atual, embora tenha também diferenças apreciáveis. Em primeiro lugar, o *orbis terrarum* hoje disputado é o planeta inteiro e mesmo o espaço sideral. Em segundo lugar, os Estados Unidos são uma hiperpotência, como Roma, mas a par de grandes entidades supranacionais e nacionais, como a Europa, a China, a Índia e a Rússia. Em terceiro lugar, a *Pax Americana* assenta-se tanto na economia como na força das armas; e, em vez do César imperial, estamos lidando com transferências de poder entre Estados Nacionais e instituições internacionais. O que caracteriza a situação atual é a fusão de poderes, a conflitualidade latente de competências e a procura de uma nova solução para domar o poder.

6. Democracia: uma tradição em aberto

A ideia contratualista da balança de poder que caracterizou as relações internacionais revelou-se insuficiente para criar uma nova ordem mundial, em que os mais de 180 Estados Nacionais se articulam com a rede de instituições supranacionais, como Organização das Nações Unidas (ONU), União Europeia, Banco Mundial, Fundo Monetário Internacional (FMI), Tribunal Internacional de Justiça, Organização do Tratado do Atlântico Norte (Otan).

Os Estados aceitam se encontrar com outras partes interessadas para debaterem, em conferências internacionais, temas como Meio Ambiente (Rio de Janeiro, 1992, 2012; Kyoto, 1997), População (Cairo, 1994), Desenvolvimento Social (Copenhague, 1995), Mulheres (Pequim, 1995) e *Habitat* (Istambul, 1996). Em cada conferência, mais de 1.500 organizações não governamentais estiveram presentes.

Os avisos sobre a globalização se sucedem, contraditórios, ansiosos, vindos de vozes conservadoras e progressistas. Há o lamento romântico contra a intrusão do mesmo estilo de vida em todo o mundo. Em Viena, Kyoto, São

Petersburgo e Amsterdã surgem os mesmos filmes, as mesmas séries de TV, as mesmas informações, canções, *slogans*, objetos, roupas, carros, arquitetura urbana, mobiliário. Francis Fukuyama afirmou que a URSS foi vencida por essa globalização do *blue jeans*, videoclipe e *fast-food*, que criaram a imagem da superioridade do *estilo de vida norte-americano*. Samuel Huntington evoca o perigo de destruição da diversidade de culturas. Ignacio Ramonet denuncia os riscos que uma globalização baseada na ideologia do "pensamento único representa para a democracia". Ao mesmo tempo, fala de *geopolítica do caos* devido às crises sucessivas e às novas guerras civis. Enzensberger fala de *guerra molecular* nas cidades: Lima, Joanesburgo, Rio de Janeiro, São Paulo, bem como Paris, Berlim, Birmingham, Los Angeles. Os protagonistas são terroristas, mafiosos, *skinheads*, narcotraficantes, esquadrões da morte, mas também pessoas comuns que, de repente, se transformam em vândalos e incendiários.

A filosofia nunca seguiu esse caminho da histeria. Quando os problemas são globais e sistêmicos, nenhuma medida isolada, nem qualquer estado solitário, consegue alcançar resultados positivos. Soluções locais para problemas globais... precisam-se. Domesticar o poder à solta no mundo global... é urgente.

O que nos dizem os filósofos políticos sobre isso? Voltaremos a um mundo onde imperará a *lei e a ordem*, obtidas, se necessário, pela força? Iremos criar um *príncipe mundial* à maneira de Júlio César? Conseguiremos pôr em contrato as relações entre Estados numa nova ordem? Será possível cooperar de modo a que a união faça a força? Será possível acrescentar aos diversos ingredientes políticos o *mito* do bem comum? A resposta depende muito da democracia que nós queremos.

No século XVIII, Rousseau defendeu a democracia direta, mas observando que jamais houvera uma democracia real e jamais viria a haver. A complexidade da sociedade atual tornaria ineficaz e instável a democracia direta, argumentou Max Weber. A democracia é uma constante busca pela justiça. Seu sucesso depende do empenho de quem nela participa e da qualidade das instituições que promovem essa participação.

Como todas as tradições vivas, a democracia é uma narrativa em aberto. Seus princípios exigem compromissos com as novidades sociais, econômicas e culturais. Partindo das premissas dos direitos humanos, que são as do nosso século, é preciso compatibilizar os direitos das comunidades nacionais, *que a história confirmou* e para cuja prosperidade o poder existe, com os direitos da *comunidade global ou cosmópole*, de que cada pessoa e cada Estado fazem parte e da qual recebem, de certo modo, *vida e ser*. A filosofia tem consciência dessas contradições, mas as contradições nunca a assustaram particularmente.

O que é o pior na política? A desonestidade? O não cumprimento das promessas? A corrupção? A ganância? O crime escondido? De um modo simples e despretensioso, podemos afirmar que o pior é a existência de más políticas ou a ausência de políticas. O problema não é de moralidade, mas sim de pobreza de atuação. O problema não é tanto o conjunto de problemas, mas a falta de soluções, a ausência de intervenção, a incapacidade de transformar, de surpreender, de inventar, de ver, de ousar fazer melhor. Pior do que fazer mal é não fazer; pior do que errar é permanecer de braços cruzados. Pior do que cometer erros é a estagnação, a imobilidade, a ausência, a carência, o vazio. Pior do que usar mal o poder, é não exercê-lo.

Os conflitos de poder são saudáveis. A pluralidade traz dificuldades, mas também possibilita novas visões. O importante não está em evitar conflitos, o importante é saber geri-los, saber resolvê-los, aprender com eles, nos aproximarmos depois de superados. O conflito faz parte das relações humanas. Habita, por excelência, o espaço da política. Mais importante do que evitar um conflito é o desejo de superá-lo, de chegar a uma visão nova. Pior do que ter um conflito é querer permanecer nele e recusar a tentativa de aproximação e reconhecimento do outro como interlocutor.

A democracia atual é o reino da pluralidade e da diversidade. Nesse sentido, os conflitos são mais evidentes e as divergências são mais estimulantes do que estimaria o politicamente correto. A democracia atual é vulnerável e instável. Os conflitos provocam insegurança, mas quem os supera sai fortalecido. Quem reconhece o outro como portador de visão e voz sai enriquecido. Permitir sua audição é reconhecer sua voz, o que nos configura para a abertura, sinônimo de riqueza, inovação e futuro.

Se é verdade que a sociedade contemporânea é menos arrumada, se as categorias do passado já não servem, se já não fazem muito sentido as questões ideológicas de separação entre direita e esquerda, entre interesses públicos e privados, entre individualismo e coletivismo, então temos de ser criativos também na maneira de agir, na capacidade de mudar de ângulo e criar outros horizontes. Temos de passar aos próximos episódios da aventura de domar o poder, esse animal feroz que obriga o ser humano a ser um animal político.

17. Os filósofos da economia

1. A montanha-russa

Abrimos páginas de jornais, revistas e internet e vemos gráficos de todos os tipos. Gráficos para ilustrar as subidas e descidas das taxas de juros. Gráficos sobre a natalidade, que, infelizmente, é baixa em países como Portugal. Gráficos sobre as despesas e as dívidas dos governos. Gráficos sobre os resultados das empresas. Gráficos sobre as variações da bolsa e as variações climáticas. Gráficos sobre as votações em partidos ou as intenções de voto em próximas eleições. Gráficos, até, sobre as variações de peso das celebridades. Quase se poderia afirmar que o mundo é esse turbilhão de acontecimentos, subindo e descendo como uma montanha-russa.

Explicar processos por meio de gráficos torna tudo mais compreensível aos nossos olhos. Mais do que longos argumentos, os gráficos descrevem estágios sucessivos de grandezas identificadas. São curvas e retas que narram a história de um fenômeno. Subindo, descendo, aos solavancos ou estagnado como a linha isoelétrica do encefalograma de um morto. Quando as curvas e os picos são muito irregulares ou quebradas, não identificamos um padrão, nem sabemos o que esperar a seguir. Quando as linhas são regulares, arriscamos prever o passo seguinte. E, se a linha for absolutamente regular, podemos descrevê-la através de uma equação. E assim se cumpre o ideal cartesiano de descrever a natureza com a matemática. Porque os gráficos ilustram a variação de duas grandezas, das quais uma é função de outra, e assim o mundo fica compreensível.

Não teríamos esses gráficos se nosso conhecido Descartes não tivesse representado o espaço segundo a quantidade, compilando descobertas anteriores. Como sempre sucede em ciência, um grande avanço não nasce do zero. Apolônio de Rodes, um grego da Antiguidade, inventou a análise geométrica. As coordenadas foram inventadas por um medieval chamado Nicole d'Oresme. A forma da equação já fora estabelecida pelo matemático Pierre de Fermat. Todos esses elementos juntos permitiram a Descartes criar os gráficos da geometria analítica, mais tarde chamada cartesiana.

Os gráficos econômicos são os mais notáveis de todos, com os seus altos e baixos, crescimento e recessão, quedas e subidas. *Mercado em alta* e *mercado em baixa*. A realidade econômica é assim. Tudo tem um preço, que sobe ou desce. Ao mesmo tempo, a ciência econômica propõe um ideal de equilíbrio para o crescimento a fim de evitar crises cíclicas. Se pensarmos nos gráficos com os altos e baixos da economia, o modo ideal de suavizar o processo seria aplicar políticas anticíclicas de maneira a obter um movimento ascensional em curva, em forma de *sigma*. Lonergan escreveu que a boa gestão da economia transformaria os ciclos frenéticos de crescimentos e recessões num processo mais benéfico. Assim, talvez todos pudéssemos ganhar.

A economia é ação humana a serviço dos seres humanos, e estes não têm preço, mas sim valor. De fato, nem tudo tem um preço. Nem tudo é passível de ser trocado, comprado ou vendido. Na segunda sessão dos *Fundamentação da Metafísica dos Costumes*, Kant distingue entre preço e dignidade. Tudo o que tem um preço é o que pode ser substituído por outra coisa, a título equivalente. Inversamente, o que é superior a qualquer preço tem um fim em si mesmo, e o seu valor intrínseco chama-se dignidade. Os filósofos da economia sempre tentaram correlacionar esses dois fatores.

A economista britânica Joan Robinson escreveu que "a economia é extremamente importante para ser deixada aos economistas". Criticava os que desejavam manter os limites tradicionais entre disciplinas ditas objetivas e científicas, como a economia, e disciplinas subjetivas e nebulosas, como a ética. Na realidade, os grandes economistas foram também filósofos, com lições repetidas há mais de 250, e todos eles entenderam que, quando o sistema econômico de sobrevivência coletiva está doente, não basta criticar o que existe, é preciso propor outro viável.

2. As mãos mais destras

Como quase todas as ciências, a economia começou entre os gregos. Após as categorias introduzidas de modo algo displicente por Platão em *A República*, deve-se a Aristóteles uma primeira sistematização, começando pela definição da disciplina. Economia significa *governar a casa*, pois é na casa que se satisfazem as necessidades elementares: morar, vestir e comer.

A propriedade resulta de a natureza não ser pródiga e de os seres humanos não quererem disputar com brutalidade a posse momentânea e destruidora das coisas de que sentem necessidade. A procura do equilíbrio entre as carências e a produção é inerente à existência. Da propriedade emergem a *fruição*, que é o que a pessoa recebe da natureza e os economistas apresentam como *renda*, e o *trabalho*, que é o que a natureza recebe do ser humano. Da combinação da renda com o trabalho resultam os *produtos*, que, destinados para serem usados e trocados, dão origem ao *mercado*, no qual quem os oferece lhes atribui um *valor de troca* e quem os procura lhes atribui um *valor de uso*. A fim de permitir o encontro da oferta e da procura, o mercado adota o *dinheiro* como moeda de troca, a *mercadoria universal*, como chamará Karl Marx.

As categorias econômicas de Aristóteles eram adequadas a uma economia agrária sem outra possibilidade de crescer, a não ser através da conquista ou da rapina. No essencial, mantiveram-se inalteradas durante séculos. Mas o que mudou, e muito, com a Revolução Industrial do século XVIII foi a economia. O terreno foi preparado por uma série de tecnologias: o moinho, o relógio, as lentes, a imprensa, os mapas, e depois a máquina a vapor, as máquinas de fiação e de tecelagem, os carris. A produção começou a subir. No mundo dos negócios, uma febre percorreu a Europa a ponto de ocorrer grandes crises especulativas como em 1720, a Bolha dos Mares do Sul e a da Companhia do Mississipi. E a tendência econômica permaneceu. A sobrevivência não dependeria apenas da posse de bens, mas de gente com o objetivo de obter lucros, acumular capital, gente ligada ao mercado e não muito preocupada com a situação dos pobres, considerados ociosos ou fracos.

Essa realidade precisava de uma filosofia econômica que a explicasse, e essa filosofia surgiu num livro revolucionário: *A Riqueza das Nações*. O autor, Adam Smith, era um célebre professor de filosofia moral na Universidade de Glasgow, onde dava mais atenção à religião natural do que aos serviços religiosos. Ele lia David Hume, frequentava tertúlias e mostrava-se tão distraído que, por vezes, descia de pijama ao jardim e ficava falando sozinho, absorvido pelos seus pensamentos.

Na época, a filosofia moral abarcava matérias de ética, direito, economia política e teologia natural. No fundo, tratava de tudo, desde os impulsos mais sublimes do indivíduo à rude atividade de ganhar a vida. E como era rude, caótica e sobretudo miserável a vida nas fábricas, nas minas e nos campos da Inglaterra! Fora dos palácios e das casas burguesas de Londres, a sociedade mais parecia uma das máquinas a vapor de James Watt: barulhenta, escura, relativamente eficiente, mas em risco de explodir a qualquer instante. Mulheres, homens e crianças estavam abarrotados nas minas dia e noite, lá ocorrendo de tudo, desde relações e violações sexuais, até a mais prosaica tarefa de extrair carvão. Pelos campos, vagavam bandos de seareiros à procura de trabalho mal pago. Nas fábricas, sucediam-se os turnos de homens, mulheres e crianças *com as mãos mais destras* e que, ao voltarem aos pardieiros onde se revezavam em sistema de cama quente, tinham por opção o gim ou o Evangelho.

Adam Smith escrevera, em 1759, a *Teoria dos Sentimentos Morais*, sobre as origens da aprovação moral. Como é possível que o ser humano, criatura egoísta, forme juízos morais? O segredo está em se colocar na posição de um observador imparcial, que sabe avaliar cada caso. Com isso, ele foi considerado um notável filósofo moral. Na Alemanha, chegou a se falar com entusiasmo no *problema de Adam Smith*. A obra tinha um corolário importante: não tentem fazer o bem, deixem que ele resulte da harmonia dos egoísmos pessoais, como se uma mão invisível tudo dispusesse pelo melhor.

Após longos anos lecionando, realizando passeios, viagens e pesquisas, Adam Smith publicou *A Riqueza das Nações*, em 1776. Não era um manual para as aulas. Era uma tribuna de onde ele falou ao mundo. Seja qual for o ponto através do qual se olhe, a sociedade é um gigantesco mecanismo econômico cuja produção está sempre crescendo. O mecanismo da oferta e da procura começa por harmonizar os rendimentos do capital e do trabalho, assegura que as mercadorias procuradas sejam produzidas nas quantidades que interessam e garante que os preços não atinjam níveis excessivos. Entretanto, a sociedade é dinâmica. A acumulação crescente de riquezas vai permitir novas capacidades de produção e uma maior divisão do trabalho. Até aqui, tudo bem. Mas a acumulação também eleva os salários à medida que os capitalistas competem por trabalhadores para as fábricas. Com o aumento dos salários, desaparecem os bons resultados da acumulação. O sistema começa a parar.

Contudo, os trabalhadores usam os salários mais elevados para ter mais filhos e diminuir a mortalidade. A mão de obra disponível aumenta. Com o aumento de população, baixa a competição entre assalariados e a acumulação entra em nova espiral de crescimento.

No tempo de Smith, ainda não se falava de ciclos econômicos. O que ele descreve é um processo de séculos, compassado e seguro como um maquinismo, desde que não se interfira com o mercado. Quiçá, no futuro, haveria um paraíso moderado, feito de trabalho árduo, riqueza razoável e pouco lazer. Bastaria deixar o mercado trabalhar – a mão invisível –, e a sociedade teria rendimentos crescentes. Toda a sociedade? Pelo menos os que praticavam as virtudes econômicas da poupança e do investimento.

Esse mundo era um testemunho da convicção iluminista de que a racionalidade e a ordem triunfariam sobre o caos e a arbitrariedade. Smith era contra a interferência do governo no mercado, contra as restrições de importações, contra os bônus às exportações, contra a legislação anticoncorrência e contra os gastos improdutivos dos governos com guerras e colônias. É de notar que todos esses *contras* serviam os interesses do comércio. Os governos eram aliados descarados de quem produzisse riqueza; à parte algum auxílio à pobreza, não se falava em leis sociais. O único debate se centrava sobre se deveriam ser mais favoráveis aos comerciantes ou aos industriais. O doutor Smith não era contra o trabalho, nem contra o capital. Seu grande inimigo eram os monopólios. Dizia: "As pessoas do mesmo ramo raramente se reúnem sem que a conversa acabe numa conspiração contra o público ou em alguma manobra para aumentar os preços".

Podemos facilmente acusar Adam Smith de não ter adivinhado as novas forças da revolução industrial: os negócios organizando-se em cartéis, os trabalhadores em sindicatos. Mas, para ele, a época industrial não era uma revolução, era um sistema, sempre com mais gente, mais mercadorias, mais riqueza. Otimista sem ser utópico, via o sistema capitalista pré-industrial como uma sociedade que crescia, mas não amadurecia. Contudo, não foi isso que sucedeu.

A Revolução Industrial acumulava riqueza, mas à custa de uma fatura muito pesada no nível humano. A curva dos rendimentos subia, porém de modo muito desigual para capitalistas e operários. Os sucessores de Adam Smith, o reverendo Thomas Malthus e David Ricardo, desentenderam-se em relação às questões: Quanto há para todos? Quem fica com quanto? Forneceram mais instrumentos para o estudo do comércio internacional, o dinheiro, os impostos, a política econômica, a população, mas nenhum deles confirmou a promessa de que a abundância dos produtos industriais traria a satisfação universal. Chegaram mesmo a encorajar o mundo a pensar numa outra direção, e até deduziram consequências tão opressivas da desigualdade que Thomas Carlyle os designou por "respeitáveis professores da melancólica ciência".

Quem pensou e agiu noutra direção foram os chamados socialistas utópicos, como Robert Owen e, mais remotamente, Saint-Simon e Charles Fourier. No essencial, Owen nada tinha de utópico e considerou que o problema da pobreza se resolveria tornando os pobres produtivos. Criou cooperativas como a de New Lanark, que funcionou muito bem e era visitada pelo mundo inteiro. Ajudou a fundar o movimento sindical. Exigiu e conseguiu legislação laboral e, não sendo um economista, obrigou que considerassem que tudo o que ele iniciara permitia um destino melhor para o modo de produção industrial. Já Saint-Simon e Fourier, mais perversos ou excêntricos, conforme o ponto de vista, deram prescrições que não passavam de fantasias, embora com estima pela humanidade. Não havia dúvidas. Os socialistas utópicos precisavam de quem lhes compreendesse o coração, mas que tivesse a cabeça bem assentada.

O mais curioso é que esse alguém apareceu. Chamava-se John Stuart Mill. Aos três anos, ele começou a aprender grego, por determinação de seu pai, o publicista James Mill. Aos sete, já tinha lido os *Diálogos* de Platão. No ano seguinte, começou a estudar latim e até os 12 anos digeriu os clássicos romanos. Entretanto, ele dominou a álgebra e o cálculo diferencial, escreveu uma história de Roma e alguns versos. Nunca escreveu em grego, pois, como ele disse, "realmente não teve tempo". Aos 12, iniciou o estudo da lógica e de Hobbes. Aos 13, já dominava os princípios da economia política. Não tinha férias, "não fosse o hábito de trabalho ser quebrado e um gosto adquirido pela inatividade!".

O milagre é que a personalidade de Stuart Mill sobreviveu a essa educação. Só por volta dos 20 anos, teve uma primeira e única crise de melancolia, da qual se curou lendo Goethe e Wordsworth. E depois encontrou Harriet Taylor. É certo que existia um senhor Taylor, mas foi convenientemente ignorado. John e Harriet se apaixonaram definitivamente; todavia, durante vinte anos, viveram em casas separadas. Harriet, uma autora por direito próprio, deu muita coisa a John. Sobretudo, chamou sua atenção para os direitos das mulheres e também da humanidade.

Quando estava na casa dos 30 anos, Mill publicou os dois volumes dos *Princípios de Economia Política*. Obra escrita em seis semanas, pode-se dizer que levou vinte anos sendo preparada, desde os velhos tempos em que John falava com seu pai e com Malthus. Tornou-se um manual clássico, fazendo a revisão das matérias sobre rendas, salários e preços já cartografadas por Smith, Malthus e Ricardo. Mas isso não era o mais importante. O mais importante foi a descoberta sensacional que resgatou a economia do estatuto de *ciência melancólica*. Stuart Mill provou que a economia, além da produção, tinha de tratar o problema da distribuição. As leis econômicas de produção serão indiscutíveis, e se pode mesmo analisar como existem esquemas de recorrência na produtividade, maximização dos ganhos, na escassez e nas crises. Mas, uma vez completada a produção, "a humanidade, individual e coletivamente, faz o que quiser com os bens que produziu". A distribuição da riqueza não depende da economia, mas sim da política e da sociedade.

Depois de ser afirmado, isso era tão óbvio que o mundo quase parou para ler de novo o que Stuart Mill dizia. Os economistas clássicos tinham colocado a sociedade na camisa de forças da produção, mas, se a sociedade não gostasse dos resultados naturais da produção, só tinha de mudá-los. Podia lançar impostos, subsidiar, expropriar e redistribuir. Podia, ou não, dar incentivos. Podia fazer filantropia. Não havia outras leis da distribuição senão as que a ética ditasse. O debate econômico veio, assim, para a arena da ética. Os economistas que continuassem a dizer que os trabalhadores só mereciam uma determinada remuneração já não podiam continuar a pretender que era por força de leis econômicas.

A descoberta não fez de Stuart Mill um socialista no sentido utópico, embora ele falasse da necessidade de impostos sobre a riqueza, da formação de cooperativas e mesmo de sindicatos. Acreditava que os estímulos rudes da economia seriam preferíveis aos da guerra; na capacidade humana de controlar o destino pela força da razão; que as classes trabalhadoras temiam o espectro malthusiano e diminuiriam a natalidade. Para ele, os abusos de propriedade podiam ser reparados, e o comunismo, de que alguns já falavam, redundaria sempre numa perseguição ao indivíduo. Desde que a política garantisse uma justa distribuição, o caminho estava livre para a pessoa se dedicar a tarefas mais interessantes. Foi isso que Mill fez como autor de obras clássicas de filosofia, como *Sistema de Lógica Dedutiva e Indutiva*, *Sobre a Liberdade*, *O Governo Representativo*, *A Sujeição das Mulheres* e *O Utilitarismo*.

Sua vida decorreu sem sobressaltos e de um modo que pode ser considerado edificante, como o pai havia educado o seu intelecto e Harriet, o seu coração. Harriet faleceu em 1858. Quinze anos depois, Stuart Mill retirou-se para Avignon, onde estava o túmulo da sua amada. Ele escreveu na *Autobiografia*, no ano da sua morte: "Se algum dia alguém se interessar por mim, nunca deve esquecer que fui o produto não de um só intelecto e consciência, mas de três".

3. O mundo das previsões que falhavam

Em 1848, no mesmo ano em que saiu *Princípios de Economia Política*, a realista e exigente obra de Stuart Mill, foi publicado em Bruxelas um *Manifesto* que abria com estas palavras: "Um espectro paira sobre a Europa, o espectro do comunismo. Todos os poderes da velha Europa se coligaram numa santa aliança para o exorcizar". Esse espectro existia mesmo. Em todas as cidades europeias, a revolução veio para a rua. Nela, "os proletários nada têm a perder senão as suas cadeias. Têm o mundo a ganhar". As classes governantes tremeram. À exceção de Portugal, Espanha, França e Inglaterra, o restante da Europa não tinha ainda parlamentos ou liberdades, e vivia com o direito divino dos reis. Mas a velha ordem venceu a onda de revoluções a tiros de canhão. Os revolucionários se dispersaram, mesmo os da Liga Comunista, para a qual 1848 fora apenas um ensaio geral e o *Manifesto*, seu catecismo. Ao contrário dos socialistas utópicos que queriam reorganizar a sociedade, os comunistas queriam conquistar o poder pela violência, sem sentimentos nem apelos à moral. E o *Manifesto* afirmava que acabariam por vencer devido a supostas leis inexoráveis da história.

O *Manifesto* foi escrito por Karl Marx e Friedrich Engels. Era uma dupla de respeito. E que dupla! Não podiam ser mais diferentes do que eram nas atitudes, no aspecto e no modo de ser. Marx era, e parecia mesmo, um revolucionário, com suas longas barbas, muito forte, desorganizado, mal vestido e cheirando a tabaco. Já Engels passava por um respeitável burguês, alto e elegante, alegre e observador, apreciador dos prazeres dos odiosos burgueses, embora tivesse se casado com uma proletária. Sabia o que era um duelo e era bom nadador. Marx, muito mais meticuloso e mesmo perfeccionista, casara-se com uma aristocrata. Engels falava quase vinte línguas; Marx nem sequer dominava completamente o inglês.

Encontraram-se em 1844 em Paris, pela segunda vez, e aí começou sua colaboração de quarenta anos. Engels tinha vindo visitar Marx e conversaram por dez dias a fio. Doravante, foi raro o escrito de um deles que não passasse pelas mãos do outro, e a correspondência mútua enche volumes. Quando Engels era jovem, o pai o enviara para Bremen, a fim de que se especializasse em comércio internacional e esquecesse a poesia. Mas o que mais lhe interessou foi a disparidade entre a vida de trabalhadores e de capitalistas. Foi depois para Manchester, para o negócio no ramo de têxteis de seu pai. "Nunca vi uma cidade tão mal concebida", disse a um amigo. "E onde se ganha tanto dinheiro", foi a resposta que obteve. Aí Engels escreveu, em 1844, *A Situação da Classe Trabalhadora na Inglaterra*, que chegou às mãos de Marx, então jovem jornalista exilado em Paris.

Karl Marx provinha de uma família liberal de ascendência judaica que se convertera ao cristianismo. O jovem preferiu estudar a dialética de Hegel, segundo a qual os conflitos do mundo são regulados pela marcha do espírito. Impedido de seguir uma carreira profissional na filosofia, após as tiradas antirreligiosas e os infortúnios do seu professor Bruno Bauer, virou-se para o jornalismo. Colaborou durante cinco meses num jornal liberal, no qual defendeu as pastagens comunais, o direito à habitação e outras causas menores. Foi então que Engels lhe falou do comunismo. "Não conheço o comunismo, mas respeito uma filosofia social que defende os oprimidos." Exilado em Paris, colaborou noutro jornal radical e se interessou por economia. Em 1844, Marx completou os *Manuscritos Econômico-Filosóficos*, em que mostrou que a filosofia de Hegel estava de *pernas para o ar* e transferiu para a humanidade os louvores que o filósofo idealista aplicava ao espírito, seguindo as pisadas de Ludwig Feuerbach.

É então que Engels vem visitá-lo. Estão de acordo em tudo. Engels trata dos alargamentos da doutrina; Marx, dos aprofundamentos. Em cada sociedade, a distribuição dos produtos e a divisão da sociedade em classes são determinadas pelo que é produzido e trocado. As causas da mudança social e das revoluções políticas não são as ideias, nem as noções sobre a verdade e justiça, mas as modificações do modo de produção; não é na filosofia, mas na economia, que reside a explicação da sociedade. Quanto à religião, ela "é o coração de um mundo sem coração".

A filosofia de Marx e Engels viria a ter o nome de materialismo dialético: dialético porque incorporava a ideia hegeliana de mudança; materialismo porque tudo dependia da realidade física e social. A ideia de base era simples. Cada sociedade se baseia numa estrutura de seres humanos, que se organizam para se alimentarem, se abrigarem e se vestirem. Sobre essa base, a sociedade constrói uma superestrutura de atividades, pensamentos e leis que lhe dão coesão, que são controladas pelo Estado e inspiradas pela religião e pela filosofia. O pensamento é um espelho dos fundamentos materiais: por detrás da relação entre ideias e forças sociais, existe o mundo da economia. "Os homens fazem sua história, mas não a fazem como querem." Cada economia produz suas instituições, e estas modificam a época em que nascem. O mercador nasceu no mundo medieval; o industrial, na vida moderna. Ambos transformaram as suas épocas. As classes sociais se relacionam de acordo com o modo de produção. As classes ameaçadas pela evolução defendem-se como podem; o senhor feudal combate o comerciante; a corporação despreza o capitalista; os industriais temem os trabalhadores. A história é uma luta incessante de classes.

No que toca ao presente, a revolução é inevitável, pois existe um combate até a morte entre a produção industrial, que é a base do capitalismo, e a propriedade privada, que é sua superestrutura. A produção industrial era um processo racional tão complexo que exigia planejamento. Do lado oposto, a propriedade promovia uma liberdade irracional que trazia crises, recessão e caos social. O resultado era a autodestruição do capitalismo. A burguesia cavava o seu próprio fosso.

Expulso de Paris, Marx deteve-se em Bruxelas. Foi a mesma história. Após o *Manifesto*, ele colaborou em mais um jornal, cujo último número foi publicado em letras vermelhas; depois, foi expulso. Seguiu para Londres, mas desta vez foi pior. Vinha com a família, sua adorada Jenny, filha de um aristocrata de apelido Von Westphalen, que não se importara em viver até a morte em dois quartinhos num apartamento londrino. Tinham então dois filhos, que chamavam *Mouro* ao pai de tez escura, além de Lenchen, a empregada da família, que trabalhava sem remuneração. Marx não encontrou trabalho. Passava sete horas por dia na biblioteca do Museu Britânico estudando os economistas. Ainda enviou artigos para o *New York Tribune*, escritos com a ajuda de Engels. Quando deixou de escrevê-los, teve de penhorar os seus bens. Aliás, nem dinheiro tinha para comprar os selos a fim de enviar os artigos pelo correio. Engels enviava-lhe regularmente dinheiro, além de inúmeras cartas sobre economia, política, matemática e estratégia. Jenny morreu em 1883, tendo enterrado dois dos seus cinco filhos. O *Mouro* ainda viveu mais dois anos, rabugento com os genros, desapontado com o movimento operário, chegando mesmo a afirmar: "Eu não sou marxista". O que fizera, entretanto?

Marx criara uma Liga Comunista, que não foi um sucesso mais além. Disse ele: "Os filósofos até agora não fizeram mais do que interpretar o mundo; trata-se agora de transformá-lo." Este *até agora* é típico de Marx. O *Manifesto* também diz que "toda a história da humanidade até agora é luta de classes". É sua mentalidade apocalíptica a funcionar. Em 1864, cria a Associação Internacional dos Trabalhadores. Anunciava ter sete milhões de associados, mas era um amontoado de seguidores de Owen, Proudhon, Fourier, sindicalistas, socialistas e nacionalistas à procura de uma teoria revolucionária comum. Em 1874, teve a última reunião em Nova York.

Proudhon, o socialista autodidata, chocou a Europa do seu tempo com o livro *O que é a Propriedade?* Proudhon propõe a Marx colaborar sob condições: "Não nos tornemos os dirigentes de uma nova intolerância, não sejamos os apóstolos de uma nova religião, mesmo que da razão e do progresso". A resposta de Marx foi brutal. Proudhon escrevera o livro *A Filosofia da Miséria*; Marx aniquilou-o com um livro a que chamou *A Miséria da Filosofia*.

A grande obra da vida de Marx foi *O Capital*, o livro do apocalipse do capitalismo. Marx lera todos os economistas e muitos filósofos; como jornalista, estava informado sobre a vida real. Embora recorra a tiradas emocionais contra o capital, "esse trabalho morto, esse vampiro que vive a sugar o trabalho vivo", seu propósito é descobrir as leis do sistema capitalista. Por isso, descreve um capitalismo sem monopólios ou prerrogativas. É um mundo em que cada mercadoria é vendida segundo o seu preço. E o preço adequado é o seu *valor*, palavra complicada. O valor de uma mercadoria – como em Smith e Ricardo – é a quantidade de trabalho que incorpora, seja manual, seja feito com a ajuda de máquinas, direto ou indireto.

O trabalhador entra nesse palco com a única mercadoria de que dispõe: o poder de trabalhar. O capitalista luta por acumular capital num ambiente competitivo. Ambos vendem os seus produtos pelo que valem, a quantidade de trabalho. Smith e Ricardo concordariam. Mas, se tudo é vendido segundo o valor certo, como surge o lucro? O trabalhador só pode pedir o salário de subsistência. Se precisa de seis horas de trabalho, vale seis horas. Mas o capitalista o faz trabalhar oito ou doze horas e fica com essa mais-valia, pois monopoliza o acesso aos meios de produção. Se o operário não quiser, é com ele. Fora das fábricas, não há trabalho, e sem trabalho não há pão.

O drama do capitalismo começa a ganhar movimento. A expansão não é fácil. Os salários tendem a crescer, e os rendimentos, a diminuir. Marx salva os seus capitalistas, considerando que introduzem máquinas que substituem os operários. O desemprego cria o *exército de reserva industrial*, que compete por salários de subsistência. Mas as máquinas têm um preço. O capitalista ganhava com a mais-valia dos trabalhadores. Ao introduzir máquinas para salvar a margem de lucros, a produção já não é tão lucrativa. Os trabalhadores não têm dinheiro para comprar os produtos. Surgem as falências. As pequenas empresas são absorvidas pelas grandes. É a recessão. A crise se instala. Mas a montanha-russa é escalada outra vez, porque os desempregados aceitam trabalho a qualquer preço. O capitalista compra máquinas mais baratas. Recupera mais-valias. Todavia, a catástrofe espreita. Mais competição por trabalhadores, salários mais altos, mais máquinas e mais desemprego.

Um dia, o colapso final chegaria mesmo. A massa de miseráveis revolta-se contra a exploração. O drama econômico termina como Marx o visionara no materialismo dialético: com uma explosão. Para Adam Smith, o sistema podia melhorar sempre. Malthus dizia que ele se bloquearia devido ao excesso de população. Stuart Mill demonstrara que a sociedade poderia redistribuir a mais-valia como quisesse. Marx achava que o colapso seria final, porque o Estado apenas reproduzia o que os capitalistas desejam. Após a explosão revolucionária, pouco tem a dizer sobre a nova Jerusalém, a sociedade sem classes que se segue ao capitalismo. Coube a Lênin, Stalin e Mao Zedong mostrarem o que isso seria. Foi muito mau.

A análise marxista está construída sobre o valor do trabalho e a mais-valia. Mas o mundo real da economia não consiste em valores, e sim em preços tangíveis. A transição que faz do mundo dos valores para o mundo dos preços envolve uma certa embrulhada matemática. Com alguma paciência, consegue-se explicar a correlação entre os preços nos circuitos econômicos e os valores em termos de tempo de trabalho. Contudo, o sistema de equações de Marx é muito insuficiente, então a teoria da utilidade marginal, criada pela escola austríaca nos finais do século XIX, substituiu-a e se impôs como a melhor teoria do valor.

Explicada a teoria econômica de Marx, somos tentados a deitá-la fora como uma máquina estragada que custa demasiado a consertar. A ciência econômica fez isso mesmo. Mas resta o problema dos valores morais em que ele acreditava. Marx tentou explicar o capitalismo ideal porque achava que seu modelo ajudaria a perceber as crises do mundo real. Se aceitarmos o palco, os atores, os motivos e o enredo, a narrativa de Marx é imperfeita, mas não é absurda. A história econômica mostra que os lucros caem, que a tecnologia cresce, que cada *boom* acaba em *crash*, que as pequenas empresas são absorvidas pelas grandes e que, em cada ciclo de negócios, os lucros são o calcanhar de Aquiles do capitalismo. Marx, entretanto, pensava que os lucros decairiam não só dentro de cada ciclo, como também ao longo do tempo. Sucedeu o inverso. Sua grande previsão era o colapso final. E, nos anos 1930, parecia verdade. Após 1917, a Rússia era comunista. Na década de 1930, a Alemanha e a Itália tinham economias planificadas. Escandinávia e Inglaterra eram socialistas. À exceção dos Estados Unidos, o capitalismo estava na defensiva, quebrado pelas crises e pela guerra.

O drama histórico e os estereótipos de Marx foram extraídos de episódios da história e da vida real: governos que reprimem o sindicalismo e não cobram imposto aos capitais; encorajamento a monopólios e cartéis; indiferença dos ricos perante os pobres: tudo isso existiu outrora na Europa. Na América, sem o peso da herança dos bens de mão-morta, o capitalismo desenvolveu-se de outro modo. Governo contra monopólios. Classe alta sem desprezo para com as classes baixas. Fundações de origem filantrópica. Relações públicas para justificar o lugar das empresas na sociedade. Uma impossibilidade marxista.

Marx tinha uma antropologia deficiente e esqueceu-se de que os seres humanos, as peças da máquina capitalista, têm consciência e não se comportam segundo leis econômicas. Sua antropologia era cega para todas as forças morais, exceto a revolução. Sua máquina de explicações sobre o capitalismo como sucessão de crises foi ultrapassada pelas realizações do estado social. Já Engels se queixava de que a reformas sociais de Bismarck estavam aburguesando o proletariado alemão. O problema é que os revolucionários marxistas nunca perceberam, nem nada quiseram perceber de economia, tendo mantido a crítica intolerante do capitalismo e da iniquidade do lucro como mais-valia. Mas isso pertence à história.

4. A longo prazo, estaremos mortos

Karl Marx morreu em 1883. Anunciara a morte do capitalismo no *Manifesto* e em *O capital*. Mas o capitalismo não morreu. Pelo contrário, parecia ganhar novo vigor com cada crise. As depressões e as vagas de desemprego surgiam, mas cada uma delas era seguida por nova expansão. Uma explicação plausível foi criada por John Atkinson Hobson, um economista inglês discreto que descreveu a si mesmo como vindo "do estrato médio da classe média de uma cidade mediana das Midlands". Era muito receoso e de saúde frágil. Através da leitura do romântico Ruskin, tornou-se um crítico da riqueza. Da sua associação com o senhor Mummery, ele colheu a ideia paradoxal de que o excesso de poupança do sistema capitalista gerava uma incapacidade de redistribuir o poder de compra dos seus produtos. Sugerir que a sacrossanta poupança era causa de desemprego era demais para as instituições inglesas. Hobson tornou-se um pária. Foi à África do Sul, onde conheceu o colonialista Cecil Rhodes, que lhe teria dito que o império "é uma questão de pão e manteiga, a solução para a questão social na Inglaterra". Regressou a Londres para pregar contra o imperialismo, na sequência da Guerra dos Bôeres.

Em *Imperialism* [O Imperialismo], de 1902, Hobson deu forma econômica a todas essas noções e experiências. O capitalismo era forçado a virar-se para as colônias, de modo a assegurar a sobrevivência. O motor não era tanto a ganância da conquista, quanto um mecanismo econômico. A desigualdade de rendimentos criava uma situação paradoxal em que os pobres não tinham dinheiro suficiente para consumir os bens produzidos, enquanto os ricos eram obrigados a poupar sem investir, pois o mercado interno não aguentava mais oferta. A única solução seria criar mercados no ultramar. O colonialismo era a tentativa dos industriais para aumentarem o fluxo de mais-valias, procurando mercados para os bens e o capital que não investia nas metrópoles.

Com o início do século XX, na Europa Ocidental, as condições da classe operária melhoraram. Os salários aumentaram, as horas de trabalho diminuíram, a mortalidade infantil decresceu. A anunciada crise final não veio, e a filosofia da economia do marxismo caiu no esquecimento. Mas o marxismo, este se transformou em dogma político para os partidos comunistas que olhavam avidamente o futuro, perscrutando o estertor final e dispondo-se a dar um golpe para forçar o futuro. Pensava-se que seria na Alemanha; veio a ser na Rússia. Na América, a questão nunca se pôs; e, noutros continentes, o sistema era pré-capitalista.

O pensamento econômico deixou, entretanto, de ser o trabalho de filósofos e de especuladores, passando a ser um departamento de professores de matemática: Alfred Marshall, Léon Walras, Carl Menger e outros. Suas contribuições foram essencialmente técnicas, para um mundo considerado mais asséptico e onde até parecia que já não havia lobos, mas apenas carneiros. Claro que, para ter um espelho matemático da realidade humana, era preciso simplificá-la. E a simplificação escolhida foi considerar cada pessoa como uma máquina de otimizar prazer, como ensinava a filosofia de Jeremy Bentham. O futuro do ser humano seria enriquecer. O capitalismo sobrevivera às crises e até a uma grande guerra. Agora, bastava manter os investimentos e tudo correria bem. Mas não foi nada disso que aconteceu.

Em outubro de 1929, o presidente do partido democrático norte-americano escreveu um artigo, para o *Ladies' Home Journal*, com o título "Todos deviam ser ricos". E nos loucos anos de 1920, todos os norte-americanos queriam acreditar nisso. Investiam na bolsa. Muitos continuavam a ganhar com o *mercado em alta*, que durava já uma década, quando, na última semana de outubro de 1929, o mercado financeiro entrou em colapso. Todos começaram a vender ações. As anedotas da época dizem que, quando um capitalista reservava um quarto num hotel de Nova York, o recepcionista perguntava: É para dormir ou para saltar da janela? E, com cada ação da Goldman Sachs, recebia-se um revólver. Calculou-se que, em dois meses, a riqueza da América diminuiu pela metade. Ao fim de três anos, cada investidor tinha perdido 80% das suas poupanças.

Claro que, em retrospectiva, tudo parecia inevitável, embora até hoje se procurem explicações cabais para esse dia 29 de outubro. Descobriu-se que os pequenos bancos do interior dos Estados Unidos tinham falido à razão de dois por dia, durante seis anos; que a maior parte dos rendimentos iam para cerca de 24 mil famílias, as quais auferiam 630 vezes mais que o rendimento familiar médio; e que havia um exército de desempregados. Em 1930, o rendimento *per capita* baixou para os níveis de 1913. Na Europa, foi ainda pior em alguns países. Na Alemanha, Hitler conquistou e organizou o poder de tal modo que levaria seu país e a própria Europa à ruína doze anos depois.

Esse mundo da grande depressão veio a ser explicado por Keynes. Ele era, de algum modo, a pessoa mais implausível para fazer isso. Tinha todas as qualidades do excêntrico britânico. Nascera e fora criado por entre o brilho e as expectativas de uma família de prestígio. Educado em Eton, fora aluno do economista Alfred Marshall em Cambridge. E tinha ambições: gerir uma companhia de estradas de ferro e organizar um *trust*! Em vez disso, escolheu a função pública. Nos exames nacionais, ficou em segundo lugar. Só podia haver uma explicação: "Possivelmente, os examinadores sabiam menos do que eu". Isso não devia estar longe da verdade. Durante seis anos, trabalhou no Indian Office, e saiu de lá tão aborrecido quanto entrara, mas não sem escrever um tratado em 1913, que intitulou de *Moeda e finanças da Índia*, uma obra-prima sobre o assunto. Professor em Cambridge, frequentou o círculo de Bloomsbury, onde estava Virginia Woolf e Lytton Strachey, assim como, ainda, outros autores, alguns deles literatos, outros apenas *snobs*. Com a Primeira Guerra Mundial, ele foi chamado para ajudar o Ministério das Finanças, no qual se tornou indispensável gerindo empréstimos e pagamentos internacionais. Veio a paz. Keynes foi considerado a pessoa certa a ser enviada à Conferência de Versalhes. A paz será impossível, diagnosticou ele no livro *As Consequências Econômicas da Paz*, de 1919. Prevalece a mentalidade de vingança, e a Alemanha é condenada a pagar indenizações que viciarão o comércio internacional. Era o desastre anunciado. A depressão econômica. A degradação da qualidade de vida da população europeia. Uns morreriam de fome, e os que não morressem se revoltariam.

Por tudo isso, Keynes estava preparado para entender a grande depressão iniciada em 1929. Muita coisa mudara na economia desde meados do século XIX. A distribuição da riqueza havia aumentado e, com ela, a estrutura da poupança. Os negócios tinham-se despersonalizado. O capital já não provinha de empresários individuais, mas de milhões de bolsos anônimos. Poupança e investimento se divorciaram, sendo operações levadas a cabo por pessoas diferentes. Segundo o dr. Joseph Schumpeter, em seu monumental livro sobre os ciclos econômicos, *Capitalismo, Socialismo e Democracia*, o capitalismo poderia apenas manter seu impulso, enquanto os capitalistas se comportassem como pioneiros e cavaleiros da indústria. Pelo menos alguns deles. As depressões até podiam servir de ducha escocesa para o sistema econômico. O sistema dependia de quem arriscasse suas fortunas para empreender novas ideias e expandir o mercado. Mas esse mundo estava sendo destruído por seu próprio sucesso. O racionalismo servira para liquidar a ética tradicional, mas agora estava sendo atacado por ser imoral. De dentro do capitalismo, surgia uma nova espécie de pessoas, os executivos e burocratas do mundo privado, descritos na obra *The Managerial Revolution* [A Revolução Gerencial], de James Burnham.

Em *Treatise on Money* [Tratado sobre a Moeda], de 1930, Keynes explicou que a característica central de uma economia é o fluxo de rendimentos, que se mede em dinheiro. Com cada compra, transferimos parte do nosso rendimento para outra pessoa ou entidade. Qualquer rendimento, seja de salários, rendas, lucros ou juros, deriva de dinheiro que alguém gastou. Esse processo vitaliza a economia. Gastamos a maior parte em bens de consumo e poupamos a parte que fica por gastar. Se a poupança fosse para debaixo do colchão, o crescimento econômico e o rendimento de todos diminuiriam. Seria a depressão. Direta ou indiretamente, a poupança em bancos ou em ações financia as empresas. Mas, nesse processo, nada é automático. Se a poupança não for investida por empresas, os rendimentos começam a declinar. Começa uma espiral de contenção idêntica à que sucederia se tivéssemos congelado as poupanças. Não é uma questão de ganância: o homem de negócios investe menos porque é esse o preço da liberdade econômica. Só numa economia planejada, tanto no Egito dos faraós como na Rússia dos soviets, é que a poupança e o investimento são determinados pelos governos.

Mal acabou de escrever o *Tratado sobre a Moeda*, Keynes rasgou o livro, figurativamente. Afinal, faltava a questão central: por que razão uma economia permanece em depressão prolongada? Poupança e empreendedorismo estão ligados pelos mercados financeiros. As poupanças, como qualquer mercadoria, têm um preço, e esse preço chama-se taxa de juros. Na depressão, o preço das poupanças deveria declinar, e o incentivo para investir deveria subir. Mas isso era o que não sucedia na grande depressão. A economia não melhorava. Alguma coisa lhe escapava.

Em 1935, Keynes anunciou a Bernard Shaw um novo livro que seria uma bomba. Em 1936, o livro saiu com um título de assustar: *Teoria Geral do Emprego, do Juro e da Moeda*. Era um deserto de álgebra e abstrações com umas trilhas maçantes de cálculo diferencial e apenas alguns oásis de prosa. A primeira conclusão era de que a economia não tem mecanismos de segurança. Não era uma montanha-russa, que subia e descia; era um elevador que podia ficar parado. Quando a economia contrai, as rendas baixam e ninguém tem dinheiro. Era o caso da grande depressão. O resultado era o equilíbrio da agonia, sem poupança ou pressão das taxas de juro, de modo a encorajar empréstimos para a expansão. Era o paradoxo da pobreza no meio da riqueza e dos desempregados no meio das máquinas.

Uma economia não pode ser vista, romanticamente, como sistema para satisfazer às carências humanas. Uma economia satisfaz a procura, e esta tem o tamanho dos nossos bolsos, e não dos nossos sonhos. Assim, um desempregado é um zero econômico. Em 1936, a miséria estava à vista, não como no século XVIII, mas era, ainda assim, miséria. Keynes explicou como uma economia em depressão não se recupera. Tudo depende do investimento. Mas este não é arbitrário: exige invenções, melhores processos, produtos inovadores. Essas oportunidades dependem da fase do ciclo econômico.

O livro não se limitava a constatar que a economia vive à beira do abismo. Tinha uma promessa e propunha uma cura, a qual já começara com o *New Deal* do presidente Roosevelt, cuja legislação social exigia investimentos governamentais. Começara pela ajuda aos desempregados, transformou-se em pequenas tarefas e acabou em empreendimentos. O governo viu-se obrigado a investir em estradas, barragens, pavilhões, aeroportos, portos e bairros de habitação. Em Washington, em 1936, Keynes aconselhou Roosevelt a acelerar esse processo. E explicou o porquê. Se as empresas não conseguem a expansão, o governo que a faça. Aconselhou a cooperação com os sindicatos e o abandono dos direitos de propriedade. Não era uma solução radical, mas sim um remédio inevitável de senso comum. Após três anos, o consumo subiu 50%, mas o desemprego persistia; só a Segunda Guerra Mundial acabou com o desemprego, embora tenha trazido a inflação.

A partir de 1941, Keynes ainda viajaria até os Estados Unidos, via Lisboa. Um Banco Mundial e um Fundo Monetário Internacional seriam estabelecidos, a fim de garantir o fluxo do comércio internacional e evitar guerras financeiras. Os fluxos internacionais de dinheiro permitiriam um novo esforço cooperativo entre as nações. Uma conferência final teve lugar em Bretton Woods, em julho de 1944, e dela emergiu o sistema financeiro internacional, que funcionou até, pelo menos, 1971.

Em 1946, Keynes morreu de ataque cardíaco, quando a economia europeia começava a se recuperar com o Plano Marshall, como deveria ter sido feito em 1918. Como Keynes disse uma vez, "a longo prazo, estaremos todos mortos".

5. Novamente falidos

Outra vez os Estados Unidos. Em 15 de setembro de 2008, a falência do Lehman Brothers foi o toque de sino para a queda da Bolsa de Nova York, após anos de desenfreada especulação financeira. Começava uma crise financeira global e uma grande recessão, a pior desde 1930, que ainda não terminou.

A crise foi narrada em transmissão simultânea, ao vivo e em cores. Falência de grandes empresas. Queda na riqueza estimada em trilhões de dólares. Perda de empregos e falta de novos. Declínio na atividade econômica. A falta de dinheiro no sistema bancário norte-americano desencadeou o pânico nas bolsas mundiais. Tinha havido precedentes. A partir de 2006, houvera despejos, penhoras e execuções de hipotecas no mercado imobiliário norte-americano. O estouro final da bolha imobiliária levou o governo norte-americano, em 14 de setembro de 2008, a nacionalizar os gigantescos fundos de habitação Fannie Mae and Freddie Mac. Caíram os valores dos títulos vinculados a preços de imóveis. A falta de crédito e a desconfiança dos investidores arrastaram grandes perdas. Todas as economias mundiais se contraíram. O comércio internacional declinou. O desemprego disparou, e a pobreza, declarada ou disfarçada, atingiu muita gente. Governos e bancos centrais responderam com estímulos fiscais sem precedentes e políticas de expansão monetária. Mas, apesar de ser contida a crise financeira em meados de 2009, a crise econômica continuou.

Desta vez, não houve muitos suicídios. O que surge no palco da tragédia é uma massa de políticos e executivos, aos quais não ocorre ponderar moralmente sobre os seus atos, porque apenas se atribuem responsabilidades técnicas. Pelo contrário: alguns até foram para casa com grandes indenizações. Contudo, por detrás das falências dos mercados, escondem-se profundos desastres éticos, falhas de moralidade e crimes. Ficou à vista de todos a ganância dos investidores, que especulavam com operações complexas de produtos financeiros tóxicos; a estultícia de muitos banqueiros, que autorizavam operações de alto risco, completamente irresponsáveis, mesmo que não percebessem o que se passava; a displicência de estadistas, governos e bancos centrais, que puseram de lado os mecanismos de regulamentação dos mercados; a negligência de gestores em controlar o endividamento das suas empresas e a astúcia com que ocultaram conflitos de interesse; a irresponsabilidade de consumidores em contrair empréstimos; a superficialidade das agências de notação de crédito, pagas, aliás, pelos investidores, que não souberam ou não quiseram prever o risco relacionado com as hipotecas de produtos financeiros. Falhou o Estado. Falharam os bancos. Falharam os reguladores. E, além de todos esses desastres éticos – com doses diferentes de comportamentos amorais, imorais e antimorais –, houve mesmo muitos casos de crime, puro e duro, esquemas de pirâmide e desvios de fundos. Alguns foram já julgados e condenados em tribunais, como o notório Madoff ou o jovem Jerome Kerviel, peixe miúdo de países grandes; ou os governantes da Islândia, peixe graúdo de países pequenos. Em cima da mesa ficou a necessidade de reavaliação profunda das relações entre ética e economia.

As análises das causas da crise surgiram em retrospectiva. Pelo menos um economista, Nouriel Roubini, o doutor Doom, já vinha falando havia vários anos do endividamento excessivo em todos os países, do excesso de alavancagem de bancos e fundos financeiros, dos riscos morais e dos crimes das operações bolsistas. Para Paul Krugman, a falta de regulamentação deixou à solta um sistema bancário sinistro. Emanuel Todd explicou que a queda demográfica no Ocidente não permite sustentar a segurança social. Paul Roberts falou da necessidade de financiar a economia, e da necessidade da transferência das empresas para o estrangeiro. Outras explicações mais remotas foram buscar o início de todos os males no choque petrolífero de 1973 ou no abandono do padrão-ouro em 1971.

Todo esse debate salientou a relação entre os imperativos morais e as leis da economia. Um caso exemplar é o da habitação. Ter casa para habitar é um direito, portanto, é dever da sociedade providenciá-la. A economia que arranje os meios e os governos que garantam esse direito! É assim que pensa a moral prática das pessoas. Contudo, o modo como – nos Estados Unidos e em países como Portugal e Espanha – empresas, bancos e governo responderam a esse impulso mostrou má gestão e imoralidade, pelo que se acredita que a grande crise atual começou por aqui.

As empresas de construção e os bancos criaram hipotecas com juros variáveis para atrair compradores de modo irresponsável, a qualquer preço. As pessoas compraram casas – mesmo com pouco dinheiro –, pois o crédito era fácil. Era o crédito *subprime*. Muitos proprietários se refinanciaram com esses juros baixos e gastaram o dinheiro. Fundos e bancos norte-americanos, asiáticos e europeus investiram nos empréstimos *subprime*, porque a *bolha imobiliária* fez subir o preço das casas e os respectivos rendimentos dos empréstimos. Mais bancos e fundos criaram seguros e resseguros das hipotecas, sem qualquer regulamentação governamental ou internacional. As empresas imobiliárias construíram mais e mais casas. A bolha continuou a crescer, até que, no início no verão de 2006, iniciou uma queda abrupta. O mercado estava distorcido. As penhoras e a execução de hipotecas de casas começaram a subir. As taxas de juros dispararam. Os preços da habitação caíram. A bolha imobiliária começou a implodir, até que, em 14 de setembro de 2008, os Estados Unidos nacionalizaram a Fannie Mae e o Freddie Mac, a fim de garantirem a continuidade. A falência do Lehman Brothers no dia seguinte foi o gatilho que fez disparar a crise.

Os governos lançaram operações para resgatar os bancos, comprometendo o dinheiro dos contribuintes. No fundo, socializaram as perdas e privatizaram os lucros. Com isso, ganharam tempo e impediram o colapso dos mercados financeiros. Mas não conseguiram reverter a crise.

As intervenções, que pretendiam recuperar as taxas de lucro e reabrir um novo ciclo, deram lugar a uma nova fase da crise: a das dívidas públicas. Afetados os grandes países – Estados Unidos e Japão –, a crise incidiu com violência na União Europeia, em especial nos Estados-membros do sul, sobretudo Portugal, Itália, Grécia e Espanha, que os mercados financeiros tiveram a desfaçatez de designar por PIGS.

Vieram medidas amargas de mais impostos e menos estado social. O Banco Central Europeu, o Banco Mundial e o Fundo Monetário Internacional impuseram sua disciplina. Segundo a visão dos que protestam nas ruas, as medidas de austeridade desmantelam o estado social. De um lado, esgrime-se com leis econômicas; de outro, com imperativos morais. Será que depois de vencer o comunismo o próprio capitalismo faz *harakiri*?

Desde o início da Revolução Industrial, os filósofos da economia analisam o modo como indivíduos, empresas e Estados atuam de forma competitiva e cooperativa, produzindo, trocando e redistribuindo bens e serviços. Explicar as relações entre essas variáveis tem dois requisitos. O primeiro é o uso de funções matemáticas para quantificar as relações entre fluxos econômicos. O outro é uma filosofia da ação humana que explique como os agentes econômicos escolhem os valores que determinam os comportamentos. A velha economia política do século XIX – de Smith, Malthus, Ricardo, Marx e Stuart Mill – cumpria esse segundo papel à sua maneira. A ciência econômica do século XX – de Keynes, Schumpeter e Samuelson – concentrou-se no primeiro requisito.

A grande crise financeira iniciada em 2008 veio exigir a ligação entre ética e economia, uma exigência construída a várias vozes. Uma que se destaca, embora pouco divulgada, é a de Bernard Lonergan. No primeiro capítulo de *For a New Political Economy* [Por uma Nova Economia Política], após lembrar que uma ciência se desenvolve em direção a generalizações cada vez maiores, ele aposta que poderíamos obter a nova economia política "mediante uma generalização científica da velha economia política e da economia moderna". Será possível? Seus discípulos dizem que ele tem uma explicação diferente para a grande crise. "A razão não é a ganância, como dizem os moralistas –, mas a principal causa é a ignorância." Quando a inteligência fica em branco, vem à tona a lei da autopreservação. "Não é principalmente a ganância, mas sim os esforços frenéticos de autopreservação que transformam a recessão em depressão, e a depressão em *crash*."

Em 1984, falecia Lonergan. A esmagadora maioria das pessoas nunca terá ouvido falar dele. A maioria dos filósofos e teólogos identifica apenas um nome e uma obra. A maioria dos economistas, epistemólogos e cientistas sociais nem seu nome identifica. Contudo, ele escreveu com profunda preparação em disciplinas tão diferentes como ética, epistemologia, pedagogia, economia e teologia. Também é verdade que um autor capaz de analisar com rigor assuntos tão díspares parece um enciclopedista ou um paranoico convencido. Pelo contrário. Ninguém mais ponderado e calmo do que Lonergan.

Como o reverendo Malthus, ele era sacerdote. Sua biografia é essencialmente a das suas obras. Bernard Joseph Francis Lonergan nasceu em 17 de dezembro de 1904, em Buckingham, Quebec, no Canadá. Admitido aos 18 anos na Companhia de Jesus, teve uma preparação enciclopédica em línguas antigas e modernas, em matemática, física e, claro, em filosofia. Era uma vida que ensinava a disciplina e o estudo sério, embora de modo um pouco rígido e restritivo. Escreveu *Insight: um Estudo do Conhecimento Humano*, uma das maiores obras de filosofia do século XX.

Comovido pelas misérias da grande depressão, a que assistiu no Canadá dos anos 1930, criou uma teoria inovadora, estudada em círculos restritos e só publicada em *Por uma Nova Economia Política* (1998). Quando se estabeleceu em Boston, nos anos 1970, Lonergan retomou em cursos os temas de macroeconomia, completando outra obra esboçada anos antes, *Macroeconomic Dynamics: An Essay in Circulation Analysis* [Dinâmica Macroeconômica: Um Ensaio sobre a Análise da Circulação]. Como filósofo, sabia da relação entre ética e economia. Era um Keynes com coração que ajudou a criar um novo paradigma da economia.

O que Lonergan trouxe de novo começa por uma tese: os fluxos econômicos não correm por um único circuito desde a produção até o consumo, com subidas e descidas. Em qualquer economia, coexistem dois mercados de produtos – o dos bens de consumo e o dos bens de produção –, correlacionados por um terceiro circuito de redistribuição, que é o mercado financeiro. A descrição desses circuitos envolve um conjunto de equações, que definem catorze funções distintas. O sistema tem a elegância e a simplicidade do binômio de Newton; e tem a particularidade de não distinguir entre natureza estatal e natureza privada dos fluxos. Parece ter sido elaborado por alguém que mexia na caixa registradora todos os dias, mas vem de um sacerdote intelectual que nem dinheiro próprio tinha. A ciência tem dessas coisas.

A distinção entre os circuitos não implica fases definidas no processo macroeconômico. As expansões de investimentos e de consumo podem ser simultâneas. As recessões também. A distinção também não é linear. Tomemos o caso da habitação. A venda de habitações é uma operação redistributiva; as operações de empréstimos para casas são em parte redistributivas e, em parte, pagamentos de serviços no circuito básico; o investimento em novas tecnologias de construção integra o circuito de bens de produção.

A distinção entre consumo e investimento é comprovada pelo fato de o desenvolvimento retirar tempo ao consumo. O homem primitivo fez uma pausa na caça para afiar as pontas de sílex com que caçou melhor. O agricultor dedicou-se a criar um arado para obter melhores colheitas. A economia da eletricidade e do aço desenvolve máquinas e ferramentas para fabricar produtos para o mercado básico. Com o mercado de base, a economia fornece um padrão de vida em que consumimos bens e serviços; com o circuito de mais-valia, a economia investe em tecnologias que ampliam os meios de produção e elevam o padrão de vida. Por isso, investimos em capital humano e retiramos os jovens do mercado de trabalho, a fim de que recebam educação e a sociedade colha os benefícios. Os adultos retiram tempo ao emprego e ao lazer para obterem formação e, assim, melhorarem a qualidade de vida.

Estamos sempre ganhando e gastando. Como Michal Kalecki escreveu, um assalariado gasta o que ganha e um empresário ganha o que gasta. Os gastos com investimentos produzem bens, como equipamentos, ferramentas, escritórios, estradas, lojas, bancos, hospitais, escolas, e também armamentos, segurança e logística militar. Os gastos de consumo criam a procura para a produção de bens e serviços exigidos pelo padrão de vida: alimentos, habitação, transporte, lazer. Por exemplo, criar um novo banco é despesa de investimento, mas usar os serviços financeiros de um banco é um gasto de consumo.

O circuito de redistribuição lança e extrai dinheiro do circuito básico e de mais-valia através de entidades públicas e privadas. As instituições privadas são bancos, fundos financeiros e de pensões, seguradoras. As entidades públicas são os Estados cobradores de impostos e os bancos centrais com autonomia para emitir moeda. Desde que os Estados abandonaram o controle sobre os bancos centrais, estes passaram a emitir o dinheiro como algo neutro no ciclo puro de crescimento econômico. Mas a história demonstra que o crescimento de liquidez através da emissão de moeda é tudo, menos neutro.

Os desastres morais e as práticas financeiras irresponsáveis que provocaram a crise de 2008 desequilibraram totalmente os fluxos de dinheiro entre os três mercados. As grandes empresas de bens de produção transferiram esse componente ou se dedicaram a operações financeiras. Os mercados financeiros estimularam créditos irresponsáveis a investidores e consumidores. Os governos esbanjadores subsidiaram projetos megalômanos e endividaram-se sem limites. A redistribuição ficou viciada. A atividade especulativa alavancou o circuito básico, criando um excesso consumista, e não financiou o circuito de bens de mais-valia. Como a economia é global, essa estratégia repercutiu no comércio internacional, tendo os países ocidentais com sistemas de segurança social se inundado de produtos feitos com mão de obra barata nos chamados países Bric (Brasil, Rússia, Índia e China).

Como sempre, na filosofia da economia, é preciso ver para onde e para quem vai o lucro. Em termos contabilísticos, o lucro é o excedente do que foi recebido sobre o que foi pago. Mas é preciso separar o lucro normal do lucro excedente produzido pela expansão econômica do circuito de mais-valia. O rendimento puro de mais-valia é o que sobra após descontados os lucros normais. Segundo Lonergan, "não é dinheiro para ser gasto. Não é dinheiro para ser poupado. É dinheiro para ser investido." É um dividendo social que corresponde a um rendimento de mais-valia, ou seja, disponível após o consumo e a manutenção do padrão de vida corrente. É uma poupança líquida agregada, isto é, disponível. É aqui que começa a disputa econômica e moral. Quando se diz que os lucros de uma empresa são excessivos, os assalariados exigirão salários mais elevados: em ciclo puro, a empresa deveria reduzir os preços dos produtos ou reinvestir. Além disso, as expectativas sobre os lucros excedentes não são idênticas ao longo do ciclo econômico. Na prosperidade, até um tolo pode ter lucros. Na recessão, até os mais prudentes se arruínam. A conclusão é simples: ou as empresas percebem que precisam reinvestir em tecnologia e inovação, ou os governos têm de configurar os impostos de modo a estimular esse reinvestimento.

A análise do empreendedorismo ajuda a compreender o papel do lucro. O lucro corresponde a um valor econômico não igualitário, decorrente da assunção de riscos de investimento na expansão do mercado de mais-valia. Captar recursos para expandir a mais-valia não oferece problemas. O desejo de lucro espicaça o investimento, e isso vai repercutir no aumento de qualidade de vida. Segundo Max Weber, essa atitude cresceu mais nos países protestantes do que nos católicos. A escola clássica tem razão em dizer que o capitalismo de mercado aumenta o crescimento, embora sem as fantasias neoliberais da *catalaxia* de Hayek e Friedmann. Por seu turno, Stuart Mill tinha razão em dizer que o socialismo exige que toda a sociedade se beneficie.

Na síntese da *nova economia política*, segundo Lonergan, a equidade consiste numa desigualdade que cria uma mudança igualitária, que resultará da plena expansão do circuito básico dentro de um ciclo econômico. Isso permitirá oferecer mais bens e serviços a todos. Os valores que promovem a expansão da mais-valia são poupança e risco; os valores para expandir o circuito básico são empreendedorismo e estado social. Mas nenhum desses valores poderá ser aplicado sem ter em conta a fase do ciclo econômico.

O debate sobre a crise prossegue. Os neokeynesianos exigem políticas públicas para relançar a economia. Os neoliberais continuam a querer privatizar os lucros e a socializar as perdas. Os liberais arrependidos recomendam austeridade dos governos e resgate das dívidas soberanas. O que todos reconhecem é que a economia de mercado é global, mas os governos não o são, e precisam equilibrar os orçamentos. Nesse debate, a *nova economia política* de Lonergan, com a sofisticação teórica de um John Maynard Keynes, Joseph Schumpeter e Michal Kalecki, é uma voz a ser ouvida pelas economias que caminham em território desconhecido dos clássicos.

A economia equitativa, ou seja, justa para todos dentro dos constrangimentos criados por todos, tem imperativos não econômicos: em primeiro lugar, a sociedade deve ser servida pelo processo econômico, e este, pelo processo financeiro. A inversão dessa sequência agrava a crise. Depois, os teóricos da ética e da economia devem colaborar de tal modo que os preceitos morais sejam exequíveis e os preceitos econômicos promovam a responsabilidade social. E, por fim, a literacia econômica e financeira de todos os agentes implicados tem de aumentar. Governantes, cidadãos e empresários precisam compreender a dinâmica de poupança, investimento e consumo durante todas as fases do processo econômico, de forma a aumentar a probabilidade de equilíbrio.

As armadilhas econômicas a enfrentar são muitas. Nossas fraquezas continuarão a enviesar a ação conforme os interesses egoístas e de grupo. Continuará a haver grupos que vendem bens não transacionáveis em regime de quase monopólio, quem consuma sem olhar ao futuro, quem não aumente a produtividade. Além disso, estamos condicionados por maus governos. Finalmente, existe a vertigem de sobrevivência. O *salve-se quem puder* reflete a incapacidade de ver a longo prazo.

Uma reflexão decisiva resulta de constatarmos que é quando a economia vacila e entra em recessão que começa a ter maior impacto, negativo, em nossas vidas. Queremos um desenvolvimento sustentável, livre de constrangimentos, mas também livre da necessidade única de ganhar a vida. Os filósofos da economia sempre lutaram para que a razão de ser da humanidade seja mais do que a montanha-russa da economia.

18. Saída de emergência

1. Hologramas

O pavilhão de exposições é enorme, e já percorremos vários *stands*. Estamos na feira das tecnologias com as últimas novidades. Protótipos e produtos de série para agarrar o consumidor ávido pelo último modelo. Patentes, segredos, criatividade, imaginação e eficiência para vencer a concorrência. Novidades para todos os gostos. Pianos que tocam sozinhos, com a intensidade de mãos e dedos que não estão lá. Aparelhos cada vez menores e com mais capacidade de informação. Robôs que choram e se ruborizam. Roupas com tecidos que se adaptam à temperatura e à umidade do ar, após a medirem. Folhas de papel nos bolsos que se transformam em telas graças a retransmissores de papel. Impressoras que imprimem objetos. Tintas invisíveis com informação oculta, mas ativável por pressão. Os sonhos tornam-se realidade, e a realidade, um sonho deslumbrante.

Ao sairmos da exposição, encaminhamo-nos, por um lapso, para a saída de emergência. Um segurança nos indica a porta correta. A saída de emergência está reservada para os momentos de aflição, não para o dia a dia. À nossa volta, muita sinalização preenche o espaço, poupando palavras e perguntas desnecessárias. Elevador, bar, multibanco, nomes dos *stands*, tudo em sinais visíveis. Os extintores, as bocas de incêndio, as escadas. Tudo é desenhado. Até os momentos inesperados. É preciso simular e treinar para que uma urgência ou uma situação de perigo não transformem a ordem em caos.

O corredor de saída da feira de tecnologias tem telas que falam conosco. Hologramas que nos dizem *até já*. Imagens em três dimensões que parecem reais, mas que nada mais são que projeções de informação gravada, memória de uma luz codificada e armazenada. Uma fotografia é imagem em duas dimensões. Num holograma, a luz *laser* decodifica informação tridimensional, que é gravada por um processo eletroquímico, armazenada, finalizada para ser decodificada e mostrada pelo *laser: light amplification by stimulated emission of radiation*. Vemos as imagens criadas nos hologramas. Com a ajuda de filtros para expandir a luz e os jogos de espelhos, o *laser* revela imagens virtuais, com profundidade, cor e movimento. Quando tocamos, elas não estão lá; é apenas luz guardada e trazida para a claridade; salta da placa holográfica, e o virtual parece real, está ali, transforma-se em realidade. Entre real e virtual, as fronteiras não são nítidas.

Ao sairmos da exposição, ouvimos sirenes. São ambulâncias que passam, rápidas, velozes, têm urgência. Sinal de corrida contra o tempo. Sentimos um nó no estômago. É preciso deixar passar. Todos os segundos contam, não pode haver atrasos. A marcha de emergência avisa outros motoristas. Respeito geral. Não importa o motivo. Incêndio, inundação, acidente, parada cardíaca, hemorragia, acidente vascular cerebral, trombose, embolia, perda de sentidos, diabete, coma, queda, fratura do fêmur. É preciso acudir, é necessário estancar o sangue. É imperioso agir de imediato, escolher o melhor caminho, mais curto e mais rápido, com menos tráfego, melhores acessos e maior suavidade. Emergência. Alguém pode morrer... Ou nascer.

Ouvimos a sirene se afastar com o inquietante efeito *Doppler*. Há um hospital próximo. É domingo, mas há gente pronta a ajudar. Tantos que não descansam para cuidar dos outros, para que a ajuda não termine, porque, um dia, precisaremos dela. É urgente acudir, decidir, agir e atuar. Homens de paz, voluntários da ajuda, prontos a acudir e a salvar. Estão ao serviço 24 horas por dia, sem descanso e sem pausas. Há sempre quem precise de ajuda. Assaltos, roubos, acidentes, crianças ou idosos perdidos. Perdidos na cidade são amparados por quem zela pela saúde física e mental. Motoristas de ambulâncias, enfermeiros, socorristas, todos eles salvam e amparam os necessitados, quem quer que seja, sem olhar a mais nada.

As sirenes das ambulâncias e dos carros da polícia nos fazem estremecer e pensar. A vida é mesmo feita de emergências. É necessário pensar, mas é urgente agir. Não basta não mentir; é mesmo importante dizer a verdade. Não é suficiente ficar quieto; é imperioso intervir. Mais do que ficar parado, urge que a ação humana acrescente valor. Mais do que pensar, é importante promover o bem. Mais do que cuidar dos interesses pessoais, é urgente ligar as sirenes da solidariedade e da justiça, da responsabilidade e da comunicação. Precisamos ligar a marcha de urgência. Não basta deixar os outros passarem. É preciso acudir. É urgente agir.

Alguns consideram a ética como um simples holograma virtual, uma imagem de um mundo gravado. Tomam-na como uma memória do passado, gravada em placas holográficas, uma projeção que já não é real. Umas ideias sobre virtudes, valores, sobre as mais antigas histórias do mundo acerca do bem e do mal, mas que são histórias antigas. Gravamos valores do passado e agora vemos imagens virtuais da ética. Imagens guardadas e armazenadas, projeções do que já foi. Nós nos esquecemos das sirenes das ambulâncias, que não param de tocar e de despertar a emergência que há em nós.

2. Pandora

Regressados da exposição, passamos em casa antes do jantar de aniversário. Não apetece muito, mas não é possível ficar ausente. Aniversário é para ser festejado. Porque gostamos de quem faz anos, queremos estar próximos e dizer *Olá* a quem nos faz feliz. É preciso agradecer e cuidar de quem nos quer bem. O aniversário é um ritual consagrado. Oferece-se um presente. Uma oferta é uma magia que muda o espaço em redor. Fica tudo bem disposto. O presente de aniversário é um símbolo de laços e afetos. Escolhe-se um papel de embrulho elegante e coloca-se um laço de seda. Também nós desejaríamos laços a nos unir. Também nós queremos nossa relação bem apresentada. Oferecemos flores para que o encontro seja perfumado e o entendimento, suave. O jantar de aniversário está à espera.

O jantar é servido com requinte. Com a sucessão de pratos e vinhos, as conversas multiplicam-se. O tom sobe e a mesa anima-se. O barulho da louça também aumenta à medida que se suja a louça. No fim, o bolo de aniversário é colocado no centro da mesa. Cantam-se os parabéns, trocam-se beijos e abraços, mostram-se os presentes, que vão sendo elogiados. Um livro, um CD, uma pulseira que anda de mão em mão, alguns acessórios, desejos que se tiram e põem. O universo feminino presente na mesa comenta as joias e a pulseira, reconhece a marca e divaga pelo mundo da moda. Cita-se que a pulseira *Pandora* se tornou um fenômeno mundial de vendas.

Pandora é, todavia, mais que nome de marca de pulseira, o que causa admiração a alguns. É nome de mito, tão antigo como o mundo. Um mais distraído pergunta se, no mito, Pandora é uma mulher que usa pulseiras. A risada é geral, mas todos se calam para ouvir a lenda. Um gole de vinho ajuda a recuar no tempo. Entramos na Grécia Antiga, num universo com deuses e semideuses. Zeus está zangado com o titã Prometeu, que roubou o fogo divino e o entregou aos humanos. Ordenou que Hefesto, o deus ferreiro do mundo subterrâneo, criasse uma mulher de nome Pandora.

Hefesto criou a mais bela das mulheres, e Zeus ofereceu-lhe um presente: uma maravilhosa caixa de marfim, ornada de ouro, prata e pedras preciosas. E deu-lhe um aviso sério: jamais poderia abrir aquela caixa. Em seguida, enviou Pandora para seduzir o pensativo Epimeteu, irmão de Prometeu, o que roubara o fogo dos deuses. A vingança estava a caminho, escondida, em forma de caixa.

Epimeteu fora aconselhado a não aceitar qualquer presente vindo do Olimpo. Mas, seduzido pela bela Pandora, tomou-a como esposa. Pouco tempo se passou até que esta abrisse a caixa, movida pela curiosidade. Então, com um zumbido ensurdecedor, dela levantaram voo as mais insondáveis criaturas, que se transformaram em desgraças e calamidades. Pandora pusera a descoberto todos os males do mundo: egoísmo, crueldade, inveja, ciúme, ódio, intriga, ambição, desespero, tristeza, violência, e tudo o mais que causou miséria aos seres que até então viviam tranquilos e felizes.

Aterrorizada, tentou fechar a caixa, sentando-se em cima dela. Mas as desgraças já haviam saído, os horrores já tinham se espalhado, e os males já haviam se dispersado pelo mundo. Pandora só agiu a tempo de reter a esperança no interior. E, durante séculos, a esperança ficou lá encerrada, com a promessa de retorno aos felizes e ditosos tempos de infância da espécie humana sobre a Terra. Dos tempos em que o Sol não era escuro, nem os sentimentos, tristes e sombrios.

3. Jó

O Livro de Jó é uma imensa história de um sofrimento imerecido. Como a tragédia grega, também descreve toda a extensão de um mal de que somos inocentes. A universalidade da sua mensagem ultrapassa as fronteiras do judaísmo e mesmo da religião em geral. No antigo Oriente Médio, existiam narrativas comparáveis sobre o mal, o absurdo, a perda de sentido da existência. E essa literatura com mais de 3 mil anos está muito perto das preocupações existenciais da filosofia do século XXI.

É o caso do *Diálogo* pessimista entre o senhor e o escravo por volta de 1000 a.C. na Mesopotâmia. O escravo, maltratado até a morte, acaba por exclamar: "Quererias tu, meu senhor, viver mais três dias do que eu?". O poema sumério *O Homem e o seu Deus* apresenta-se como uma oração para afastar o ressentimento contra os deuses e aceita que as vítimas de infortúnios são pecadoras por natureza. Na famosa *Disputa de um Homem com sua Alma Contemplando o Suicídio*, texto egípcio do século XVIII a.C., o ser humano é considerado culpado, e o deus, inocente. A teodiceia babilônica confirma o deus como um ser alheio à sorte humana, uma atitude que vai reaparecer no personagem Elihu, do Livro de Jó. Finalmente, *A Lenda do Rei Keret*, texto ugarítico que data de, aproximadamente, 1500 a.C., é a inspiração direta da história de Jó, que fala de um réu poderoso que tudo perdeu e que pede a restituição ao seu deus. O que torna único esse livro é que, pela primeira vez, questiona se o sofrimento inocente do ser humano pode ser reconciliado com a justiça divina. Se há males do mundo, poderá existir um bem divino?

Jó é um homem cheio de piedade e sabedoria, que se inspira em Noé e Abraão, os quais também foram postos à prova. É um milionário, com uma família vasta, a quem concede grande independência de meios. Sua relação com Deus é configurada pelo debate entre este e Ha-Satan – o Adversário, o Satanás. O livro começa com uma aposta entre Deus e Satanás. Que fará Jó se for espoliado de todos os bens, filhos e saúde? Deus está confiante de que ele permanecerá fiel, apesar dos males sofridos. Satanás aposta que Jó só é justo porque é rico, mas que não resistirá às provações. Estão em luta dois princípios: o cálculo utilitário dos interesses e o sacrifício digno pelo outro. Satanás acha que toda a relação humana segue o primeiro princípio. Deus aposta que Jó o respeita intrinsecamente, e não pelas recompensas de que usufrui.

Ao longo dos séculos, o Livro de Jó foi objeto de muitas interpretações filosóficas. Às mais antigas, de origem cristã, interessava destacar a *paciência de Jó*, que se tornou proverbial. O filósofo judeu do século XIII, Moisés Maimônides, em seu *Guia dos Perplexos*, destacou a teoria da providência, segundo a qual os caminhos de Deus são diferentes dos humanos. Jó é aquele que se arrepende dos seus protestos e admite que só Deus é justo. O comentário de Tomás de Aquino no século XIII, mais moderno, leva a sério as interrogações sobre o significado do sofrimento no contexto da interação entre a graça divina e a liberdade humana.

Nos tempos modernos, Kant centra-se na veracidade heroica de Jó em *Über das Misslingen aller Philosophischen Versuche in der Theodizee* [Sobre o Fracasso de Todas as Tentativas Filosóficas em Teodiceia]. Enfatiza a importância da consciência individual, mas não se interessa pela confiança inabalável em Deus. Ao considerar a religião como expressão da razão, Hegel é muito crítico de Jó em *Vorlesungen über die Philosophie der Religion* [Palestras sobre a Filosofia da Religião].

Como não podia deixar de ser, Kierkegaard tem uma visão existencialista do drama. Em *A Repetição*, ele considera que a grandeza de Jó não reside tanto na paciência, mas sim no fato de ele protagonizar o confronto entre fé e razão. Jó perdeu o caso no tribunal da razão perante Deus. Quanto a Dostoiévski, ele elogia Jó por enfrentar o problema essencial de que Deus fica em causa quando os inocentes sofrem, que é o grande tema de seu livro *Os Irmãos Karamazov*.

No século XX, em *Resposta a Jó*, o psicanalista Jung considera Deus como o culpado por ter submetido um inocente a sofrimentos injustificados. Fala da derrota moral de um Deus brutal, que ora quer ser amado e adorado, ora se comporta irracionalmente. Elie Wiesel, um sobrevivente de Auschwitz, debate se o Deus de Jó pode ser acusado, num julgamento, de ser todo-poderoso. Muito interessante é a posição de Ernst Bloch, que encara Jó como um Prometeu hebraico, procurando um vingador que lutasse a seu lado contra o senhor.

Se compararmos essas várias interpretações, veremos que umas sustentam que Deus é mau, e Jó é bom (Wiesel, Jung, Bloch); outras, que Deus é bom, e Jó mau (Maimônides, Kierkegaard); e outras, ainda, tentam manter o difícil equilíbrio entre ambos (Tomás de Aquino e Dostoiévski). O paradoxo está bem à vista, disse Paul Ricoeur. Como é admissível que alguém completamente justo sofra tanto? Não haveria drama se qualquer dos protagonistas – Jó e Deus – fosse mau. O escândalo existe para crentes e ateus, escreve Ernst Bloch: a pergunta de Jó continua pertinente porque todos os planos de melhoria do mundo estão repletos de fracassos.

Ao longo do livro, Jó acabará por perder todos os bens, um por um, ficando isolado, pobre e doente. Nas cenas finais, contudo, Jó e Deus se reconciliam. Os falsos amigos são considerados culpados, pois degradaram a religião ao nível de uma troca de favores. Em *Deus em Busca do Homem: Uma Filosofia do Judaísmo*, Abraham Heschel indica como a solidão de Deus o levou a criar os seres humanos. Deus gosta de criar, e Jó é a expressão desse desejo, que tem por preço o extremo sofrimento. No final, ambas as solidões se encontram com a gratidão.

Aquele Jó que sofre, sem bens materiais nem saúde, é o servo sofredor que representa qualquer um de nós. Seus amigos são os nossos amigos, que, por vezes, se aproximam de nós sem nos compreender. A única forma de conhecer o Livro de Jó é entender que o amor toma nele a forma de desejo e ilimitada confiança em Deus. Mas as reservas de Bloch mantêm-se: Jó continuou sempre à espera do absoluto como nós continuamos à espera de um mundo melhor.

4. Faz o que ele diz

Essas excursões sobre o bem e o mal nos mitos de Pandora e nos apelos de Jó obrigam-nos a distinguir entre os termos *moral* e *ética*. Os termos são usados como equivalentes no cotidiano, mas a tradição filosófica lhes atribui conteúdo distinto. *Moral* designa o conjunto de preceitos que uma comunidade aceita como corretos. O termo vem do latim e significa costumes. Quando alguém tem de decidir, segue a moral sem recorrer às normas que reconhece como adequadas. Mas a moral vigente depende da época e da sociedade em que se insere. A ética, por sua vez, é o que nos permite estabelecer os princípios que avaliam os costumes e as normas. Deriva do grego *ethos*, que significa caráter. É reflexão teórica sobre a origem da moral e a validade de suas normas e seus princípios.

Talvez a questão mais fundamental da ética seja: *Por que devo de ser bom e não mau?* Podemos reformular essa interrogação de modo a permitir uma resposta mais rigorosa: *A quem devo eu, ou em nome de quem sou moral?* Para responder a essa questão, precisamos de princípios incondicionais que se refiram à vida moral como um todo, e não apenas a uma ação específica. A dimensão ética das nossas ações manifesta-se quando deparamos com situações que exigem uma decisão em que estão em jogo o bem e o mal, o justo e o injusto, e outros valores dessa natureza. Temos escolhas a fazer e precisamos saber por que as fazemos.

Podemos nos contentar com uma resposta deste gênero: *Tudo o que faço, a mim mesmo o devo. Tenho uma ideia de quem quero ser e uma noção do que me convém, e estou disposto a pagar qualquer preço ou a passar por qualquer dificuldade para alcançar esse ideal.* Ou, então, podemos pensar assim: *Quem eu sou, devo-o às pessoas com quem vivo, família, amigos, companheiros.* Ou podemos dizer que agimos em nome da nossa comunidade, da qual obtemos benefícios, se formos bons cidadãos, trabalhadores ou familiares. Há, ainda, quem afirme que agimos moralmente por respeito aos poderes que governam o Universo, o Deus criador ou uma ordem que permeia a realidade. Atenção: há quem considere que a questão colocada acima não tem sentido; há valores como a honestidade, por exemplo, que a ninguém devo, nem a mim mesmo, nem a Deus, nem à sociedade; tem de ser respeitada por si mesma, porque tem valor intrínseco.

Os filósofos da ética sempre consideraram que era necessário responder à questão: Por que devemos ser bons? Porque, diz Platão, o bem é a realização pessoal. Porque só assim realizamos nossa liberdade e dignidade, afirma Kant. Porque é o caminho para a felicidade, responde Stuart Mill. Porque é o modo de termos valor infinito, escreve Max Scheler. Note-se que, em todas essas respostas, está em causa o nosso próprio bem. Segundo a filosofia, essa autorreferência não se confunde com egoísmo. A ação moral é sempre realização pessoal. Outra questão é saber se sou egoísta ou altruísta, se tenho em conta apenas o eu, ou também o outro.

A obrigação moral fica mais evidente quando se apoia em várias razões, e a importância da ética resulta de sabermos nos relacionar e atribuir-lhes a devida relevância. Nossa existência decorre sempre em relação com os outros e segundo vários pontos de referência. A ética permite ver a relação da pessoa consigo mesma, com os outros, com a sociedade e com toda a realidade. Conforme o ponto de referência que elegermos, criamos determinadas preferências. Por isso, a teoria filosófica é importante para sabermos o que estamos fazendo e como tomamos determinadas decisões.

As teorias filosóficas sobre a moral falam sobre potencialidades humanas, ter uma vida ativa, experimentar o prazer e evitar a dor, cumprir deveres, respeitar os direitos humanos, obedecer a mandamentos divinos. Mas o que queremos saber é: De onde provêm tais princípios? Qual o valor desses princípios morais? Qual a origem da moral? Estas são questões fundamentais em torno das quais as diferentes éticas foram construídas.

A visão mais comum considera que as normas morais vigentes são uma consolidação de relações de poder. No diálogo *A República*, Platão apresenta uma versão muito crua dessa teoria, pela boca do sofista Trasímaco. O que é definido como bom e mau resulta da legislação imposta pela classe que alcançou o poder. Para demolir essa teoria, Platão começa por desacreditar Trasímaco, que só transmite o conhecimento se lhe pagarem. A seguir, demonstra que o bem nunca é apenas a conformidade em relação a uma lei imposta. Quando Trasímaco admite que são ideias criadas pelo ser humano e que a justiça é uma virtude peculiar da mente, ele se contradiz e se declara vencido. Mas, ao longo da história da filosofia, a teoria de que a moral é apenas a máscara do poder reaparece em autores tão diferentes como Marx e Nietzsche, Freud e Foucault.

Outra versão corrente da origem da moral é apresentada por Platão pela boca de Glauco. A justiça seria o resultado de um contrato ou compromisso por meio do qual as pessoas desistiriam de praticar ações injustas, que lhes dariam satisfação, a fim de serem protegidas das ações imorais dos outros. Toda a ética da *A República* contraria esse argumento: o bem não é a frustração de um prazer, mas sim a realização do que queremos alcançar.

Outros filósofos consideram que apenas a experiência nos ensina o que é o bem e o mal. Julgamos as coisas conforme são agradáveis ou desagradáveis, conforme propiciam prazer ou dor, conforme suscitam aprovação ou desaprovação. Os utilitaristas sustentam que *bom*, *mau* e termos similares podem ser definidos com base nas experiências. A vantagem é que reconhecem a ligação entre questões morais e consequências. A desvantagem, como explicou Kant, é que a experiência não substitui as conclusões universais. Mas a experiência mostra muitas vezes que aprovamos o que sabemos ser errado e só fazemos aquilo que é agradável.

Outro grupo teórico considera que saberíamos que algo está errado da mesma forma que conhecemos um mau cheiro ou achamos que uma imagem é de mau gosto. Segundo essa leitura, julgaríamos as ações humanas com a mesma espontaneidade com que educamos nosso paladar. Contra essa identificação entre juízos morais e juízos de gosto, os filósofos argumentam que, se a ética fosse apenas uma questão de gosto, então nada teríamos a opor a um canibal, um pedófilo ou um violador. Recusar esses escândalos é aceitar a ética.

A teoria da origem divina da ética afirma que a noção do bem e do mal são uma revelação, preservada em textos sagrados e ensinada pelas Igrejas. Deus fala à consciência do indivíduo. É bem o que o poder divino ordenou, e mal o que proibiu. Kant objetou que essa submissão a um poder absoluto é aceitar uma tirania e uma arbitrariedade.

Outras teorias procuram a origem da ética na capacidade da razão humana de atribuir certeza, autoridade e universalidade aos juízos morais. Porém, a argumentação na esfera moral não conduz a uma concordância absoluta, como sucede em matemática. Ainda podemos mencionar a teoria de que a ética está enraizada na vontade, uma vez que formula os objetivos que esta fixou. Tal visão depende do que se entende por vontade. Se, por um lado, a vontade é concebida como o órgão da razão, voltamos ao racionalismo. Se, por outro lado, a vontade é encarada como a tendência para um objetivo, a teoria será uma variante do positivismo.

Essa lista de teorias éticas sobre a origem da moral é, naturalmente, uma apreciação muito sumária. As obras dos grandes filósofos são sempre mais complexas e incorporam, simultaneamente, vários desses argumentos. Nada substitui sua consulta direta. Mas a ética tem de responder à preocupação humana de decidir em situação de emergência. É uma tarefa *humana, demasiado humana*, como escreveu Nietzsche. Ante a morte, a destruição, a guerra, a dor ou a doença, percebemos que temos de agir, construir ou destruir nossa humanidade. Estamos perante o abismo da escolha. Ligamos as sirenes. Marcha de urgência. Há urgência em construir.

5. ... não faças o que ele faz!

A história da humanidade, em particular a do século XX, nos legou acontecimentos tenebrosos, como o Holocausto, os bombardeios de Hiroshima e Nagasaki, e ainda outros massacres. Quando o mal invadiu as sociedades, deixou de reconhecer aos outros o valor e a dignidade de existir. Uma vez quebrado o valor infinito do indivíduo, acabaram-se os limites para o exercício do mal e começaram as variações sobre a violência. Os massacres são expressões do trágico humano que levaram ao toque das sirenes. As sirenes anunciam que a vida inclui a morte, a realidade inclui o negativo, o sol provoca a sombra e o real é ambíguo. A verdade humana habita o território das contradições. Bem e mal misturam-se e interpenetram-se de modo complexo. Mas, e Hiroshima? *Hiroshima nunca mais!*

A história do mal é uma página negra no livro da humanidade. Se analisarmos os massacres, parecemos estar perante um parque de horrores, em que tudo arrepia, assusta e amedronta. Temos de tudo, como nas feiras: trem fantasma, carrossel do mal, montanha da tortura, algodão-doce envenenado, pipocas assassinas, poço da morte, túnel dos horrores, rifas mortíferas, corridas suicidas, carrinhos de choque de plutônio, câmara de explosivos, labirintos de gás e tiros de ácido sulfúrico.

Os assassinatos em massa exterminam populações conforme a ideologia, a etnia ou a religião de quem aspira ao poder ou o tem. São genocídios se as mortes resultarem de ordens do Estado. São crimes contra a humanidade, embora raramente tenham levado a condenações, como no Julgamento de Nuremberg, em 1945, e os julgamentos dos massacres da Bósnia e de Ruanda, já no século XXI.

O genocídio é a destruição deliberada e sistemática de um grupo étnico, religioso ou cultural por um Estado. No século XX, os mais infames foram o dos armênios pelos turcos, dos judeus pelos nazistas, e dos *Gulags* pelos soviéticos. O massacre de grupos políticos ocorreu com o Terror Branco e, sobretudo, o Terror Vermelho, e com o Grande Expurgo de Stalin na União Soviética; ocorreu na revolução cultural de Mao Zedong, na China; nos campos de morte de Pol Pot, no Cambodja; na partição da Índia; nas execuções em massa na Guerra Civil Espanhola, por franquistas e republicanos; no assassinato em massa de comunistas pela Nova Ordem de Suharto, na Indonésia.

Os massacres de prisioneiros por forças militares foram cometidos em larga escala na Segunda Guerra Mundial. O Japão teria massacrado 2,7 milhões de chineses. A SS nazista massacrou russos, franceses e norte-americanos. A União Soviética matou 15 mil poloneses em Katyn, em 1940, destacando-se o monstruoso general Vasili Blokhin, que liquidou 7 mil oficiais.

Às ações em que o Estado causou a morte de populações, o politólogo R. J. Rummel chama *democídios*. Inclui os disparos contra manifestantes desarmados e a execução aleatória de civis. Acrescem, ainda, os assassinatos em massa de civis na guerra por bombardeamento, como Hiroshima e Nagasaki.

Os ditadores do século XX – Hitler, Stalin, Zedong – foram assassinos em massa. De um modo geral, aceitam-se as explicações de Friedrich, Brzezinski e Hannah Arendt sobre o *totalitarismo político* que torna o indivíduo indefeso perante os mecanismos de violência do Estado e do partido. Como escreveu Hermann Broch, existia uma misteriosa cumplicidade no mal dos que não pareciam ser maus. Como Karl Kraus e Thomas Mann disseram, um povo torna-se uma *populaça* ao esquecer a capacidade humana de procurar a verdade e de tentar vivê-la. Segundo Hannah Arendt, havia "falta de humanidade, estupidez radical e falta de reflexão". A Alemanha dos anos de 1930 tinha falta de ética. O resultado foi a tomada de poder pelos fanáticos.

É nesse contexto que Voegelin descreve Hitler como o representante do alemão banal. Hitler tinha a combinação de uma personalidade forte e uma inteligência enérgica, com uma deficiência de estatura moral e espiritual, uma consciência messiânica e uma mediocridade intelectual unida à autoestima de um soba provinciano. Daí o fascínio que uma tal personalidade poderia exercer num momento crítico sobre pessoas de espírito provinciano e com mentalidade de súditos.

A obra de Hannah Arendt, *Eichmann em Jerusalém*, de 1961, publicada no decurso do julgamento, mostra exemplarmente como a falta de caráter promove a corrupção das estruturas sociais. Adolf Eichmann é um nazista fugitivo capturado em Buenos Aires, em 1960, e julgado no ano seguinte. O que mais impressiona Hannah Arendt é aquilo a que chama *banalidade do mal*. O carrasco nazista não tinha nenhuma patologia de caráter, mas foi responsável direto por milhares de execuções. Uma das suas assinaturas valeu a morte de 8 mil pessoas de uma só vez. Noutra ocasião, quis trocar judeus por caminhões, mas o trato com os ingleses acabou por sair frustrado. Eichmann banalizou o mal, quebrou todas as fronteiras e os princípios, pois ele nem se questionava sobre o que fazia e quem eram os outros que mandava assassinar. Burocrata do regime, afirmou-se inocente, sem culpa no extermínio de judeus.

Falamos até agora dos massacres do século XX, mas o século XXI também começou mal. Em todas as cidades, em todos os continentes, em todos os grupos sociais, o mal veio escurecer a alma humana e provocar trevas e sombras. O terrorismo assume uma pele invisível e silenciosa. Não há GPS que forneça suas coordenadas. Anônimo, sem rosto, sem morada, o corpo transforma-se em arma poderosa, bomba ambulante prestes a explodir no meio da multidão, nos mercados, nas ruas, nos hospitais, nas embaixadas, nos postos policiais, nas urnas, nas lojas, nas escolas, em igrejas e mesquitas, a qualquer hora e em qualquer lugar. Desce o manto invisível do perigo e do terror.

Onze de setembro de 2001. O mundo assiste em transmissão simultânea e pela televisão ao que quase todos achavam impensável: os Estados Unidos serem atacados. Dois de quatro aviões sequestrados por terroristas islâmicos chocam-se contra as torres gêmeas em Nova York: quase três mil mortos. E não são apenas as torres que caem; desaba o mito da segurança, desmoronam as certezas de superioridade do mundo ocidental.

O século XXI começou mal, e o mal é sempre horrível: ofende, magoa, queima, tortura e assassina. As circunstâncias atenuantes não atenuam. Ficamos com a sensação de impotência e espanto perante o que sucedeu, e a inevitabilidade da pergunta: *Por quê?* O mal nos leva a questionar sobre a liberdade humana. Às catástrofes naturais – terremotos, incêndios, inundações, desabamentos, tsunamis, furacões – acrescentam-se outras provocadas pelo homem. O ser humano é também um destruidor. Escolhemos a guerra ou a paz. Escolhemos acolher ou desprezar.

Façamos uma lista – incompleta – dos massacres de um único ano: de julho de 2011 a julho de 2012. É apenas um ano insignificante na vida da humanidade.

22 de julho de 2011. Noruega – Após um ataque com um carro cheio de explosivos em Oslo, que matou 8 pessoas, Anders Breivik assassinou 69 jovens à queima-roupa na ilha de Utoya. Tem horror à democracia, como diz ele, um fundamentalista cristão.

6 de dezembro de 2011. Afeganistão – Atentados talibãs no Ashura, dia santo muçulmano, provocaram 80 mortos e 160 feridos em Cabul e Mazar-e-Sharif.

19 de dezembro de 2011. Idlib, Síria – Cerca de 250 pessoas, muitas delas desertores do exército, foram abatidas pelo exército sírio.

20 de janeiro de 2012. Nigéria, noroeste – Mais de 180 pessoas foram mortas em ataques a igrejas cristãs.

11 de março de 2012. Kandahar, Afeganistão – 17 civis foram mortos por Robert Bales, do exército dos Estados Unidos.

12 de março de 2012. Homs, Síria – Massacre de 47 mulheres e crianças, esfaqueadas, degoladas e depois queimadas pelas forças de Assad.

19 de março de 2012. Toulouse, França – Mohammed Merah matou 3 crianças e 1 rabino de uma escola judaica, e filmou tudo com uma câmara ao pescoço.

2 de abril de 2012. Oakland, Califórnia, Estados Unidos – One L. Goh abateu 8 pessoas na Universidade Oikos.

10 de maio de 2012. Damasco, Síria – Atentados à bomba provocaram 55 mortos.

21 de maio de 2012. Sanaa, Iêmen – 101 mortos em ataque suicida da Al--Qaeda contra soldados do exército iemenita.

25 de maio de 2012. Houla, Síria – Massacre de 108 pessoas, incluindo crianças, mulheres e homens, mortos a facadas.

13 de junho de 2012. Iraque – Ataques suicidas fizeram 93 mortos.

20 de julho de 2012. Aurora, Colorado, Estados Unidos – 12 mortos e 58 feridos por James Holmes, durante a estreia de *The Dark Knight*, um filme sobre o Batman.

23 de julho de 2012. Iraque – Ataques suicidas provocaram mais 116 mortos.

O que essa lista de massacres mostra é a irreparabilidade do mal. Os autores são indivíduos isolados, Estados, forças militares, bandos armados. Sua motivação é eliminar o outro com uso de violência. A morte do outro é irreversível, e essa constatação nos deixa impotentes. O horror está no fato de que todos ficam destruídos, quase como no Livro de Jó. Isso, sim, é eternamente escandaloso.

Não sabemos se o mundo se lembrará dessas datas. O que a ética nos pede é que não nos esqueçamos das vítimas. A banalização do mal tem o perigo de nos causar dormência e indiferença perante o outro. Apesar de tudo, a esperança ainda mora na caixa de Pandora.

6. O Expresso do Ocidente

O mal custa, dói, provoca angústia e mal-estar. Temos de perceber sua origem, sua natureza e o porquê de sua existência. Por que existe bem e mal? Para uns, bem e mal têm força e realidade. Para outros, só o bem existe, o mal é uma falta. As respostas filosóficas variaram ao longo do tempo. E as marcas poderosas da cultura judaico-cristã do Livro de Jó, assim como da cultura greco-romana do mito de Pandora, marcaram a humanidade. O ser humano tornou-se capaz de criar o melhor e o pior. É como a dinâmica de um trem que segue viagem. É um *Expresso do Ocidente*, que não é um alfa pendular, nem um regional, nem um trem de grande velocidade, tampouco se move por levitação magnética. Mas em seus vagões se debate o futuro da humanidade.

Entramos no primeiro vagão. O ambiente é harmonioso e calmo. Primeira classe. A decoração tem capitéis dóricos, jônios e coríntios; numa das paredes, há uma pequena e maravilhosa biblioteca. O vagão vai quase cheio. Ouvem-se ruídos de vozes e conversas amenas. Taças de vinho adocicado são servidas. A mesa central é grande e, à sua volta, a conversa é animada. Os passageiros discutem com fervor e ânimo. Não estão exaltados, mas têm argumentos grandiosos na forma de imponentes diálogos. Uns conversam, enquanto outros leem manuscritos filosóficos com os olhos bem abertos.

Pegamos num dos pergaminhos. É uma das primeiras sistematizações da ética, em dez capítulos, feita por Aristóteles no século IV a.C. e dedicada a seu filho, Nicômaco. Ao lado estão a *Ética a Eudemo* e a *Grande Ética*. O princípio é claro: para chegarmos à felicidade, temos de seguir o caminho da virtude.

Abrindo a *Ética a Nicômaco* e folheando-a ao acaso, encontramos a noção de que todas as ações humanas tendem a fins, que são os bens. O ser humano aspira à felicidade como o fim último da sua existência. A felicidade não consiste na honra, na glória, no êxito ou na riqueza. Reside nas virtudes que tornam o ser humano melhor e o diferencia dos animais. A primeira das virtudes humanas é a prudência, a capacidade de escolher os meios com que nos aperfeiçoamos. A prudência – *phronesis* – desenvolve as disposições de caráter que nos levam ao bem. As virtudes não são um estado de espírito, um capricho passageiro, mas disposições enraizadas pelo hábito, que derivam de um bom caráter. Não são instintos, pois os comportamentos instintivos são desprovidos de liberdade, enquanto o comportamento virtuoso tem de ser livre. Toda escolha é um ato racional, no qual existe escolha. Deliberação e execução são produtos de um intelecto que escolhe e decide. O exercício repetido da virtude torna-se um modo de ser que leva à felicidade.

Dizem as primeiras linhas da *Ética a Nicômaco* que toda perícia e investigação, procedimento prático e decisão parecem caminhar em direção a um certo bem. O bem é aquilo para o qual tudo tende. O que uma pessoa faz visa a algo de bom, seja intrínseco, seja extrínseco à própria atividade. O próprio viver é uma atividade que visa ao bem, e essa grande explicação harmoniza tudo. O dever não implica renunciar à felicidade, pelo contrário: a pessoa virtuosa é mais feliz que a malvada. Não há choque entre a busca da felicidade individual e as exigências de adaptação à sociedade. Não há choque entre corpo e espírito, entre paixões físicas e aspirações intelectuais. O ser humano poderá sofrer de ganância ou ambição, mas terá sempre a razão para se orientar até o bem.

O primeiro vagão, imbuído dos pensamentos de Sócrates, Platão e Aristóteles, tornou-se um marco incontornável na história ocidental. O espírito da civilização grega deixou marcas profundas de ordem, racionalidade e bem. Foi incorporado em nossas instituições e passou a fazer parte do patrimônio da humanidade.

No segundo vagão, o espírito é religioso, e há mais silêncios que diálogos. Os livros sagrados judaico-cristãos e os respectivos comentários povoam o compartimento. O Velho e o Novo Testamento sobrepõem-se a todos os outros. Da sua letra e espírito, saem conceitos de culpa e pecado, que moldam a consciência e carregam o espírito com o peso da cruz e da salvação. Os filósofos dão lugar aos teólogos, a terra dá lugar ao céu, o mal dá lugar à culpa, a tragédia dá lugar ao pecado, os deuses dão lugar a um só Deus Todo-Poderoso, a cuja imagem e semelhança o ser humano é feito. Céu e inferno invadem os espíritos mais temerosos. Os imaginários dos humildes mortais estão povoados por julgamentos, pecados, culpas, castigos, penas, absolvição e redenção. As almas atormentadas procuram a boa consciência e sonham com a salvação.

É preciso aguardar, é preciso dar tempo ao tempo para que comecem a surgir vozes diferentes nesse vagão de teto pintado de azul-celeste e recoberto de magníficas representações do céu. Fazem-se então ouvir personalidades da Itália, como Francisco de Assis, Joaquim de Fiore, Dante Alighieri, Tomás de Aquino. Por debaixo da conformidade ao espírito cristão, anunciam um mundo novo. A doutrina continua a ser o evangelho do amor fraterno, mas a ação é revolucionária: trata-se de promover a dignidade da criação. São Francisco é sensível à criação divina e aos que têm menos voz: sofredores, pobres, doentes e moribundos, animais, flores e a ordem silenciosa do cosmos. O pintor Giotto inventa a perspectiva e presta atenção à presença do espírito no reino da natureza. O poeta Dante sintetiza o impulso das forças humanas para encontrar seu lugar no mundo. A Modernidade já não está longe.

O *Expresso do Ocidente* efetua uma parada nos tempos modernos. Adicionam um novo vagão. Entramos nele e deparamos com um ambiente austero e seleto. Livros com lombadas imponentes, encadernações de luxo, capas escuras com letras douradas, muitos tratados e teorias filosóficas. Candelabros de prata iluminam o espaço, forrado com algumas tapeçarias e vitrines. Vamos nos aproximando devagar e avistamos um cravo. Alguns biombos formam pequenas saletas, cada uma com um nome inesquecível: Thomas More, Descartes, Locke, Leibniz, Rousseau... A parte mais nobre do vagão é forrada de seda, e, à entrada, uma placa com letras douradas traz desenhado o nome de Immanuel Kant.

Sentemos em seu espaço. Manuscritos de letra ilegível e tratados estão meticulosamente arrumados em estantes. Um relógio de pé marca as horas. Esse filósofo alemão de traços finos, nariz longo e reto, testa alta e olhar penetrante marcou a história da ética com as obras *Crítica da Razão Prática* e *Fundamentação da Metafísica dos Costumes*. Nada de moralismo normativo. Nenhuma tábua de virtudes. O que lhe interessa é estabelecer o princípio supremo da moralidade. É preciso abstrair do conteúdo. É preciso procurar a forma comum a todos os atos morais. E essa forma é a boa vontade, porque é boa em si mesma e não se apoia em impulsos emocionais ou objetivos pessoais. A boa vontade quer cumprir a lei moral, agindo de tal modo que a ação possa ser universal, isto é, sem a possibilidade de existir dois pesos e duas medidas.

O valor da boa vontade consiste na intenção de praticar o bem, sem preocupação com os resultados. A essa intenção de praticar o bem, independentemente dos proveitos que possa produzir, chama-se um dever incondicionado. Agir por puro respeito ao dever é a única condição que se exige à ação moral. Quem não rouba para não ser preso cumpre a lei, mas age por medo ou prudência. Quem não rouba por puro respeito ao dever é digno e honesto.

A boa vontade é autônoma quando age por puro respeito ao que a razão determina como bem. Ao dever moral que o ser racional descobre em si, sem coação exterior, chamou Kant *imperativo categórico*, que pode formular-se assim: "Age de tal forma que uses a tua humanidade sempre como um fim e nunca como um meio". Ou então: "Age de tal modo que a máxima da tua vontade possa valer sempre como princípio de uma legislação universal".

A felicidade não é fundamento da moralidade. Uma ação boa é realizada tendo em vista as exigências da razão prática e da lei moral. Nessa ética de intenção, o que vale é cumprir o que a consciência ordena de modo universal. A lei moral é incondicional, pois não deriva da experiência ou das circunstâncias particulares; vale *a priori*. A liberdade é sinônimo de autonomia, de capacidade de seguir a lei que conferimos a nós próprios. E é aqui que reside a dignidade do indivíduo.

O que torna o comportamento moral é a atitude da razão prática de amor à lei, e não apenas em segui-la. Agir por puro respeito ao dever é a única condição para a realização da ação moral. Por isso, Kant escreveu – e depois escreveram na lápide de seu túmulo: "Nada de mais belo existe do que o céu estrelado acima de mim e a lei moral dentro de mim".

Passemos ao vagão seguinte. O escritório está cheio de grandes quadros alegóricos sobre as lutas da humanidade. Há partituras dos compositores românticos e ecos das músicas de Beethoven, Verdi e Wagner, personagens-fantasma e dramas históricos. Em torno de figuras como Hegel e Marx, mas também de Kierkegaard, Schopenhauer e Nietzsche, formam-se grupos de discípulos que não se falam entre si: o mestre já disse tudo, já abarcou os contrários e os contraditórios na unidade do todo.

Por seu lado, Hegel expõe a dialética do *senhor e do escravo*, descrevendo-a em termos de luta pelo reconhecimento. O escravo é alguém a quem negam o reconhecimento e, também, quem aceita essa condição e reconhece o outro como senhor até o dia em que se revolta.

Schopenhauer, que preferia a companhia do seu cão à de algumas pessoas, exprime, por sua vez, o pessimismo. Numa passagem de *O Mundo como Vontade e Representação*, ele descreve a vida humana como a da toupeira que escava cegamente nos subterrâneos. E o que alcança, pergunta, com essa vida cheia de problemas e desprovida de prazer? Alimentos e prole – ou seja, os meios de continuar e recomeçar o mesmo lúgubre curso em novos indivíduos.

O combate apaixonado de Kierkegaard defende a dialética da existência. O ser humano é um misto de finito e infinito que nenhuma transcendência pode resolver. Aí, como marcas dessa divisão, estão o desespero, o paradoxo, a angústia e a ansiedade. Em vez de um impossível ato de transcendência, a tarefa humana é decidir-se a existir nesta cisão.

Para Nietzsche, a vontade de poder é expressão das tendências saudáveis de afirmação do ser humano. É preciso criticar todas as teorias transcendentais, todas as teorias baseadas em especulações metafísicas e na crença em Deus. O ser humano tem de se superar e de se tornar melhor.

O vagão seguinte tem um restaurante. Cozinha à moda do século XIX, servida com talheres de prata. Em cada mesa, candeeiros forrados de tecido e enfeitados com franjas que balançam com o trepidar do trem. Chapéus altos pendurados em cabides. A parede é forrada com papel estampado, e os móveis são pesados e escuros. Na mesa do fundo, serve-se vinho do Porto a senhores de colete e casaca. James Mill, Jeremy Bentham e Stuart Mill: os utilitaristas.

O *princípio da utilidade* define como bem a maior felicidade do maior número. Tal como um prato cozinhado será bom se agradar a muita gente. O valor moral reside nas consequências. Não é a felicidade particular, mas a geral, que serve de critério para o valor moral das ações. Por felicidade entende-se o prazer e a ausência de dor, por infelicidade, a dor e a privação do prazer.

Contras as acusações de relativismo, Stuart Mill diz que não se trata de defender o egoísmo: o que conta não é a felicidade particular, mas a geral. O valor moral de uma ação não se mede nem pela intenção do agente nem por um princípio *a priori* nem pela moralidade dos meios, mas pelas consequências. O progresso deve corresponder a um aumento do bem-estar geral da sociedade.

Entremos em mais um vagão. Homens e mulheres do século XX interrogam-se sobre o sentido da vida, refletem sobre a liberdade, as relações com os outros, o que significa ser pessoa. Existencialistas ateus, cristãos, personalistas, fenomenólogos e estruturalistas. Há muitos livros em cima da mesa e pilhas de outros no chão. Desarrumação geral. Escuta-se a rádio e existe um pequeno televisor a preto e branco. Camus, Sartre, Simone de Beauvoir, Gabriel Marcel, Karl Jaspers, muitos franceses e alemães, e muitas obras literárias, da Europa à Rússia.

Quando Sartre afirma que *o inferno são os outros*, introduz uma visão individualista da relação humana. Está mais preocupado com as margens que delimitam o rio da existência do que com a torrente por onde corre a minha liberdade. Discute-se muito quem sou eu e quem és tu. Foucault, Derrida, Lacan encaram o outro como uma ameaça. A essência das relações entre consciências é o conflito em que a liberdade do outro ameaça a minha.

Para filósofos como Martin Buber, Charles Taylor, Bernard Lonergan e María Zambrano, não há indivíduo sem o outro. Cada pessoa é um mundo em aberto. Reconhecer e ser reconhecido pelo outro não é vaidade, mas condição de ser. O outro não é alguém que cria limites à minha liberdade. Não é um empecilho que exige normas e regras que tornem possível a convivência. O outro é a possibilidade de eu me reconhecer com dignidade. Só na relação com os outros faz sentido a ética. Só porque eu e os outros nos reconhecemos como seres humanos, iguais em dignidade e distintos na existência, pode a consciência ética desenvolver-se sem isolamentos.

Identificarmos o outro como ser humano é a inibição do mal. Só o recíproco reconhecimento humano pode tornar este mundo melhor. Não é por acaso que nos olhamos, olhos nos olhos, identificamos rostos, queremos sorrisos e somos salvos ou mortos pelo olhar alheio. A simples existência do outro interpela e responsabiliza. O outro não pode ser ignorado. A ação livre vai construindo nosso rosto, e é maravilhoso quando o espelho nos devolve uma imagem que não assusta.

No *Expresso do Ocidente*, as carruagens nunca estiveram isoladas umas das outras. Cada filósofo encarrega-se de abrir portas de passagem de um para outro vagão. Os objetos e livros das carruagens foram misturados pelos passageiros. Com o passar do tempo, todos começaram a conhecer-se e a dialogar. E aqui estamos nós, habitantes deste trem, feitos desses ingredientes milenares.

Descemos, finalmente, do trem. Ao longo da estação, olhamos para um dos vidros, onde está escrito o lema do filósofo: *Partir em caso de urgência!* É um martelinho encarnado que serve para quebrar vidros, liberar a saída, encontrar oxigênio. Nietzsche escreveu *Crepúsculo dos Ídolos, ou Como Filosofar com o Martelo*, obra em que compara o filósofo ao médico osteopata, que dá pequenas pancadas nos joelhos do doente para interpretar as reações. A tarefa do filósofo é esclarecer, questionar, alertar. Em caso de urgência, é preciso questionar, agir, socorrer, ligar as sirenes da urgência, quebrar os vidros com o martelo. Chegou a hora de atuar. É a hora da ética.

19. Guardadores de símbolos

1. Onde está a arte?

Uma imagem vale mil palavras. É verdade. Mas há uma outra verdade. Um símbolo vale mil imagens. E onde se guardam os símbolos? Estamos numa exposição de arte. Pintura, fotografia, escultura, artesanato. Pouco importa. À nossa volta, o espaço foi pensado, programado e cuidado. Nada foi deixado ao acaso. Iluminação, sequências, títulos, proporções. Percorremos salas e atravessamos corredores em que as obras aparecem destacadas e valorizadas. Reflexos, sombras e ângulos foram estudados. Sucedem-se as pinturas, as esculturas, as instalações e os vídeos. Nem sempre percebemos o que faz ali cada peça ou o que significa. Acreditamos que quem concebeu a exposição tem um propósito que se tornará claro no final. Confiamos que tenha um sentido, embora ainda não saibamos qual. Certo é que o sentido não é dado, ele tem de ser reconhecido por cada um de nós. Ainda bem. Não somos passivos. Algo nos interpela e convoca. Algumas peças chamam por nós; outras, nem tanto. Mas não é possível que fiquemos indiferentes. Temos de criar disponibilidade, relação com o que nos é oferecido. Símbolos. Usufruir e contemplar símbolos é um desafio. O desafio do encontro. O desafio da arte e dos artistas que são guardadores de símbolos.

Durante o percurso, somos por vezes surpreendidos; outras vezes, chocamo-nos com certas bizarrices. Não sentimos já o incômodo de não percebermos a razão por que aqueles objetos estão ali expostos? E discordar? Quantas vezes uma instalação ou uma obra nos parece enfadonha, desinteressante, aborrecida, não provocando ou suscitando qualquer interesse? Será que a arte tem relação com as sensações que provoca ou com a questão do gosto? Ou um objeto é arte só porque alguém assim decidiu? Afinal, será que os artistas são capazes de criar símbolos? Ou alguns deles não são verdadeiros poetas, mas apenas produtores e criadores de decorações cujo gosto muda com os tempos?

Já nada ou quase nada consegue provocar. Já vimos e assistimos a tudo. No reino da arte, todas as provocações já foram executadas. Será difícil sermos verdadeiramente surpreendidos. Há já um século que Marcel Duchamp apresentou um urinol de louça, a que deu o nome de *A Fonte*. Foi numa exposição de 1917, em Nova York. Quebrava-se a noção da obra de arte como produto, esteticamente bela, emocionalmente profunda. Nascia o conceito do *ready--made*, fazendo arte com objetos industrializados: apropriar-se de uma coisa já feita e dar-lhe um título e um sentido alegórico, com o propósito de chocar o espectador, como desde sempre fizeram as vanguardas artísticas.

Diz-se que, após Duchamp, tudo pode ser arte: desconstruído o conceito, as fronteiras da arte ficam fluidas, imprecisas e ambíguas. As belas artes passaram a subgrupo de um conjunto mais vasto e vago, o mundo das artes. E, afinal, qualquer museu de arte contemporânea apresenta uma diversidade espantosa de objetos, estilos e experiências estéticas.

De tanto ouvirmos a palavra *estética*, quase a reduzimos à insignificância, aplicando-o a qualquer tipo de experiência que dê prazer: olhar o céu, escutar os pássaros, a chuva, o vento e as ondas; respirar ar fresco, cheirar uma flor, comer uma romã, apreciar o silêncio da noite ou ver desdobrar no ar um baralho de cartas. Todos são considerados prazeres estéticos. Se falamos de pessoas, devemos considerar uma bela mulher ou um belo homem como uma experiência estética? Temos um problema... Se desaparece a noção de obra de arte como criação, a natureza da arte torna-se incerta, vaga e ambígua. A pergunta sobre o que é a arte é substituída pela questão: Para que serve? Contudo, se restringirmos a experiência estética às obras de arte – música, poesia, ficção, pintura, escultura, arquitetura, dança, ópera, cinema, etc. – temos outro problema. O que queremos dizer quando afirmamos que só essas atividades são arte? Estamos todos a falar da mesma coisa? O que distingue uma peça de arte? Devemos confinar a estética aos chamados valores formais? Por formal entende-se o modo como as partes da obra de arte se relacionam entre si. Na música, há os padrões de sons e melodia; na pintura, há harmonias de formas e cores; na poesia, as palavras e os ritmos; e por aí afora. Que há de comum entre *O Beijo* de Rodin, a *Tabacaria* de Álvaro de Campos e a *Quinta Sinfonia* de Beethoven? Serão apenas objetos sem utilidade que nos dão prazer?

O problema de limitar a estética ao aspecto formal da obra nos traz de volta às provocações. No sentido formal, um pintor realista pode criar uma bela imagem de excrementos, mas poucos de nós gostaríamos de tê-la em nossa sala, apesar do eventual valor estético. Voltamos ao sentido difuso de experiência estética. Exposições de excrementos, animais, objetos do cotidiano, lixo e desperdícios, fragmentos expostos de forma aparentemente aleatória, já vimos um pouco de tudo isso. No entanto, continuamos a perguntar: o que é a arte?

Considere-se a literatura, por exemplo. Um romance pode ter aventura, humor, erotismo, instrução, terror, tristeza, saudade, fantasia, verossimilhança, estilo, bons personagens, narrativa impecável, capacidade de surpreender, além de outros aspectos. Pode contar uma história magnífica, mas ter um estilo abominável, ou vice-versa. Esses aspectos surgem fundidos num único objeto, embora separáveis e avaliáveis de forma independente.

Se nosso percurso pelo museu nos levar à zona dedicada da pintura, que relação existe entre a *Guernica* de Picasso, o *Naufrágio* de Turner e *Os Girassóis* de Van Gogh, um ícone bizantino, um afresco de Pompeia, uma pintura de Lascaux? Quando nomeamos a pintura como uma das belas artes, nela cabe um imenso leque de estilos, concepções e épocas: pintura rupestre, gótica, renascentista, romântica, naturalista, realista, clássica, abstrata, impressionista, simbólica, cubista, dadaísta, expressionista, abstrata, grafite. Essas questões de catalogação pouca importância têm para a estética; são mais uma preocupação dos críticos e dos historiadores de arte.

Um dos riscos das catalogações é o fato de incentivarem o pecado dos críticos: julgar uma obra de arte por critérios alheios. Poderíamos reunir uma divertida antologia de críticas irrelevantes. Um se opõe à abstração, pois esta a nada se assemelha; outro, à pintura realista, porque ela copia a realidade; outro se sente ofendido pelos temas de certos quadros ou, então, denuncia que há propaganda em *A Última Ceia* ou em *Guernica*. Claro que tudo o que vale para os críticos também se aplica às pessoas que fazem juízos estéticos em bases relativistas.

O que vemos nós num quadro como *O Nascimento de Vênus*, de Botticelli? A todos interessa a beleza que emana da tela. O crítico de arte explanará que significado tem Vênus a sair de uma concha com as vestes a esvoaçar ao vento. O historiador de arte pode se interessar pelo fato de o belo modelo feminino ter sido Simonetta Vespúcio, irmã de Américo Vespúcio, o navegador florentino a serviço do rei D. Manuel de Portugal. Mas o que mais interessa à filosofia é saber por que sentimos que a obra se impõe por sua beleza, força e harmonia. Por que provoca um arrebatamento que nos faz identificar uma obra de arte? Como sabemos que estamos perante o belo? Será que a arte procura alcançar o belo?

Num mundo de mudanças rápidas, em que tudo é fugaz e se consome velozmente, em que tudo se usa e se deita fora, ainda haverá lugar para a obra de arte? Ou vivemos uma época em que terminaram as grandes obras? Será que a arte contemporânea ainda consegue inovar? Não se realizaram já todas as experiências desafiantes, surrealistas, chocantes, politicamente incorretas? Será que hoje ainda se criam grandes obras?

Nunca foi fácil definir o que é a arte, e, no século XXI, isto é ainda mais difícil. O universo da arte alargou-se desmesuradamente. Os artistas romperam com o conceito tradicional de criação. A delimitação dos gêneros artísticos deixou de ser clara. Contudo, persiste um abismo imenso, um fosso intransponível entre as pinturas de Botticelli, ou de Leonardo da Vinci, e a provocação surrealista. Continuamos a confiar em critérios de excelência nas artes, critérios que transcendem os gostos individuais e as normas culturais. Os filósofos não são relativistas em relação à beleza ou, para usar um termo mais acadêmico, em relação ao valor estético.

2. Formosas e gostosas

Estética? Todos os dias se abrem novas clínicas de estética que prometem o segredo da beleza e a juventude eterna. As operações estéticas passaram a ser encaradas como ritual de manutenção do corpo. Retirar rugas ou gordura, alisar ou esticar a pele passaram a ser preocupações equivalentes a tomar vitaminas ou curar uma cárie dentária. As academias florescem em cada esquina, com promessas de saúde, bem-estar e beleza. A publicidade nos invade com imagens sedutoras de juventude, com estereótipos de beleza e sedução. Criou-se um mundo de imagem que define padrões, estabelece a moda, dita tendências, regula mercados, impõe regras, sob a aparência da livre escolha, e apresenta modelos em nome de uma falsa expectativa da liberdade.

Nunca foi tão forte a preocupação com a imagem, com a aparência e com o modo como o outro nos vê e olha. A aparência passou a ser marca de apresentação, cartão de visita ou *hall* de entrada, em que é preciso que tudo esteja em harmonia. Até o currículo passou a ter fotografia. Há quem rejeite essa ditadura da moda, mas crie um contraestilo rígido, em que o desalinho é pensado, cuidado e executado de modo uniforme.

A cosmética nunca vendeu tanto. Cosmética vem da palavra grega *cosmos*, que significa ordem. Quem usa cosméticos quer ordenar o rosto, as pernas e o corpo. O corpo é trabalhado e esculpido como uma peça desenhada em pormenor. As academias de ginástica florescem. O corpo das cidades também é pensado e cuidado, as rotatórias desenhadas, os espaços verdes implantados. O *design* tem uma pujança crescente, conjugando a dimensão útil e a dimensão atrativa. A arquitetura cria espaços em que a forma segue a função.

A filosofia está longe dessas realidades da imagem. Como disciplina filosófica, a estética constituiu-se no século XVIII, quando a reflexão sobre o belo se autonomizou, juntamente com a ética, a lógica, a gnoseologia. Foi em 1750, mais precisamente, que Baumgarten utilizou o termo grego *aisthesis* (sensação) para indicar a apreensão do belo. A palavra lembra algo essencial. A beleza pertence à esfera da sensibilidade, é objeto de um prazer ou emoção. Não se destina a ser compreendida ou conhecida, mas sim saboreada e provada.

Os fundamentos da arte passam a ser objeto de reflexão autônoma, uma experiência que resiste ao tempo, ao espaço e aos olhares históricos e situados. A estética não é uma crítica de arte, nem uma catalogação de gêneros. É uma reflexão sobre os juízos acerca do belo e sobre a criação artística.

Claro que muitos filósofos anteriores ao século XVIII apresentam reflexões estéticas. Os diálogos de Platão afirmam que a experiência da beleza é uma das grandes vias para compreender quem somos e o que nos rodeia. No *Hípias Maior*, Platão trata a essência da beleza e afirma o belo como equivalente do bem, verdadeiro e uno, naquilo que geralmente se chamam os transcendentais do ser.

Aristóteles, pioneiro em tantos assuntos, foi também o primeiro a analisar as normas estéticas. Em *Poética*, ele comparou as principais obras trágicas e tentou apresentar as regras para distinguir entre boas e más tragédias. Inúmeras tentativas foram feitas para outras artes, embora com um sucesso discutível. Mas tais reflexões não constituem a estética como hoje a entendemos.

A estética implantou-se com a viragem da filosofia moderna para o sujeito. Poderíamos falar de Winckelmann, que fez sensação entre os intelectuais dos anos 1660, comparável à que provocaram os Beatles entre os fãs nos anos 1960. Na escultura helênica, Laocoonte via representados todos os sentimentos da alma humana. Outro filósofo alemão, que não consta que tivesse em casa uma única obra de arte, mostrou como a beleza depende da apreciação. Sem subjetividade, não há reconhecimento do belo, disse Immanuel Kant.

Naquilo a que Kant chamou de juízo estético, não estamos simplesmente descrevendo um objeto no mundo; estamos dando voz a um encontro em que a reação do sujeito é tão importante quanto as características do objeto. Kant nos diz que "é belo o que agrada universalmente e sem conceito". Afirmar que o belo agrada universalmente não significa que todos gostem do mesmo ou estejam de acordo em considerar belas as mesmas coisas. Uma obra de arte não é a representação de uma coisa bela, mas a representação bela de uma coisa. As coisas belas são gostosas porque excitam o desejo natural; as representações belas são formosas porque mostram a forma com que a natureza surge transfigurada.

Como o prazer estético é desinteressado, pode aspirar à universalidade. Na estética, não há regra para produzir a beleza, nem para avaliá-la. Só o desinteresse permite compreender a pretensão à universalidade. Dizer que uma coisa é bela é supor que os outros a acham bela, é acreditar que provoca nos outros o mesmo prazer que provoca em mim.

Isso nos traz à genial distinção kantiana entre *juízos estéticos* e *juízos de gosto*. Afirmar que um poema ou um quadro é belo é muito diferente de dizer que gosto de cerveja ou queijo. No caso das obras de arte, a beleza reside nelas, independentemente de quem as olha e aprecia; no segundo caso, é claramente uma questão de gosto que se deixa ao sabor de cada um. Os juízos de gosto não são verdadeiros nem falsos; não enunciam um conhecimento. O gosto é uma espécie de sexto sentido, que nos oferece um critério estético. Claro que o gosto também se cultiva e aprofunda. Uma criança responde bem a ritmos e melodias simples, mas só excepcionalmente aprecia uma sinfonia complexa. Já um adulto que sente prazer na música sinfônica é capaz de apreciar uma música banal. Em princípio, um garoto que adore histórias em quadrinhos acha Camões difícil. Em contraste, um adulto que goste de arte abstrata e de Camões pode bem apreciar a arte e o texto de um livro infantil.

A apreciação de obras de arte não se reduz a questões de gosto. As obras de arte nascem e só podem ser reconhecidas dentro de um contexto. Sabe-se de casos de criadores incompreendidos ou mesmo ignorados em seu tempo. Van Gogh morreu na miséria, sem reconhecimento do seu valor. A Torre Eiffel foi considerada horrorosa por todos os estetas e críticos contemporâneos em 1889. Na primeira vez em que *Carmen* de Bizet entrou em cena, foi vaiada e criticada. Quando Rossini estreou *O Barbeiro de Sevilha* em Roma, em 1816, a apresentação foi um fracasso. Muitos outros pintores e artistas passaram despercebidos em vida. E, no entanto, todos aspiraram ao reconhecimento, e não apenas aos quinze minutos de fama.

A arte não escapa à lógica mercantilista; tornou-se para alguns um negócio que exige massificação e especulação de produtos. Não está imune a jogos de mercado, como é patente nos leilões. O sociólogo norte-americano Thorstein Veblen analisou sarcasticamente o gosto estético no seu *A Teoria da Classe Ociosa*, ao destacar que existe uma classe de pessoas que equipara a beleza ao que é caro em arte. Contudo, as safiras perfeitas já foram consideradas mais belas do que imperfeitas. Hoje já não é assim, porque um ligeiro defeito numa safira permite distingui-la de uma joia sintética quimicamente idêntica.

A filosofia considera revoltante essa equiparação da obra de arte a um produto. A arte é encontro com o ser e, nesse sentido, é *poiesis*, criação que revela e desvela o ser. Os filósofos dizem isso de muitas formas. Merleau-Ponty chama a atenção para o fato de a arte nos conduzir a uma experiência primordial. Há um encontro com as coisas como elas são. Um mundo antes do conhecimento. Uma paisagem sem geografia. Admirar a luz ignorando a composição física, apreciar o mar e o vento sem pensar nas forças, habitar o mundo de modo a ter uma experiência genuína e estremecer perante o que é primordial, tudo isso é, talvez, a forma de reconhecermos o mundo como entidade a admirá-lo.

Nietzsche afirmava que a arte é vontade de poder na sua dimensão criadora. Para lá do bem e do mal, a arte é a poesia da vida, e o criador é capaz de regenerá-la. Por isso, a arte é excesso e sugestão por meio de símbolos. Apenas se deixa apreender e revelar a quem tem a ousadia de decodificá-la.

A experiência estética recria o real, dá-lhe outro sentido, outra dimensão, abre novos horizontes. Reconfigura o mundo, pois o artista não quer copiar a realidade. Não é só de ordem sensorial, pois nela confluem outras dimensões. Nunca é uma experiência casual. Mesmo a mais aparente desordem revela sempre outro modo de dizer o mundo. Uma pintura, uma escultura, um poema ou uma sinfonia não são uma mera distração, um simples passatempo, mas sim um modo de se comunicar, de pôr em comum vários sentidos.

Se é verdade que, para uns, a beleza é uma propriedade de um objeto artístico e, como tal, é objetiva, para outros ela é uma sensação do sujeito e, por isso mesmo, é subjetiva. As discussões sobre a objetividade ou subjetividade dos valores estéticos podem ser resolvidas na superação das dicotomias. No mundo da beleza, parece existir sempre uma interação, um relacionamento íntimo e profundo entre o objeto e o sujeito. A beleza exige uma consciência que a aprecie, contudo, como temos visto, a realidade é que transborda a consciência. Onde está o escarlate de uma maçã ou o vermelho de uma Ferrari? Na mente, vermelho significa a sensação de vermelho; no objeto, por vermelho queremos dizer a estrutura da superfície que reflete um padrão de luz visível que provoca uma sensação mental. Se a beleza é prazer despertado por um objeto, claro, ela é subjetiva. Se beleza significa a estrutura de um objeto capaz de criar prazer, reside no objeto, então é objetiva. Torna-se interessante afirmar que a beleza resulta da interação entre a consciência e as coisas.

Os relativistas já pisam terra firme quando afirmam que o gosto estético tem variações radicais. Em primeiro lugar, pode depender de diferenças genéticas. Um daltônico não aprecia toda a gama de cores de uma pintura. Um cretino não desfruta de um romance complicado. Quem tem ouvido fraco não se entusiasma com Bach. Em resumo: as diferenças inatas podem influenciar os juízos estéticos. Também existem as diferenças adquiridas. Ninguém pode apreciar um bom poema sem entender o idioma em que está escrito tal como se entende a língua materna. Na música, exige-se formação para apreciar as escalas de tons diferente das usuais. Ademais, é fácil pensar em experiências pessoais que condicionam nossa capacidade de desfrutar de uma obra de arte. Uma pessoa é influenciada pelas opiniões alheias, e estas sofrem mudanças inexplicáveis de gosto.

Uma questão mais estimulante é saber se existem padrões de juízos estéticos que transcendem os gostos individuais e de grupo. Segundo o relativismo estético extremo, não existem normas para além do gosto pessoal. Para um relativista, cada um sabe do que gosta e não há motivos para preferências. *O problema dos relativistas é que nunca sabem colocar um problema.* Cada pessoa tem suas próprias normas, caso contrário, acharia tudo agradável. Podemos não saber ler Homero, Virgílio, Dante ou Goethe nos respectivos idiomas originais, mas aceitamos que são poetas maiores. Na literatura portuguesa, não há grandes dúvidas quanto à grandeza de Camões, Camilo, Eça, Pessoa ou Saramago. Não sabemos decidir se Shakespeare é maior que Dante, Mozart maior que Bach, Michelangelo maior que Rubens. Nem interessa. Não faz sentido comparar gigantes. O que eles criaram remete-nos para uma experiência, mas não se esgota nela. Convocam nossa emoção, porém a transportam para outra dimensão. Nesse aspecto, não somos relativistas. Há poetas considerados menores que foram capazes de criar um poema único, clássico, tal como há conjuntos musicais que são reconhecidos por um único tema, *one-hit wonder*.

Sabemos muito pouco sobre a forma como o cérebro reage às obras de arte. Alguns psicólogos tentaram descobrir leis estéticas, mas os resultados são decepcionantes. Se um dia a estética experimental produzir informações úteis sobre a razão por que uma pessoa gosta de Brahms e outra não, tanto melhor. Até agora, pouco adiantou.

3. O pote de feijões

Dentro do museu, entramos numa seção dedicada às artes ditas menores: tapetes, bordados, cerâmicas e joias. Artes práticas da decoração de interiores e criação de moda. Conjugam a utilidade e a beleza, a funcionalidade e o prazer estético. O que fazem ali esses objetos? Não foram há tempos utensílios? O que os torna especiais? Cores? Forma? Beleza? História? Originalidade? Será que os objetos do nosso cotidiano acabarão um dia num museu? Ou já lá estão, como é o caso de ferros de engomar, torradeiras ou telefones?

Os objetos de valor histórico e cultural não são obras de arte. O pote da cozinha que serviu para guardar feijões tem interesse histórico, é uma curiosidade cultural e folclórica, um testemunho vivo de uma época. Mas o oleiro que o produziu criou um utensílio com uma finalidade genérica, diferente da singularidade da arte.

O mundo da arte é o mundo do singular, do único, do exclusivo. Ao contrário da técnica, que é o mundo do prático e do genérico. Parafusos, computadores, mesas ou cadernos são utensílios com função e utilidade. Quebra-se a perna da cadeira, e esta fica afetada na sua funcionalidade. Não é possível usá-la. Terá de ser consertada, substituída ou jogada fora. Como está, não serve para nada, ficou ferida no seu âmago: a função e o uso.

Um pote que serve para guardar feijões é um objeto útil: se está no museu, não é apenas por ser obra de arte, mas por seu valor cultural. Podemos apreciar as coisas por sua beleza ou sua eficácia. Mas essa divisão pode se tornar artificial. Um saca-rolhas de duas asas tem a função de extrair as rolhas dos gargalos apertados, com rapidez e segurança. De que serviria se não cumprisse essa função? De repente, olhamos para ele e nos parece a figuração de um ser humano com seus braços e suas pernas agitados. É uma experiência estética e posso enviá-lo para o museu com a etiqueta: *Homem aflito*.

A distinção entre a beleza desinteressada da criação artística e a finalidade dos objetos tecnológicos remonta a Aristóteles. Aquilo que designamos quando falamos de arte é *poiesis*. A *techné* visa a utilização na vida cotidiana. Também Kant salienta que usamos os objetos como meios para satisfazer aos nossos interesses. Uso um martelo ou um copo em função de uma determinada finalidade, quer seja beber água, quer seja pregar um objeto na parede. Mas não estarão os museus cheios de potes de feijão?

Vejamos. Uma obra de arte nunca copia a realidade. Nunca. Isto será mais evidente nos rostos com três olhos pintados por Picasso, ou nas mãos pré-históricas com quatro dedos, ou nos monstros de Bosch, ou nos relógios derretidos de Salvador Dalí, ou nas sereias, anjos e serafins das telas medievais. No entanto, até mesmo a mais realista das obras nos faz entrar num universo mágico, que nos convoca para um local ou momento em que o ser das coisas se manifesta, como diria Heidegger. Uma obra de arte nunca é a reprodução de um ente. É um presente. É uma oferta para recriar a essência das coisas, para além das suas particularidades e contingências.

Talvez tenha sido Heidegger quem mais insistiu para que a obra de arte se distingue de um instrumento porque não se esgota no uso, nem na referência ao mundo. A obra de arte não é deste mundo: abre um outro mundo e oferece uma totalidade de significações. A criação artística nos dá acesso a outro modo de nos comunicarmos, a outro tipo de linguagem. A diferença entre linguagem do cotidiano e linguagem poética não está na matéria-prima, isto é, a linguagem natural, mas no modo como esta é trabalhada e como se conjuga, numa mistura rara de beleza, sensibilidade e imaginação. Contudo, só poderá haver resultados surpreendentes do ponto de vista da arte poética se houver um domínio da linguagem.

Para Heidegger, a poesia tem um estatuto de exceção entre as artes. É a arte culminante, pois a linguagem é a casa do ser, ou seja, a palavra que nos proporciona o acesso ao que as coisas são. Se é a linguagem que dá o ser às coisas, o verdadeiro modo de chegar às próprias coisas será a palavra. Toda a arte é poesia, e todas as artes são modos de projetar a verdade. O ser humano é o único ser de palavra. Nesse sentido, o filósofo e o poeta caminham juntos.

Mas chega de poesia, dirão outros; é impossível viver sem música. Esse pensamento não é da Sony Records, nem dos Coldplay, nem de Beethoven. É de Arthur Schopenhauer, e talvez nenhum outro filósofo tenha feito tanto como ele pela reputação da música, o que explica a atração exercida por sua estética em figuras como Richard Wagner e Friedrich Nietzsche, que combinavam interesses musicais e filosóficos.

Para Schopenhauer, a música funde o polo subjetivo da apreciação estética com o polo do objeto artístico. A música é a mais metafísica das artes. Em primeiro lugar, porque funciona como as ideias platônicas. Como existem ideias de todos os tipos de objetos cotidianos, também a música duplica a estrutura do mundo: os ritmos repetitivos evocam a natureza inorgânica. As harmonias sustentadas são análogas ao mundo animal. As melodias, sempre únicas, reproduzem o mundo humano.

À primeira vista, parece uma visão extravagante afirmar que a música é uma cópia da vontade, que a estrutura criadora dos músicos copia a estrutura criada do cosmos. Mas tem um pensamento subjacente muito claro. Para discernir o que é o mundo, é melhor não nos limitarmos às pesquisas em termos de causalidade. Devemos desenvolver a consciência estética, a qual tem recursos expressivos e metafóricos que convocam o nosso gosto. Se a forma do mundo se reflete melhor na forma de música, então a sensibilidade mais filosófica terá de ser uma sensibilidade musical.

Schopenhauer tem uma explicação para a espantosa popularidade da música. A música serena a consciência porque transmite as formas abstratas dos sentimentos, ou seja, expõe perante nós os sentimentos abstraídos das circunstâncias cotidianas que os envolvem. É isso que nos permite reconhecer em peças musicais a essência da vida emocional – entusiasmo, tristeza, alegria, saudade –, mas sem o conteúdo contingente que causa dor ou excitação. É certo que ele estava pensando na música clássica, com valores estéticos muito seguros. Ao expressar a emoção de uma maneira desinteressada, a música nos permite apreender a natureza do mundo sem a frustração implicada na vida cotidiana e, portanto, com um modo de reconhecimento semelhante à contemplação filosófica.

A beleza faz parte das finalidades da arte, mas não a esgota. A natureza também é bela, como o canto de um pássaro ou as cores de um pavão. Mas isso, por si só, não satisfaz. O ser humano é um criador na medida em que se interroga sobre o mundo, em que procura uma verdade e um sentido, em que transcende a si próprio, não se esgotando nos seus afazeres.

A arte é a criação de um mundo intemporal dentro do mundo das coordenadas físicas. A arte é a expressão da reflexibilidade, da inteligência, da emoção e da imaginação. As obras de arte não são realizadas com base no que existe; são, antes, realidades novas, autônomas: é um mundo novo e completo que se torna presente.

A arte existe desde sempre. É uma linguagem universal que permite transmitir a consciência que temos de coisas que não podem ser expressas de outro modo. Mas é uma linguagem polissêmica, densa, plural, que não se esgota numa visão linear ou simplista. A obra pode ser sempre reinventada e reinterpretada. Mas, como a poesia, a arte é polissêmica, devolvendo vários significados em vários níveis.

4. Belezas

Chegamos ao fim da exposição. Apreciamos os conteúdos, nos apercebemos de que deixamos de ser meros transeuntes e espectadores: nos tornamos criadores de sentido. Recriamos uma obra quando a vemos, ouvimos ou lemos como uma forma; quando os sons, os contornos e as palavras se libertam para produzir em nós sentidos, ecos e sabores únicos. O que, no artista, ansiava por ser obra, e que o chamou a criar através da inspiração, foi reconhecido por nós mediante recepção da sua arte. A criação do artista faz de nós criadores de sentido. Como foi isto possível?

Em arte, a criatividade é tudo. Há o ato de criação pelo autor, e há o reconhecimento da criação por nós. Quando olhamos *O Enterro do Conde de Orgaz*, de El Greco, ou quando admiramos *Eu e a Aldeia*, de Chagall, ou assistimos a *2001 – Uma Odisseia no Espaço*, de Stanley Kubrick, nem todos nos comovemos com os mesmos fatores. Uns são mais sensíveis a aspectos visuais, outros ficam mais impressionados com a originalidade, e outros, mais interessados pela informação histórica que a obra veicula... A arte não se esgota no olhar, mas intensifica-o, criando um universo de comunicação. Como afirma Ernst Cassirer, o ser humano é um animal simbólico, e a arte é sua expressão maior.

Somos capazes de apreciar uma obra de arte porque, para além da produção nela investida, descobrimos a criatividade que ela transporta. O autor deu-lhe forma ao descobrir um enredo, uma figura, um tema. Tal é a intimidade com que acompanhamos nossas obras preferidas, que reconstituímos essa forma para nós mesmos, criando com a obra uma relação através da qual passamos a gostar dela como de um ser a que tratamos por tu.

A criação artística não se reduziu a uma inspiração feliz. Exigiu a conjugação de elementos diversos: imaginação, técnica, sensibilidade, originalidade, genialidade e trabalho, muito trabalho. Trabalho árduo. Trabalho solitário. Trabalho longo. Mas, quando finalmente surge o produto genuíno, não se esgota, não se consome, não se gasta, nem envelhece. Autonomiza-se do tempo e do espaço. Quando uma criação humana se torna obra de arte, ela ultrapassa o seu tempo e ganha asas de universalidade. Transcende o seu autor, ganha autonomia e vida própria, tornando-se inesgotável para a consciência de quem a encontra.

Quando Schopenhauer contrapôs a serenidade alcançada pela música ao mundo violento do cotidiano, ele estava nos dizendo que temos os recursos para sublimar os impulsos que decorrem da vontade de sobrevivência, da vontade de afirmação que desrespeita tudo e todos. Um desses recursos é a arte, porque nos orienta para o mais extraordinário, o mais universal e o menos individualizado dos estados de consciência.

À medida que penetramos no mundo da arte, diluímos nossa individualidade, esquecemo-nos do eu e tornamo-nos uma espécie de espelho do objeto reproduzido. Só o gênio de espírito artístico tem a capacidade de permanecer no estado de percepção pura, e é a ele que devemos nos voltar – ao apreciarmos suas obras de arte – para obtermos uma visão da realidade segundo as ideias.

Ao contemplar as ideias, o gênio artístico cria uma obra que as retrata de uma forma mais clara e acessível do que é habitual; assim, ele comunica a visão universalista aos que não têm o poder de idealizar e de se levantar acima do mundo físico. A arte é uma respiração da alma, análoga à respiração física, que possibilita fixar de forma imutável e perene o sentido íntimo da vontade. A arte, tal como a memória, fixa o encontro; dá corpo, forma e matéria ao indizível; torna perene o que pode ser captado em pequenos instantes fugazes.

O artista não pretende produzir uma cópia do mundo, mas sim outro modo de dizer e de sentir esse mundo. Quando trabalha a pedra, a cor, os movimentos do corpo, a palavra e, finalmente, o som, o artista reinventa o mundo e cria uma realidade que não encontramos no olhar comum, nem no universo dos artefatos. Quando cria, ele rompe com o mundo natural, com a necessidade, a regularidade e a causalidade que caracterizam os fenômenos. Esse encontro e a liberdade de inventar outras regras, a liberdade de respirar de outro modo e de ousar sentir de outra maneira, a liberdade de nada se esgotar em si próprio e de permanecer para além de si, num desejo imenso de eternidade: isso é a arte.

Uma escultura é sempre mais do que aquele objeto, como a música é mais do que uma partitura. Benedetto Croce afirma que o valor artístico não está na representação, mas sim na capacidade de expressão. A arte cria ligações diferentes e novas, que nos permitem ver de outro modo, sentir de outra maneira. A arte cria novos elos. O faz de conta da arte está em criar um mundo de reconciliação entre a razão e os sentidos, um mundo de encontro, como uma totalidade, que se mostra sob a luz e o som da beleza.

Estamos prestes a sair da exposição. Já não somos os mesmos. O que aprendemos com os símbolos que lá estão guardados? Aprendemos tudo, porque nada aprendemos de parcial. Ficamos um pouco menos relativistas, um pouco mais entusiastas... A arte é sempre um cumprimento do desejo da eternidade. O ser humano é verdadeiramente um ser à imagem de Deus no domínio da arte, quando inova e produz o que nunca antes existiu. É pela arte que nos tornamos criadores e gratos quando saboreamos a beleza derramada à nossa volta.

A arte nos liberta da redução ao imediato e da fúria do utilitarismo. A inteligência se exerce ao descobrir novas formas que relacionam os conteúdos e os atos da experiência. Descobrimos a alegria espontânea da livre criação em palavras, formas, cores, sons e movimentos que organizam. O controle sobre sensações específicas – vista, som, movimento – confere ao artista uma flexibilidade única. Por isso, o desenhista anda sempre com um lápis na mão; o músico carrega um instrumento; o cineasta enquadra as formas num monitor; o escritor está sempre ensaiando mentalmente frases e estilos. Os artistas são, essencialmente, criadores de formas que atribuem significados às coisas. Apresentam verdades e valores sem os definir. Maravilham-se perante as coisas sem se preocupar com sistematizações.

Como conseguem? Liliana Cosi, ex-primeira bailarina no Teatro La Scala, de Milão, fala da dolorosa disciplina que seu trabalho exige para ganhar qualidade estética. Todos os movimentos de uma bailarina no palco são *contra natura*. Cada posição tem o seu preço. O mais difícil arabesco é o mais belo. A dança é mesmo a arte que une a terra e o céu, que une o cansaço muscular, como o de um estivador, à expressão de vida mais profunda.

A interação estética acontece numa comunidade. O que o artista faz é inspirado ou criado para a comunidade. E o *tu*, o público a quem o artista se dirige, deve estar preparado para a mesma experiência. Conta o violinista Yehudi Menuhin como Béla Bartók exprimiu seu agradecimento, após ambos terem estreado sua *Sonata nº 1 para Piano e Violino* no modesto apartamento de Bartók, em Nova York. Bartók disse que julgava que só era possível tocar assim muito tempo depois de o compositor ter morrido. Para Menuhin, foi uma experiência inesquecível saber que penetrara até o coração de um compositor através da sua música. A obra de arte é o modo de chegar aos outros pela beleza. Sua grande função é comunicar e unir as pessoas através da criatividade. Um artista não trabalha apenas para se exprimir. Sua expressão só tem sentido se ele encontrar uma resposta, um eco. Criar vínculos com os outros é um processo que custa muito e não tem ganho prático. Em última instância, é um ato de sacrifício que, ao ser partilhado, transforma-se em espetáculo e em festa.

A estética explica por que razão a arte é importante para o ser humano. Exige uma atitude valorativa e provoca uma atitude contemplativa, que é de entrega, mas que também nos interpela, provocando prazer ou agrado. A experiência estética é o caminho de acesso à realidade, uma ponte que nos transporta para outro lugar. Se o autor cria a obra, o espectador, no ato de contemplação, também a recria e se transforma em criador. Sua contemplação implica a capacidade de se espantar e de se admirar. O que marca é sempre a experiência do singular, do único, do original e do belo.

20. O outro voo da Fênix

1. Um longo desejo de durar

Dizem que desde sempre a viram voar. Uma ave de penas brilhantes, douradas, com tons vermelho-arroxeados. De grande porte e, segundo a lenda, muito maior do que a águia. Tinha uma vida longa, muito, muito longa, cerca de quinhentos anos, segundo Heródoto. Símbolo do sol e da eternidade, era o mais belo dos animais fabulosos. De nome Fênix, tinha um cantar melodioso que se tornava muito triste quando a morte se aproximava.

Há quem afirme que outras aves morriam só de ouvir a tristeza do seu canto. Mas ela não morria. Ao chegar sua hora, construía uma pira de ramos de canela, sálvia e mirra e, como o sol, que todos os dias morre em chamas ao entardecer, ali morria incendiada. Mas suas cinzas não eram pó ou matéria inerte, e sim fogo que originava de vida. Este era o seu mistério. Pássaro de fogo ou ave sagrada, renascia das suas próprias cinzas. Berço e túmulo eram um só. Assim Fênix se tornou símbolo da eternidade e da ressurreição.

Alguns imperadores terão comido sua carne na esperança de se tornarem imortais. Não resultou em nada. Nem com guerreiros, nem com outros mortais. Só a ave renascia sempre, com esperança renovada, em que o fim é sempre um novo começo. Fênix habitava os quatro cantos do mundo. Já fora vista no Egito, onde lhe chamaram *Bennou*, na Grécia Antiga e em Roma. Já sobrevoara a China, a Índia e a Arábia, e talvez ainda habite dentro de cada um de nós.

Fênix ou o desejo de imortalidade. A esperança de que nada acabe, esperança que permanece até os dias de hoje. A ciência tudo esclarece e explica. O processo de decomposição química é conhecido, a deterioração física é inevitável, até regressarmos às cinzas. Do pó viemos e em pó nos tornaremos... Mas, apesar de todos os conhecimentos, permanece ainda, pelo menos em alguns, a ideia de que a morte não é o fim total, mas apenas a conclusão de uma etapa e talvez o início de outra. Permanece um forte e durável desejo de vida eterna, ao qual também chamam crença. Nada termina na morte, dizem uns. Tudo recomeça, reclamam outros. Talvez haja qualquer coisa, suspira-se. Não sei, confessam alguns. Nada é tão difícil na vida como lidar com a morte.

O culto dos mortos é, certamente, o mais antigo e o mais universal dos cultos. Desde a pré-história que se enterram os mortos com dignidade. Antas ou dólmens, urnas e vasos, pirâmides e mastabas, rituais e cultos fúnebres, tudo isso é indispensável à relação entre mortos e vivos. E porque o rito atualiza o mito, é preciso que os rituais se façam, se repitam e se sucedam em cerimônias próprias. É preciso celebrar. É preciso que se cantem os cânticos e se cumpram os rituais. Porque repetir é também comungar, partilhar e se comunicar com os outros. Os vivos prestam homenagem aos que partem porque nunca se sabe ao certo para onde vão. Desde Antígona até Harry Potter, dos pré-históricos aos contemporâneos, é preciso enterrar os mortos. A última morada deve ter dignidade, pois o corpo encerra mistérios que os mortais desconhecem, mas de que suspeitam. Fênix não morrerá enquanto todos desejarmos renascer das cinzas, enquanto tivermos um longo e durável desejo de durar.

2. Religiosos e filósofos

Segundo a convicção religiosa, o ser humano está de passagem por este mundo. É um peregrino. Uma atitude que começa com a distinção entre o sagrado e o profano. Depois, a personificação das forças da natureza e o desenvolvimento de panteões e mitos relacionados com os grupos sociais. A divindade ocupa o topo do panteão. Não tem começo nem fim, é imutável, onisciente e onipotente. Os seres humanos dedicam-lhe orações e oferendas, e prestam-lhe culto. Em troca, ela protege os fiéis. Partilha as lutas dos seus protegidos em guerras santas. Pode intervir para restaurar a ordem no mundo e realizar a salvação humana. À adoração de um Deus supremo, associa-se a crença no renascer das cinzas.

Cristianismo, judaísmo e islamismo, as três religiões do livro, nasceram na mesma zona do globo, partilham a mesma crença na imortalidade pessoal e exigem solidariedade. Suas teologias contêm uma abordagem do infinito que entrou no pensamento ocidental e não foi ignorada na filosofia.

A teologia judaica é relativamente simples nos seus cinco temas: Deus criador, povo eleito, imortalidade da alma, espera do Messias e ressurreição. Como a divindade é transcendente ao mundo, não há muito espaço para interpretações ou para grandes heresias. Quem ler Maimônides fica conhecendo a maior parte da teologia rabínica. Pode-se fazer uma observação semelhante sobre o Islã. As declarações fundamentais são idênticas para sunitas, xiitas e outras correntes: existe um Deus único, revelado a Maomé, seu profeta, e que vai julgar a humanidade no dia do juízo final. As diferenças de interpretação referem-se a aspectos de direito teocrático e civil, que estão em evolução desde o século XIX.

O panorama da teologia cristã é completamente diferente. Deus não tem apenas transcendência. Depois de criar o ser humano, tornou-se pessoa a fim de o salvar e manifestou-se no filho. Com uma teologia assim, não existe separação entre o infinito divino e o humano finito. Há comunicação entre perfeito e imperfeito, eterno e perecível, Deus e criatura humana.

Com o espírito inventivo dos primeiros teólogos cristãos, formados no mundo clássico em que a arte do discurso, a retórica, atingira o cume, tudo passa a ser motivo de interpretação. Com a meditação sobre a existência de Deus, o cristianismo renovou o problema da imanência e transcendência do ser, envolvendo a divindade exterior à criação na aventura da redenção do ser humano. Forjaram-se muitas religiões cristãs possíveis, mas os bispos reconheceram apenas uma, expressa pelo Credo de Niceia.

O problema central da teologia cristã é o da natureza divina, una e tripla. De acordo com o dogma cristão, Jesus tem natureza humana e morreu na cruz, e também tem natureza divina, pois é consubstancial ao Pai. Mas qual das duas componentes é decisiva? Existe um triplo Deus ou uma hierarquia entre as pessoas divinas?

Antes de o cristianismo ser divulgado no Ocidente, os gregos introduziram a ideia de um princípio organizador do Universo. Apesar do politeísmo, da mística e da sofística, conceberam o *ser imóvel*, o *primeiro motor*, a *causa prima*. Mas esse princípio divino introduzido pela escola de Atenas e pelos estoicos não é um ser pessoal. Não é um legislador preocupado com o ser humano após a morte. É um princípio abstrato, uma lei do Universo. Os gregos preferiam a perfeição geométrica. Desde Tales até os neopitagóricos, falaram de um universo limitado, uma esfera onde se sobrepõem camadas ou círculos desde a Terra ao centro. Os planetas, as estrelas fixas e o céu imóvel do primeiro motor, tudo está abraçado pelo zodíaco. O infinito, o *ápeiron*, é o caos, o desconhecido, o não ser.

A união do Filho e do Pai, do infinito e do finito, é incompreensível para um grego clássico. Não é de admirar que as heresias sobre a natureza de Deus tenham nascido sobretudo nos arredores de Constantinopla, em Alexandria. Ali havia mais resistência em se passar do pensamento grego para o cristão. O imperador Justiniano mandou fechar a academia platônica, que durara mil anos.

Foi nesse contexto que assumiu particular relevo a figura de Santo Agostinho. Em suas *Confissões*, ele narra como aderiu, ao longo da vida, a sucessivas correntes de filosofia e religião até encontrar o cristianismo. O contato com o diálogo *Hortênsio*, de Cícero, foi o momento decisivo. O livro provocou nele o desejo de abraçar, não esta ou aquela seita, mas a sabedoria. A partir de então, considerou que poderia conciliar o cristianismo e a filosofia. Criou a fórmula "Crer para compreender e compreender para crer". Com essas palavras, queria afirmar uma complementaridade entre fé e razão, uma síntese que marcou o mundo medieval.

O mosteiro é, por excelência, o lugar das culturas religiosas, tanto no Oriente como no Ocidente. Lugar de culto e oração, sede dos copistas e bibliotecários, o mosteiro era o lugar em que o saber era preservado e transmitido. Era nos mosteiros que se ensinava a ler, a escrever, e onde quem seguia a via religiosa tinha acesso à filosofia. Não havia filosofia fora do mosteiro. Isso é estranho aos nossos olhos, não aos olhos da época. Hoje em dia, atitude religiosa e filosófica são distintas. Uma aceita e acredita; outra questiona, indaga, refuta. Mas essa distinção, que para nós é clara, não cabe no Medievo.

A noção de época medieval começa a ser utilizada no século XVI, com sentido pejorativo. A própria designação de *Idade Média* evoca a ideia de um período sem dignidade própria, um momento transitório. O paradigma medieval é uma hierarquia em que todos os seres servem ao Ser absoluto. As criações humanas estão a serviço de Deus, das artes à filosofia. O pensamento cristão é a tessitura que tudo liga. A filosofia é *serva da teologia*, e só a revelação ensina o papel providencial e redentor da divindade.

Em *O Nome da Rosa*, Umberto Eco coloca toda a ação numa abadia, no ano de 1327. Nesse romance labiríntico, encontramos os ingredientes da época: a autoridade da Igreja, a hierarquia do saber, a amizade entre o mestre e o discípulo, a curiosidade de estudo, a divulgação do conhecimento, o erotismo da sabedoria. Encontramos as obras apócrifas, a culpa, o pecado, a hipocrisia, a mentira, a violência. Os caminhos secretos da abadia revelam escadas de uma biblioteca oculta que é do bem e do mal, da conciliação entre o livre--arbítrio e a vontade divina.

Para o medieval, é a *razão* que explica o que a *fé* faz crer. A filosofia medieval constitui-se em torno das questões teológicas, e a estranheza que hoje sentimos ante essa atitude talvez seja a mesma que o homem medievo sentiria em pensar que fé e razão poderiam ser campos separados. Em suas reflexões, ele não se vale dos fenômenos da natureza para a compreensão do Universo. O pensador medieval é, por excelência, um ser de fé e, por que acredita na eternidade, busca compreender melhor o que de início é aceito pelo seu coração.

A fé procura compreender-se e, se possível, alcançar o conhecimento racional do absoluto. A verdade está no interior do homem, cabendo a *ratio* a tarefa de esclarecê-la. De Santo Agostinho a Santo Anselmo, São Bernardo e Santo Tomás de Aquino, os grandes pensadores medievais são conciliadores. Querem a unidade entre a compreensão e a revelação, o encontro entre o coração e a razão, um abraço entre o finito e o infinito, uma relação entre o criador e as criaturas. O ponto de partida é a crença. À razão cabe o papel de esclarecer, elucidar, tornar compreensível ou inteligível aquilo que já se aceita. *Eu não acredito porque compreendo, mas tento compreender aquilo em que acredito.* A fé e a compreensão devem estar sujeitas ao mesmo impulso de crescimento e desenvolvimento da vida humana. O ser humano quer entender, não existe ninguém que não o queira. Mas nem todos querem crer. O movimento não é *eu entendo e por isso acredito*, mas sim *quem crê entenderá*.

Ao aceitarem que a filosofia poderia coexistir com a religião, os escolásticos desenvolveram argumentos sobre a existência de Deus. Esses argumentos – que continuarão a ser usados pelos deístas modernos, que admitem a existência de um Deus criador do Universo, mas não aceitam dogma, nem práticas religiosas – são de tipo cosmológico, teleológico e ontológico.

Anselmo de Cantuária ficou conhecido pelo nome da cidade inglesa onde foi arcebispo entre 1093 e 1109. Ele viveu, porém, a maior parte do tempo na França, na Abadia Le Bec, onde escreveu importantes textos. Conhecido como o Doutor Magnífico, foi canonizado em 1494 pelo papa Clemente XI.

Santo Anselmo não escreveu muito, mas criou, em dois tratados, o argumento mais célebre da história da filosofia ocidental. No *Monologion*, ele argumenta com base na noção de perfeição. Se há seres perfeitos, é porque eles participam de uma perfeição maior, o que exige a existência de Deus, um ser perfeito. No *Proslogion*, expõe o argumento ontológico. Deus é algo em relação ao qual nada maior pode ser pensado. Dado que Deus é a maior de todas as ideias, não é possível que Ele não exista, pois, se não existisse, isso diminuiria sua grandeza. Se essa ideia de perfeição é a maior de todas, então tem de possuir todos os atributos positivos e, consequentemente, o atributo da existência.

Como podemos retirar, da ideia de triângulo, a existência de três lados, também podemos concluir, da ideia de ser perfeito, a sua existência. Se pensarmos um ser para além do qual nada maior possa ser pensado, é necessário que ele, além de existir no intelecto, exista igualmente na realidade.

A primeira grande objeção a esse argumento foi expressa por Gaunilo, no *Liber pro Insipiente*. Será legítimo passarmos da ideia para o ser, do plano lógico para o plano ontológico? Será uma definição conceitual de Deus a garantia da sua existência? Anselmo afirma, na *Resposta a Gaunilo*, que essa passagem só é legítima nesse caso excepcional da existência de Deus. Ele apreciou tanto a crítica de Gaunilo que, a partir de então, quis que ela fosse divulgada juntamente com seu argumento.

Santo Tomás de Aquino recuperou o conceito de *motor imóvel* de Aristóteles para explicar a criação do Universo. Deus é a causa primeira de tudo o que se move e de tudo o que foi criado. O argumento nos confronta com o dilema de aceitar uma série infinita de causas que regridem no tempo ou uma causa primeira. Ao deparar com a regressão infinita, Santo Tomás recusou-a como um absurdo. Contudo, não considera que o argumento cosmológico substitua a fé, apenas a corrobora.

O argumento teleológico, ou do desígnio, é talvez a mais conhecida das provas tradicionais. O argumento conclui a existência de Deus com base na organização do mundo. Antes de Darwin, afirmava-se que a adaptação dos organismos vivos ao ambiente testemunharia a existência de uma inteligência suprema que a tudo criou. Deus era considerado a causa final do Universo; era exaltado por Voltaire como o relojoeiro criador do relógio da natureza, ou, de forma ingênua e caricata, por Bernardin de Saint-Pierre, que explicava que o melão tinha a forma providencial, que permitia que ele fosse cortado em fatias para a família.

Tais argumentos ficaram enfraquecidos com a teoria da evolução. Deixou de ser possível pensar a estrutura do olho humano ou das galáxias e dos sistemas solares como mecanismos análogos ao relógio. Contudo, isso não impede a maioria das pessoas de sentirem – quando veem a grandeza do céu estrelado ou os padrões sofisticados que interveem na elaboração das flores, das conchas e dos cristais de neve – que, por detrás de formas tão maravilhosas, há um ser inteligente. O próprio Kant, que demoliu o argumento teleológico em sua *Crítica da Razão Pura*, admitiu-lhe força emocional a ponto de mandar inscrever no seu túmulo a admiração pelo céu estrelado ao lado da lei moral.

Com o século XX, surgiu uma nova versão do argumento teleológico, agora batizado, pelos cientistas que aceitam a teoria da evolução, de argumento do desígnio. Tal argumento centra-se na remotíssima probabilidade de a vida ter surgido espontaneamente nos mares primitivos da Terra. Presume-se que a vida surgiu há vários bilhões de anos, quando as moléculas à base de carbono, a cozer durante milhões de anos numa sopa orgânica, criaram um micro-organismo autorreplicante. A probabilidade de isto acontecer seria tão baixa que só a intervenção de um ser divino explicaria como a vida começou. Assim escreveu Pierre Lecomte du Nouy nos anos 1940. Mais recentemente, Fred Hoyle e Nalin Chandra Wickramasinghe, em *Evolution from Space*, estimaram que a probabilidade de o acaso produzir um micro-organismo autorreplicante único era de 10 para 1 seguido de 40 mil zeros. Só uma inteligência criadora do Universo seria capaz desse desígnio.

3. Conhecer ou reconhecer Deus?

A influência da religião cristã sobre a filosofia em toda a Europa foi tal que o ateísmo era crime até o século XVIII. Nos *Princípios da Filosofia*, em 1644, Descartes recupera o argumento ontológico. Pretende demonstrar a existência de Deus, a fim de garantir o valor das ideias inatas como garantia do acordo entre pensamento e realidade. Utiliza um argumento *a priori* pelo qual considera que a necessidade da existência de Deus está contida na noção de perfeição. E utiliza dois argumentos *a posteriori*. Deus é a causa da ideia inata de perfeição que está em nós. Como seres imperfeitos finitos, não podemos ser a causa de uma ideia perfeita e infinita. Logo, só o ser absoluto é causa da ideia de perfeição no pensamento. Ademais, como seres finitos e contingentes, não podemos ser a causa de nós mesmos. Se existimos é porque existe um ser superior, que é a nossa causa. Logo, conclui Descartes, Deus existe e é a causa da minha existência.

O leitor poderá achar estranho que Descartes, considerado o pai da filosofia moderna, tenha dedicado tanto tempo às questões relativas a Deus. Mais estranha, todavia, é a prova de Deus, conhecida como *a aposta*, do filósofo e matemático Blaise Pascal. Como os católicos do seu tempo, Pascal acreditava que a alma humana teria um entre dois destinos: a felicidade eterna no céu, ou a miséria eterna no inferno. Além disso, acreditava que esse destino dependia de se aceitar ou rejeitar a existência de Deus e a verdade das Escrituras, como diz em *Pensamentos*. E então começa a *prova*. Suponhamos que alguém acredita em Deus: se estiver certo, ele ganhará o paraíso; se estiver errado, nada terá perdido. Suponhamos que não acredita em Deus: se estiver certo, nada perde; mas, se estiver errado, cairá no inferno. Essa aposta pascaliana está sugerida no diálogo *Fédon*, quando Sócrates, antes de beber a cicuta que o matará, fala da crença numa outra vida como um risco que vale a pena correr, porque o prêmio é bom e a esperança é grande.

Na Europa, onde diferentes Igrejas se afirmaram no mesmo espaço geográfico, a discussão sobre a pluralidade de crenças e a possibilidade de sua convivência harmoniosa foi sempre intensa. No século XVII, as guerras de religião só terminaram com a separação entre o espaço público e o mundo da fé. A secularização foi o caminho que o Ocidente encontrou para a tolerância. A separação foi entendida como o respeito pela diferença; e a laicização do espaço público possibilitou a convivência pacífica da pluralidade de religiões e tipos de fé.

O convívio entre Igrejas nunca foi fácil. Em primeiro lugar, devido a questões de poder e de influência; depois, por questões dogmáticas. A religião é uma herança, um patrimônio cultural. Herda-se ou renega-se; cultiva-se ou ignora-se. Causa muitas paixões e ódios, lutas acesas, conflitos extremados; é motor de guerras santas e muito pouco santas. As divergências entre Igrejas tiveram muitas vezes razões políticas, econômicas, étnicas, culturais, ignorando por completo o desejo de eternidade.

Em *Carta acerca da Tolerância*, de 1689, escrita em latim e publicada sem a assinatura do seu autor, John Locke combatia as perseguições político-religiosas. Exigia a separação entre Igreja e Estado, entre espaço público e privado, inaugurando o conceito moderno de sociedade civil e tolerância. A obra foi dedicada a Philipp van Limborch, que defendia a tolerância como o único caminho para a paz.

Locke separa a natureza e as funções das instituições Igreja e Estado. Define o espaço da liberdade, da sociedade civil e da consciência individual. Delimita funções e territórios. Alerta para o fato de a tolerância não significar boa vontade, nem caridade. Enquanto conceito filosófico, a tolerância se funda na legitimidade dos espaços e do exercício de poder, assim como no respeito pelos limites de cada um dos agentes que intervêm num dado momento do desenvolvimento social.

Ao longo da história, muitos têm sido os argumentos da filosofia para provar ou negar racionalmente a existência de Deus. Poderíamos dedicar mais páginas às provas clássicas de que Deus existe e às respectivas refutações por parte de Hume, Kant e Mill. Mas em todos os argumentos encontramos um salto da razão para o coração, de modo explícito ou implícito.

Ninguém melhor do que Kant exprimiu essa ambiguidade. Como argumentos de razão pura, as provas são inválidas. Como postulados emocionais, exprimem razoavelmente uma convicção. Em pleno *século das luzes*, Kant chama nossa atenção para os limites do conhecimento humano. E, ao estabelecer os limites da razão teórica, na *Crítica da Razão Pura*, de 1781, deixa Deus de fora das possibilidades de ser conhecido. Para Kant, existe uma impossibilidade de conhecer o que se refere a realidades que transcendem a experiência, como é o caso de Deus. No plano teórico, o ser humano não tem capacidade de afirmar ou negar sua existência.

No último capítulo da chamada *Dialética Transcendental*, Kant discute o ideal da razão pura, isto é, Deus. Considera as chamadas provas da sua existência, refutando-as, pois não se baseiam na experiência, e demonstra que em todas existe uma confusão entre o fenômeno e a coisa em si. O Ser supremo é tão improvável como irrefutável. Mas conclui e aceita que é um *ideal sem defeito*, um conceito que termina e coroa o conhecimento humano.

Com a mesma chave com que fecha a porta para o conhecimento de Deus, Kant abre as portas para a possibilidade de reconhecimento. A razão pura não pode provar a existência de Deus, nem a imortalidade pessoal, nem a infinidade do mundo. Mas também não mostra que são impossíveis. Em *Crítica da Razão Prática*, Kant empreende uma abordagem semelhante à do senso comum. Olhando ao redor, vemos boas pessoas e crianças sofrendo e morrendo sem motivo aparente, vemos gente malvada com vidas saudáveis, felizes e prósperas, até morrerem de velhice. Onde está a justiça? Só há justiça se assumirmos outra vida na qual o bem é recompensado, e a maldade, punida. A própria bondade humana exige tempo ilimitado para se desenvolver. Se não houver vida após a morte, se a virtude não receber a felicidade, nosso sentido de moralidade torna-se uma farsa, pois fez despertar uma esperança que nunca pode ser cumprida.

Em termos mais técnicos, Kant diz que temos um sentido de dever, uma consciência que nos fala de uma diferença entre o bem e o mal. Essa lei moral dentro de nós é tão poderosa e impressionante como o espetáculo do céu estrelado. Não podemos deixar de promover o bem da Humanidade. Não é nosso dever acreditar em Deus e na imortalidade. Nosso dever é apenas sermos bons, diz Kant, como o podem ser crentes, agnósticos e ateus.

4. Ópios que o povo tem

A questão sobre se é possível demonstrar a existência de Deus sempre intrigou o espírito humano. No entanto, nos debates contemporâneos, é remetida para o foro privado, para a decisão individual, aceita como herança cultural ou marca de família. A relação pessoal do ser humano com a transcendência passa por outros caminhos que não a demonstração. Tal como os gostos, também a fé não se discute. Uns a têm, outros não. Uns a apreciam, outros a rejeitam. Uns a procuram, outros a ridicularizam. Uns a aceitam, outros a criticam. Uns a desejam, outros são indiferentes. Para a crítica à religião contribuíram Marx, Nietzsche e Freud, considerados os *mestres da suspeita*.

Marx recebeu do seu amigo, o poeta romântico Heinrich Heine, no ano de 1844, o poema *Alemanha, um Conto de Inverno*, que começa assim:

> Amigos, quero compor para vós uma canção,
> Uma canção nova, uma canção melhor!
> Queremos instaurar aqui na Terra,
> Agora mesmo, o reino dos céus.
> Queremos ser felizes nesta Terra,
> Aqui queremos derrotar a fome
> E que o ventre preguiçoso não devore
> O que mãos trabalhadoras produziram.

O poema foi transformado em páginas de filosofia política, que ficaram para a história no pequeno livro de Marx intitulado *Crítica da Filosofia do Direito de Hegel*. Embora a crítica à religião já apareça nos *Manuscritos Econômico-Filosóficos* – escritos em Paris em 1844, mas inéditos até 1930 – é na *Crítica da Filosofia do Direito de Hegel* que ela adquire fulgor e expressão apaixonada. Culmina numa frase cuja primeira parte é famosa – "a religião é o ópio do povo" –, enquanto a segunda, menos conhecida, é "o coração de um mundo sem coração".

O ateísmo de Marx utiliza o conceito de alienação de Feuerbach. A religião é a expressão da miséria social, a consolação ilusória dos oprimidos. O céu é o espelho das fantasias do povo, é o suspiro da criatura oprimida e o âmago de um mundo sem coração. O ser humano criou Deus à sua imagem e semelhança. Ao projetar essa sua essência para fora de si próprio, o homem ficou alienado. Para se reapropriar da sua essência, tem de negar Deus. É a opressão econômica que explica as instituições políticas e as ideias religiosas. É a crítica à alienação e às condições materiais que liberta o ser humano dessas amarras. Ao colocar no céu a recompensa dos infortúnios da terra, o cristianismo contribui para que nada seja feito para alterar as misérias humanas. Alimenta a subserviência e a humilhação.

A abolição da religião é a abolição da felicidade ilusória. A crítica do céu transforma-se em crítica da terra. É preciso libertar a pessoa para que ela não seja humilhada e escravizada pela vida. São o Estado e a sociedade que produzem a religião como uma consciência invertida do mundo, "o coração de um mundo sem coração"! Só quem não tem realidade encontra consolação na religião, pois não é a consciência que determina a vida, mas a vida que determina a consciência. A crítica à religião é a crítica à passividade, bem como à aceitação de que este mundo é um vale de lágrimas. É preciso estabelecer a verdade, agir e construir um mundo melhor.

A crítica da religião liberta o ser humano da ilusão, de modo que ele pense, atue e configure sua realidade como alguém que perdeu as ilusões e recuperou o entendimento. A religião é apenas o sol ilusório que gira à volta da pessoa, enquanto ela não gira à volta de si mesma. A crítica do céu transforma-se, desse modo, em crítica da terra; a crítica da religião, em crítica do direito; e a crítica da teologia, em crítica da política.

O ateísmo de Marx só aceita a história como absoluto. O ser humano basta-se a si mesmo, por meio do trabalho. Pela ação, o ser humano cria, constrói e transforma o seu destino. O ser livre é o ser ativo e produtivo. É lutando contra o mundo oprimido que criamos a humanidade e modificamos as circunstâncias que nos aprisionam. "Não basta compreender o mundo, o importante é transformá-lo", escreve Marx em sua *XI Tese sobre Feuerbach*.

Marx foi mais falado do que lido, mais deturpado do que estudado. Conta-se que, no fim da sua vida, ele afirmou: "Eu não sou marxista". Mas não foi um arrependimento ou uma denegação. Foi apenas a recusa dos abusos, das deturpações, falsificações e alterações recorrentes do seu pensamento.

5. O sentido da terra

> Deus está morto e nunca soube dançar. Eu só poderia acreditar num deus que risse, dançasse e pulasse como as crianças. Porque eu sinto um deus que dança em mim, mas esse deus não está no céu, está na afirmação, na vontade, na força, na ousadia, na coragem, na alegria e, até, na embriaguez de ser, de lutar, de afirmar e na capacidade de não desistir. Não interessa viver muito tempo, mas sim ter vida e alma de guerreiro; ser herói que cumpre o destino e, se necessário, morrer cedo, com alegria e sem medo. (*Assim Falou Zaratustra*)

Assim fala Nietzsche pela boca do profeta persa do século VI a.C. Dizem que, quando Zaratustra nasceu, ele não chorou, mas riu como quem dança. *Assim Falou Zaratustra* é a obra maior de Nietzsche, repleta de alegorias, metáforas e parábolas, e na qual a escrita poética transmite o sentir da sua filosofia. Escrito entre 1883 e 1885, esse texto anuncia a *morte de Deus*. É necessário permanecer fiel à terra e não acreditar nos que falam de esperanças celestes; estes são os que envenenam e desprezam a vida. E *Deus morreu*. Deus está morto e enterrado, resta ao ser humano ter a sabedoria para se superar e se transformar.

Nietzsche nos conta que os deuses morreram rindo quando um deus afirmou que era o único, dizendo estas palavras: "Não haverá outro deus para além de mim". Somos uma corda sobre o abismo, e o que há de maior no ser humano é ser uma ponte, e não um termo. O ser humano deve ser ultrapassado. É preciso arriscar e ir para a outra margem. É preciso amar a terra e fazer dela uma festa onde se possa cantar e dançar. A criatura humana deve criar e transformar, está para além do bem e do mal. A pessoa tem de se transformar naquilo que é. A pessoa *é um parapeito ao longo do rio, mas não uma muleta para alguém.*

Para Nietzsche, o que se pode amar no ser humano é o fato de ele ser uma transição, um caminho, um projeto, uma força, uma vontade de querer, uma alegria por semear. E só os deuses que dançam e cantam nos podem fazer sorrir e sonhar.

Zaratustra fala do alto da montanha:

> Não quero um deus mau, triste e zangado. Não gosto das barbas do deus que está sempre sério e não ama a vida, e que só fala da terra como um pântano, um vale de lágrimas e uma escuridão imensa. Nós não queremos entrar no reino dos céus, nós queremos entrar no reino da terra, e para isso é preciso ser sábio, louco, não ter resignação, nem medo, nem sombras, nem covardias. A coragem é a história do ser humano que se supera. É preciso ter pés leves e dançar, cantar a vida, pois qualquer grande amor não quer o amor, quer muito mais.

O ser humano vivo é o ser que quer e afirma sua vontade de poder. E a mais bela das plantas verdejantes é uma alta e forte vontade, como uma videira que sobe ao sol e produz os mais saborosos cachos. Mas nem só de pão vivemos. É preciso vinho, alegria, partir nozes para abrir enigmas e deles retirar sementes que vêm da terra. E Nietzsche afirma: "Quero o deus da alegria e do eterno presente, pois só este ama a eternidade". A melhor e mais doce felicidade é feita de pouca coisa.

É preciso que a pessoa se supere. É preciso uma transmutação, que o camelo se transforme em leão, e o leão em criança. É preciso cantar e ter a alegria que só as crianças sabem ter. Elas sabem dizer sim, correr e brincar ao sol, recomeçar sempre o jogo com a mesma alegria, porque nunca é o mesmo, mas é sempre um recomeço e um eterno retorno. É preciso não enterrar a cabeça na areia das coisas celestes, mas encontrar o sentido da terra e o sentido de estar vivo, aqui e agora. Ter a paixão de estar vivo é não desistir, pois o amor é sempre fecundo. É preciso celebrar a vida como uma festa, com alegria por estar vivo, por querer e por ousar ser.

Se queremos amigos, temos de ser capazes de fazer a guerra por eles. Para ter amigos, é preciso ser capaz de ter inimigos e não ter medo de tê-los. É preciso cantar, não ter alma de escravo, não andar atrás do rebanho e da boa consciência. É preciso escolher caminhos difíceis, não temer o perigo, sabendo, na mais profunda solidão silenciosa, que apenas o que for difícil terá valor.

O querer é criador e libertador. Quem é criador não precisa criar Deus e adormecer no medo do seu temor. É preciso ser relâmpago e trovão; é preciso que a voz se ouça na montanha; é preciso ser fonte e agitar as águas estagnadas; é preciso, também, ser canto de amor e fonte a jorrar, cantar os dias para que todos sejam sagrados. É preciso não renunciar à vida e à luz; é preciso saber que todas as verdades caladas se tornam venenosas; é preciso querer sempre ultrapassar a si próprio; é preciso reinventar. Quem não acredita em si próprio mente e morre todos os dias.

"Amo a liberdade, o ar livre e a terra molhada. Danço à chuva e ao sol. Basta apurar os ouvidos para ouvir o sentido da terra. Esse é o novo meio-dia que há de chegar" – assim falou Zaratustra.

A crítica de Nietzsche ao cristianismo reside na morte e na destruição do ser humano forte em favor da apologia do ser humano resignado, que aceita a dor e o sofrimento. A religião da piedade e da decadência deixou de exaltar a pessoa, sua força e sua capacidade de transmutação de si, dos valores e do sentido da vida. A culpa e o pecado são fruto da decadência, da negação dos instintos vitais e da má consciência. O cristianismo esqueceu que Prometeu ofereceu o fogo divino aos seres humanos.

Zeus, chefe dos novos e mais poderosos deuses, escondera o fogo, mas Prometeu o roubou e o trouxe para a terra. Tal ato provocou a ira de Zeus, que acorrentou o titã rebelde a um penedo e enviou uma águia para lhe comer o fígado. Sendo este órgão imortal, voltava a crescer todas as noites, com a mesma rapidez com que a ave o consumia durante o dia. Mais tarde, porém, Héracles livrou-o das suas torturas, quebrando as correntes e matando a águia com uma flecha. Prometeu ofereceu aos mortais o fogo, um tesouro imenso, berço de todas as artes, ciência e criações humanas. Ao dar esse presente à humanidade, deu-lhe a esperança, a luz, o desejo da eternidade, a ânsia de abraçar os céus dos deuses e deles se aproximar.

Para Nietzsche, o cristianismo rouba o fogo dos seres humanos, retira-lhes a ousadia de ser e de saber e, em troca, fala da escuridão, das trevas e dos infernos. O ser religioso tornou-se, com o cristianismo, um ser decadente, rendido, fraco, doente, submisso, em que a dúvida é vista como o lugar da maleita. O cristianismo renega a cultura antiga e heroica. Deixa de exaltar a terra, que é entendida como um vale de lágrimas. Desprovida de valor e sentido em si própria, a vida terrena e a alegria são terras abandonadas por uma doutrina em que por todo o lado mora o pecado. A religião cristã inventou angústias para se eternizar, criou o ideal de anemia e a castidade como sinônimo de santidade. Repeliu forças, introduziu fraquezas, ressentimentos, más consciências, vinganças, e reduziu o ser humano e a vida na terra a um nada de valor. O cristianismo espalhou a moral do rebanho e do escravo, na qual se anularam todas as virtudes guerreiras e afirmativas.

A morte de Deus é também a morte de todos os idealismos: moral, metafísico e religioso. Nietzsche não coloca a pessoa no lugar de Deus, nem diviniza a existência finita. Em seu lugar coloca a *terra*, e seu cântico é um *cântico de alegria, um novo meio-dia*. Somos terra, e esta é o húmus do qual nascem todas as coisas, é *poiesis*, criação e afirmação. A terra oferece existência a todos, e toda a criação é afirmação da vontade. E vida é tudo o que se supera. A vida é luta e oposição, temeridade, perigo, aventura.

Dionísio, filho de Zeus e da princesa Sêmele, é exaltado por Nietzsche como força criadora. Deus da renovação, da vegetação, da vinha, do vinho e das estações. Símbolo de força, embriaguez e alegria, libertação e entusiasmo. É preciso ser poeta e cantar a vida, é preciso ser jogador e criança, ser intuitivo e afirmativo. Ser fiel à terra é semear e colher, projetar no futuro, afirmar a vontade como dinamite que destrói e se cria num devir.

Poderemos ser telegráficos sobre Freud, o terceiro mestre da suspeita. Segundo ele, a fé pouco mais seria do que um desejo de obter na vida adulta o calor, a segurança e o conforto da criança que foi carinhosamente cuidada pelos pais. Considerando a religião uma neurose, Freud entendia que todas as culturas necessitavam de tais ilusões a fim de serem felizes e seguras. De forma mais técnica, Friedrich Schleiermacher afirmara que a fé brota da nossa sensação de criatura, da nossa dependência de ajuda externa para sobreviver.

6. Deus morreu, e depois?

Em *Diálogos sobre a Religião Natural*, David Hume apresenta um raciocínio duro e muito ao seu estilo: "Deus quer impedir o mal, mas não é capaz? Então, é impotente. Ele é capaz, mas não está disposto a isso? Então, é malévolo! Ele é capaz e está disposto? Então, de onde vem o mal?".

Esse raciocínio tem sido repetido desde Epicuro. É possível que, em todas as épocas, se perguntássemos a um ateu por que razão ele não acredita em Deus, ouviríamos uma resposta desse tipo. Se o mal e o sofrimento fossem apenas aspectos menores da vida humana, o argumento teria menos força. Mas a verdade é que a quantidade de miséria infligida à humanidade ultrapassa toda a compreensão. Se Deus existe, por que há tanto mal no mundo? Qual o sentido da vida e da justiça se todos acabamos de igual modo? Se Deus existe, por que há tanta dor e tanta guerra, há doença, fome e miséria, há os quatro cavaleiros do Apocalipse?

Conhecemos algumas respostas a essas questões. Muitos autores têm refletido sobre a natureza do mal, o livre-arbítrio, a não interferência entre o ser divino e a liberdade de escolha dos seres finitos. Os platônicos, os estoicos e outros pensadores afirmaram que o mal moral é o preço que os seres humanos pagam pelo dom do livre-arbítrio. Os seres humanos, por serem livres, são responsáveis por suas ações e suas escolhas. Isso levanta a questão: Por que razão Deus permitiu o mal? Por que aceitou essa imperfeição em sua obra? Poderia conceder a liberdade ao ser humano sem incluir o mal? Uma resposta está em Santo Agostinho. O mal é um momento indispensável na criação, pois permitirá a Deus manifestar sua misericórdia e seu amor, morrendo na cruz. Mas será que alguém escolhe sofrer horrores?

Seria interessante regressar à aposta pascaliana, como a viu William James, um agnóstico do século XX, no ensaio *A Vontade de Crer*. O termo *agnosticismo* foi utilizado pela primeira vez em 1896, por Huxley, com o sentido de consciência do desconhecimento racional. O agnóstico não afirma nem nega a existência de Deus, apenas considera que não o pode conhecer racionalmente.

William James começa por distinguir entre opções vitais e triviais. A opção vital é uma escolha entre alternativas com os seguintes requisitos:

1. As alternativas devem ser ambas plausíveis. Em tempos idos, já se debateu se a Terra era plana ou redonda, ou se circulava em torno do Sol. Mas essas opções deixaram de ser vitais porque a ciência demonstrou onde estava a verdade.
2. A escolha deve ser inevitável e apresentar-se como o que Kierkegaard chamava *ou/ou*. Não se trata de fazer escolhas como sair de casa com ou sem guarda-chuva. Nesses casos, é possível evitar a escolha simplesmente não saindo.

3. As alternativas devem ser importantes, não podem ser triviais. Não é uma questão de escolher entre ovos estrelados e mexidos. No entanto, decidir casar com alguém é vital.

A tese de James é simples. Quando somos confrontados com opções vitais e não existem motivos suficientes para decidir racionalmente, só a emoção pode decidir, só conta a nossa natureza passional. Se a cabeça não decide, o coração assume a escolha. Mas James diz mais; diz que essa atitude não é irracional, nem absurda.

Assim, a pergunta "Deus existe?" confronta muitas pessoas com uma opção vital. A escolha é inevitável, na medida em que ou se acredita ou não se aceita. O agnóstico dirá que não há Deus, porque optou por não acreditar. Mas evitar uma decisão emocional sobre uma opção vital, à falta de outros motivos, é uma decisão emocional. Como Kierkegaard, William James considera a fé como um *salto no escuro*, feito por nossa conta e risco. Seria uma tolice dar um salto desses sem razão; e, se não há razões, então não é uma opção vital. A decisão de acreditar ou não em Deus é vital porque, para muitas pessoas, isso faz toda a diferença naquilo que sentem e na forma como vivem.

Crentes e ateus dão respostas diversas a diferentes inquietações, todas elas insubstituíveis, porque, onde quer que haja pessoas, elas serão sempre confrontadas com o enigma da existência, com o palpitar do sentido da vida, com o desejo de imortalidade pessoal e com a ideia de eternidade.

Considere-se a história da basílica de Santa Sofia, célebre por seu esplendor arquitetônico e artístico. O interior é deslumbrante pelos mosaicos, pelas esculturas, mármores, colunas e abóbadas. Verdadeiro símbolo de uma época, sua história é também símbolo dos tempos, das mudanças históricas e das mudanças de relações entre o ser humano e Deus.

Considerada expoente da arquitetura bizantina, Santa Sofia, em Constantinopla, foi reconstruída na sua forma atual entre 532 e 537 d.C., no local onde já existira um templo cristão, tornando-se o principal santuário da cristandade oriental. Foram utilizados os melhores materiais: pedra vermelha do Egito, negra do Bósforo, amarela da Síria, mármore da Tessália, colunas do templo de Diana de Éfeso. Com a conquista pelos turcos em 1453, a igreja transformou-se em mesquita, sendo-lhe acrescentados os quatro minaretes. Em 1934, foi transformada num dos mais visitados museus do mundo.

No cruzamento entre o Oriente e o Ocidente, o percurso de Santa Sofia é o reflexo das relações entre o ser humano e o ser infinito. É local de culto da Igreja cristã, romana e ortodoxa, do mundo muçulmano e, agora, do mundo da cultura, ao ser transformada em museu, espaço laico, local de recolhimento, encontro, oração ou cultura, formas possíveis de nos relacionarmos com os outros e com o transcendente.

Ao longo dos tempos, fé e razão têm sido interpretadas de diferentes modos, criando elos distintos entre si, como o mosteiro que se transforma em monumento histórico ou a igreja que se transforma em museu. O modo como nos relacionamos com a noção de transcendência faz a diferença no modo como habitamos os espaços e os consideramos laicos ou sagrados, terrenos ou divinos, de encontro ou de recolhimento.

Desde que o escritor romântico alemão Jean Paul Richter, em finais do século XVIII, escreveu sua novela *Rede des Toten Christus* [Discurso do Cristo Morto], Deus morreu várias vezes na cultura ocidental. Acabamos sempre por colocar essa questão num momento qualquer da vida. Não basta matar Deus, não basta lhe fazer o velório e o funeral. Sade, Marx, Nietzsche, Freud e Sartre fizeram a crítica da religião e expandiram o ateísmo no século XX. Mas o Deus declarado morto está suficientemente vivo para o seu enterro prosseguir pelos novos ateus. Tal como a ave sagrada que renasce das cinzas, a ideia de Deus renasce em cada um de nós sempre que, por desejo de eternidade ou sinal de imperfeição, evocamos Fênix, aspirando a que o fim não seja um *terminus*.

21. Ama e faz o que quiseres

1. O amor é redondo

Na casa de Agatão, conhecido poeta trágico, a festa é grande, longa e animada. Come-se bem e bebe-se ainda melhor. Muitos amigos e companheiros à volta da mesa do banquete. A noite anterior também foi de festa. Hoje, Pausânias propõe que seja diferente, dia de reflexão e análise, com moderação na bebida, pois o vinho turva o espírito e embaça o raciocínio. À volta da mesa, a conversa é repleta de entusiasmo e o prato principal é uma novidade. Desta vez, a política, a justiça, o bem, a virtude ou a sabedoria ficaram de lado. Faz-se elogio do amor, exaltam-se erros, cantam-se e louvam-se os dons de Afrodite.

Sete discursos sobre o amor. Sete elogios por cada um dos convidados do banquete. Cada um profere seu discurso, sua veneração. Primeiro Fedro, depois Erixímaco e Pausânias, seguido de Aristófanes, mais tarde Agatão, Diotima e, no fim, Alcibíades. Todas as narrativas são importantes. Diotima nos fala do amor como uma iniciação, a revelação de um mistério, uma ascensão por entre muitas experiências. Mas aqui apenas evocaremos as palavras sábias com que Aristófanes nos conta um mito antigo.

Aristófanes, dramaturgo de excelência e exímio autor de comédias. Das mais de quarenta que escreveu, apenas onze chegaram até nós. A sátira social e política projetou seu nome. Em *Lisístrata*, de 411 a.C., as mulheres, astutas e sábias, forçam a paz entre os inimigos. Fazem greve de sexo e erotismo, levando os guerreiros atenienses e espartanos a terminar a guerra. Um destaque para *As Nuvens*, em que o dramaturgo faz a paródia de Sócrates, e *As Aves*, considerada sua obra maior.

Aristófanes participa no banquete de forma jovial. Ao tomar a palavra, fala da força e do poder de Eros. Adverte que, se conhecêssemos sua imensa força, ergueríamos altares e templos em sua honra. Ele é o mais filantropo dos deuses e o maior protetor dos humanos. Por quê? Nas origens, a natureza humana era diferente da que hoje conhecemos. Havia três gêneros. O gênero masculino, filho do Sol; o gênero feminino, filho da Terra; e o gênero andrógino, filho da Lua. Cada ser humano tinha outra forma, mais robusta, mais perfeita e mais repleta de vigor. Não era apequenado, nem esguio. Tinha uma forma esférica, com as costas e as costelas em arco. Os órgãos e os membros eram duplicados: quatro pernas, quatro braços, quatro orelhas, etc. Força, vigor, coragem e ousadia em dobro.

Cheios de força e plenitude, os seres humanos resolveram escalar os céus e atacar os deuses, provocando a ira de Zeus. Temendo nova ameaça, Zeus resolve castigá-los. Fulminá-los não seria conveniente, pois deixaria os deuses sem veneradores. Era necessário enfraquecer essas criaturas para que elas reconhecessem o seu lugar, perdessem a insolência e não voltassem a desafiar os deuses. Assim, mandou cortar ao meio cada ser humano. Bastariam dois membros para andar, dois braços para agarrar e dois ouvidos para escutar. Divididos, duplicariam em número e perderiam força e vigor, o que se revelaria útil e vantajoso para a veneração divina.

Todos os seres humanos foram cortados ao meio, então Zeus ordenou que seus rostos se voltassem para o lado do corte. Ao se verem cortados, os seres humanos assumiriam sua proporção, tornando-se então mais humildes. Apolo assim fez. Virou-lhes o rosto, apertou-lhes o ventre com um cordão e deu-lhes um nó, alisou o peito e muitas outras dobras. A partir desse dia, cada metade tornou-se um ser único, e cada corpo e cada alma vive à procura de encontrar a metade original que lhe falta.

Cada um precisa da sua cara-metade, cada um precisa do outro para se sentir pleno e inteiro, precisa abraçar o que lhe falta e já lhe pertenceu. Cada um só é feliz com o outro e só nele se encontra como um ser pleno. É preciso o abraço que nos faça sentir inteiros. O amor é essa busca incessante de completude. Só o outro nos faz sentir fortes e em paz. Não há ninguém que não procure o amor e não deseje encontrar o que, afinal, é uma parte de si.

Sentimos necessidade dessa metade que nos torna inteiros. Desde então, o amor passou a fazer parte da natureza humana. Restaurador da nossa antiga natureza, cada um andará, eternamente, à procura do amor, e cada um o reconhecerá quando o encontrar.

Assim explicou Aristófanes o amor como um apelo. Cada um procura a sua metade. O amor é comunhão, desejo de absoluto, procura de completude, anseio de totalidade, vontade de abraçar o infinito. O amor é reciprocidade, relação de todos os sentidos. Tudo no outro, porque é diferente e próximo, nos completa e nos torna fortes e felizes. Encontrar o amor é encontrar o pedaço que nos dá paz, força e alegria, tal como na antiga forma humana.

2. Beijos e desassossegos

O Beijo, estátua de mármore esculpida e imortalizada por Auguste Rodin. *Der Kuss*, tela a óleo, em tons dourados, forma quadrada em fundo bronze, pintada por Gustav Klimt em 1907. Antonio Canova, escultor italiano, imortaliza *o beijo* em estilo neoclássico. Duas versões dessa obra repousam em duas cidades emblemáticas: Paris e São Petersburgo. Duas versões do mesmo abraço, imortalizado em linhas brancas, em que a pedra esculpida amplia o espaço, o momento, e eterniza a ternura. A pedra transforma-se em suavidade e beleza, e as formas respiram amor.

O beijo mais fotogênico do Ocidente foi fotografado a 14 de agosto de 1945, em Times Square, Nova York, por Alfred Eisenstaedt. No cinema, o primeiro beijo foi filmado em 1896 por Thomas Edison, tímido, mas ousado para a época, com os lábios se tocando durante alguns segundos. A película comovente do cineasta italiano Giuseppe Tornatore imortalizou, em *Cinema Paradiso*, os beijos mais ternos do imaginário cinematográfico e dos mitos que povoam nossa cultura. O beijo, símbolo de momento de amor, foi recriado em todas as artes, cantado e louvado desde os tempos mais longínquos.

Milhares de poemas, séculos de literatura, romances e poesia não esgotam o tema do amor, simbolizado pelo beijo, momento mágico em que os lábios se unem, em que os corpos se tocam, antes e depois de qualquer linguagem ou de qualquer silêncio. Exaltação, fascínio, êxtase, o amor toma a forma de encontro entre o sagrado e o profano, o mitológico e o biológico, o sexual e o emocional, o tempo e a eternidade.

O Ocidente imortalizou o beijo como o momento inaudito em que se conjugam e se unem forças diferentes: físicas, mitológicas, misteriosas, sensuais, psicológicas, afetivas, emocionais. Desde o tempo de Judas que o beijo faz parte da nossa história, da história das relações humanas, sejam elas de aproximação ou afastamento, amizade ou crueldade, amor ou ódio, sedução ou traição.

Em *A Origem das Espécies*, Charles Darwin afirma que a origem dessa carícia é muito antiga. Uma sofisticação das mordidelas entre mamíferos nos seus rituais pré-sexuais. Beijar a mão, a face ou os lábios, para além das diferenças culturais e sociais, é sempre um cumprimento, expressão de respeito, afeto, laços, encontros, confirmação do reconhecimento do outro.

A humanidade cria instituições, regras, normas, prescreve o casamento, proíbe o incesto, condena o adultério. Mas o amor, enquanto mistério, não obedece à ordem social ou econômica; ignora barreiras, rasga convenções, alimenta desejos, cria vínculos, magnetismos, inventa formas criativas de ser e de se dar. Poetas, cantores e escritores tentam dizer e nomear essa realidade sempre diferente das outras, porque ela nos faz cantar e chorar, rir e sofrer. Por ela fazemos tudo e tudo damos.

As culturas milenares nunca esgotaram o tema do amor. Nem as artes. Música, dança, pintura, escultura ou literatura nunca conseguiram nomear essa realidade de forma plena. Camões e todos os poetas universais cantam o amor.

> Conta a lenda que dormia
> uma princesa encantada,
> a quem só despertaria
> um Infante, que viria
> de além do muro da estrada.

Versos de Fernando Pessoa. Lendas, mitos e contos de fadas contam o amor de mil modos, recriam o poder do beijo, que faz acordar princesas ou transformar sapos em príncipes, como um poder mágico e único, impossível de ser substituído por outra forma ou realidade.

Muitas são as histórias de amor que ficaram imortalizadas para sempre. Romeu e Julieta, Orfeu e Eurídice, Tristão e Isolda, Báucis e Filémon, Ulisses e Penélope, Dido e Eneias, Pedro e Inês, Paolo e Francesca. Safo, Ovídio, Virgílio, Horácio, Camões, Dante, Shakespeare ou Goethe eternizaram o amor, pois o transformaram em arte maior e sublime.

A razão fria tende a desprezar o amor e a decompô-lo em ilusão e loucura. Mas o amor é também sabedoria, energia, partilha e plenitude. Quem ama quer se dar. O amor é generoso, é graça e dádiva. O amor não é prosa, mas poesia. Sua magia faz parte da música da vida, de nossos desejos, nossa aposta, nossa incerteza, nossos erros e nossos medos; nos torna fortes e frágeis, ousados e desprotegidos.

Apesar de o amor romântico ser uma invenção recente da história do Ocidente, sua realidade sempre assumiu múltiplas formas e expressões. Muitos nomes diferentes poderão ser dados ao mesmo fenômeno. Os biólogos chamam-lhe instinto de reprodução; os economistas consideram-no a base da economia doméstica; os psiquiatras reduzem-no a pulsões sexuais; os sociólogos consideram-no princípio básico de organização social; os poetas, um sonho; os pessimistas, uma ilusão; os artistas, um elixir; os místicos, uma dádiva.

Os moralistas falam do amor como uma realidade poderosa da existência, e as teorias contemporâneas do sexo e do gênero conferem enorme importância à expressão e transformação dos afetos. O amor é estudado nos gabinetes de psicologia e de psicoterapia. Os antropólogos comparam sistemas de noivado e casamento que regem a vida e os ritos das sociedades. Os teólogos falam do amor divino. Os nacionalistas falam de amor à pátria.

O amor é compreendido como uma emoção poderosa que envolve uma ligação e uma apreciação intensa de um objeto. Para uns, implica um interesse ativo no bem-estar do objeto. Para outros, é um relacionamento que envolve reciprocidade. Culturas diferentes reconhecem tipos diferentes de amor: erótico, romântico, amigável, maternal, filial, fraternal, conjugal. Seja amor ao próximo, seja amor à humanidade, seja amor aos deuses, é sempre uma partilha, uma aproximação. Possui uma arqueologia complicada. Existe na personalidade em níveis diferentes de profundidade e articulação. É difícil unificar um conjunto de fenômenos tão complexo e rico.

Para além de relação, o amor ainda é entendido como uma realidade maior, uma força, uma capacidade. Fala-se demais no objeto do amor, esquecendo que ele é, acima de tudo, uma potência. Amar é a capacidade de dar, ouvir, oferecer. A maior parte das vezes, sem pedir nada em troca. Por isso, o amor é generoso. É o contrário de carência, é excesso que se derrama sem se esgotar, porque se reinventa, se recria, se regenera. E renasce no ato de dar.

Talvez o amor seja a única religião verdadeira, pois é por ele que a verdade se torna relação. Para lá do bem e do mal, o que quer que seja o amor é sempre descoberta de nós, do outro, da relação, seja ela alegria ou sofrimento, ternura ou dor, hora de delícia ou de naufrágio. Estremecemos. Encontramos dentro e fora de nós o sentido que faltava como quem abraça um todo. Selamos o encontro com um beijo, espécie de lacre dos amantes. Reconhecemos o outro e por isso o beijamos, não como um cumprimento público, mas como um acordo íntimo entre almas que sabem e sentem que é necessário ficar próximos, de mãos dadas.

O ritmo cardíaco aumenta, a respiração torna-se ofegante, as pupilas dilatam-se. Sensações confusas. Alegria, prazer e dor, um misto de euforia e ansiedade. Estamos num turbilhão, no meio de um vendaval de emoções; nos agarramos à cadeira porque nos sentimos ir pelos ares. Erupção, tremor de terra ou tempestade?

Quando estamos apaixonados, não há muito a fazer, encontramo-nos no epicentro de uma tempestade bioquímica. A dopamina entra em atividade, aumentam os níveis de feniletilamina e oxitocina. O sistema límbico desperta. Os neurotransmissores aceleram e, por sua vez, a serotonina baixa. A neurotrofina, essa estimável proteína, também dispara. Entram finalmente em ação nossos conhecidos hormônios. A culpa é da testosterona, que nos inquieta e retira o sossego. As mãos transpiram, o coração bate em ritmo mais acelerado, as emoções ficam à flor da pele. Dormir mal não é um acaso, mas a consequência de um turbilhão fisiológico. O sistema nervoso autônomo fica acelerado. O simpático e o parassimpático atuam antes de qualquer consciência. É tudo. Mas será mesmo tudo?

Por muitas que sejam as alterações físicas e químicas descritas por estudos neurofisiológicos bastante em voga, nenhuma paixão se reduz a alterações fisiológicas. O sentimento, a emoção, o caminho que se constrói está para além da fisiologia. O corpo é suporte emocional, mas não é possível reduzir o amor à bioquímica. As paixões da alma não são químicas que atuam no cérebro humano. A prova é muito simples. Se assim fosse, já haveria à venda comprimidos para viagens de paixão e cápsulas amorosas.

Podem reduzir o amor a sensações e emoções. Mas o amor é maior que a paixão, que surge como uma força avassaladora sem o nosso controle, uma espécie de intempérie que invade, inunda e arrasa o nosso ser. No seu melhor, a paixão nos desperta. Modificamos nossa visão, o coração, o sentir, o estar e o ser. Não é metáfora. É físico e metafísico. Experiência sensorial que em muito ultrapassa as sensações. Experiência física que em muito ultrapassa o corpo.

Experiência mental que em muito ultrapassa a compreensão. Experiência pessoal que nos transcende e nos liga de modo único a um outro, seja quem for, deste ou de outro mundo, da terra ou do céu.

As definições de amor não passam de débeis e tênues esforços para lidar com uma realidade maior, misteriosa e única. Pascal, que não se preocupou apenas com a teoria das probabilidades ou a geometria, escreveu sobre essa generosidade do ser. Era um cientista. Era um homem de cultura e de fé. E era um filósofo do amor: "O coração tem razões que a própria razão desconhece". Não que o amor seja irracional, pelo contrário, o amor é o foco dos pensamentos e da vontade. O amor proporciona aproximação do outro, abrange dimensões e grandezas que só o *esprit de finesse* capta e que nos torna infinitamente mais felizes do que qualquer teoria ou teorema.

Para Pascal, estamos no mundo para amar. O amor é sempre nascente, fonte inesgotável e, por isso, eternamente criança. Alegria e excesso, ele dá e se oferece de mil maneiras, reinventa-se, transbordando e inundando os vazios que nos habitam. Espelhos da alma e intérpretes do coração, os olhos transmitem e leem os mistérios do amor. Podemos tirar a venda, ao contrário do que afirma o senso comum, porque o amor não é cego. O amor é luz e inspira sempre respeito. Veneramos o que amamos. Assim Pascal elogia as paixões.

Toda alma que se apaixona torna-se grande e bela. Ao nos relacionarmos com os outros, nos engrandecemos e nos tornamos mais ricos. Não é preciso reprimir o desejo, é preciso amar, porque só o amor preenche os espaços vazios ou os buracos da alma. Em Pascal, o amor não se opõe à razão, mas é outro modo de compreensão que tem o efeito de alargar as fronteiras do eu. Assim, o amor é sempre uma forma de esperança, uma tentativa de expulsar o vazio e de nos ligarmos à terra, ao outro ou ao divino.

O ser humano, como ser dotado de razão, tem consciência de si, de seus semelhantes, de seu passado, de suas histórias e possibilidades de futuro. Essa consciência de nós também nos dá a consciência da solidão, da separação, da finitude e da impotência em face das forças da natureza. A experiência desperta ansiedade. Ser separado é ser desamparado, como o recém-nascido chora quando se distancia do corpo da mãe, porque desapareceu seu oxigênio antigo: o corpo materno. Corte e separação. Uma insegurança ontológica, ancestral ou mítica.

Em contraste, amar é negar a separação e a distância. O amor é sempre movimento de ligação, aproximação, relação. Não é só no amor materno que existe o desejo de amparo, proteção e união. Também no amor erótico o desejo de união, fusão e intimidade pretende superar a distância muitas vezes sentida com dor.

No seu íntimo, quem ama sente-se ligado à pessoa amada, como se estivessem ontologicamente unidos. Fica permeável ao outro e com uma estranha urgência de ser transplantado. Fenômeno de permeabilidade de um para o outro, como esponja que precisa absorver as partículas alheias e integrá-las em si. Fenômeno de atenção que cria uma arte superior de generosidade e partilha. Tudo se foca e se centra no outro, em dar e oferecer.

3. Eros e a natureza do amor

Será mesmo o amor um tema da filosofia? É com certeza um tema da vida individual, pois a relação amorosa tem um peso decisivo em nossas vidas. É também um tema da arte, da grande poesia e literatura, da música tocada e cantada. Mas, afinal, se o tratamento do amor abrange temas tratados pela arte, pela ciência, pela antropologia e pela política, se todos eles confirmam sua posição central na existência, por que razão o amor e o seu papel na vida humana não hão de ser temas da filosofia? Afinal, estranho seria se não o fossem, pois *philia* é também o termo que se encontra na definição etimológica de filosofia. *Philia* e *sophia*, a amizade ou o amor pela sabedoria, o desejo de conhecer e ser reconhecido.

All you need is love... O início da canção soa bem. Na verdade, os Beatles até a poderão ter copiado de um pensador que se situava nos seus antípodas intelectuais. Santo Agostinho escreveu: *Ama et fac quod vis*, ama e faz o que quiseres. Até podemos aceitar que tudo o que a existência precisa é de amor. Mas de que tipo de amor precisa? A essa questão é mais difícil responder. A tarefa de uma filosofia do amor é ir apresentando as questões e as experiências amorosas segundo teorias relevantes da natureza humana. O debate filosófico sobre o amor começa com as perguntas sobre sua natureza e sua finalidade. Em português, a palavra amor abrange significados que vão desde a sexualidade até a amizade e os altos significados transcendentes do amor que se sacrifica pelo outro, seja ele divino ou humano, seja animal. Em inglês, a palavra *love*, que deriva do sânscrito *lubh* – desejo –, é mais ampla e imprecisa. Estar apaixonado significa estar dentro de alguma coisa. É um movimento em que saímos de nós em direção ao outro. É uma força de união e, por isso mesmo, qualquer separação é dolorosa. Como em outros domínios da filosofia, os gregos introduziram termos para a análise desse movimento: *eros*, *philia* e *ágape*.

Uma primeira leitura nos revela que o amor jamais foi interpretado como se tivesse uma natureza única. Mesmo quando tentamos fazer uma distinção preliminar entre amor e amizade, descobrimos que tais palavras traduzem pelo menos os três conceitos referidos de *eros*, *philia e ágape*, cujos correspondentes em latim são, aproximadamente, *amor*, *dilectio* e *charitas*.

Se aceitarmos que o amor é mais do que instinto, que é um caminho que se constrói, então ele também exige conhecimento, esforço e sabedoria. Nesse sentido, como a vida, o amor é uma arte, não uma sorte ou apenas uma experiência sensorial.

Detenhamo-nos agora sobre a natureza do eros. Inicialmente o vimos como uma força cósmica, originária. *Eros* é atração, aquilo que agrega, aglutina e organiza o cosmos. O verbo grego *eraõ* significa precisamente desejar. Opõe-se a *caos*, desordem, desagregação. É do *caos* que, no mito original, surge *eros*, a própria criação. *Eros* opõe-se também a luta ou conflito – *neikos* –, a força que afasta, repele, opõe. E são essas duas forças, *eros* e *neikos*, que, num movimento dialético, geram o cosmos e explicam o caráter dinâmico da natureza, *physis*.

Hesíodo define *Eros*, na *Teogonia*, como o mais belo dos deuses, o impulso ou a força vital que une entre si os deuses e os seres humanos. Numa versão posterior do mito, em *O Banquete* de Platão, *Eros* é também o deus menino que a todos transforma em criança, fazendo-os perder a racionalidade e o controle de si próprios. É a ruptura com os limites da individualidade, a superação em direção ao outro.

A mitologia nos conta a história de *Eros* com diferentes versões, mas com um só entendimento. Na Roma Antiga, o *Cupido* era o equivalente de *Eros*. Geralmente representado como um menino alado ou um belo anjo que carrega arco e setas ao ombro, *Cupido* provoca grandes perturbações, pois suas setas ferem de amor. Os ferimentos provocados despertam amor e paixão nos seus alvos.

Conta a história que *Vênus*, cheia de inveja da imensa beleza de *Psiquê* – consciência –, mandou seu filho *Cupido* lhe enviar uma seta para que ela se apaixonasse pelo homem mais feio da Terra. Não querendo contrariar sua mãe, *Cupido* dispara sobre *Psiquê*, mas, quando atira a seta, ela se move, e

Cupido acaba por acertar a seta em si próprio. *Vênus* leva *Psiquê* para o castelo de seu amado com a única condição de não poder ver o seu rosto. Todas as noites, o amante invisível acaricia o seu corpo; todas as noites, entregam-se à paixão; e, em prazer, envolvem-se com voluptuosidade.

Certa noite, *Psiquê* não resiste à curiosidade. Pega numa lamparina para olhar o rosto do seu amor e vê, então, que ele tem belos traços, uma doçura extrema e um rosto lindíssimo. Nesse instante, uma gota de óleo quente da lamparina cai sobre o braço de *Cupido*, este acorda e, transtornado, desaparece para sempre. Desesperada e arrependida, *Psiquê* submete-se às mais difíceis tarefas para recuperar o seu amor, para reencontrar a doçura das mãos invisíveis que acariciaram o seu corpo, para abraçar de novo o seu amante eternamente doce, invisível. Foi assim que o amor ficou como o desejo apaixonado e intenso daquele que nos falta.

O amor não é acaso nem contingência; é escolha íntima e misteriosa. Assunto da esfera privada e até secreta, optamos por um tipo de pessoa que revela os contornos do nosso coração. É uma escolha feita ao microscópio. Escolhemos só um, sabendo, como um segredo, que Deus vive e habita no pormenor. Amar não é um mero entusiasmo por um rosto ou por linhas corporais, mas adesão íntima ao outro e a um tipo de humanidade que nele habita.

O amor surge como uma força, uma vontade de entrega, mas também como uma entrega sem querer. Como afirma o poeta Camões, o amor "é um não querer mais que bem querer". Não estamos ante uma força cega, primitiva, ilógica, irracional. Estamos perante o desejo de completude e totalidade, o desejo de abarcar o sentido da humanidade. Todos se sentem habilitados a dar opinião, mas só cada um sabe o que é amar. Platão tem um diálogo dedicado à amizade: *Lísis*. Mas é um diálogo inconclusivo. Não nos oferece uma definição de amizade; apenas mostra a relevância da reflexão filosófica sobre esses sentimentos e sua importância no entendimento da natureza humana.

4. *Philia* ou o amor dos amigos

Se é inegável que Platão é o filósofo do amor, Aristóteles é o filósofo da amizade, a *philia*. Para ele, a amizade é condição de felicidade e uma das virtudes mais necessárias à vida. O termo *philia* pode ser descrito como simpatia, amor que se expande em partilha e companheirismo. O termo *philia* tem originariamente a conotação de vínculo ou união de interesses entre pessoas, devido a um sentimento de prazer, de alguma vantagem específica ou de mútua simpatia. Aristóteles entende a *philia* como uma convivência íntima, agradável, benéfica, que torna a vida humana bela, boa e digna de ser vivida. A verdadeira amizade é importante na vida da *polis*, pois tem a dignidade de uma virtude política, comunitária.

Em contraste com o desejo e o anseio do *eros*, *a philia* envolve uma apreciação da outra pessoa. Para os gregos, o termo *philia* incorpora não só a amizade, mas também as lealdades à família e à *polis* – a comunidade política, o trabalho ou a disciplina. Para Aristóteles, a amizade é uma forma de amor *sui generis*, diferente tanto do amor-desejo do *eros* como do amor gratuito e desinteressado, como aparece na tradição cristã do *ágape*.

Ao contrário do amor-desejo, que pode ser unilateral, a amizade exige uma relação de reciprocidade entre amigos. Não há amizade que não seja mútua. *Diga-me com quem andas que te direi quem és.* Nossos outros revelam quem somos nós.

Aristóteles abre o livro VIII da *Ética a Nicômaco* afirmando que ninguém vive sem amigos. Para o bem e para o mal, a necessidade de conviver está na natureza do ser humano. Vivemos naturalmente em comunidade e, por isso mesmo, não prescindimos da amizade. Mesmo os mais felizes precisam de amigos para suprir o que sozinhos não fariam. A amizade é o centro da ética e da política. Mais do que sentimento de benevolência e virtude individual que enriquece a vida, é uma virtude política que enobrece a vida na *polis* e nossa relação com os outros.

A dimensão ética da amizade é abertura ao outro. O eu se reconhece no seu amigo. Sou plenamente eu quando o outro me descobre como tal. A afirmação do eu passa pelo reconhecimento do outro. A reciprocidade, que é a essência da amizade, tem um significado ético de convivência, partilha e vida em comum. Viver junto não é estar junto como o gado no pasto ou como os animais que acasalam. Esse viver com os outros implica a procura do bom e do belo para que a vida tenha sentido, seja melhor e mais feliz.

Nem toda amizade é, todavia, idêntica. Existem os amigos que partilham prazeres, os que partilham utilidades e os que se sentem unidos no coração, sendo esta a amizade perfeita. A virtude, para Aristóteles, é uma disposição interior, um costume ou hábito que aperfeiçoa os seres humanos, tornando-os capazes de agir em direção ao bem e à excelência. As pessoas virtuosas são boas em si mesmas e procuram realizar o bem. Por isso, a amizade virtuosa aperfeiçoa o ser humano no mais íntimo do seu ser. O amigo é um outro eu, e o amor-próprio é correlativo do amor que se tem pelo amigo.

5. *Ágape* ou o amor divino

A doutrina cristã é vista através de muitos enviesamentos, e é provável que a figura de Jesus Cristo seja mais conhecida através de Dan Brown do que dos Evangelhos. Os ensinamentos evangélicos acerca do amor centram-se em torno do *ágape*, o amor de Deus aos seres humanos. Esse amor é um ideal quase inacessível ao comum dos mortais. Não é uma onda de emoção, mas um dom que se pode receber, uma graça ou uma dádiva. Segundo Kierkegaard, o poder de amar outro ser humano vem da nossa capacidade de nos abrirmos à transcendência. O amor aos outros será a forma de amar o ser absoluto: "Tudo o que fizeres por eles, fa-lo-ás por mim".

Os autores do neoplatonismo cristão interpretaram o *ágape* como amor divino, embora nos primeiros séculos do cristianismo ainda se fale do *eros* do Deus criador como força cósmica. Na perspectiva cristã, o *ágape* define a especificidade do amor divino que Deus tem pelos seres humanos, assim como o amor que os cristãos têm entre si e até para com os seus inimigos. É uma forma de amor que a teologia explica como sendo possível apenas com a ajuda da graça divina. Noutras culturas, como, por exemplo, a indiana, o termo *bhakti* significa devoção e rendição à vontade divina, desenvolvendo-se pelo esforço interior de nos libertarmos das teias da individualidade.

Para a doutrina cristã, somos feitos à imagem e semelhança de Deus. É nessa capacidade de amar que isso se torna visível, pela capacidade que temos de amar com a mente, o corpo, o coração e a vontade. Assim, o amor pelo próximo resulta do amor a Deus. É impossível amar outro ser sem amar aquele que nos fez humanos. O amor talvez seja a única reposta possível para o efêmero e para tudo o que é mortal.

Também na mitologia grega, quem hospeda forasteiros ou desconhecidos hospeda o próprio Deus, e nisso consiste o amor da própria humanidade. Báucis e Filémon foram o único casal que acolheu com generosidade e ternura os estranhos que pediam abrigo. Por isso, Júpiter lhes concedeu o desejo mútuo de morrerem juntos e ao mesmo tempo. Quando chegou a hora de o corpo deixar de trabalhar, Filémon foi transformado num enorme carvalho e Báucis, numa frondosa tília. As copas e os galhos entrelaçaram-se no alto. E, assim, abraçados, ficaram unidos para sempre.

Ágape refere-se ao amor paternal de Deus para com os seres humanos e destes para com Deus, mas é estendido e alargado ao amor fraterno a toda a humanidade. *Ágape* extrai elementos do *eros* e da *philia*, mas procura um tipo perfeito de amor que requer devoção absoluta, transcender o particular. É uma paixão sem a necessidade de reciprocidade. O conceito é ampliado na tradição judaico-cristã: "Amarás o próximo como a ti mesmo".

Na lógica da fé, "é melhor dar do que receber". O universalismo do *ágape* requer uma iniciativa que não espera reciprocidade. É a reversão da posição aristotélica, com uma dificuldade acrescida. O cristão tem de estender o amor a outro, a todos os outros, num igualitário amor em que resulta o apelo a *amar os inimigos*. Tal amor transcende as noções perfeccionistas de que alguns são, ou devem ser, mais amáveis que outros. O *ágape* tem eco nas éticas do amor imparcial de Kant e de Kierkegaard, que afirmam a importância de respeitar todo o ser humano.

Amar o próximo incondicionalmente gera, todavia, questões éticas sérias, especialmente se o próximo não merece o amor. Que elementos da conduta do próximo devem ser incluídos no *ágape* e quais devem ser excluídos? Para os pacifistas cristãos, dar a outra face ao agressor e à violência implica uma esperança de que o agressor eventualmente aprenderá a compreender os valores mais elevados da paz, do perdão e do amor à humanidade. Para os realistas, isto é apenas uma utopia de profetas desarmados, uma tentativa de colocar o espírito acima das exigências do mundo. Nesse sentido, o conceito do amor universal, de amar a todos igualmente, seria impraticável e logicamente vazio.

6. Do amor e da ética

Talvez David Hume, filósofo empirista do século XVIII, seja uma referência inesperada quando se trata do amor. Suas reflexões, no *Tratado da Natureza Humana*, são das mais originais e sutis a esse respeito. Hume é um dos principais representantes modernos do intuicionismo ético e vê a origem da ética em sentimentos como amor e ódio, compaixão e repulsa. O amor e o seu oposto, o ódio, não são fáceis de definir, na medida em que envolvem uma complexidade de outros sentimentos. Esses sentimentos estão na base do sentido de comunidade, que torna possível a vida social. Tanto o amor, que une e identifica os indivíduos, quanto o ódio, que faz que nos rejeitemos mutuamente, constituem o relacionamento humano desde o qual se constroem os hábitos, os costumes e, finalmente, as leis. Se estas não tiverem por base esses sentimentos, caímos no formalismo ético e jurídico.

Esse parece ser o principal desafio para pensarmos a ética e a política tomando por base o *eros* e, sobretudo, a *philia*. Até que ponto pode existir um modelo ético de sociedade? Até que ponto tem força o sentimento de sociabilidade cuja base é a amizade? Platão (*Lísis*) e Aristóteles (*Ética a Nicômaco*) apontam para um relacionamento entre indivíduos que se identificam uns com os outros a fim de que haja amizade, *philia*. Entretanto, os defensores de uma ética dos princípios, como Kant, consideram que os fundamentos da ética e do direito não devem ser sentimentos, mas sim princípios derivados da razão.

Hume afirma, porém, que a simpatia, como elemento constitutivo da amizade, é o sentimento que pode representar a origem da moral enquanto princípio que estabelece um vínculo entre os indivíduos, pelo fato de estar fundado na natureza humana. A possibilidade de basear a ética na *philia* e disso extrair uma condição constitutiva da sociabilidade pressupõe um conceito alargado do sentimento de simpatia e de amizade, que vai além do vínculo estritamente individual.

Os gregos nos dão uma importante indicação dessa possibilidade através dos conceitos de *storge* e *xenia*. Mas é sobretudo a *xenia* que pode de fato representar a extensão desejada do conceito de *philia* – amizade – em direção à sociabilidade. Significa a simpatia em relação ao outro, mesmo desconhecido ou estrangeiro, simplesmente como ser humano para quem temos o dever da hospitalidade e acolhimento – *xénos*, para os gregos. Assim o vemos no mito de Báucis e Filêmon, em que Júpiter e Mercúrio tomaram a forma humana de viajantes fatigados e pediram abrigo de porta em porta.

É nesse sentido que a *philia* pode ir além da relação inicial estritamente pessoal e servir, efetivamente, de base para uma ética da sociabilidade que nos permita repensar as possibilidades das relações humanas, mesmo em sociedades complexas e multiculturais como o nosso mundo contemporâneo.

Ponto de chegada

Dói o pescoço de tanto olhar para cima. Mas tanta é a beleza que compensa o incômodo e o esforço de olhar para o alto. O que apetecia, mesmo, era nos deitarmos no chão e apreciarmos o teto da humanidade. Não é o céu estrelado, mas até podia ser. Olhamos para maravilhosas pinturas, de cores fortes e contornos esculturais, do céu e da terra, dos mares e oceanos, do Sol e da Lua, da mulher e do homem, dos peixes e das aves. Por cima de nós, a mais antiga história da criação do mundo, cheia de bem e de mal, de luzes e de trevas.

Estamos, porventura, no seio da mais magnífica obra de arte de todos os tempos. Pisamos o chão de figuras geométricas de mármore negro e branco. Vemos, figurados nas paredes, episódios antigos dessa história da humanidade. Junto dos capitéis que rodeiam as altas janelas, figuras de sibilas e profetas são como vozes da consciência. Na parede do fundo, o grande espetáculo do juízo final mostra paraíso e inferno, lado a lado. No teto, está a criação do mundo. Interrogamo-nos sobre o que aqui ganhou vida.

É uma experiência inesquecível. Um arrebatamento perante tanta beleza. As figuras falam, imploram, atraem, repelem, solicitam nosso reconhecimento, como se a criação estivesse a acontecer naquele momento. Queremos permanecer deitados no chão, olhando o teto da mais bela caverna que a humanidade produziu.

A Capela Sistina foi aberta ao público em 1º de novembro de 1512. Apresentava-se, por fim, a obra que Michelangelo levara cinco anos para criar, cinco anos de impaciência do papa Júlio II, que a encomendara. O arquiteto Bramante sugeriu entregar a pintura daquele teto a quem era, sobretudo, um escultor, como se percebe pelo relevo que atribui às figuras em detrimento da paisagem. Após três meses de trabalho, Michelangelo despediu os assistentes e apagou os seus afrescos. Recomeçou tudo. Sozinho, do nada. Para criar tanta beleza quanto aquela que o Universo inspira. Deuses e humanos, tão diferentes e tão iguais. Mais de trezentas figuras na abóbada e na parede do altar-mor. Para visitantes de todas as nacionalidades, com ou sem credos.

As evidências científicas mostraram que o Universo é muito antigo, e que plantas, animais e humanos tiveram antepassados distintos deles próprios. Temos à nossa frente as grandes teorias científicas do caos, da informação e da entropia, que nos dizem que, para obter ordem e formas, é preciso diminuir a informação, a massa informe que é a realidade. E por tudo isso, já não olhamos para o teto da Capela Sistina como a narrativa sobre o Universo, mas como o universo das narrativas.

Somos habitantes deste planeta. Somos feitos da poeira das estrelas, e em pó havemos de nos tornar. Não interessa de que povo somos, em que terra vivemos ou qual nacionalidade possuímos. Somos habitantes deste mundo. A vida é breve. Desde o nascimento até a morte, podemos viver com sabedoria ou não; depende de nós. Procuramos compreender e reconhecer. Queremos ser felizes, não importa a época nem o grupo a que pertencemos. Mas, à exceção dos fantásticos progressos da tecnologia e da ciência, é provável que pouco tenhamos evoluído quanto às violências escondidas desde o início do mundo.

Pintar a Capela Sistina foi uma empresa solitária. Michelangelo desenha e retoca, sempre em posição incômoda. Pinta de forma heroica e única. Formas e expressões do corpo humano ganham dimensão, volume, pormenor e cuidado. Mil metros quadrados, cinco anos a fio. Ninguém pode ver a obra até estar terminada. Nem o papa. O artista quer imitar o criador, quer abraçar a humanidade.

A filosofia também se faz, criando. Criar não é um mero capricho, é descobrir relações através da consciência. A arte imagina, a filosofia argumenta. Talvez por isso os filósofos tenham de dialogar, enquanto a beleza nos deixa sem palavras.

Interrogamo-nos sobre este mundo e sobre o que significa o absoluto e o eterno. É certo que pertencemos a um povo, a uma cultura, mas somos humanos, antes e depois de qualquer atributo. Atraídos pela reciprocidade, inevitavelmente. Precisamos do outro, de alguém que nos confirme. Crescemos com o ato de relação. Precisamos de um sim, mesmo que discreto e silencioso, precisamos de um olhar que nos aprove, precisamos de uma mão que nos ampare, que ajude, que nos ligue e reconheça. Porque é isso que, todos os dias, nos faz recomeçar, é isso que nos faz sentir que pertencemos a um grupo, a uma comunidade, a um todo. Quando não surge a pertença, nós nos enraivecemos, violentamos, tornamo-nos animais selvagens ou deuses destruidores dos panteões antigos, desumanos.

Conhecemos muita coisa. Criamos ciências, técnicas, teorias e máquinas. Elaboramos enciclopédias. Resolvemos equações, investigamos as espécies animais, descobrimos novas partículas, no entanto, apesar de todos os feitos, queremos sempre mais. Queremos o reconhecimento do trabalho, do esforço, da dignidade, do valor da pessoa; não o *status* social, nem o prestígio midiático, mas algo mais substancial que nos constitui como humanos, como a seiva que nutre, dá vida e faz crescer.

Sermos reconhecidos. Reconhecermos a humanidade no outro. Fazer parte da humanidade é participar do reconhecimento. Existe a *luta pelo reconhecimento*, que envolve a luta de classes, a guerra entre nações, os conflitos de forças. As doutrinas desenvolvidas desde Hegel, Nietzsche e Freud são, essencialmente, teorias do confronto. A identidade do eu é definida por confronto com a identidade do outro. Cada consciência se afirma mediante a sujeição de outra consciência. Todo reconhecimento é um combate.

Mas existe, também, a *festa do reconhecimento*, do encontro, da disponibilidade, da aproximação, da dignidade, de dar e oferecer. Reconhecer o outro não é um encontro romântico, nem necessariamente uma luta de senhores e escravos, também ela romantizada. É a consciência de que é a própria humanidade que se concretiza num outro. A declaração universal dos direitos do ser humano foi possível porque elegeu o reconhecimento do outro.

Os visitantes da Capela Sistina são de todas as nacionalidades. Em todos, a mesma fragilidade, o mesmo abismo, as mesmas dores, os mesmos sonhos. Os sonhos nos unem porque reconhecemos o outro como um de nós.

Sabemos de paraísos, jardins das delícias, cidades extraordinárias, e ao longo deste livro esboçamos alguns dos seus avatares. Sabemos que, na cultura ocidental, o inferno está mais representado do que o paraíso, com pormenores maníacos e obsessivos que nos fazem pensar que os campos de concentração trouxeram ao cimo da Terra aquilo que jazia sepultado na imaginação. Sade e Saint-Just deram os recados aos príncipes das trevas. Hitler e Stalin, entre muitos outros, aplicaram essas fórmulas de tortura com os recursos da sociedade industrial.

Somos cidadãos do mundo, sem olhar para religiões particulares ou para culturas distintas. Queremos o absoluto, cuja composição nenhum conceito ou receita conseguiu ainda estabelecer. Somos membros de uma grande comunidade humana e, cada vez mais, em diálogo intercultural e ecumênico. Procuramos uma unidade que não esqueça as diferenças individuais. Aproximação. Cooperação. Relação. Mas, sobretudo, atenção ao único, à particularidade, ao instante. Uma humanidade universal diferente em cada um de nós. Seja Capela Sistina ou templo budista, a humanidade procura a si mesma.

Para uns, a experiência da vida humana resume-se à finitude e à contingência. Para outros, o infinito tudo deve absorver e transcender. Contudo, o infinito não nasce no céu ou fora da terra, mas no coração de cada um, na capacidade de relacionamento. A consciência do reconhecimento leva-nos a afirmar que somos muito mais do que seres solitários à beira do abismo. Não recuar perante as divergências históricas e culturais é o esforço de quem quer reconhecer o outro, integrar e confirmar a existência humana.

Ética, política, economia, arte. O desejo de reconhecimento leva à ação, ao impulso para transformar ou acrescentar realidade. Modos ativos de ser e de reconhecer. A reflexão completa-se na ação. Não basta compreender as relações; é preciso construí-las. Tal como quando se constrói um jardim, transforma-se o espaço, modifica-se e cria-se outra coisa que contém muitas potencialidades. E cada ação acrescenta, modifica, cria um mar de possibilidades inesgotáveis que nos surpreende com as maravilhas da vida.

Mas nem todos os atos são significativos e nem todas as ações são modificações da realidade. Assim acontece com as palavras que escutamos. Há palavras que nada modificam nem alteram. Mas outras há que são poderosas e que tudo alteram apenas porque foram ditas. A realidade muda porque *aquelas palavras*, exatamente aquelas, foram pronunciadas. Há palavras que têm o poder de criar ou de destruir. Há palavras que magoam e fazem chorar, porque não reconhecem. Há palavras que dão cor e criam céu.

Dizemos "obrigado" quando reconhecemos a importância do outro. Agradecemos o encontro ou a partilha. Pedimos desculpas quando queremos reparar a consciência magoada, como quem conserta danos, apanha e volta a colar pedaços partidos. Ficamos reconhecidos quando somos acolhidos. Ficamos ofendidos quando não somos reconhecidos. E o não reconhecimento mata tanto como nas guerras, cria conflitos, tensões e, pior do que tudo, produz indiferença, o princípio da destruição.

Relações são criações. São laços invisíveis e, no entanto, poderosos. Há objetos significativos porque eles têm uma relação conosco. Fazem parte da nossa vida ou da memória de um tempo que não queremos apagar. Sorrimos, inevitavelmente, se encontramos um objeto da nossa infância. Tem importância porque só nós o reconhecemos. Faz parte de um tempo que nos formou, mesmo que pareça adormecido no fundo de uma gaveta. Guardamos objetos. Arquivamos papéis e jogamos outros no lixo. Selecionamos porque reconhecemos sua importância, porque revemos instantes significativos. Tal como quando estamos na Capela Sistina.

A troco de quinhentos ducados, Michelangelo imortalizou a criação do Universo. A primeira grande festa, antes de haver humanos, homem e mulher. O esplendor, a particularidade e a grandiosidade do ser humano que sabe abraçar e cantar o mundo e a vida: eis o que ele pintou.

Grandiosidade e pequenez do ser humano. À procura de eternidade, somos poeira das estrelas e em pó nos tornaremos. Vivemos vidas que são microssegundos na história do Universo, sempre à procura de tornar imortal a nossa marca e na tentativa de tornar eterna a nossa obra.

Aqui estamos. Muitos caminhos e estradas percorridos. Aonde chegamos, afinal? À nossa frente, o desconhecido, aquilo que ainda não compreendemos. O absoluto não tem coordenadas, e o eterno não tem referenciais de espaço e de tempo. Uma inquietação. Para uns, o absoluto é uma marca de vodca que não congela a baixas temperaturas, nem perde o sabor inconfundível. Outros consideram o absoluto um conceito vazio, sem conteúdo. Para os crentes, o absoluto equivale ao ser superior a que a cultura ocidental chama de Deus. Para os místicos, o absoluto é uma experiência interior e intuitiva. O judaísmo e o cristianismo criaram uma imagem de um ser invisível, eterno, onipotente e onipresente, cuja insuportável ausência é suprida por um Messias que ainda não chegou, como diz a fé judaica, ou por um Cristo que já viveu, segundo os Evangelhos.

Os filósofos pensam o absoluto como aquilo que, de outro modo, não sabem designar. Para eles, o absoluto não é um ponto de partida, mas um ponto de chegada, que a razão enfrenta e com que se deslumbra. As teses divergem conforme as sensibilidades. Muitos consideram que o mundo é infinito, ilimitado e eterno. Para alguns, o absoluto é espírito. Para outros, é pessoa. Para outros, ainda, é o indefinido, o indeterminado, uma força e um impulso criador. Ninguém duvida da finitude do ser humano. Se para lá do efêmero há algo perene, isso é questão em aberto.

Pensar o absoluto não equivale a pensar num deus particular. Mas podemos pensar o infinito, o ilimitado e o eternamente belo. Não se pode provar nem negar Deus. Esse não é o ponto de partida dos filósofos. Queremos abraçar o mundo em todas as suas dimensões, com a música dos poetas, a sabedoria dos cientistas, a sensibilidade dos criadores e a inteligência dos pensadores.

Mas o caminho da filosofia não é o da religião. O problema do absoluto é filosófico se, por deus, entendermos não o deus dos cristãos, dos judeus, dos muçulmanos, ou qualquer deus culturalmente situado. Para lá das religiões, a filosofia pensa a eternidade e o infinito.

Para lá de todas as divergências e de respostas possíveis, imaginemo-nos, de novo, estendidos no chão, olhando o teto da Capela Sistina. Contemplamos a figura de Deus, de corpo vigoroso e retorcido, primeiro virado de costas e, depois, de frente, a criar o Universo. Essa imagem de um mistério que a todos fascina ficará para sempre. Beleza e genialidade. Figuras imponentes, cores fortes, corpos arredondados, ventos que sopram em fundos azuis e anil, figuras em tons de castanho, numa imensa alegoria bíblica. Cores vivas, alegres e variadas que o tempo apagara, mas que o último restauro veio evidenciar. Na pintura, como na natureza, estamos ligados ao absoluto por laços fortes e invisíveis.

Laços fortes e invisíveis ligam a humanidade universal, aproxima-nos dos outros e levam-nos a tratá-los por *tu*. Na relação é que nos constituímos como pessoas, religamo-nos aos outros e ao mundo, em todas as suas dimensões. Reconhecemos a humanidade quando lhe queremos bem. Voluntários sem medo partem para locais longínquos e inseguros do planeta para cuidar de outros. É preciso acolher e cuidar. Num abraço, podemos acolher o outro e o mundo. Sem medo. É sem medo que temos de pensar, temos de viver e agir. Toda a história é feita dos que ousam pensar por si próprios. Vale a pena interrogar. Sem medo. Todos os dias temos de recomeçar. Sem medo. Ser filósofo é saber colocar questões e, sem medo, aventurarmo-nos na reflexão com ousadia para ir até a outra margem. Voluntários sem medo do conhecimento e do reconhecimento. Voluntários da alegria. E, como diz Nietzsche, "a alegria quer a eternidade, quer a profunda eternidade".

Vale a pena interrogar. Vale a pena não desistir da paixão de querer saber e da aventura de reconhecer. Os criadores não têm medo. Constroem pontes, estrelas e jardins, que são encontros. Os jardins têm raízes. As raízes invisíveis ligam-nos uns aos outros pelo afeto, pelo respeito, e porque só somos com os outros e pelos outros. Nos jogos da humanidade, o caráter vale mais do que as medalhas. Com os outros nos tornamos melhores e apenas em conjunto podemos festejar, podemos partilhar a alegria de ser e de estarmos juntos.

É preciso fazer a festa. A festa da humanidade.

Para saber mais

Quem se aventura no estudo da filosofia precisa de um guia para os inúmeros escritos filosóficos produzidos em 2.500 anos de história. Sendo assim, queremos deixar aos nossos leitores algumas sugestões.

As indicações que se seguem são sumárias, uma vez que este livro é dedicado a quem se inicia na filosofia. O leitor não encontrará aqui referências a bibliografias gerais, histórias da filosofia, enciclopédias, manuais, monografias, comentários e revistas que se destinam a especialistas. Apenas sugerimos obras clássicas ou introdutórias, sem indicações bibliográficas sobre as respectivas edições. Em boa parte dos casos, aliás, esses textos estão disponíveis na internet.

Ninguém lê tudo, nem sequer os eruditos. Só para exemplificar, a *Bibliografia Filosófica Portuguesa*, de 1987, indicava cerca de seis mil títulos. Atualmente, esse número já duplicou, incluindo artigos e livros.

Ao selecionar leituras, convém ter presente que nenhum verdadeiro filósofo fica fora de moda, e por isso existem clássicos. Também é verdade que, sendo a filosofia uma criação do pensamento humano, está marcada pela época em que surge, pelo que devemos acompanhar os pensadores atuais.

Achamos interessante agrupar as sugestões de leitura em cinco áreas temáticas, listadas a seguir. Como alguns desses textos são difíceis, indicamos suas partes e seus capítulos mais acessíveis e importantes. Os clássicos não têm de ser lidos na íntegra logo à primeira, necessariamente. Descartes recomendou que sua obra principal, *Meditações sobre a Filosofia Primeira*, fosse lida por partes, a fim de que nos apropriássemos paulatinamente do seu conteúdo.

Nada substitui a vontade de ler os clássicos: eis o sentido desta pequena lista para os que ousam saber mais.

1. Iniciação à filosofia

Para quem está dando os seus primeiros passos na filosofia; ou está mais interessado em questões sobre a natureza e a finalidade da filosofia, e sobre o que a distingue da ciência e da religião; ou se gosta de debater, do ponto de vista filosófico, ideias e teses que encontrou em romances, filmes ou outras expressões artísticas, sugerimos que leia:

>   Deleuze, *O que é a Filosofia?*
>   Descartes, *Discurso do Método*
>   Heidegger, *Carta sobre o Humanismo*
>   Husserl, *A Crise da Humanidade Europeia e a Filosofia*
>   Lonergan, *Insight* (capítulo 1)
>   Jaspers, *Introdução à Filosofia*
>   Kant, *O que é o Iluminismo?*
>   Platão, *Apologia de Sócrates*
>   Russell, *Os Problemas da Filosofia*
>   Scheler, *Da Essência da Filosofia*

2. Conhecimento, ciência, lógica e senso comum

Para quem se preocupa com as questões da origem, natureza e limites do conhecimento; os obstáculos criados por ideologias, crenças e propaganda política, que falseiam nosso sentido de realidade; as questões da certeza, dúvida e probabilidade, e a experiência dos sentidos; ou a razão pela qual a consciência é criativa, recomendamos:

>   Aristóteles, *Metafísica* (capítulos 1, 2 e 3)
>   Bachelard, *Poética do Devaneio*
>   Bergson, *Ensaio sobre os Dados Imediatos da Consciência*
>   Descartes, *Meditações sobre a Filosofia Primeira* (2ª Meditação)
>   Descartes, *Princípios da Filosofia*
>   Habermas, *Verdade e Justificação*

Kant, *Crítica da Razão Pura* (Introdução, 1ª e 2ª)
Kuhn, *A Estrutura das Revoluções Científicas*
Perelman, *O Império Retórico*
Platão, *A República* (livro V)
Platão, *Fédon*
Wittgenstein, *Tratado Lógico-Filosófico*

3. Ser humano

Quem se interessa pela relação entre corpo e consciência; pelas tensões entre fatos e deveres; pelo que significa e qual a importância da liberdade; pelos paradoxos do ser humano; e pela ação humana em geral, deve ler:

Aristóteles, *Ética a Nicômaco* (livro I – *Felicidade*; livro VIII – *Amizade*).
Buber, *Eu e Tu* (1ª parte)
Camus, *O Homem Revoltado*
Erasmo, *Elogio da Loucura*
Gasset, *El Hombre y la Gente* [O Homem e as Pessoas]
Lévinas, *Totalidade e Infinito*
Nietzsche, *Assim Falou Zaratustra* (3ª e 4ª partes)
Platão, *A República* (livro VII)
Sartre, *O Existencialismo é um Humanismo*
Scheler, *A Situação do Homem no Cosmos*
Stuart Mill, *Sobre a Liberdade*

4. Valores, ética, estética e religião

Se estiver interessado no papel dos valores na existência; nos debates contemporâneos de questões morais, estéticas, religiosas; na concepção de felicidade, direitos, justiça, recomendamos:

Adorno, *Teoria Estética*
Aristóteles, *Ética a Eudemo* (livro II – A Responsabilidade)
Camus, *O Mito de Sísifo*
Cassirer, *Linguagem, Mito e Religião*
Croce, *Breviário de Estética*
Feuerbach, *Princípios da Filosofia do Futuro*
Heidegger, *A Origem da Obra de Arte*
Lonergan, *Insight* (capítulo 18)
Kant, *Fundamentação da Metafísica dos Costumes*

Nietzsche, *A Genealogia da Moral*
Platão, *O Banquete*
Platão, *Górgias*
Ricoeur, *A Metáfora Viva*
Stuart Mill, *Utilitarismo*
Scheler, *Der Formalismus in der Ethik und die Materiale Wertethik* [O Formalismo na Ética e a Ética Material dos Valores]

5. Poder, sociedade e história

Caso lhe interesse o papel do poder na sociedade; como se justifica o uso do poder; qual a natureza da democracia e as funções dos governos; e se existe sentido na história, sugerimos:

Agostinho, *Confissões*
Aristóteles, *Política* (livros I e V)
Foucault, *Vigiar e Punir*
Fukuyama, *O Fim da História e o Último Homem*
Hegel, *A Razão na História*
Heilbroner, *A História do Pensamento Econômico*
Hobbes, *Leviatã* (parte I – capítulos 13-15; parte II – capítulos 17-30)
Innerarity, *A Transformação da Política*
Locke, *Carta acerca da Tolerância*
Locke, *Segundo Tratado sobre o Governo Civil*
Löwith, *O Sentido da História*
Maquiavel, *O Príncipe*
Marx, *Manuscritos Econômico-Filosóficos de 1844*
Platão, *A República* (livros VIII e IX)
Rousseau, *O Contrato Social*
Rousseau, *Discours sur l'Origine et les Fondements de l'Inegalité parmi les Hommes* [Discurso sobre a Origem e os Fundamentos da Desigualdade entre os Homens]
Todd, *Após o Império*
Voegelin, *A Nova Ciência da Política*

Glossário

A priori: Refere-se a tudo que seja anterior à experiência.

Absoluto: O que existe por si mesmo de forma independente e incondicionada. Opõe-se a relativo. Realidade suprema e causa primeira ou Deus.

Academia: Escola fundada por Platão, a noroeste de Atenas, no bosque de Academo.

Ação: Atividade ou acontecimento. A ação humana é livre e implica uma intenção e uma finalidade.

Acaso: Não existe definição objetiva de acaso, porque não é um conceito, mas sim a impressão sobre fenômenos inesperados, mas determináveis.

Acidente: O que pode suceder ou desaparecer sem a destruição da substância, por exemplo, a cor da flor.

Adequação: O fato de uma ideia representar perfeitamente o seu objeto.

Agnóstico: Atitude de quem não afirma nem nega o conhecimento racional da existência de Deus.

Alienação: Perda, cisão, separação de si mesmo, inautenticidade. O sujeito alienado é transformado em objeto de produção ou meio para atingir um fim. Renúncia ou transferência do que lhe pertence.

Alma: Na filosofia antiga, a natureza espiritual e imortal do ser humano. Em Platão, a alma é anterior ao corpo e vive para além dele.

Ama e faz o que quiseres: Fórmula de Santo Agostinho sobre a relação entre os seres que partilham uma unidade.

Amor: Relação unitiva entre seres. O amor verdadeiro ascende à contemplação do belo e do bem.

Análise: O que procede mediante a decomposição de um todo em partes (material ou intelectualmente).

Antimatéria: Conceito da física referente ao conjunto de partículas elementares, da mesma massa e carga elétrica oposta às partículas conhecidas.

Antinomia: Contradição a que a razão é conduzida, nomeadamente segundo Kant, ao procurar determinar a natureza do mundo em si.

Aparência: O que se manifesta e surge no espaço e no tempo. O oposto à essência.

Ápeiron: Termo grego para infinito ou sem limite e princípio das coisas segundo Anaximandro.

Apodíctico: Tudo o que existe de modo necessário e incondicionado.

Argumentação: Arte de convencer e persuadir. Encadeamento de argumentos que nos levam a aceitar uma conclusão.

Argumento: Raciocínio destinado a provar ou refutar uma proposta. Em lógica, o termo suscetível de ser substituído por uma variável numa função lógica.

Arquétipo: Tipo supremo ideal das coisas. Em Platão, as ideias que servem de modelo para as coisas.

Assim falou Zaratustra: Obra de Nietzsche (1883-1885), em forma de poema filosófico, no qual Zaratustra, personagem da lenda e da história, traz a sabedoria aos homens.

Ataraxia: Serenidade resultante da ausência de problemas.

Ateísmo: Doutrina que nega a existência de Deus.

Ato: O que determina o ser, enquanto a potência é o que poderá vir a ser, mas ainda não foi atualizado. Noção introduzida por Aristóteles.

Atomismo: Doutrina dos filósofos Demócrito e Leucipo, da escola de Abdera, dos epicuristas e de Lucrécio, segundo a qual toda matéria é composta por elementos discretos (átomos).

Átomo: Conjunto composto por um núcleo com prótons, nêutrons e elétrons. Para os antigos, os elementos materiais que formam os corpos.

Atributo: Propriedade fundamental de uma substância. Em sentido lógico, é sinônimo de predicado.

Axiologia: Teoria dos valores e de todas as noções normativas.

Axioma: No sentido atual, é a proposição que serve de base a um sistema dedutivo conforme regras. No sentido antigo, é proposição considerada evidente na base para uma teoria.

Banquete, O: Diálogo platônico no qual o amor é apresentado sob diferentes facetas, até se revelar como o caminho para a sabedoria.

Belo: Uma das realidades fundamentais, o valor supremo da estética.

Bem: Uma das realidades fundamentais, o valor supremo da ética.

Big Bang: Teoria macrofísica segundo a qual a primeira fase do Universo foi um ponto hipercondensado, cuja explosão e expansão explica a atual distribuição de partículas e antipartículas.

Boa vontade: Segundo Kant, a disposição natural do ser humano para realizar o bem.

Burro de Buridan: Argumento de Buridan (1300-1358) sobre o livre-arbítrio: um burro morre de fome e sede porque está à mesma distância de um balde de água e de um saco de aveia.

Caça ao Snark: Poema heroico-cômico alegórico de Lewis Carroll que narra a perseguição a um animal imaginário (Gambozinos).

Cálculo proposicional: Ramo da lógica moderna que se ocupa de formas argumentativas, cuja validade depende das regras de conexão de proposições.

Característica universal: Em Leibniz, é um sistema de signos que representa todas as ideias e relações possíveis para reduzir o pensamento a um cálculo com esses sinais.

Categorias: Conceitos muito gerais que exprimem todas as relações que podemos estabelecer entre ideias. Aristóteles apresenta uma lista das dez principais: substância, qualidade, quantidade, relação, lugar, tempo, situação, condição, ação e paixão. Segundo Kant, são doze e pertencem ao entendimento.

Causa: Tudo o que produz algo, ou seja, um efeito que se segue no tempo. Aristóteles distingue quatro tipos de causas: material, formal, eficiente e final, sendo esta última o propósito ou o fim pelo qual se explica uma coisa ou um acontecimento.

Causalidade: Princípio muito debatido na história da filosofia, segundo o qual todo efeito tem uma causa.

Ceticismo: Doutrina que defende que a mente humana não alcança a verdade.

Cidadania: Exercício dos direitos e dos deveres dos cidadãos. Ação dos cidadãos na sociedade civil, tendo por objetivo o bem comum.

Ciência: O conhecimento fundado em métodos que permitem observar, medir, experimentar e, desejavelmente, estabelecer leis matemáticas sobre parcelas da realidade cujas fronteiras estão em permanente redefinição.

Ciência (Paradigmas da): Noção de Thomas Kuhn. Ciência antiga: desde os filósofos e matemáticos gregos; ciência moderna: a partir do século XVII, com o método hipotético-dedutivo de base experimental e matemática; ciência contemporânea: desde o início do século XX e caracterizada pelo indeterminismo e o papel central da probabilidade.

Círculo de Praga: Grupo de estudos linguísticos, criado em 1928, que desenvolveu a fonologia e o estruturalismo.

Círculo de Viena: Movimento filosófico inspirado por Russell, Wittgenstein e Einstein, fundado em 1929 por Moritz Schlick e instigador do neopositivismo.

Classe: Conjunto de objetos que partilham um ou mais caracteres.

Coerência: Ausência de contradição.

Cogito ergo sum [Penso logo existo]: Tese principal de Descartes. Sou um ser pensante e, porque penso, então existo como substância pensante.

Coisa: Na linguagem cotidiana, tudo o que pode ser experimentado ou pensado. Em filosofia, tradução do termo latino *res* e usado para descrever uma realidade.

Coisa em si: O que subsiste por si mesmo sem necessitar de qualquer outra coisa. Em Kant, a realidade não fenomênica, conhecida pelas estruturas *a priori* transcendentais da razão.

Comunicação: Ato de emitir e receber mensagens, verbais ou não.

Confissões: Obra autobiográfica de Santo Agostinho.

Conflito: Antagonismo de interesses ou de posições do qual pode resultar um ganho ou uma perda para os opositores.

Conhece-te a ti mesmo: Preceito fundamental da filosofia de Sócrates, que retoma uma fórmula inscrita no templo de Apolo, em Delfos.

Conhecimento: O ato de captar uma realidade com um fundamento que o distingue da crença e da opinião. Implica um sujeito que o elabora mediante conceitos.

Consciência: A parcela da realidade através da qual o sujeito humano participa em toda a realidade. Em filosofia, é um conceito central e recebe definições variadas.

Construtivismo: Doutrina de que as noções matemáticas são produtos da atividade da mente.

Contingência: Tudo aquilo que não é necessário ou impossível, que ocorre como um possível entre outros.

Contínuo: Dito do que não é subdivisível em unidades; a matéria, composta por partículas elementares, não é contínua; uma linha reta, infinitamente divisível, é contínua.

Contrato social: Teoria que afirma que os seres humanos livres e iguais renunciam a uma parte da sua liberdade e celebram um contrato, o qual regula a autoridade e protege os cidadãos.

Coração tem razões que a própria razão desconhece, O: Proposição dos *Pensamentos* de Pascal, que indica que a inteligência humana tem motivos suprarracionais.

Cosmologia: Teoria sobre a origem e a estrutura do Universo.

Cosmopolita: Aquele que pertence ao mundo; diz-se de quem se identifica mais com uma comunidade mundial do que com uma sociedade em particular.

Cosmos: Mundo, ordem, o contrário de caos.

Crença: Ato de acreditar.

Criação: Tema fundamental da cosmologia judaico-cristã, segundo a qual Deus criou o mundo partindo do nada (*ex nihilo*).

Cristianismo: Religião fundada por Jesus de Nazaré como o ungido (*christos*) do Senhor, cujo dogma é formulado no *Credo* de Niceia (um só Deus em três pessoas, Pai, Filho e Espírito Santo).

Crítica: Ato racional de discernir, separar, ajuizar.

Crítica da Razão Prática: Obra de Kant (1788), na qual ele responde à pergunta: De que modo é possível conceber *a priori* a moralidade como um imperativo categórico?

Crítica da Razão Pura: Obra de Kant (1781, 2ª edição em 1787 com nova introdução) cujo objetivo é criticar o poder da razão com base em elementos *a priori* do conhecimento.

Decisão: Processo da consciência para escolher entre várias possibilidades de ação.

Dedução: Processo de pensamento pelo qual se passa dos princípios aos resultados. Para ser válida, tem de cumprir regras.

Definição: Equivalência entre um termo e um conjunto de termos que constituem sua definição.

Deísmo: Doutrina que afirma a existência de Deus, mas sem aceitar as doutrinas ou as práticas de qualquer religião.

Democracia: Regime político caracterizado pelo governo do povo, para o povo e pelo povo.

Desejo: Afirmação da consciência que pretende ultrapassar o seu isolamento.

Desenvolvimento: Processo pelo qual uma realidade se transforma no que é partindo de potencialidades originais. A transformação pode ter caráter determinista ou indeterminista.

Determinismo: Doutrina segundo a qual os fenômenos obedecem a leis invariáveis no tempo e no espaço, não existindo alternativas.

Deus: Em religião, o princípio de ser único e pessoal ao qual se deve prestar culto. Em filosofia, o princípio da existência e da inteligibilidade do universo como ser perfeito, eterno e absoluto.

Deus Enganador (gênio do mal): Tese cartesiana da existência de um deus enganador dos sentidos e da mente.

Dever: Obrigação moral ou jurídica. Para Kant, só o dever ético tem valor moral, pois resulta da determinação da consciência livre que deseja cumprir o bem, que é sinônimo de dever.

Devir: Movimento, processo em alteração, mudança, trânsito, acontecer. Heráclito defende o devir como o princípio da realidade. Todo o mundo é composto por mudança.

Diacronia: Características dos fenômenos estudados na sua evolução ao longo do tempo (linguística e antropologia).

Dialética: Processo de diálogo e confrontação de ideias, que varia conforme o sistema filosófico. Em Platão, a passagem das intuições sensíveis ao conhecimento das ideias. Em Aristóteles, o estudo do raciocínio com opiniões prováveis, em oposição à teoria do silogismo. Na escolástica, sinônimo de lógica formal. Em Kant, a lógica da aparência ou ilusões transcendentais. Em Hegel, processo do pensamento por tese, antítese e síntese. Em Lonergan, dinâmica aberta do pensamento que procede para novos conhecimentos.

Dialético é aquele que vê as coisas em conjunto, O: Fórmula de Platão no diálogo *A República*.

Diálogos de Platão: Conjunto de 24 obras com as doutrinas do filósofo apresentadas por Sócrates, exceto nos quatro últimos. Neles, os participantes são personagens contemporâneos, cujos nomes surgem em alguns dos títulos.

Dilema moral: Situação em que uma exigência moral entra em conflito com outra. Para resolver dilemas morais, é necessária uma escala de valores.

Discurso de metafísica (1685): Opúsculo de Leibniz que contém a primeira apresentação do seu sistema.

Discurso do Método: Prefácio de Descartes ao seu primeiro tratado científico, de 1637, no qual, após breve autobiografia, ele apresenta sua filosofia.

DNA: Ácido desoxirribonucleico, a molécula essencial da hereditariedade. Nele, as bases ocorrem aos pares, e essa sequência codifica a informação necessária à produção de proteínas e, portanto, de um organismo.

Dogma: Princípio que se aceita pela autoridade, pela fé, e que não pode ser posto em causa, mesmo que seja racionalmente incompreensível.

Do que não podemos falar, devemos nos calar: Proposição final (n. 7) do *Tratado Lógico-Filosófico* de Wittgenstein e que exprime a existência de limites ao conhecimento filosófico.

Doxa: Palavra grega que significa opinião. Em Platão, é um conhecimento incerto.

Doxografia: Conjunto de informações sobre os filósofos gregos, relatadas por autores posteriores, como Teofrasto, Plutarco de Queroneia, Pseudo-Plutarco, Diógenes Laércio, Santo Irineu, Clemente de Alexandria e Eusébio de Cesareia.

Dualismo: Sistema filosófico que alega a existência de dois tipos de realidade ou duas substâncias irredutíveis.

Duração: No sentido corrente, uma porção finita de tempo. Em Bergson, a persistência do tempo decorrido na memória.

Dúvida: Primeiro momento da filosofia cartesiana.

Economia: A produção, a distribuição e a troca de bens e serviços. Diz-se também da ciência que estuda esses processos.

Eidos: Essência em grego (plural: *eide*), refere-se à essência das coisas e não à sua existência ou presença.

Elementos, Os: Tratado de Euclides que contém a apresentação hipotético-dedutiva da geometria plana, tridimensional, e a teoria dos números naturais.

Empirismo: Doutrina que reduz todo o conhecimento à experiência e nega, em particular, a existência de ideias inatas (Locke) ou um conhecimento do inteligível (Hume). Os principais empiristas modernos são: Hobbes, Locke, Berkeley e Hume.

Em si e para si (Hegel): O terceiro momento dialético da realidade, que, após se alienar na natureza, regressa a si como conceito (Begriff).

Encontro: Relação de reconhecimento entre sujeitos, cujos registros variam entre a impessoalidade e a intimidade.

Enéadas: Obra de Plotino (255-270) que trata do ser humano e da moral, do mundo sensível, da Providência, da alma, do espírito e do uno. O título resulta do fato de os 54 capítulos estarem repartidos em seis volumes com nove (Enéadas) escritos cada.

Ensaio de 1770: Tese de Kant com os elementos do sistema desenvolvido, dez anos mais tarde, na *Crítica da Razão Pura*.

Ensaio sobre os Dados Imediatos da Consciência: Tese de Bergson (1889) sobre a duração pura, a intuição e o fluxo de consciência.

Ente: Tudo aquilo que é em particular. O ente particular é distinto do ser universal.

Entendimento: Faculdade de conhecer, em contraste com a sensibilidade e a razão. A capacidade de entender não se pronuncia em definitivo sobre a realidade.

Entropia: Grandeza funcional que mede o grau de desordem de um sistema físico; é tanto maior quanto o sistema é mais desordenado. Matematicamente, sendo ômega o número de estados acessíveis de um sistema e K uma constante de energia chamada *constante de Boltzmann*, a entropia S é proporcional ao logaritmo neperiano de ômega.

Epicurismo: Filosofia de Epicuro e seus discípulos que defende que o universo é aleatório e formado por átomos em movimento. A moral baseia-se na busca de ataraxia, ou seja, a ausência de dor.

Epistemologia: Ramo da filosofia que estuda a natureza e a possibilidade do conhecimento. Teoria do conhecimento que questiona os limites e o alcance do conhecimento humano, assim como sua origem. Estudo crítico dos princípios e resultados das ciências, seu valor lógico e escopo (empírico e objetivo).

Epoché: Suspensão do juízo; momento fundamental da fenomenologia de Husserl.

Erro: O fato de afirmar como verdade o que é falso, ou vice-versa.

Escatologia: Conjunto de doutrinas relativas ao destino da alma após a morte, ao fim do mundo e ao juízo final.

Escola atomística: Fundada por Demócrito por volta de 430-420 a.C.

Escola cética: Escola fundada por Pirro por volta de 320 a.C., em Élis, e que ensinava a suspensão de juízo (*epoché*) e a ataraxia.

Escola cínica: Estabelecida em Atenas por volta de 400 a.C., por Diógenes de Sinope (junto do jardim de Cinosarges), e que visava educar pelo exemplo, e não através da reflexão.

Escola de Alexandria: Escola patrística cujos representantes mais notáveis foram Clemente de Alexandria e Orígenes, e que apresentou o cristianismo em termos neoplatônicos.

Escola de Atenas: Nome dado ao conjunto das escolas filosóficas de Atenas, encerradas por ordem do imperador Justiniano em 529.

Escola de Chartres: Escolas episcopais fundadas no século XII por Fulbert de Chartres, que comenta Aristóteles e se interessa por problemas cosmológicos.

Escola de Frankfurt: Grupo de pensadores como Marcuse, Horkheimer e Adorno, ativos desde os anos 1960, que desenvolveram uma antropologia filosófica de base marxista.

Escola eleática: Fundada por Parmênides de Eleia por volta de 500 a.C. e à qual pertenceram Zenão de Eleia e Melisso de Samos. Foram os primeiros a colocar os problemas metafísicos sobre o ser e o não ser, o uno e o múltiplo.

Escola jônica: Fundada por Tales por volta de 600 a.C. e à qual pertenceram Anaximandro e Anaxímenes. Colocaram o problema da primeira substância do Universo e desenvolveram as primeiras teorias físicas e cosmológicas na história da ciência.

Escola megárica: Fundada por Euclides de Mégara por volta de 400 a.C., ficou famosa pela arte da discussão (erística).

Escola pitagórica: Fundada por Pitágoras por volta de 530 a.C., em Crotona, Calábria, e cujos membros foram massacrados algum tempo depois da morte do mestre. As irmandades alastraram-se na Magna Grécia, tendo o neopitagorismo reaparecido na era cristã, criando, então, a lenda de Pitágoras relatada por Diógenes Laércio.

Escola polaca: Movimento de Varsóvia, datado de cerca de 1930, que impulsionou o formalismo na lógica. Tarski é o seu representante mais conhecido.

Escolástica: A filosofia ensinada nas universidades europeias a partir do século X.

Espaço: Meio no qual localizamos as percepções de objetos e que é representado pelas ciências segundo referenciais de extensão que são abstrações.

Espírito: Etimologicamente, significa "sopro". Em filosofa, uma realidade pensante em oposição à matéria, ao corpo ou à natureza.

Essência: Aquilo que faz que uma coisa seja o que é, independentemente das suas alterações circunstanciais.

Estética: Disciplina cujo objetivo é refletir sobre o belo como um valor, bem como sobre as manifestações da beleza e do gosto através das obras de arte.

Estrutura: Totalidades cujas partes estão relacionadas entre si e com a unidade. Não são todas do mesmo tipo, podendo ser compostas por materiais, atividades, dinamismos e processos conscientes.

Eternidade: O que está fora do tempo. Tudo o que não tem começo nem fim.

Ethos: Caráter ou espírito de uma cultura, comunidade ou grupo.

Ética: Disciplina cujo objeto é o juízo de valor do bem aplicado à ação humana. Reflexão filosófica sobre o bem e as virtudes, em contraste com as teorias morais que se baseiam em regras, deveres e hábitos.

Ética a Nicômaco: Livro de Aristóteles, no qual ele desenvolve uma moral da felicidade (eudemonismo).

Ética Demonstrada à Maneira dos Geômetras, A: Obra panteísta de Espinoza, apresentada como um tratado de geometria, com definições, axiomas e teoremas.

Eu: Consciência da nossa individualidade empírica e que procura uma realidade subjacente.

Eudemonismo: Doutrina sobre a felicidade como finalidade da ação humana.

Evidência: Característica de um conhecimento ou proposição de que não se duvida. O critério de evidência varia com os filósofos.

Evolucionismo: Em biologia, é a teoria nascida da obra de Darwin e seus sucessores; defende que as espécies descendem umas das outras por transformação natural ou por mutações adaptativas.

Exclusão: Relação negativa de reconhecimento, em que o outro ser é afastado, omitido ou mesmo violentado.

Existência: O fato de existir. Distingue-se entre existência real, que pode ser em si ou empírica, e existência lógica, que indica um conceito concebível sem contradição.

Existencialismo: Movimento filosófico cujo foco é a existência humana, tendo por precursores Kierkegaard e Nietzsche. Seus teóricos ateus são Martin Heidegger e Jean-Paul Sartre. A ligação ao cristianismo foi feita por Karl Jaspers (1883-1969), Gabriel Marcel (1889-1973), Emmanuel Mounier (1905-1950) e Nicolai Berdyaev (1874-1946).

Fato: O que acontece. Qualquer realidade redutível à consciência.

Falácias: Erro de raciocínio. A falácia é um erro de inferência que tem a aparência de validade. A lógica classifica um conjunto de falácias cujas conclusões não têm validade argumentativa, pois se assentam em erros de raciocínio.

Falta (original): Em teologia, o pecado de Adão, que, ao desobedecer a Deus, mergulha a humanidade no pecado como um todo. Os seres humanos só poderão dela ser redimidos por Deus.

Fédon: Diálogo de Platão sobre a teoria das ideias e com pontos de vista sobre a imortalidade da alma e seu destino após a morte.

Fedro: Diálogo de Platão com uma explicação do amor pela teoria da transmigração da alma (mito da carruagem alada).

Fenômeno: Tudo aquilo que se manifesta, surge e é captado. Para Kant, tudo aquilo que é objeto de experiência possível, ao contrário de *númeno*, do qual não temos conhecimento racional.

Fenomenologia: Estudo dos fenômenos tal como aparecem na experiência e sem referência a uma realidade absoluta. Termo criado em 1764 por Lambert, no *Neues Organon*. Em Hegel, descrição da história da consciência. Em Husserl, esforço para alcançar a intuição das essências valendo-se da experiência de fatos singulares.

Fenomenologia do Espírito: Livro de Hegel (1807) que estuda a formação da consciência individual e a evolução da mente através da filosofia da história.

Filosofia: Etimologicamente, amor à sabedoria. Enquanto atividade intelectual, é distinta da ciência, quer pelo método, quer por seu objeto, que se caracteriza por ser a totalidade do real.

Filosofia do Não, A: Obra de Bachelard (1949) que mostra como o progresso científico depende da negação do estado anterior de conhecimentos.

Forma: Em metafísica, o que, unido à matéria, permite a passagem da potência ao ato. Em lógica, a característica de um argumento que é independente do seu conteúdo.

Formalismo: Atitude que considera a forma do que dizemos ou fazemos como mais importante que o conteúdo.

Formas *a priori*: Estruturas da consciência que permitem articular os dados da experiência sensível e do intelecto.

Fóton: Uma luz de frequência f que transporta energia na forma de quantidades discretas q., 2q., 3q., chamadas fótons. A energia de um fóton é $q = hf$ (sendo h a constante de Planck).

Gene: A unidade de hereditariedade. Na genética clássica, é um fator que controla uma característica do organismo. Na genética molecular, é uma sequência de DNA que contém o código para a produção de uma proteína.

Gênero: Em lógica, quando dois conceitos têm extensão diferente, aquele que tem a maior extensão é chamado gênero, e o outro, espécie. O conceito com maior extensão e o mais geral é o ser.

Genoma: A mensagem genética completa de um organismo.

Geometria: Até as geometrias não euclidianas, é a ciência do espaço em duas e três dimensões. Chama-se geometria de grupo fundamental ao estudo das propriedades dos elementos desse grupo G que permanecem invariantes.

Gnose: Doutrina dos dois primeiros séculos do cristianismo que alega um perfeito e esotérico conhecimento (*gnosis*) das coisas divinas para explicar o mundo, o destino do homem e seu relacionamento com Deus.

Gnosiologia: Teoria do conhecimento, ramo da filosofia que estuda a origem da natureza e o alcance do ato de conhecer.

Graça: Na teologia cristã, o dom gratuito de Deus para que as criaturas sejam salvas.

Hedonismo: Doutrina que identifica o prazer com o bem supremo.

Helenismo: A cultura grega em oposição à dos bárbaros e não gregos, como os persas. Em sentido restrito, é o período final da civilização grega.

Heresias (cristãs): Doutrinas religiosas condenadas pela Igreja como contrárias à revelação do Evangelho e sua interpretação pelo Conselho de Niceia (325), realizada sob o papado de Silvestre I.

Hermenêutica: Interpretação ou explicação de um pensamento. Ciência da interpretação.

Heurística: Processo de investigação de realidades ainda não conhecidas; deriva do termo grego *eureka*.

História: A sequência de acontecimentos em que o ser humano intepreta sua existência.

Historicidade: Característica de que os acontecimentos históricos só podem ser compreendidos à luz dos contextos e das culturas respectivas.

Historicismo: Um padrão abstrato e intemporal que pretende explicar a sucessão dos acontecimentos como determinada.

Humanidade: A qualidade de ser humano. Gênero diferente dos outros animais e cujas qualidades o tornam um ser específico.

Idealismo: Atitude filosófica que reduz toda a realidade a formas de pensamento. Oposição a realismo.

Ideia: Qualquer representação (incluindo imagens) de coisas. Em Platão, é universal, aquilo que todas as coisas têm em comum. Nos modernos, é o que existe na mente, uma representação mental.

Identidade: O que permanece para lá das mudanças. Caráter de dois objetos distintos no tempo e no espaço, mas com as mesmas qualidades. Princípio de lógica segundo o qual toda a coisa é idêntica a si mesma.

Iluminismo: Doutrina divulgada pelos enciclopedistas em meados do século XVIII, segundo a qual o progresso do ser humano resultaria exclusiva e necessariamente da aplicação das "luzes" da razão.

Imanente: Que está contido na natureza de um ser, que é intrínseco a uma realidade; por oposição a transcendente, o que ultrapassa.

Imperativo: Proposição que exprime um comando; pode ser categórico (sem condições) ou hipotético (subordinado a um fim que queremos alcançar).

Indeterminismo: Característica de uma realidade ou processo que depende da interação dos componentes, e não de uma causa externa. A física quântica tornou o indeterminismo um dos fundamentos para a epistemologia.

Individualismo: Refere-se a qualquer doutrina (metafísica ou ética) que coloca o indivíduo no mais alto grau da escala de valores.

Indizível: Que não pode ser dito ou enunciado por uma declaração ou expressão (linguística ou simbólica).

Indução: Processo de pensamento pelo qual se passa de uma série de experiências ou propostas particulares para uma mais geral.

Inferno são os outros, O: Fórmula existencialista de Sartre para indicar que o reconhecimento humano conduz a resultados negativos.

Infinito: Característica do que não tem limite nem fim. Em matemática, os raciocínios sobre o infinito são fundados no conjunto IN dos inteiros naturais. Em metafísica, é comparado a perfeito.
Intelecção (*insight*): Apropriação de uma realidade pelo entendimento.
Intencionalidade: Atitude da consciência para captar o ser como objeto.
Interação: Em física, a interação de partículas manifesta-se através de alterações no estado mecânico. Existem quatro tipos: gravitacionais (forças de Newton), eletromagnética (forças de Coulomb e Laplace), baixa (entre os elétrons, neutrinos e múons) e alta (entre prótons, nêutrons e mésons).
Interpretar: Decodificar, explicar e explicitar o sentido mediante uma chave de interpretação.
Intuição: Conhecimento imediato de uma verdade ou realidade; opõe-se a conhecimento discursivo, que exige um percurso.
Ironia: Em Sócrates, a arte de questionar fingindo ignorância.

Jardim, O: Nome dado à escola de Epicuro.
Juízo: Afirmação ou negação de algo. A lógica os avalia segundo a validade e a verdade.

Lâmina de Ockham: O procedimento que remove abstrações desnecessárias ao pensamento. Ockham eliminou as noções aristotélicas de substância, forma/matéria, ato/potência e causa.
Leviatã: Livro de Hobbes (1650) no qual ele apresenta sua teoria política de que o poder resulta da negociação entre interesses do soberano e dos súditos.
Liberdade: Poder de agir sem determinações, capacidade de escolha e de decisão, dentro dos condicionalismos.
Liceu: Escola fundada por Aristóteles em 335 a.C., em Atenas, num ginásio consagrado a Apolo Lício. Aos seus membros foi dado o nome de peripatéticos.
Linguagem: As linguagens naturais ou línguas são utilizadas por uma comunidade, enquanto as formais são definidas por convenção e acordo quanto ao significado.
Linguagem é a casa do ser, A: Expressão de Heidegger que destaca como o nosso reconhecimento da realidade é intermediado pelas palavras que usamos e criamos.
Livre-arbítrio: Sinônimo de liberdade. É a faculdade de escolha livre entre o bem e o mal.
Lógica: Ciência das condições de verdade. Investigação que tem por objeto os princípios do raciocínio correto e das inferências válidas.
Logos: Em grego, a razão.

Mal: Em ética e em ontologia, é apresentada quer como força destruidora, quer como ausência de bem.

Matéria: Em Aristóteles, elemento indeterminado que, com a forma determinante, compõe um ser completo. Em Descartes, substância que ocupa espaço.

Matriz: Estrutura com linhas e colunas na qual, na interseção de cada linha com cada coluna, figura um termo; se a matriz for numérica, esse termo é um número.

Mecanicismo: Doutrina que explica a organização do Universo como um conjunto de movimentos.

Meditações Cartesianas: Obra de Husserl composta por conferências proferidas em 1929, na Sorbonne, e que resume seu pensamento fenomenológico.

Meditações sobre a Filosofia Primeira: Principal obra de Descartes (1641), que contém a exposição metódica da sua filosofia.

Menor (do silogismo): Das duas premissas, a proposição que contém o termo de menor extensão.

Metafísica: No sentido etimológico, o que está para além da física. Como sinónimo de ontologia, tem por objeto o ser absoluto, os princípios da realidade. O adjetivo metafísico é usado por Kant para descrever um conhecimento obtido pela razão.

Metodologia: Estudo dos métodos de diferentes ciências.

Mito: Narração com o objetivo de explicar uma realidade para a qual não existe uma compreensão racional.

Mitos de Platão: Narrativas que apelam à imaginação para apresentar as abstrações que o raciocínio não expõe discursivamente – mito da caverna, homem invisível, nau do estado, Er (*República*), carruagem da alma (*Fedro*) o Amor (*O Banquete*).

Mónade: Substância individual em Leibniz.

Monismo: Doutrina que afirma a existência de apenas um tipo de realidade (material ou espiritual).

Moral: Regras de conduta que definem socialmente o bem e o mal. Em latim, *mos, mores*, significa costumes. Distingue-se da ética, que é a reflexão sobre as regras ou normas.

Mundo como Vontade e Representação, O: Obra de Schopenhauer (1819). O mundo é o conjunto das representações a que está subjacente a vontade (incluindo a humana); a estética, a ética e a mística conseguem ultrapassar a representação e encontrar o significado do mundo.

Nada: Ausência de ser ou cada ser enquanto isolado do outro.

Nada existe sem razão, a não ser a própria razão: Princípio da razão suficiente, enunciado por Leibniz, que indica como todos os fenómenos têm de ter uma causa.

Natureza: Tradução do grego *physis*. É tudo aquilo que não foi criado pelo ser humano. Em geral, oposta à cultura.
Necessário: Que não pode ser diferente do que é, em oposição a contingência.
Necessidade: Tudo aquilo que não pode deixar de ser.
Neoplatonismo: Corrente filosófica iniciada por Plotino, no século III, e que perdurou até o Renascimento.
Neopositivismo: Doutrina do Círculo de Viena no século XX.
Niilismo: Doutrina segundo a qual nada existe de absoluto.
Nominalismo: Doutrina que defende que os conceitos universais são apenas palavras e não têm realidade.
Númeno: A realidade em si, enquanto o fenômeno corresponde à realidade captada pelo sujeito.

Ockhamismo: Doutrina de Guilherme Ockham (século XIII) e seus seguidores, dos quais o mais famoso é Buridan.
Ontologia: Ramo da filosofia que investiga o ser enquanto ser. Estudo das propriedades mais gerais da realidade.
Orfismo: Conjunto de rituais e crenças tecidos em torno da figura lendária de Orfeu, na Grécia Antiga, e que dizem respeito ao destino da alma após a morte.
Organon: Termo que significa o instrumento, agrupa os escritos lógicos de Aristóteles em seis tratados: *Categorias*, *Da Interpretação*, *Analíticos Anteriores*, *Analíticos Posteriores*, Tópicos I e II.
Otimismo: Visão positiva sobre o futuro e a evolução dos acontecimentos. Doutrina de Leibniz de que Deus criou o melhor dos mundos possíveis; tese reafirmada no *Cândido* de Voltaire.

Panteísmo: Doutrina que defende que tudo é Deus, o que significa que: Deus é a única realidade e o mundo é uma emanação; o mundo material é a única realidade e Deus é a soma de tudo.
Paradigma: Modelo ou teoria das teorias que sustentam uma configuração científica.
Paradoxo: Raciocínio ou conduta que provoca contradições.
Para outro: Característica da realidade virada ao reconhecimento.
Participação: Doutrina platônica para definir as relações das ideias com as coisas sensíveis e das ideias entre si.
Patrística: Conjunto de escritos, em latim ou grego, dos padres da Igreja cristã primitiva, cujas obras foram consideradas eminentes.

Pedaço de cera: Famoso exemplo de Descartes, na segunda meditação, para ilustrar a teoria da substância material.

Peripatéticos: Nome dos alunos da escola de Aristóteles e seus sucessores.

Pessimismo: Má expectativa em face do futuro. Salientar o aspecto menos favorável de eventos e coisas.

Pessoa: O indivíduo humano na plenitude de todas as suas capacidades.

Por si: Natureza da realidade à medida do desenvolvimento do seu oposto (segunda fase da dialética hegeliana).

Pórtico: Nome dado à escola estoica.

Positivismo: Doutrina desenvolvida por Auguste Comte no *Curso de Filosofia Positiva* (1830-1842).

Pós-kantiano: Doutrinas dos filósofos Fichte, Schelling, Hegel e Schopenhauer, desenvolvidas no início do século XIX na Alemanha.

Postulado: Do latim *postulare* (pedir), o termo designa uma proposição fundamental que se aceita sem demonstração.

Potência: O que se pode atualizar e manifestar. Conceito de Aristóteles correspondente a um aspecto da realidade ainda não unido ao ser.

Pragmático: Relativo à ação em geral.

Pragmatismo: Doutrina de Charles S. Peirce e William James que assume o pluralismo da verdade.

Predicado: O que se afirma ou se nega de um sujeito numa proposição. Em "todo x é y", o predicado é atribuído a x.

Premissa: Proposição que serve como ponto de partida para um raciocínio. Num silogismo, existem a premissa maior e a premissa menor, das quais se extrai uma conclusão.

Pré-socráticos: Nome dos filósofos antes de Sócrates (escola jônica, eleática, pitagórica, atomista e outras singulares).

Primeiro motor: Para Aristóteles, causa primeira e última do Universo.

Princípio: Proposição fundamental da qual decorrem outras. Origem das coisas.

Princípios da Filosofia: Obra de Descartes (1644) com a apresentação do sistema e das doutrinas do movimento (leis de impacto, vórtices).

Princípios de uma Ciência Nova: Obra de João Batista Vico, inaugurando a reflexão antropológica e a filosofia da história.

Princípios Matemáticos da Filosofia Natural: Obra fundamental de Newton que sistematiza a física e serve de modelo à filosofia.

Principia Mathematica: Obra de Russell e Whitehead (1910-1913) sobre os fundamentos lógicos da matemática.

Profano: Que não é sagrado; que pertence ao mundo terrestre e não ao mundo divino.

Proposição: É uma afirmação ou enunciado que apresenta um conteúdo que pode ser verdadeiro ou falso.

Propriedade: Qualidade ou atributo que pertence a algo.

Psicologia: O estudo científico dos fatos mentais (psíquicos). Parte da metafísica que trata da alma como uma substância. Ciência autônoma a partir do século XIX.

Psicologismo: Doutrina que considera a lógica como produto da evolução psicológica.

Qualidade: Em gnosiologia, distingue-se entre primárias e secundárias. As primeiras pertencem aos objetos; as segundas são poderes dos objetos que provocam sensações no sujeito.

Qualquer determinação é negação: Proposição panteísta de Espinoza, que subentende a identidade entre o Universo e Deus.

Quanta: Energia que pode ser quantificada.

Quântico: Relativo a uma quantidade de energia.

Quantidade: Em lógica, uma proposição pode ser universal ou particular.

Quarks: Modelo introduzido por Gell-Mann para explicar a física de partículas.

Racionalismo: Doutrina que dá primazia à razão sobre a experiência.

Razão: O que caracteriza o ser humano. Entendida como capacidade de ajuizar sobre o que é ou não é.

Realismo: Doutrina em que o conteúdo de experiência corresponde a uma realidade independente do eu.

Reconhecimento: A identificação com uma realidade em que a consciência participa. Conhecemos objetos, reconhecemos sujeitos.

Relação: Categoria que exprime a interdependência entre seres.

Relatividade: Teoria física devida a Einstein (relatividade restrita: 1905; relatividade geral: 1911).

Religião: Do latim *religare*. Religar o que foi separado, a terra e os céus, o humano e o divino.

Reminiscência (Platão): Doutrina desenvolvida no *Ménon* defendendo que todo conhecimento é possuído pela alma antes da sua encarnação num corpo.

Representação: No sentido mais geral, o que está em mente, o que se imagina, a percepção. Uma imagem, uma ideia são representações.

República, A: Diálogo de Platão em doze seções, com um prólogo e um epílogo. Apresenta a teoria das ideias, teorias do governo da cidade, teorias sobre a alma e sobre o destino do homem. Mais do que as teorias, as análises e os debates brilhantes conferem a esse livro clássico um caráter de permanente atualidade.

Semântica: Estudo do significado dos conteúdos do que se pensa, diz e escreve. Ramo da linguística e da lógica.

Sensível: Que pode ser conhecido mediante os órgãos dos sentidos e suas extensões tecnológicas.

Senso comum: Conhecimento orientado para a relação dos objetos conosco de modo sensível e superficial.

Ser: O que é em absoluto e independentemente das determinações que são os fenômenos. O realismo afirma que o ser é real; o idealismo diz que ele só existe na consciência. O problema é fundamental em todas as doutrinas filosóficas.

Ser e o Nada, O: Obra de Sartre (1943) que descreve os princípios existenciais da metafísica.

Ser é tudo o que há para conhecer e ser conhecido: Fórmula central da filosofia de Lonergan que mostra como o ser se manifesta à medida que a consciência se desenvolve.

Silogismo: Configuração central da lógica de Aristóteles em que, de duas premissas, se extrai uma conclusão.

Simpatia: Etimologicamente, é sofrer com, reagir em comum, compaixão.

Socráticos menores: Escolas filosóficas criadas após a morte de Sócrates, em que a discussão (erística) era privilegiada (escolas megárica, cínica e cirenaica).

Sofisma: Tipo de raciocínio viciado.

Sofistas: Professores que ensinavam a arte do debate filosófico, fosse qual fosse a tese. Cobrando dinheiro pelo seu ensino, prevaleceram na Atenas do fim do século V a.C. Combatidos por Sócrates, Platão e Aristóteles. Os mais famosos são Protágoras e Górgias.

Solipsismo: Doutrina de que nada existe fora do eu e de que os outros são a minha representação.

Substância: A primeira das categorias, segundo Aristóteles. O que suporta um conjunto de propriedades.

Sujeito: Aquele que origina um pensamento ou ação. Partindo desse significado central, o termo é utilizado nos vários ramos da filosofia.

Suma Teológica: Obra central de Santo Tomás de Aquino (1266-1274).

Tabela periódica: Classificação dos elementos químicos por Mendeleev segundo a massa atômica crescente, atribuindo um número atômico a cada um, igual ao seu número de prótons, então (1860) ignorados.

Tempo: Com base na experiência subjetiva (duração) e objetiva (medição), apresenta-se como a totalidade ordenada das durações concretas.

Teologia: Sistema racional sobre as propriedades do ser divino.

Teoria: Conjunto de proposições que fornecem princípios explicativos sobre um tema ou um aspecto da realidade.

Terceiro excluído: Princípio lógico que afirma que, de duas proposições contraditórias, uma é verdadeira e a outra é falsa, não havendo terceira solução possível.

Todo real é racional e todo racional é real: Afirmação de Hegel que estabelece a identidade das coisas que sucedem com o espírito que as pensa.

Todo ser humano deseja naturalmente conhecer: Princípio do primeiro livro *Metafísica*, de Aristóteles, que enuncia o papel central da racionalidade na teoria do conhecimento.

Transcendente: Etimologicamente, estar além de. Em geral, é utilizado no sentido de estar além dos limites de qualquer experiência possível.

Tratado acerca do Entendimento Humano: Obra de Locke (1690) na qual ele estabelece as bases do sensualismo e do empirismo.

Tratado da Natureza Humana: Obra na qual David Hume (1739-1740) define o ceticismo empirista.

Tratado do Desespero: Uma das principais exposições das ideias existencialistas de Kierkegaard.

Três Diálogos entre Hilas e Filonous: Obra de Berkeley (1712) que engloba as doutrinas do filósofo sobre ideias abstratas, conceitos, imaterialismo e idealismo.

Tríade: A sucessão dialética tese-antítese-síntese em Hegel.

Trindade: Doutrina cristã que afirma que Deus é uno e um ser pessoal, mas constituído por uma trindade: Pai, Filho e Espírito Santo.

Trivium: Na pedagogia medieval, as disciplinas literárias: gramática, retórica e lógica.

Universal: Aquilo que é comum ou partilhado por objetos diferentes da mesma classe. Na filosofia antiga e medieval, havia cinco universais: gênero, espécie, diferença, próprio e acidente.

Universo: A totalidade da realidade material.

Uno: O ser desprovido de multiplicidade. A expressão grega *kat holon* (pela unidade) origina *católico*.

Utilitarismo: Doutrina ética de Jeremy Bentham e John Stuart Mill. Afirma que as consequências determinam o valor moral de uma ação e defende a maior felicidade possível do maior número possível de pessoas, com base no prazer.

Validade: Tudo o que respeita regras formais estabelecidas.

Valor: Todo o bem identificado pelo conhecimento humano. A axiologia, ou teoria filosófica dos valores, abrange lógica, estética, ética, política, religião e economia.

Verdade: Adequação entre o enunciado e a realidade. Testemunho sobre a realidade.

Virtude: O que é próprio do ser humano. Na filosofia antiga e medieval, significava qualidade moral.

Conheça os personagens desta história

ABELARDO, Pedro (1079-1142) – Filósofo escolástico francês, teólogo e lógico. Sua obra principal é a *Dialética*.

ADORNO, Theodor (1903-1969) – Filósofo e musicólogo alemão da escola de Frankfurt, com trabalhos sobre a teoria da comunicação e da cultura.

AGOSTINHO, Santo (354-430) – Filósofo e teólogo natural da África, cujas obras maiores são *A cidade de Deus*, *Sobre o Livre Arbítrio* e *Confissões*.

ALBERTO DE COLÔNIA (1206-1280) – Teólogo e filósofo dominicano, mestre de Santo Tomás de Aquino.

ALCIBÍADES (450-404 a.C.) – Político e general ateniense, amigo de Sócrates, é um dos personagens do diálogo *O Banquete*.

ALEXANDRE MAGNO (356-323 a.C.) – Rei da Macedônia e conquistador do Oriente. Criou o conceito de concórdia entre Ocidente e Oriente.

ALTHUSIUS, Johann (1557-1638) – Filósofo político alemão, criador da teoria orgânica da sociedade civil e pai do federalismo moderno.

ANAXÁGORAS DE CLAZÔMENAS (500-428 a.C.) – Filósofo pré-socrático, fundou a primeira escola filosófica de Atenas. Considerou que o *nous* era o princípio do Universo.

ANAXIMANDRO DE MILETO (610-545 a.C.) – Filósofo grego, matemático e astrônomo, considera o *ápeiron* (infinito) o princípio do Universo.

ANAXÍMENES DE MILETO (580-500 a.C.) – Filósofo grego pré-socrático, considerou o ar como o elemento primordial do Universo.

ANDRADE, Carlos Drummond de (1902-1987) – Poeta modernista e cronista brasileiro, deixou uma importante obra literária e poética.

ANDRADE, Eugénio de (1923-2005) – Poeta português e um dos expoentes máximos da poesia do século XX.

ANSELMO, Santo (1033-1109) – Bispo italiano e filósofo, foi o primeiro a elaborar demonstrações racionais da existência de Deus.

ANTÍSTENES (444-365 a.C.) – Filósofo grego e fundador da escola cínica pós-socrática.

ARENDT, Hannah (1906-1975) – Filósofa alemã de origem judaica com obra publicada na área da filosofia política.

ARISTARCO DE SAMOS (310-230 a.C.) – Matemático e astrônomo grego, o primeiro a propor a teoria do heliocentrismo.

ARISTÓFANES (447-385 a.C.) – O maior representante da comédia grega. Escreveu dezenas de peças, a maior parte das quais se perdeu.

ARISTÓTELES (384-322 a.C.) – Filósofo grego, discípulo de Platão e criador do *Liceu*. Sua obra engloba livros de física, biologia, metafísica, ética, política, retórica e lógica. Foi uma referência maior para o pensamento medieval.

ARQUIMEDES (287-212 a.C.) – Matemático, físico e astrônomo grego, é um marco no surgimento da ciência.

AUSTIN, John Langshaw (1911-1960) – Filósofo britânico que muito contribuiu para a filosofia da linguagem, desenvolvendo a teoria dos atos do discurso.

AVERRÓIS (1126-1198) – Filósofo e teólogo muçulmano, grande comentador e tradutor de Aristóteles.

BACH, Johann Sebastian (1685-1750) – Músico e compositor, produziu em quase todos os gêneros musicais. É o expoente máximo do Barroco e de qualidade ímpar na história da música.

BACHELARD, Gaston (1884-1962) – Filósofo francês que se dedicou à filosofia da ciência e à epistemologia.

BACON, Francis (1561-1626) – Filósofo inglês, empirista, cuja obra principal foi o *Novum Organum*. Foi um dos divulgadores da ciência moderna.

BAKHTIN, Mikhail (1895-1975) – Filósofo russo da linguagem, criador da teoria polifônica do romance europeu.

BARBERINI, Maffeo (1568-1644) – Pontífice italiano Urbano VIII, que presidiu o processo de Galileu, que fora seu protegido.

BARTÓK, Béla (1881-1945) – Músico e compositor húngaro que renovou a música clássica através da recriação do folclore.

BAUMGARTEN, Alexander Gottlieb (1714-1762) – Filósofo alemão com obra no domínio da estética.

BEAUVOIR, Simone de (1908-1986) – Filósofa e escritora existencialista francesa, companheira de Sartre, escreveu *O Segundo Sexo* (1949), obra sobre o papel da mulher no século XX.

BECKETT, Samuel (1906-1989) – Dramaturgo irlandês agraciado com o prêmio Nobel de Literatura em 1969.

BEETHOVEN, Ludwig van (1770-1827) – Músico e compositor alemão magistral da transição do classicismo para o romantismo. Entre as suas sinfonias, a nona contém a *Ode à Alegria*.

BENTHAM, Jeremy (1748-1832) – Filósofo e jurista inglês, difundiu o utilitarismo e foi o primeiro a utilizar o termo deontologia.

BENVENISTE, Émile (1902-1976) – Importante linguista e estruturalista francês.

BERGSON, Henri (1859-1941) – Filósofo francês que recebeu o prêmio Nobel de Literatura em 1927. Em sua obra, são decisivos os conceitos de intuição, duração e liberdade.

BERLIN, Isaiah (1909-1997) – Filósofo político inglês e um dos principais pensadores liberais do século XX.

BERNAYS, Paul (1888-1977) – Matemático suíço; contribuiu de maneira relevante para a lógica.

BERNERS-LEE, Timothy (1955) – Físico britânico, criador dos protocolos informáticos que possibilitaram a *World Wide Web* ou internet.

BIZET, Georges (1838-1875) – Compositor francês, em especial de óperas, entre as quais se destaca a famosa *Carmen*.

BLONDEL, Maurice (1861-1949) – Filósofo francês da escola da filosofia da ação.

BLUMENBERG, Hans (1920-1996) – Filósofo alemão com reflexão na área da hermenêutica, em que se destaca a obra *Trabalho sobre o Mito*.

BOAVENTURA, São (1221-1274) – Filósofo e teólogo italiano, cardeal de Albano, canonizado em 1482.

BOÉCIO, Anício Severino (480-524) – Filósofo, estadista, teólogo romano e tradutor da obra *Isagoge*, de Porfírio, e do *Organon*, de Aristóteles. Sua obra principal é *De Consolatione Philosophae*.

BOFF, Leonardo (1938) – Teólogo brasileiro, referência da teologia de libertação, com várias obras na área da ética social.

BOHR, Niels (1885-1962) – Físico dinamarquês que deu grandes contributos para a física quântica. Recebeu o prêmio Nobel de Física em 1922.

BONALD, Louis de (1754-1840) – Publicista francês e doutrinador da contrarrevolução.

BOOLE, George (1815-1864) – Lógico e filósofo britânico, criador da álgebra booleana, fundamental para a computação moderna.

BOSCH, Hieronymus (1450-1516) – Pintor holândes, nos seus trabalhos, utiliza figuras simbólicas, imaginativas e caricaturais. Seu estilo original inspirou, mais tarde, o movimento surrealista.

BOSSUET, Jacques (1627-1704) – Bispo, polemista e teólogo francês. Defendeu a monarquia absoluta e deixou obras de filosofia política.

BOTERO, João (1544-1617) – Pensador político católico da contrarreforma que inventou a expressão *Razão de Estado*.

BOTTICELLI, Sandro (1445-1510) – Pintor italiano da escola florentina do Renascimento. Protegido dos *Médici*, deixou obra em que se destacam *O Nascimento de Vênus* e *A Primavera*.

BRACTON, Henry de (1216-1268) – Doutrinador político inglês, autor de *De Legibus et Consuetudinibus Angliae*.

BRAHE, Tycho (1546-1601) – Astrônomo dinamarquês, cujas tabelas de observações dos movimentos dos planetas serviram a Kepler para estabelecer suas leis.

BRANCO, Camilo Castelo (1825-1890) – Escritor português romântico, autor de romances novelas e poesias, e o primeiro artista a viver das suas criações literárias.

BROUWER, Luitzen Egbertus Jan (1881-1966) – Matemático holandês e filósofo, distinguiu-se pelo intuicionismo na origem das matemáticas.

BRUEGEL, Pieter (1525-1569) – Pintor flamengo, deixou quadros famosos que retratam cenas históricas e a vida dos camponeses.

BRUNO, Giordano (1548-1600) – Filósofo italiano panteísta, condenado à morte pela Inquisição e executado. Defendeu a infinitude do Universo.

BUARQUE, Chico (1944) – Músico, compositor e escritor brasileiro. É um dos expoentes da música popular brasileira.

BUBER, Martin (1878-1965) – Filósofo judeu austríaco, deixou obra importante na área da ontologia e da antropologia filosófica, sobre a relação, o diálogo e o encontro entre o *eu* e o *tu*.

BÜCHNER, Georg (1813-1837) – Escritor e dramaturgo alemão, escreveu *A Morte de Danton* e *Leôncio e Lenz*, entre outros textos. Morreu jovem, aos 23 anos.

BUFFON, Conde de (1707-1788) – Naturalista, matemático e escritor francês. Suas teorias influenciaram Darwin.

BURIDAN, Jean (1300-1358) – Filósofo nominalista francês cuja obra influenciou o pensamento de Galileu, pela identidade entre movimentos celestes e terrestres.

Burnham, James (1905-1987) – Teórico político e ex-ativista comunista norte-americano, autor de *The Managerial Revolution* [A Revolução Gerencial], sobre o papel dos tecnocratas.

Camões, Luís de (1524-1580) – Poeta português de alcance universal. Retrata a epopeia portuguesa em *Os Lusíadas*. Autor de obra lírica e dramática.

Campos, Álvaro de (1890) – Heterônimo de Fernando Pessoa.

Camus, Albert (1913-1960) – Filósofo existencialista e escritor francês nascido na Argélia. Nobel de Literatura em 1957. *O Estrangeiro*, *A Peste* e *O Mito de Sísifo* são algumas das suas obras.

Canova, Antonio (1757-1822) – Escultor e pintor italiano que se inspirou na arte grega. Deixou inúmeras estátuas, nomeadamente *Orfeu*, *Eurídice* e *Psiquê*.

Carlos Magno (742-814) – Imperador franco que unificou os territórios correspondentes à França e à Alemanha e iniciou a renascença das letras.

Carlyle, Thomas (1795-1881) – Escritor e historiador escocês, conhecido pelo livro *Os Heróis*.

Carnap, Rudolf (1891-1970) – Filósofo e lógico da escola neopositivista do Círculo de Viena.

Carroll, Lewis (1832-1898) – Matemático e romancista britânico, autor do célebre livro *Alice no País das Maravilhas*.

Cassirer, Ernst (1874-1945) – Filósofo alemão que desenvolveu trabalhos nas áreas da sociologia do conhecimento, cultura, direito e antropologia.

Cervantes, Miguel de (1547-1616) – Escritor, romancista e dramaturgo espanhol, deixou como obra-prima *Dom Quixote de la Mancha*.

Chadwick, James (1891-1974) – Físico britânico, Prêmio Nobel em 1935. Um dos seus maiores contributos foi a demonstração da existência do nêutron.

Chagall, Marc (1887-1985) – Pintor russo de origem judaica, seguidor do estilo modernista e cubista. Sua obra mostra liberdade criativa na cor e na utilização do espaço. O quadro *Eu e a Aldeia* é uma de suas obras mais famosas.

Chargaff, Erwin (1905-2002) – Bioquímico austríaco que contribuiu para a descoberta da estrutura em dupla hélice do DNA.

Chesterton, G. K. (1874-1936) – Escritor britânico com várias obras de ficção publicadas. Na área da filosofia, sua obra mais significativa é *Ortodoxia*.

Chomsky, Noam (1928) – Linguista, filósofo e ativista norte-americano dos direitos humanos, criou a teoria da gramática generativa.

Cícero, Marco Túlio (106-43 a.C.) – Estadista, orador, jurista e filósofo romano, adaptador de obras de Platão, deixou livros sobre filosofia, política e retórica.

CIRENE, Aristipo de (435-356 a.C.) – Filósofo grego; fundador da escola cirenaica e discípulo socrático.

CLÁVIO, Cristóvão (1538-1612) – Matemático jesuíta, contribuiu para a difusão da obra de Pedro Nunes, assim como da geometria de Euclides.

COLLINGWOOD, Robin George (1889-1943) – Filósofo e historiador britânico, deixou trabalhos importantes no domínio da filosofia da história.

COMTE, Auguste (1798-1857) – Filósofo francês, fundador da sociologia positivista, deixou marcas profundas na história das ciências sociais.

CONFÚCIO (551-479 a.C.) – Filósofo e moralista chinês; foi o criador da doutrina do respeito, que se tornou parte da tradição chinesa.

COPÉRNICO, Nicolau (1473-1543) – Astrônomo polonês que defendeu a teoria heliocêntrica no livro *De Revolutionibus Orbium Coelestium* [Das Revoluções das Esferas Celestes].

CORTINA, Adela (1947) – Filósofa espanhola e professora de Ética na Universidade de Valência.

CRATES DE TEBAS (365-285 a.C.) – Filósofo grego, discípulo de Diógenes e pertencente à escola cínica.

CREMONINI, Cesare (1550-1631) – Metafísico aristotélico, amigo e depois rival de Galileu em Pádua, Itália. Recusou-se a olhar pelo telescópio porque, dizia, causava-lhe "dores de cabeça".

CROCE, Benedetto (1866-1952) – Filósofo italiano e destacado liberal, deixou reflexão importante na área da estética e da filosofia da história.

D. MANUEL I (1469-1521) – Rei de Portugal cujo cognome é *Bem-Aventurado*. Deu continuidade às explorações portuguesas e implantou uma política de expansão do império português.

DALÍ, Salvador (1904-1989) – Pintor surrealista espanhol e ativista da cultura. *A Persistência da Memória* é um dos seus quadros mais emblemáticos.

DAMÁSIO, António (1944) – Médico e neurocientista português. *O Erro de Descartes*, seu primeiro livro, mereceu um conjunto de distinções internacionais.

DANTE ALIGHIERI (1265-1321) – Considerado o primeiro e o maior poeta da língua italiana, deixou como obra-prima *A Divina Comédia*.

DARWIN, Charles (1809-1882) – Cientista e biólogo britânico, elaborou a teoria da seleção natural para explicar a evolução das espécies em *A Origem das Espécies*, de 1859.

DELEUZE, Gilles (1925-1995) – Filósofo materialista francês e professor da Sorbonne, escreveu *Logique du Sens* [Lógica do Sentido].

DEMÓCRITO (460-360 a.C.) – Filósofo grego, deixou obras sobre a natureza e a ética. Considerou que a matéria era composta por átomos.

DENNETT, Daniel (1942) – Filósofo ateu norte-americano que relaciona a filosofia da mente com a ciência cognitiva e a biologia. Criador da teoria dos *memes*.

DERRIDA, Jacques (1930-2004) – Filósofo francês da teoria da literatura, estética e linguagem. Criador do conceito de desconstrução.

DESCARTES, René (1596-1650) – Filósofo francês racionalista e um dos grandes pensadores do Ocidente. Para além das obras de matemática, é considerado o pai da filosofia moderna.

DEWEY, John (1859-1952) – Filósofo norte-americano com obra na área da psicologia, história e hermenêutica.

DILTHEY, Wilhelm (1833-1911) – Filósofo alemão com obra na área da psicologia, história e hermenêutica.

DOSTOIÉVSKI, Fiódor (1821-1881) – Um dos maiores escritores russos existencialistas. Seus escritos são romances de ideias sobre a condição humana, a morte, a humilhação, a dor e a loucura.

DUCHAMP, Marcel (1887-1968) – Artista plástico francês. Pintor e escultor, inventor dos *ready-made* e percursor da arte conceptual.

ECO, Umberto (1932) – Escritor, filósofo e linguista italiano. Dos seus romances, destacam-se *O Nome da Rosa* e *O Pêndulo de Foucault*.

EINSTEIN, Albert (1879-1955) – O maior físico e cientista alemão do século XX, de origem judaica. Desenvolveu a teoria da relatividade, recebeu o prêmio Nobel de Física em 1921.

EISENSTADT, Shmuel (1923-2010) – Sociólogo israelita que desenvolveu a teoria da coexistência de múltiplas modernidades na história.

EISENSTEIN, Serguei (1898-1948) – Um dos grandes cineastas russos. Realizador de filmes mudos, como *A Greve*, *O Encouraçado Potemkin* e *Outubro*, e dos épicos históricos *Alexandre Nevski* e *Ivan, o Terrível*.

EL GRECO – Domémikos Theotokópoulos (1541-1614) – Pintor grego, criou em Toledo a maior parte dos seus quadros, dos quais se destaca *O Enterro do Conde Orgaz*.

ELIADE, Mircea (1907-1986) – Historiador romeno das religiões, deixou obra notável sobre a mitologia, sobretudo *O Sagrado e o Profano*.

ELIS REGINA (1945-1982) – Uma das maiores cantoras e intérpretes da música brasileira. Sua presença em palco e sua voz eram inconfundíveis.

ENGELS, Friedrich (1820-1895) – Teórico e político alemão, escreveu obras em conjunto com Marx, nomeadamente o *Manifesto do Partido Comunista* (1844).

Enzensberger, Hans Magnus (1929) – Novelista e sociólogo alemão.

Epicuro (341-270 a.C.) – Filósofo grego que considera a felicidade como a finalidade máxima da vida e da filosofia.

Erasmo de Roterdã (1466-1536) – Teólogo e grande humanista dos Países Baixos. Viajou por toda a Europa e escreveu *Elogio da Loucura*.

Eratóstenes (276-194 a.C.) – Matemático e astrônomo grego, considerado um dos fundadores da geografia.

Erixímaco (século IV a.C.) – Médico grego, amigo de Sócrates.

Escoto, João Duns (1266-1308) – Filósofo e teólogo escocês, foi membro da Ordem Franciscana. A fonte do seu pensamento é agostiniana. Foi canonizado em 1993.

Espinoza, Bento de [Baruch] (1632-1677) – Filósofo de origem judaica e ascendência portuguesa, é um dos grandes racionalistas do século XVII.

Ésquilo (525-455 a.C.) – Um dos maiores dramaturgos gregos, autor de tragédias como *As Suplicantes*, *Os Persas*, *A Trilogia de Orestes* e *Prometeu*.

Estrabon (63 a.C.-24 d.C.) – É considerado o primeiro geógrafo grego. É também historiador e filósofo, sendo a sua obra maior os dezessete volumes da *Geographia*.

Euclides (360-295 a.C.) – Matemático e geômetra grego. Em *Os Elementos*, apresenta os princípios da geometria no plano.

Eurípides (480-406 a.C.) – Dramaturgo grego que renovou a tragédia, desafiando o gosto do público, e autor de 88 peças.

Fanon, Frantz (1925-1961) – Psiquiatra francês, escritor e ativista dos direitos humanos.

Faulkner, William (1897-1962) – Um dos maiores escritores norte-americanos do século XX, recebeu o prêmio Nobel de Literatura em 1949.

Fedro (20 a.C.-50 d.C.) – Criador de fábulas e introdutor deste gênero na literatura latina, fixou algumas fábulas de Esopo da tradição oral.

Fermat, Pierre (1601-1665) – Matemático e cientista francês, deu um contributo imenso ao cálculo geométrico e infinitesimal.

Feuerbach, Ludwig (1804-1872) – Filósofo alemão, aluno de Hegel e influenciador de Marx. Seus livros mais divulgados são *A Essência do Cristianismo* e *Princípios da Filosofia do Futuro*.

Fichte, Johann Gottlieb (1762-1814) – Filósofo idealista alemão pós-kantiano, criador da teoria do *eu*.

Foucault, Michel (1926-1984) – Filósofo francês estruturalista, reflete sobre as relações de poder e as instituições sociais.

Fourier, Charles (1768-1830) – Escritor e socialista utópico francês.

FREUD, Sigmund (1856-1939) – Médico e neurologista austríaco, foi o fundador da psicanálise. Deixou os conceitos de inconsciente, pulsões, trauma, desejo sexual, complexo de Édipo, entre outros.

FUKUYAMA, Francis (1952) – Politólogo e economista, escreveu vários livros, dos quais se destaca *O Fim da História e o Último Homem*.

GADAMER, Hans-Georg (1900-2002) – Filósofo alemão da hermenêutica. Foi assistente de Heidegger. Sua obra de maior vulto, *Verdade e Método*, foi escrita em 1960.

GALENO (129-210) – Médico e filósofo romano, foi considerado o mais talentoso médico da sua época.

GALILEI, Galileu (1564-1642) – Astrônomo, físico e matemático italiano, pai da ciência moderna. Fez estudos sobre o movimento, aperfeiçoou o telescópio, descobriu manchas solares e satélites, e foi o criador do método experimental moderno.

GAMOW, George (1904-1968) – Físico ucraniano e grande divulgador científico.

GAND, Henri de (1217-1293) – Contemporâneo de Tomás de Aquino, estudou filosofia e teologia, e reflete sobre as questões universais.

GAUNILO (século XI) – Teólogo medieval que coloca as primeiras objeções ao argumento ontológico de Santo Anselmo.

GIBBON, Edward (1737-1794) – Historiador britânico, autor de *Declínio e Queda do Império Romano*.

GIRARD, René (1923) – Filósofo e literato francês, especialista na interpretação dos textos judaicos sobre a consciência de culpa.

GLUCK, Cristoph (1714-1787) – Iniciou estudos em matemática e filosofia, mas dedicou-se à música. Fez a reforma da ópera, sendo *Orfeu e Eurídice* a sua obra mais conhecida.

GÖEDEL, Kurt (1906-1978) – Matemático e lógico norte-americano de origem austríaca, conhecido pelo Teorema da Indecidibilidade.

GOETHE, Wolfgang (1749-1832) – Uma das mais importantes figuras da literatura do romantismo alemão, conhecido por suas obras *Fausto* e *Os Sofrimentos do Jovem Werther*.

GROS, Antoine-Jean (1771-1835) – Pintor francês e um dos representantes do romantismo.

GUILHERME DE OCKHAM (1285-1347) – Filósofo e teólogo inglês, foi frade franciscano. Lógico e representante da escola nominalista.

GUTENBERG, Johannes (1398-1468) – Alemão, inventor da imprensa. Graças a este feito, cria-se uma nova era na transmissão do conhecimento.

HABERMAS, Jürgen (1929) – Filósofo alemão e o mais reputado representante da Escola de Frankfurt, conhecido pela sua Teoria da Razão Comunicativa.

HARTMANN, Eduard (1842-1906) – Filósofo alemão, discípulo de Schopenhauer e criador do conceito de inconsciente.

HARTMANN, Nicolai (1882-1950) – Metafísico e historiador da filosofia alemã do século XX, foi o criador da teoria dos níveis da realidade.

HAWKING, Stephen (1942) – Físico teórico e cosmólogo britânico.

HAYDN, Franz Joseph (1732-1809) – Músico e compositor austríaco, expoente do período clássico. Foi mestre de Mozart.

HAYEK, Friedrich von (1899-1992) – Economista austríaco, prêmio Nobel de Economia em 1974, autor de *O Caminho da Servidão*.

HEGEL, Georg W. F. (1770-1831) – Expoente máximo do idealismo alemão. Seu sistema é a dialética, e sua obra maior, *Fenomenologia do Espírito* (1806).

HEIDEGGER, Martin (1889-1976) – Filósofo alemão que sucedeu a Husserl na Universidade de Friburgo. Em 1927, publica *Ser e Tempo*, que restabelece o pensamento ontológico.

HEILBRONER, Robert (1919-2005) – Historiador norte-americano do pensamento econômico, reputado por seu livro *A História do Pensamento Econômico*.

HEINE, Heinrich (1797-1856) – Importante poeta e ensaísta alemão, conhecido como o "último dos românticos".

HEISENBERG, Werner (1901-1976) – Físico alemão, laureado com o prêmio Nobel de Física, e um dos fundadores da mecânica quântica. Em 1927, enunciou o princípio da incerteza.

HELMONT, Jean Baptiste van (1577-1644) – Médico, alquimista e fisiologista belga, e defensor da geração espontânea.

HEMPEL, Carl Gustav (1905-1997) – Filósofo alemão da escola analítica, exilado nos Estados Unidos a partir de 1937 e criador da filosofia da ciência.

HERÁCLITO (535-475 a.C.) – Filósofo grego de Éfeso, considerado o pai da dialética. Segundo suas palavras, tudo flui e se move, e o fogo é o elemento primordial.

HERDER, Johann Gottfried von (1744-1803) – Filósofo e escritor alemão. Escreveu sobre arte e linguagem e ocupou um lugar importante na literatura alemã.

HERÓDOTO (484-425 a.C.) – Importante historiador grego, considerado o pai da história.

HERSKOVITS, Melville Jean (1895-1963) – Antropólogo norte-americano conhecido pelo relativismo cultural.

HESCHEL, Abraham (1907-1972) – Teólogo norte-americano de origem e confissão judaica.

HESÍODO (século VII a.C.) – Poeta e historiador grego, autor do célebre livro *Os Trabalhos e os Dias*.

Heyting, Arend (1898-1980) – Matemático e lógico holandês, muito contribuiu para o desenvolvimento da lógica intuicionista.

Hilbert, David (1862-1943) – Matemático alemão. Contribuiu para a teoria das invariantes e para a axiomatização da geometria de Euclides.

Hispano, Pedro (1205-1277) – Filósofo e médico português, eleito papa João XXI. Conhecido pela obra *Summulae Logicales*.

Hitchcock, Alfred (1899-1980) – Realizador britânico de cinema. Mestre do suspense, realizou inúmeros filmes que se tornaram clássicos.

Hitler, Adolf (1889-1945) – Político e estadista alemão que envolveu o mundo na Segunda Guerra Mundial. Líder do partido nazista e responsável pelo extermínio de milhões de judeus em campos de concentração.

Hobbes, Thomas (1588-1679) – Filósofo político inglês, autor do *Leviatã* e *Do Cidadão*.

Hobhouse, Leonard (1864-1929) – Político e sociólogo britânico, foi um dos teóricos do liberalismo social.

Hobson, John Atkinson (1858-1940) – Economista britânico, crítico do imperialismo.

Homero (século VIII a.C.) – Poeta épico da Grécia Antiga a quem se atribui a autoria de *Ilíada* e *Odisseia*.

Hooker, Richard (1554-1600) – Sacerdote anglicano e judicioso teólogo da razão e da tolerância.

Horácio (65-8 a.C.) – Poeta lírico e satírico, um dos maiores da Roma Antiga.

Horkheimer, Max (1895-1973) – Intelectual da escola de Frankfurt.

Hubble, Edwin Powell (1889-1953) – Astrônomo norte-americano que descobriu galáxias fora da Via Láctea.

Huntington, Samuel P. (1927-2008) – Sociólogo norte-americano conhecido por sua teoria do choque das civilizações.

Husserl, Edmund (1859-1938) – Filósofo conhecido como o pai da fenomenologia, escreveu *Ideias para uma Fenomenologia Pura e para uma Filosofia Fenomenológica* e *A Crise das Ciências Europeias e a Fenomenologia Transcendental*.

Huxley, Aldous (1894-1963) – Escritor e utopista inglês, viveu grande parte da sua vida nos Estados Unidos e escreveu *Admirável Mundo Novo*, além de novelas e poesias.

Iñárritu, Alejandro González (1963) – Realizador de cinema mexicano, autor do filme *Babel*.

Innerarity, Daniel (1959) – Filósofo espanhol com diversas obras na área da reflexão política.

Jakobson, Roman (1896-1982) – Pensador russo e um dos maiores linguistas do século XX, pioneiro na análise estrutural da linguagem.

James, William (1842-1910) – Filósofo norte-americano e fundador do pragmatismo.

Jaspers, Karl (1883-1969) – Filósofo alemão e professor de psiquiatria e de filosofia, influenciado por Kierkegaard, Nietzsche e Max Weber.

Jean Paul (1763-1825) – Pseudônimo de Johann Paul Friedrich Richter, escritor romântico alemão.

Joyce, James (1882-1941) – Escritor irlandês famoso por seu romance *Ulisses*.

Júlio César (100-44 a.C.) – Político e militar romano. Conquistador da Hispânia e da Gália, pôs fim à República Romana, tornando-se ditador.

Kalecki, Michal (1899-1970) – Economista polonês e especialista em macroeconomia.

Kant, Immanuel (1724-1804) – Um dos filósofos mais importantes do idealismo alemão. Das suas obras, destacam-se *A Crítica da Razão Pura* (1781), *A Crítica da Razão Prática* (1788) e a *A Crítica do Julgamento* (1790).

Kepler, Johann (1571-1630) – Matemático e astrônomo alemão e figura-chave na ciência do século XVII. Formulou as três leis fundamentais do sistema planetário.

Keynes, John M. (1883-1946) – Economista britânico, o mais destacado do século XX, que defendeu uma política intervencionista do Estado.

Kierkegaard, Søeren (1813-1855) – Filósofo e teólogo dinamarquês. Sua obra incide sobre a ética e o conceito de existência.

Klimt, Gustav (1862-1918) – Pintor simbolista austríaco. Sua pintura *O Beijo* (1906) é o expoente do seu período dourado.

Kojève, Alexandre (1902-1968) – Filósofo político francês de origem russa e intérprete de Hegel.

Kubrick, Stanley (1928-1999) – Realizador de cinema norte-americano, com uma carreira notável em que todos os filmes são únicos.

Kuhn, Thomas (1922-1996) – Epistemólogo norte-americano conhecido pelas obras *A Estrutura das Revoluções Científicas* e *A Revolução Copernicana*.

La Rochefoucauld, François (1613-1680) – Moralista francês, autor das *Máximas*, em estilo de epigramas.

Laércio, Diógenes (século III) – Autor de *Vidas e Doutrinas dos Filósofos Ilustres*, obra em dez livros e a mais importante antologia sobre os filósofos da Antiguidade.

Laing, Ronald (1927-1989) – Psiquiatra britânico, inovador na análise da doença mental.

Lamarck, Jean-Baptiste (1744-1829) – Naturalista francês que introduziu o termo biologia e propôs uma teoria da evolução.

Lamberton, Robert (1809-1885) – Juiz e empresário norte-americano.

Laplace, Pierre Simon (1749-1827) – Matemático, astrônomo e físico francês e de crença cristã. Escreveu os cinco volumes da *Mecânica Celeste*.

Lavoisier, Antoine-Laurent (1743-1794) – O pai da química moderna e o primeiro a enunciar o princípio da conservação da matéria. Executado durante a Revolução Francesa.

Lecomte, Pierre (1883-1947) – Biofísico e filósofo francês. Ficou conhecido por seu trabalho sobre a tensão superficial dos líquidos.

Leeuwenhoek, Antonie Philips van (1632-1723) – Comerciante, cientista e construtor de microscópios nos Países Baixos, foi criador da microbiologia.

Leibniz, Gottfried (1646-1716) – Filósofo racionalista alemão e um dos gênios universais da Europa, com criações em todos os ramos do saber; criou o conceito de mônada.

Lênin, Vladimir (1870-1924) – Político russo, filósofo materialista e líder do partido comunista, dirigiu a revolução russa de 1917 e governou até 1924.

Leonardo da Vinci (1452-1519) – Humanista, artista e sábio, natural de Florença, deixou numerosas obras que ilustram o Renascimento italiano no máximo esplendor.

Leucipo (século V a.C.) – Filósofo grego da escola atomista.

Lévinas, Emmanuel (1906-1995) – Filósofo francês influenciado por Husserl e Heidegger. A reflexão sobre o outro tem destaque no seu pensamento.

Lévi-Strauss, Claude (1908-2009) – Antropólogo francês e criador da teoria estruturalista.

Limborch, Philipp van (1633-1712) – Teólogo holandês, pastor e professor. Sua obra mais importante intitula-se *Institutiones Theologiae Christianae* [Instituições da Teologia Cristã].

Lincoln, Abraham (1809-1865) – Foi o 16º presidente dos Estados Unidos. Aboliu a escravatura. Exerceu o seu mandato durante a Guerra Civil Americana, no fim da qual foi assassinado.

Lineu, Carlos (1707-1778) – Botânico sueco criador da classificação científica, considerado o pai da taxonomia moderna.

Lipovetsky, Gilles (1944) – Filósofo francês e autor da obra *A Era do Vazio*.

Lobachevsky, Nikolai (1792-1856) – Matemático russo, considerado o Copérnico da nova geometria.

Locke, John (1636-1704) – Filósofo inglês empirista, escreveu o *Ensaio acerca do Entendimento Humano*. Na área da filosofia política, destacam-se o *Primeiro* e o *Segundo Tratado sobre o Governo Civil*.

Lonergan, Bernard (1904-1984) – Filósofo e teólogo canadense com vasta reflexão, desde a economia à metafísica, destacando-se *Insight: Um Estudo do Conhecimento Humano*.

LORENTZ, Hendrik (1853-1928) – Físico holandês que, em 1902, recebeu o prêmio Nobel de Física, graças ao trabalho sobre radiações eletromagnéticas.

LUCRÉCIO (99-55 a.C.) – Poeta e filósofo materialista romano. Suicidou-se aos 44 anos de idade.

LYSENKO, Trofim (1898-1976) – Biólogo ucraniano e ideólogo comunista, pretendeu substituir as teorias de Mendel por conceitos pseudocientíficos.

MACINTYRE, Alasdair (1929) – Político e filósofo que contribuiu para a reflexão da moral e filosofia política.

MAIMÔNIDES, Moisés (1135-1204) – Filósofo, médico e teólogo judaico que compilou o *Talmude* e o *Guia dos Perplexos*.

MALEBRANCHE, Nicolas (1638-1715) – Filósofo francês. Sua principal obra é *Da Procura da Verdade*.

MALTHUS, Thomas (1766-1834) – Economista clássico britânico e considerado o pai da demografia.

MANDELA, Nelson (1918) – Político sul-africano que lutou contra o *apartheid*. Preso durante vinte anos, tornou-se o primeiro presidente da África do Sul livre. Recebeu o Nobel da Paz em 1993.

MAQUIAVEL, Nicolau (1469-1527) – Filósofo e historiador italiano que escreveu *O Príncipe*.

MARCEL, Gabriel (1889-1973) – Filósofo francês da corrente do existencialismo cristão.

MARCO ANTÔNIO (83-30 a.C.) – Político romano e célebre militar, vencido por Otávio Augusto.

MARQUÊS DE CONDORCET (1743-1794) – Filósofo e matemático francês, foi considerado o último dos iluministas. Executado durante a Revolução Francesa.

MARQUÊS DE SADE (1740-1814) – Aristocrata francês e escritor libertino, saiu em liberdade da Bastilha em 1789. Escreveu *A Filosofia na Alcova*.

MARSHALL, Alfred (1842-1924) – Economista inglês com impacto na área política.

MARSÍLIO DE PÁDUA (1275-1342) – Filósofo e teólogo escolástico, autor do livro *Defensor Pacis*, no qual defende uma teoria democrática do poder.

MARX, Karl (1818-1883) – Filósofo alemão e fundador da doutrina comunista. Autor de *O Capital* e de textos marcantes no pensamento político, filosófico e econômico.

MAXWELL, James (1831-1879) – Físico e matemático que unifica eletricidade, magnetismo e óptica na teoria do eletromagnetismo.

MEAD, George Herbert (1863-1931) – Sociólogo norte-americano e filósofo pragmatista, sucessor de Blumer, contribuiu de modo significante para a corrente do interacionismo simbólico.

Meinecke, Friedrich (1862-1954) – Historiador alemão que relançou o conceito de *Razão de Estado*.

Mendel, Gregor (1822-1884) – Botânico austríaco e monge agostiniano que enunciou as leis da hereditariedade.

Mendeleev, Dmitri (1834-1907) – Químico russo e criador da Tabela Periódica dos Elementos.

Mendes, Aristides de Sousa (1885-1954) – Cônsul de Portugal em Bordéus na Segunda Guerra Mundial, concedeu trinta mil vistos a refugiados contra as ordens de Salazar.

Menger, Carl (1840-1921) – Economista austríaco que refutou a teoria do trabalho-valor desenvolvida por A. Smith e D. Ricardo.

Menuhin, Yehudi (1916-1999) – Violinista e músico virtuoso de origem judaica.

Merleau-Ponty, Maurice (1908-1961) – Filósofo francês influenciado pela fenomenologia de Husserl.

Michelangelo (1475-1564) – Pintor, escultor, poeta e arquiteto italiano, grande humanista e um dos maiores criadores da história da arte do Ocidente.

Michelson, Albert Abraham (1852-1931) – Físico norte-americano.

Miescher, Johann Friedrich (1844-1895) – Bioquímico suíço que identificou os componentes químicos do núcleo da célula.

Mill, James (1773-1836) – Economista e filósofo escocês, partidário do liberalismo e representante do pensamento utilitarista.

Milton, John (1608-1674) – Poeta e escritor inglês, um dos maiores representantes do classicismo. Foi o autor de *O Paraíso Perdido*, 1667.

Minkowski, Hermann (1864-1909) – Matemático alemão, criou e desenvolveu a geometria dos números e estudou a relatividade espacial.

Mises, Ludwig von (1881-1973) – Filósofo e economista austríaco defensor da liberdade econômica e um dos representantes da escola austríaca.

Moltmann, Jürgen (1926) – Teólogo alemão, conhecido por sua doutrina da trindade.

Monod, Jacques (1910-1976) – Bioquímico francês, recebeu o prêmio Nobel de Medicina de 1965, pelas descobertas do mundo das células.

Montaigne, Michel de (1533-1592) – Escritor e humanista francês da corrente cética. Foi autor de *Ensaios*, em que destacou a pergunta: "Que sei eu?".

Montesquieu, Charles-Louis de Sécondat (1689-1755) – Filósofo francês que ficou célebre por sua teoria da separação dos poderes.

Moraes, Vinicius de (1913-1980) – Um dos maiores poetas e compositores brasileiros.

More, Thomas (1478-1535) – Escritor, advogado e um dos grandes humanistas do Renascimento, amigo de Erasmo de Roterdã. Sua obra mais famosa é *Utopia*, de 1516. Foi canonizado em 1935.

Morley, Daniel de (1140-1210) – Escolástico britânico que realizou a viagem a Toledo em busca da sabedoria de Aristóteles.

Mozart, Wolfgang Amadeus (1756-1791) – Músico e compositor austríaco e um dos maiores gênios em execução e composição, com obras geniais de ópera, sinfonias, concertos e música de câmara.

Napoleão Bonaparte (1769-1821) – General e estadista francês, transformou a França revolucionária num império militarizado que dominou a Europa até 1815.

Nasser, Gamal Abdel (1918-1970) – Estadista e militar egípcio que dominou o país desde o golpe de Estado, em 1953, até a sua morte.

Newman, John Henry (1801-1890) – Teólogo e filósofo britânico, cardeal da Igreja Católica e autor de *Grammar of Assent* [Gramática do Assentimento].

Newton, Isaac (1643-1727) – Matemático, físico e astrônomo britânico. Marcou a história da ciência com *Princípios Matemáticos da Filosofia Natural*, de 1687, obra na qual explica o princípio da atração universal.

Nietzsche, Friedrich (1844-1900) – Filósofo alemão que critica a moral judaico-cristã e apela aos valores da vida na superação de cada ser humano. Sua obra mais emblemática é *Assim Falou Zaratustra*.

Norris, Chuck (1940) – Lutador de artes marciais e ator norte-americano.

O'neill, Alexandre (1924-1986) – Poeta português surrealista.

Oresme, Nicole d'(1323-1382) – Filósofo e teólogo francês, e também economista, matemático e musicólogo.

Orósio, Paulo (385-420 a.C.) – Historiador, teólogo e sacerdote, natural de Braga, e continuador de Santo Agostinho.

Orwell, George (1903-1950) – Ideólogo e escritor britânico, autor das utopias *O Triunfo dos Porcos* e *1984*.

Otávio Augusto (63 a.C.-14 d.C.) – Imperador romano e fundador de dinastia.

Pap, Arthur (1921-1959) – Filósofo suíço da linha analítica e grande amigo de Carnap.

Paracelso, Johannes (1493-1541) – Médico e alquimista alemão, notado pelos escritos de pseudociência.

Parmênides (530-460 a.C.) – Filósofo grego que escreveu *Sobre a Natureza*, é considerado o fundador da ontologia.

Pascal, Blaise (1623-1662) – Físico, matemático, filósofo moralista e teólogo francês. Descobriu a geometria projetiva e o cálculo das probabilidades.

PASTEUR, Louis (1822-1895) – Cientista francês inventor do processo de pasteurização. Seu trabalho trouxe a prevenção de doenças e a criação da microbiologia.

PAUSÂNIAS (século V a.C.) – Militar e estadista grego, natural de Esparta.

PEANO, Giuseppe (1858-1932) – Matemático italiano, fundador da moderna lógica e da teoria dos conjuntos.

PEIRCE, Charles (1839-1914) – Filósofo e matemático norte-americano que muito contribuiu para a lógica e foi o fundador do pragmatismo.

PÉRICLES (495-429 a.C.) – Estadista e militar ateniense, foi um grande orador. Deixou uma marca profunda no chamado *século de Péricles*.

PESSOA, Fernando (1888-1935) – Considerado um dos maiores poetas portugueses e do mundo, deixou uma obra notável repartida por vários heterônimos.

PICASSO, Pablo (1881-1973) – Pintor espanhol e um dos maiores artistas do século XX, foi um dos fundadores do cubismo.

PIERRE DE COUBERTIN (1863-1937) – Francês que ficou para a história como o fundador dos Jogos Olímpicos na Era Moderna.

PILATOS (século I) – Procônsul romano que, como governador da Palestina, condenou Jesus de Nazaré à morte.

PLANCK, Max (1858-1947) – Físico alemão, recebeu o prêmio Nobel de Física em 1918, e foi o grande criador da física quântica.

PLATÃO (428-348 a.C.) – Filósofo grego cujas obras, em forma de diálogo, abordam ética, política, teoria do conhecimento, metafísica e retórica, e são incontornáveis no pensamento ocidental.

PLOTINO (204-270) – Filósofo neoplatônico grego, autor de *Enéadas*.

POE, Edgar Allan (1809-1849) – Escritor e poeta romântico norte-americano. Seu poema *O Corvo* teve sucesso imediato.

POLANYI, Michael (1891-1976) – Filósofo inglês de meados do século XX, da área da epistemologia.

POMPEU, O GRANDE (106-48 a.C.) – Militar e político romano, vencido e morto por Júlio César.

POPPER, Karl (1902-1994) – Filósofo britânico com obra na filosofia da ciência e epistemologia.

PRIESTLEY, Joseph (1733-1804) – Teólogo, filósofo e homem de ciência que publicou mais de 150 obras.

PROUDHON, Pierre-Joseph (1809-1865) – Político e filósofo francês, escreveu sobre a propriedade e as contradições econômicas.

PROUST, Marcel (1871-1922) – Crítico e escritor francês, autor do célebre livro *Em Busca do Tempo Perdido*.

PRZEWORSKI, Adam (1940) – Polonês, professor de ciências políticas.

PTOLOMEU, Cláudio (90-168) – Cientista grego conhecido pelos trabalhos em astronomia, tendo por base a cosmologia aristotélica.

QUEIRÓS, Eça de (1845-1900) – Escritor português que retrata, com sátira e humor, a sociedade do século XIX. Escreveu contos, novelas e romances, nomeadamente *Os Maias*.

QUINE, Willard van Orman (1908-2000) – Lógico e matemático norte-americano, foi considerado um dos maiores da filosofia analítica.

RABELAIS, François (1494-1553) – Escritor e humanista francês que deixou para a posteridade a obra *Gargântua e Pantagruel*.

RAD, Gerhard von (1901-1971) – Téologo e historiador alemão, especialista em Israel.

RAFAEL SANZIO (1483-1520) – Mestre da pintura e arquitetura de Florença. Seus quadros são famosos pelo contraste de luz e sombra. Em 1509, pintou *A Escola de Atenas*.

RAMONET, Ignace (1943) – Doutor em semiologia e discípulo de Roland Barthes. Desde 1991, é diretor do *Le Monde Diplomatique* e crítico do que chamou de pensamento único neoliberal.

REAGAN, Ronald (1911-2004) – Foi presidente dos Estados Unidos, ajudou a pôr termo à Guerra Fria.

RHODES, Cecil (1853-1902) – Imperialista inglês, empresário e político sul-africano, magnata da mineração e fundador da Rodésia.

RICARDO, David (1772-1823) – Político e economista britânico cuja reflexão incidiu sobre a teoria do valor-trabalho.

RICOEUR, Paul (1913-2005) – Filósofo francês com importantes estudos sobre a narrativa, a história e a hermenêutica.

RIEMANN, Bernhard (1826-1866) – Matemático russo, criador de geometrias não euclidianas.

ROBINSON, Arthur (1915-2004) – Geógrafo e cartógrafo norte-americano.

RODIN, Auguste (1840-1917) – Escultor francês que produziu uma admirável obra, nomeadamente as esculturas *O Pensador* e *O Beijo*.

RODRIGUES, Amália (1920-1999) – Considerada a maior fadista portuguesa, pisou em grandes palcos do mundo e foi a primeira a cantar os grandes poetas.

RORTY, Richard (1931-2007) – Filósofo pragmatista cuja obra principal é *Filosofia e o Espelho da Natureza*, de 1979.

Rosenzweig, Franz (1886-1929) – Filósofo e teólogo que teve uma forte influência em Walter Benjamim e Lévinas. *A Estrela da Redenção* é a sua obra mais conhecida.

Rossini, Giacomo (1792-1868) – Compositor italiano. Para além de muitas outras peças musicais, foi autor de 39 óperas.

Rousseau, Jean-Jacques (1712-1778) – Filósofo iluminista suíço. Escreveu *O Contrato Social*, de 1762. Refletiu sobre o estado de natureza e a liberdade humana.

Rubens, Peter Paul (1577-1640) – Pintor flamengo do Barroco que deixou retratos admiráveis.

Russell, Bertrand (1872-1970) – Filósofo britânico, recebeu o prêmio Nobel de Literatura em 1950, tendo contribuído para o pensamento lógico e a filosofia analítica.

Rutherford, Ernest (1871-1937) – Químico e físico neozelandês.

Safo (650-580 a.C.) – Poetisa grega que escreveu sobre o amor erótico.

Saint-Pierre, Bernardin (1737-1814) – Escritor e botânico francês.

Saint-Simon (1760-1825) – Claude-Henri de Rouvroy, Conde de Saint-Simon, teórico socialista francês, influenciou o marxismo, o positivismo e a sociologia.

Salieri, Antonio (1750-1825) – Músico e compositor classicista italiano, contemporâneo de Mozart.

Samuelson, Paul (1915-2009) – Economista norte-americano premiado com o Nobel de Economia em 1970.

Sanches, Francisco (1550-1623) – Filósofo português, crítico do saber escolástico. Escreveu *Quod Nihil Scitur* [Que Nada se Sabe].

Sartre, Jean-Paul (1905-1980) – Filósofo francês, existencialista ateu. Escreveu *O Ser e o Nada* e *A Transcendência do Ego*, para além de algumas obras literárias. Recusou o prêmio Nobel de Literatura, em 1964.

Saussure, Ferdinand de (1857-1913) – Filósofo e linguista suíço, criador da semiologia.

Scheler, Max (1874-1928) – Filósofo alemão conhecido por sua reflexão no campo da ética, fenomenologia e antropologia filosófica.

Schelling, Friedrich (1775-1854) – Filósofo idealista e um dos mais importantes representantes do idealismo alemão.

Schindler, Oskar (1908-1974) – Empresário alemão que ajudou a salvar trabalhadores judeus e foi considerado um *justo entre as nações*.

Schleiemarcher, Friedrich (1768-1834) – Criador da hermenêutica, foi pregador em Berlim e professor de Filosofia e Teologia em Halle.

SCHOPENHAUER, Arthur (1788-1860) – Filósofo idealista alemão cuja obra principal é *O Mundo como Vontade e Representação*, de 1819.

SCHRÖEDINGER, Erwin (1887-1961) – Físico teórico austríaco e um dos criadores da mecânica quântica. Prêmio Nobel de Física em 1933, também escreveu sobre filosofia e biologia teórica.

SCHUBERT, Franz (1797-1828) – Compositor austríaco, escreveu mais de seiscentas canções, óperas e sinfonias, na passagem do estilo clássico para o romântico.

SCHUMPETER, Joseph (1883-1950) – Economista e político austro-húngaro naturalizado norte-americano, elaborou a teoria dos ciclos econômicos.

SCHWANN, Theodor (1810-1882) – Médico e químico, estudou as enzimas e muito contribuiu para a área da embriologia.

SEARLE, John (1932) – Filósofo norte-americano, autor do importante livro *Speech Acts* [Atos de Fala].

SÊNECA, Lúcio Aneu (4 a.C.-65 d.C.) – Filósofo da escola estoica, político e escritor romano que se destacou por seu estilo literário.

SHAKESPEARE, William (1564-1616) – Escritor e poeta inglês, um dos maiores dramaturgos do mundo, escreveu 38 peças, para além de centenas de sonetos e outros poemas.

SHELLEY, Mary (1797-1851) – Escritora britânica, esposa do poeta Shelley, escreveu a conhecida novela *Frankenstein*.

SIMMEL, Georg (1858-1918) – Sociólogo alemão que desenvolveu a sociologia formal.

SKINNER, Burrhus F. (1904-1990) – Psicólogo norte-americano e pioneiro em psicologia experimental, formulou o conceito de condicionamento operante.

SMITH, Adam (1723-1790) – Filósofo e economista escocês, autor da célebre obra *A Riqueza das Nações*.

SOARES, Bernardo (século XX) – Semi-heterônimo de Fernando Pessoa, autor do *Livro do Desassossego*, escrito em forma fragmentária.

SÓCRATES (469-399 a.C.) – Um dos maiores filósofos gregos que utiliza o diálogo como método. Foi condenado à morte pelos políticos do seu tempo.

SÓFOCLES (495-406 a.C.) – Poeta grego e dramaturgo. *A Antígona*, *Electra* e *Édipo Rei* são algumas das suas tragédias mais conhecidas.

SOLJENÍTSIN, Alexander (1918-2008) – Escritor e ensaísta russo. Prêmio Nobel de Literatura após a publicação de *Arquipélago Gulag* em três volumes, obra na qual reúne, às suas memórias, as de mais de setenta prisioneiros de campos de concentração da URSS.

Spanlanzani, Lazzaro (1729-1799) – Padre, fisiologista e estudioso das ciências naturais.

Spencer, Herbert (1820-1903) – Filósofo inglês, admirador de Darwin e ideólogo do evolucionismo.

Spengler, Oswald (1880-1936) – Historiador e filósofo alemão que escreveu *O Declínio do Ocidente*, em 1918.

Stalin, Joseph V. (1878-1953) – Político, secretário-geral do partido comunista da ex-URSS e ditador russo entre 1922 e 1953. Responsável pelo extermínio de milhões de russos em campos de concentração.

Steiner, George (1929) – Ensaísta de literatura comparada e filósofo que trabalhou os conceitos da cultura pós-moderna.

Strauss, Leo (1899-1973) – Filósofo político norte-americano de origem judaica e defensor do direito natural. Escreveu *Direito Natural e História*.

Stuart Mill, John (1806-1873) – Filósofo, economista e ativista inglês. Com formação empirista e liberal, escreveu sobre a liberdade, a condição da mulher e economia política.

Suárez, Francisco (1548-1617) – Filósofo jesuíta natural de Granada, professor em Coimbra e uma das principais figuras do jusnaturalismo e da metafísica.

Tales (624-556 a.C.) – Filósofo grego fundador da escola de Mileto. Considerado o inventor da geometria, defendia que a água era o elemento primordial.

Tarkovsky, Andrei (1932-1986) – Realizador de cinema russo, com uma obra reveladora de sentido espiritual e total entrega à arte.

Tarski, Alfred (1901-1983) – Matemático e lógico polonês, criador da teoria semântica da verdade.

Taylor, Charles (1931) – Filósofo canadense que elaborou importante reflexão na área da ética e da filosofia social.

Taylor, Harriet (1807-1858) – Filósofa defensora dos direitos das mulheres. Protagonizou a primeira petição para as mulheres votarem. Seu segundo marido foi Stuart Mill.

Temístocles (524-459 a.C.) – Político e general grego.

Teofrasto (372-287 a.C.) – Sucessor de Aristóteles na direção do *Liceu* e autor dos *Caracteres*; fundador da doxografia.

Todd, Emmanuel (1951) – Demógrafo e sociólogo francês que se notabilizou pela prospectiva da queda da URSS e do declínio norte-americano.

Tolkien, John Ronald Reuel (1892-1973) – Escritor sul-africano radicado no Reino Unido e autor da famosa obra *O Senhor dos Anéis*.

Tomás de Aquino, Santo (1225-1275) – Filósofo e teólogo medieval que deixou uma vasta obra, na qual se destaca a *Suma Teológica*.

Toynbee, Arnold Joseph (1889-1975) – Historiador britânico, deixou uma obra marcante em doze volumes, *Um Estudo de História*.

Trasímaco (459-400 a.C.) – Sofista grego e interlocutor de Sócrates em vários diálogos platônicos.

Tucídides (460-400 a.C.) – Historiador grego que escreveu a *História da Guerra do Peloponeso*.

Turgot, Anne Robert Jacques (1727-1781) – Economista e estadista francês, colaborador da *Enciclopédia*.

Turner, William (1775-1851) – Pintor romântico inglês cujos quadros são famosos pelos jogos de luz e sombra.

Unamuno, Miguel de (1864-1936) – Escritor, poeta e filósofo existencialista espanhol.

Valéry, Paul (1871-1945) – Poeta e ensaísta francês, conhecido por suas sínteses sobre a cultura.

Van Gogh, Vincent (1853-1890) – Pintor holandês pouco reconhecido em vida, mas que deixou uma obra admirável de pintura pós-impressionista.

Veblen, Thorstein (1857-1929) – Sociólogo norte-americano, criador da teoria do consumismo.

Verdi, Giuseppe (1813-1901) – Compositor italiano, cujas óperas românticas se tornaram famosas e estão frequentemente em cena.

Vespúcio, Américo (1454-1512) – Explorador e navegador italiano ao serviço de D. Manuel I. Dele a América recebeu o nome.

Vico, Giambattista (1668-1744) – Professor de retórica na Universidade de Nápoles, foi filósofo, historiador e autor da *Ciência Nova*.

Virgílio (70-19 a.C.) – Poeta romano clássico, mais conhecido pelas obras principais, as *Éclogas*, as *Geórgicas* e, sobretudo, a *Eneida*.

Voegelin, Eric (1901-1985) – Filósofo de origem alemã naturalizado norte-americano e autor de vasta obra, em que se destaca *Ordem e História*, na qual propõe uma nova visão da filosofia.

Voltaire, François (1694-1778) – Escritor francês que defendeu as ideias iluministas, nomeadamente a tolerância religiosa, em ensaios e romances.

Vries, Hugo Marie de (1848-1935) – Biólogo holandês que, em 1900, redescobriu as leis da hereditariedade de Mendel.

Wagner, Richard (1813-1883) – Maestro e compositor alemão, ficou conhecido pela complexa textura e pela rica harmonia das suas óperas.

WALDEYER, Wilhelm (1836-1921) – Anatomista alemão, famoso por consolidar a teoria dos nêutrons.

WALRAS, Léon (1834-1910) – Matemático e economista francês que ficou conhecido por criar a teoria do equilíbrio geral.

WATSON, James (1928) – Biólogo e zoólogo norte-americano, conhecido pela descoberta da estrutura do DNA, juntamente com Francis Crick, em 1953.

WEBER, Max (1864-1920) – Sociólogo, filósofo e economista político alemão que influenciou profundamente a sociologia.

WHITEHEAD, Alfred N. (1861-1974) – Matemático e filósofo britânico cuja obra contém estudos sobre álgebra, lógica, física, metafísica e educação.

WICKRAMASINGHE, Chandra (1939) – Professor na Universidade de Cardiff e de Buckingham, e um físico notável.

WILSON, Charles Thomson Rees (1869-1959) – Físico escocês que recebeu o prêmio Nobel de Física em 1927.

WINCKELMANN, Johann Joachim (1717-1768) – Historiador de arte e arqueólogo alemão. Foi o primeiro a diferenciar a arte grega, greco-romana e romana.

WÖHLER, Friedrich (1800-1882) – Químico alemão, famoso pela síntese do composto orgânico ureia.

WOLFF, Christian von (1679-1754) – Filósofo alemão que difundiu as doutrinas de Leibniz.

WOOLF, Virginia (1882-1941) – Escritora, ensaísta e editora britânica, é uma das figuras do modernismo.

WORDSWORTH, William (1770-1850) – Poeta romântico inglês que, ao lado de Samuel Taylor Coleridge, lançou o romantismo na literatura, com a publicação, em 1798, de *Lyrical Ballads*.

WYCLIFFE, John (1328-1384) – Teólogo inglês, autor da tradução da Bíblia para inglês no século XIII.

XENÓCRATES (406-314 a.C.) – Nascido na Calcedônia, tornou-se discípulo de Platão. Sofreu influências de Pitágoras e escreveu *O Tratado da Morte*.

ZAMBRANO, María (1904-1991) – Filósofa espanhola e escritora. Foi a primeira mulher a receber o prêmio Miguel de Cervantes.

ZAMYATIN, Eugene (1884-1937) – Escritor russo, famoso pelo romance *Nós*, de 1921.

ZENÃO DE CÍTIO (336-224 a.C.) – Filósofo grego, natural de Chipre, fundador da escola estoica (*Pórtico*), sendo as doutrinas divulgadas por Diógenes Laércio.

ZENÃO DE ELEIA (490-430 a.C.) – Filósofo pré-socrático da escola eleática do ser, nascido em Eleia, famoso por seus paradoxos sobre o movimento.

Você também pode interessar-se por:

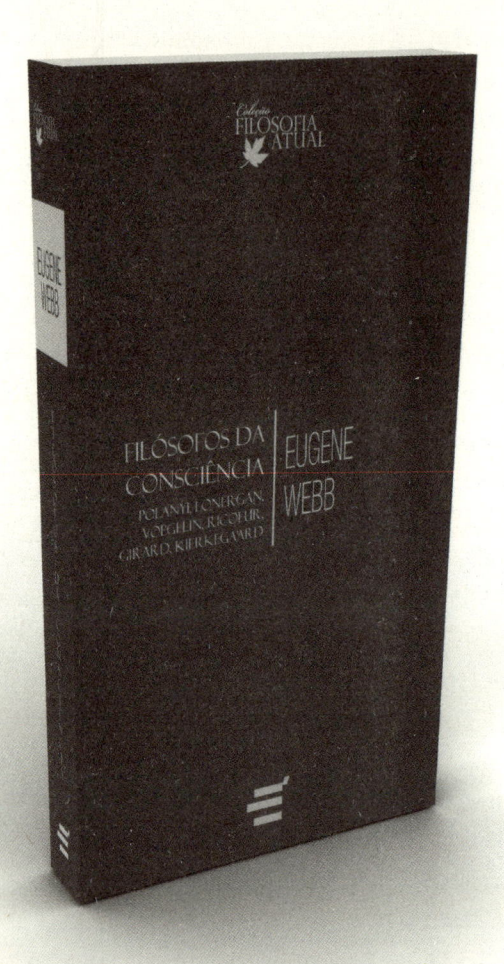

Você já se perguntou, afinal de contas, o que é a consciência? Nesta obra, Eugene Webb, na esteira de filósofos como Michael Polanyi, Bernard Lonergan, Eric Voegelin, Paul Ricoeur, René Girard e Søren Kierkegaard, nos ajuda a compreender o assunto. Serve também como discussão das convergências e divergências entre os pensadores aqui tratados.

facebook.com/erealizacoeseditora   twitter.com/erealizacoes   instagram.com/erealizacoes   youtube.com/editorae

issuu.com/editora_e   erealizacoes.com.br   atendimento@erealizacoes.com.br